Therese Raquin

Bilingual

(English-

Emile Zola

Therese Raquin

Émile Zola

I

At the end of the Rue Guenegaud, coming from the quays, you find the Arcade of the Pont Neuf, a sort of narrow, dark corridor running from the Rue Mazarine to the Rue de Seine. This arcade, at the most, is thirty paces long by two in breadth. It is paved with worn, loose, yellowish tiles which are never free from acrid damp. The square panes of glass forming the roof, are black with filth.

On fine days in the summer, when the streets are burning with heavy sun, whitish light falls from the dirty glazing overhead to drag miserably through the arcade. On nasty days in winter, on foggy mornings, the glass throws nothing but darkness on the sticky tiles—unclean and abominable gloom.

To the left are obscure, low, dumpy shops whence issue puffs of air as cold as if coming from a cellar. Here are dealers in toys, cardboard

Thérèse Raquin

Émile Zola

CHAPITRE I

Au bout de la rue Guénégaud, lorsqu'on vient des quais, on trouve le passage du Pont-Neuf, une sorte de corridor étroit et sombre qui va de la rue Mazarine à la rue de Seine. Ce passage a trente pas de long et deux de large, au plus; il est pavé de dalles jaunâtres, usées, descellées, suant toujours une humidité acre; le vitrage qui le couvre, coupé à angle droit, est noir de crasse.

Par les beaux jours d'été, quand un lourd soleil brûle les rues, une clarté blanchâtre tombe des vitres sales et traîne misérablement dans le passage. Par les vilains jours d'hiver, par les matinées de brouillard, les vitres ne jettent que de la nuit sur les dalles gluantes, de la nuit salie et ignoble.

A gauche, se creusent des boutiques obscures, basses, écrasées, laissant échapper des souffles froids de caveau. Il y a là des bouquinistes, des

boxes, second-hand books. The articles displayed in their windows are covered with dust, and owing to the prevailing darkness, can only be perceived indistinctly. The shop fronts, formed of small panes of glass, streak the goods with a peculiar greenish reflex. Beyond, behind the display in the windows, the dim interiors resemble a number of lugubrious cavities animated by fantastic forms.

marchands de jouets d'enfants, des cartonniers, dont les étalages gris de poussière dorment vaguement dans l'ombre; les vitrines, faites de petits carreaux, moirent étrangement les marchandises de reflets verdâtres; au delà, derrière les étalages, les boutiques pleines de ténèbres sont autant de trous lugubres dans lesquels s'agitent des formes bizarres.

To the right, along the whole length of the arcade, extends a wall against which the shopkeepers opposite have stuck some small cupboards. Objects without a name, goods forgotten for twenty years, are spread out there on thin shelves painted a horrible brown colour. A dealer in imitation jewelry, has set up shop in one of these cupboards, and there sells fifteen sous rings, delicately set out on a cushion of blue velvet at the bottom of a mahogany box.

Above the glazed cupboards, ascends the roughly plastered black wall, looking as if covered with leprosy, and all seamed with defacements.

The Arcade of the Pont Neuf is not a place for a stroll. You take it to make a short cut, to gain a few minutes. It is traversed by busy people whose sole aim is to go quick and straight before them. You see apprentices there in their working-aprons, work-girls taking home their work, persons of both sexes with parcels under their arms. There are also old men who drag

A droite, sur toute la longueur du passage, s'étend une muraille contre laquelle les boutiquiers d'en face ont plaqué d'étroites armoires; des objets sans nom, des marchandises oubliées là depuis vingt ans s'y étalent le long de minces planches peintes d'une horrible couleur brune. Une marchande de bijoux faux s'est établie dans l'une des armoires; elle y vend des bagues de quinze sous, délicatement posées sur un lit de velours bleu, au fond d'une boîte en acajou.

Au-dessus du vitrage, la muraille monte, noire, grossièrement crépie, comme couverte d'une lèpre et toute couturée de cicatrices.

Le passage du Pont-Neuf n'est pas un lieu de promenade. On le prend pour éviter un détour, pour gagner quelques minutes. Il est traversé par un public de gens affairés dont l'uniquc souci est d'aller vite et droit devant eux. On y voit des apprentis en tablier de travail, des ouvrières reportant leur ouvrage, des hommes et des femmes tenant des paquets sous leur bras; on y voit encore

themselves forward in the sad gloaming that falls from the glazed roof, and bands of small children who come to the arcade on leaving school, to make a noise by stamping their feet on the tiles as they run along.

des vieillards se traînant dans le crépuscule morne qui tombe des vitres, et des bandes de petits enfants qui viennent là au sortir de l'école, pour faire du tapage en courant, en tapant à coups de sabots sur les dalles.

Throughout the day a sharp hurried ring of footsteps, resounds on the stone with irritating irregularity. Nobody speaks, nobody stays there, all hurry about their business with bent heads, stepping out rapidly, without taking a single glance at the shops. The tradesmen observe with an air of alarm, the passers-by who by a miracle stop before their windows.

Toute la journée, c'est un bruit sec et pressé de pas sonnant sur la pierre avec une irrégularité irritante; personne ne parle, personne ne stationne; chacun court à ses occupations, la tête basse, marchant rapidement, sans donner aux boutiques un seul coup d'oeil. Les boutiquiers regardent d'un air inquiet les passants qui, par miracle, s'arrêtent devant leurs étalages.

The arcade is lit at night by three gas burners, enclosed in heavy square lanterns. These jets of gas, hanging from the glazed roof whereon they cast spots of fawn-coloured light, shed around them circles of pale glimmer that seem at moments to disappear. The arcade now assumes the aspect of a regular cut-throat alley. Great shadows stretch along the tiles, damp puffs of air enter from the street. Anyone

Le soir, trois becs de gaz, enfermés dans des lanternes lourdes et carrées, éclairent le passage. Ces becs de gaz, pendus aux vitrages sur lesquels ils jettent des taches de clarté fauve, laissent tomber autour d'eux des ronds d'une lueur pâle qui vacillent et semblent disparaître par instants. Le passage prend l'aspect sinistre d'un véritable coupe-gorge; de grandes ombres s'allongent sur les

might take the place for a subterranean gallery indistinctly lit-up by three funeral lamps.

dalles, des souffles humides viennent de la rue; on dirait une galerie souterraine vaguement éclairée par trois lampes funéraires.

The tradespeople for all light are contented with the faint rays which the gas burners throw upon their windows. Inside their shops, they merely have a lamp with a shade, which they place at the corner of their counter, and the passer-by can then distinguish what the depths of these holes sheltering night in the daytime, contain. On this blackish line of shop fronts, the windows of a cardboard-box maker are flaming: two schist-lamps pierce the shadow with a couple of yellow flames. And, on the other side of the arcade a candle, stuck in the middle of an argand lamp glass, casts glistening stars into the box of imitation jewelry.

Les marchands se contentent, pour tout éclairage, des maigres rayons que les becs de gaz envoient à leurs vitrines; ils allument seulement, dans leur boutique, une lampe munie d'un abat-jour, qu'ils posent sur un coin de leur comptoir, et les passants peuvent alors distinguer ce qu'il y a au fond de ces trous où la nuit habite pendant le jour. Sur la ligne noirâtre des devantures, les vitres d'un cartonnier flamboient: deux lampes à schiste trouent l'ombre de deux flammes jaunes. Et, de l'autre côté, une bougie, plantée au milieu d'un verre à quinquet, met des étoiles de lumière dans la boite de bijoux faux.

The dealer is dozing in her cupboard, with her hands hidden under her shawl. A few years back, opposite this dealer, stood a shop whose bottle-green woodwork excreted damp by all its cracks. On the signboard, made of a

La marchande sommeille au fond de son armoire, les mains cachées sous son châle. Il y a quelques années, en face de cette marchande, se trouvait une boutique dont les boiseries d'un vert bouteille suaient l'humidité par toutes leurs

long narrow plank, figured, in black letters the word: MERCERY. And on one of the panes of glass in the door was written, in red, the name of a woman: Therese Raquin . To right and left were deep show cases, lined with blue paper.

fentes. L'enseigne, faite d'une planche étroite et longue, portait, en lettres noires, le mot: Mercerie , et sur une des vitres de la porte était écrit un nom de femme: Thérèse Raquin , en caractères rouges. A droite et à gauche s'enfonçaient des vitrines profondes, tapissées de papier bleu.

During the daytime the eye could only distinguish the display of goods, in a soft, obscured light.

Pendant le jour, le regard ne pouvait distinguer que l'étalage dans un clair-obscur adouci.

On one side were a few linen articles: crimped tulle caps at two and three francs apiece, muslin sleeves and collars: then undervests, stockings, socks, braces. Each article had grown yellow and crumpled, and hung lamentably suspended from a wire hook.

D'un côté, il y avait un peu de lingerie: des bonnets de tulle tuyantés à deux et trois francs pièce, des manches et des cols de mousseline; puis des tricots, des bas, des chaussettes, des bretelles. Chaque objet, jauni et fripé, était lamentablement pendu à un crochet de fil de fer.

The window, from top to bottom, was filled in this manner with whitish bits of clothing, which took a lugubrious aspect in the transparent obscurity. The new caps, of brighter whiteness, formed hollow spots on the blue paper covering the

La vitrine, de haut en bas, se trouvait ainsi emplie de loques blanchâtres qui prenaient un aspect lugubre dans l'obscurité transparente. Les bonnets neufs, d'un blanc plus éclatant, faisaient des taches crues sur le papier bleu dont les planches étaient garnies. Et, accrochées

shelves. And the coloured socks hanging on an iron rod, contributed sombre notes to the livid and vague effacement of the muslin.

le long d'une tringle, les chaussettes de couleur mettaient des notes sombres dans l'effacement blafard et vague de la mousseline.

On the other side, in a narrower show case, were piled up large balls of green wool, white cards of black buttons, boxes of all colours and sizes, hair nets ornamented with steel beads, spread over rounds of bluish paper, fasces of knitting needles, tapestry patterns, bobbins of ribbon, along with a heap of soiled and faded articles, which doubtless had been lying in the same place for five or six years. All the tints had turned dirty grey in this cupboard, rotting with dust and damp.

De l'autre coté, dans une vitrine plus étroite, s'étageaient de gros pelotons de laine verte, des boutons noirs cousus sur des cartes blanches, des boîtes de toutes les couleurs et de toutes les dimensions, des résilles à perles d'acier étalées sur des ronds de papier bleuâtre, des faisceaux d'aiguilles à tricoter, des modèles de tapisserie, des bobines de rubans, un entassement d'objets ternes et fanés qui dormaient sans doute en cet endroit depuis cinq ou six ans. Toutes les teintes avaient tourné au gris sale, dans cette armoire que la poussière et l'humidité pourrissaient.

In summer, towards noon, when the sun scorched the squares and streets with its tawny rays, you could distinguish, behind the caps in the other window, the pale, grave profile of a young woman. This profile issued vaguely from the darkness

Vers midi, en été, lorsque le soleil brûlait les places et les rues de rayons fauves, on distinguait, derrière les bonnets de l'autre vitrine, un profil pâle et grave de jeune femme. Ce profil sortait vaguement des ténèbres qui régnaient dans la boutique.

reigning in the shop.

To a low parched forehead was attached a long, narrow, pointed nose; the pale pink lips resembled two thin threads, and the short, nervy chin was attached to the neck by a line that was supple and fat. The body, lost in the shadow, could not be seen. The profile alone appeared in its olive whiteness, perforated by a large, wide-open, black eye, and as though crushed beneath thick dark hair. This profile remained there for hours, motionless and peaceful, between a couple of caps for women, whereon the damp iron rods had imprinted bands of rust.

Au front bas et sec s'attachait un nez long, étroit, effilé; les lèvres étaient deux minces traits d'un rosé pâle, et le menton, court et nerveux, tenait au cou par une ligne souple et grasse. On ne voyait pas le corps, qui se perdait dans l'ombre: le profil seul apparaissait, d'une blancheur mate, troué d'un oeil noir largement ouvert, et comme écrasé sous une épaisse chevelure sombre. Il était là, pendant des heures, immobile et paisible, entre deux bonnets sur lesquels les tringles humides avaient laissé des bandes de rouille.

At night, when the lamp had been lit, you could see inside the shop which was greater in length than depth. At one end stood a small counter; at the other, a corkscrew staircase afforded communication with the rooms on the first floor. Against the walls were show cases, cupboards, rows of green cardboard boxes. Four chairs and a table completed the furniture. The shop looked bare and frigid; the goods were done up in parcels and put

Le soir, lorsque la lampe était allumée, on voyait l'intérieur de la boutique. Elle était plus longue que profonde; à l'autre bout, un escalier en forme de vis menait aux chambres du premier étage. Contre les murs étaient plaquées des vitrines, des armoires, des rangées de cartons verts; quatre chaises et une table complétaient le mobilier. La pièce paraissait nue, glaciale; les marchandises, empaquetées, serrées dans des coins, ne traînaient pas ça et là

away in corners instead of lying hither and thither in a joyous display of colour.

avec leur joyeux tapage de couleurs.

As a rule two women were seated behind the counter: the young woman with the grave profile, and an old lady who sat dozing with a smile on her countenance. The latter was about sixty; and her fat, placid face looked white in the brightness of the lamp. A great tabby cat, crouching at a corner of the counter, watched her as she slept.

D'ordinaire, il y avait deux femmes assises derrière le comptoir: une jeune femme au profil grave et une vieille dame qui souriait en sommeillant. Cette dernière avait environ soixante ans; son visage gras et placide blanchissait sous les clartés de la lampe. Un gros chat tigré, accroupi sur un angle du comptoir, la regardait dormir.

Lower down, on a chair, a man of thirty sat reading or chatting in a subdued voice with the young woman. He was short, delicate, and in manner languid. With his fair hair devoid of lustre, his sparse beard, his face covered with red blotches, he resembled a sickly, spoilt child arrived at manhood.

Plus bas, assis sur une chaise, un homme d'une trentaine d'années lisait ou causait à demi-voix avec la jeune femme. Il était petit, chétif, d'allure languissante; les cheveux d'un blond fade, la barbe rare, le visage couvert de taches de rousseur, il ressemblait à un enfant malade et gâté.

Shortly before ten o'clock, the old lady awoke. The shop was then closed, and all the family went upstairs to bed. The tabby cat followed the party purring, and rubbing its head against each bar of the banisters.

Un peu avant dix heures, la vieille dame se réveillait. On fermait la boutique, et toute la famille montait se coucher. Le chat tigré suivait ses maîtres en ronronnant, en se frottant la tête contre chaque barreau de la rampe.

The lodging above comprised three apartments. The staircase led to a dining-room which also did duty as drawing-room. In a niche on the left stood a porcelain stove; opposite, a sideboard; then chairs were arranged along the walls, and a round table occupied the centre. At the further end a glazed partition concealed a dark kitchen. On each side of the dining-room was a sleeping apartment.

En haut, le logement se composait de trois pièces. L'escalier donnait dans une salle à manger qui servait en même temps de salon. A gauche était un poêle de faïence dans une niche; en face se dressait un buffet, puis des chaises se rangeaient le long des murs, une table ronde, toute ouverte, coupait le milieu de la pièce. Au fond, derrière une cloison vitrée, se trouvait une cuisine noire. De chaque côté de la salle à manger, il y avait une chambre à coucher.

The old lady after kissing her son and daughter-in-law withdrew. The cat went to sleep on a chair in the kitchen. The married couple entered their room, which had a second door opening on a staircase that communicated with the arcade by an obscure narrow passage.

La vieille dame, après avoir embrassé son fils et sa belle-fille, se retirait chez elle. Le chat s'endormait sur une chaise de la cuisine. Les époux entraient dans leur chambre. Cette chambre avait une seconde porte donnant sur un escalier qui débouchait dans le passage par une allée obscure et étroite.

The husband who was always trembling with fever went to bed, while the young woman opened the window to close the shutter blinds. She remained there a few minutes facing the great black wall, which ascends and stretches

Le mari, qui tremblait toujours de fièvre, se mettait au lit; pendant ce temps, la jeune femme ouvrait la croisée pour fermer les persiennes. Elle restait là quelques minutes, devant la grande muraille noire, crépie grossièrement, qui

above the arcade. She cast a vague wandering look upon this wall, and, without a word she, in her turn, went to bed in disdainful indifference.

monte et s'étend au-dessus de la galerie. Elle promenait sur cette muraille un regard vague, et, muette, elle venait se coucher à son tour, dans une indifférence dédaigneuse.

II

CHAPITRE II

Madame Raquin had formerly been a mercer at Vernon. For close upon five-and-twenty years, she had kept a small shop in that town. A few years after the death of her husband, becoming subject to fits of faintness, she sold her business. Her savings added to the price of this sale placed a capital of 40,000 francs in her hand which she invested so that it brought her in an income of 2,000 francs a year.

This sum amply sufficed for her requirements. She led the life of a recluse. Ignoring the poignant joys and cares of this world, she arranged for herself a tranquil existence of peace and happiness.

At an annual rental of 400 francs she took a small house with a garden descending to the edge of the Seine. This enclosed, quiet residence

Mme Raquin était une ancienne mercière de Vernon. Pendant près de vingt-cinq ans, elle avait vécu dans une petite boutique de cette ville. Quelques années après la mort de son mari, des lassitudes la prirent, elle vendit son fonds. Ses économies jointes au prix de cette vente mirent entre ses mains un capital de quarante mille francs qu'elle plaça et qui lui rapporta deux mille francs de rente.

Cette somme devait lui suffire largement. Elle menait une vie de recluse, ignorant les joies et les soucis poignants de ce monde; elle s'était fait une existence de paix et de bonheur tranquille.

Elle loua, moyennant quatre cents francs, une petite maison dont le jardin descendait jusqu'au bord de la Seine. C'était une demeure close et

vaguely recalled the cloister. It stood in the centre of large fields, and was approached by a narrow path. The windows of the dwelling opened to the river and to the solitary hillocks on the opposite bank. The good lady, who had passed the half century, shut herself up in this solitary retreat, where along with her son Camille and her niece Therese, she partook of serene joy.

discrète qui avait de vagues senteurs de cloître; un étroit sentier menait à cette retraite située au milieu de larges prairies: les fenêtres du logis donnaient sur la rivière et sur les coteaux déserts de l'autre rive. La bonne dame, qui avait dépassé la cinquantaine, s'enferma au fond de cette solitude, et y goûta des joies sereines, entre son fils Camille et sa nièce Thérèse.

Although Camille was then twenty, his mother continued to spoil him like a little child. She adored him because she had shielded him from death, throughout a tedious childhood of constant suffering. The boy contracted every fever, every imaginable malady, one after the other. Madame Raquin struggled for fifteen years against these terrible evils, which arrived in rapid succession to tear her son away from her. She vanquished them all by patience, care, and adoration.

Camille avait alors vingt ans. Sa mère le gâtait encore comme un petit garçon. Elle l'adorait pour l'avoir disputé à la mort pendant une longue jeunesse de souffrances. L'enfant eut coup sur coup toutes les fièvres, toutes les maladies imaginables. Mme Raquin soutint une lutte de quinze années contre ces maux terribles qui venaient à la file pour lui arracher son fils. Elle les vainquit tous par sa patience, par ses soins, par son adoration.

Camille having grown up, rescued from death, had contracted a shiver from the torture of the repeated shocks

Camille, grandi, sauvé de la mort, demeura tout frissonnant des secousses répétées qui avaient endolori sa

he had undergone. Arrested in his growth, he remained short and delicate. His long, thin limbs moved slowly and wearily. But his mother loved him all the more on account of this weakness that arched his back. She observed his thin, pale face with triumphant tenderness when she thought of how she had brought him back to life more than ten times over.

chair. Arrêté dans sa croissance, il resta petit et malingre. Ses membres grêles eurent des mouvements lents et fatigués. Sa mère l'aimait davantage pour cette faiblesse qui le pliait. Elle regardait sa pauvre petite figure pâlie avec des tendresses triomphantes, et elle songeait qu'elle lui avait donné la vie plus de dix fois.

During the brief spaces of repose that his sufferings allowed him, the child attended a commercial school at Vernon. There he learned orthography and arithmetic. His science was limited to the four rules, and a very superficial knowledge of grammar. Later on, he took lessons in writing and bookkeeping. Madame Raquin began to tremble when advised to send her son to college. She knew he would die if separated from her, and she said the books would kill him. So Camille remained ignorant, and this ignorance seemed to increase his weakness.

Pendant les rares repos que lui laissa la souffrance, l'enfant suivit les cours d'une école de commerce de Vernon. Il y apprit l'orthographe et l'arithmétique. Sa science se borna aux quatre règles et à une connaissance très superficielle de la grammaire. Plus tard, il prit des leçons d'écriture et de comptabilité. Mme Raquin se mettait à trembler lorsqu'on lui conseillait d'envoyer son fils au collège; elle savait qu'il mourrait loin d'elle, elle disait que les livres le tueraient. Camille resta ignorant, et son ignorance mit comme une faiblesse de plus en lui.

At eighteen, having nothing to do, bored to death at the

A dix-huit ans, désoeuvré, s'ennuyant à mourir dans la

delicate attention of his mother, he took a situation as clerk with a linen merchant, where he earned 60 francs a month. Being of a restless nature idleness proved unbearable.

douceur dont sa mère l'entourait, il entra chez un marchand de toile, à titre de commis. Il gagnait soixante francs par mois. Il était d'un esprit inquiet qui lui rendait l'oisiveté insupportable.

He found greater calm and better health in this labour of a brute which kept him bent all day long over invoices, over enormous additions, each figure of which he patiently added up. At night, broken down with fatigue, without an idea in his head, he enjoyed infinite delight in the doltishness that settled on him.

Il se trouvait plus calme, mieux portant, dans ce labeur de brute, dans ce travail d'employé qui le courbait tout le jour sur des factures, sur d'énormes additions dont il épelait patiemment chaque chiffre. Le soir, brisé, la tête vide, il goûtait des voluptés infinies au fond de l'hébétement qui le prenait.

He had to quarrel with his mother to go with the dealer in linen. She wanted to keep him always with her, between a couple of blankets, far from the accidents of life. But the young man spoke as master. He claimed work as children claim toys, not from a feeling of duty, but by instinct, by a necessity of nature.

Il dut se quereller avec sa mère pour entrer chez le marchand de toile; elle voulait le garder toujours auprès d'elle, entre deux couvertures, loin des accidents de la vie. Le jeune homme parla en maître; il réclama le travail comme d'autres enfants réclament des jouets, non par esprit de devoir, mais par instinct, par besoin de nature.

The tenderness, the devotedness of his mother had instilled into him an egotism that was ferocious. He fancied

Les tendresses, les dévouements de sa mère lui avaient donné un égoïsme féroce; il croyait aimer ceux qui

he loved those who pitied and caressed him; but, in reality, he lived apart, within himself, loving naught but his comfort, seeking by all possible means to increase his enjoyment. When the tender affection of Madame Raquin disgusted him, he plunged with delight into a stupid occupation that saved him from infusions and potions.

le plaignaient et qui le caressaient; mais, en réalité, il vivait à part, au fond de lui, n'aimant que son bien-être, cherchant par tous les moyens possibles à augmenter ses jouissances. Lorsque l'affection attendrie de Mme Raquin l'écoeura, il se jeta avec délices dans une occupation bête qui le sauvait des tisanes et des potions.

In the evening, on his return from the office, he ran to the bank of the Seine with his cousin Therese who was then close upon eighteen. One day, sixteen years previously, while Madame Raquin was still a mercer, her brother Captain Degans brought her a little girl in his arms. He had just arrived from Algeria.

Puis, le soir, au retour du bureau, il courait au bord de la Seine avec sa cousine Thérèse. Thérèse allait avoir dix-huit ans. Un jour, seize années auparavant, lorsque Mme Raquin était encore mercière, son frère, le capitaine Degans, lui apporta une petite fille dans ses bras. Il arrivait d'Algérie.

"Here is a child," said he with a smile, "and you are her aunt. The mother is dead and I don't know what to do with her. I'll give her to you."

—Voici une enfant dont tu es la tante, lui dit-il avec un sourire. Sa mère est morte... Moi, je ne sais qu'en faire. Je te la donne.

The mercer took the child, smiled at her and kissed her rosy cheeks. Although Degans remained a week at Vernon, his sister barely put a question to him concerning the little girl

La mercière prit l'enfant, lui sourit, baisa ses joues roses. Degans resta huit jours à Vernon. Sa soeur l'interrogea à peine sur cette fille qu'il lui donnait. Elle sut vaguement

he had brought her. She understood vaguely that the dear little creature was born at Oran, and that her mother was a woman of the country of great beauty. The Captain, an hour before his departure, handed his sister a certificate of birth in which Therese, acknowledged by him to be his child, bore his name. He rejoined his regiment, and was never seen again at Vernon, being killed a few years later in Africa.

que la chère petite était née à Oran et qu'elle avait pour mère une femme indigène d'une grande beauté. Le capitaine, une heure avant son départ, lui remit un acte de naissance dans lequel Thérèse, reconnue par lui, portait son nom. Il partit et on ne le revit plus; quelques années plus tard, il se fit tuer en Afrique.

Therese grew up under the fostering care of her aunt, sleeping in the same bed as Camille. She who had an iron constitution, received the treatment of a delicate child, partaking of the same medicine as her cousin, and kept in the warm air of the room occupied by the invalid. For hours she remained crouching over the fire, in thought, watching the flames before her, without lowering her eyelids.

Thérèse grandit, couchée dans le même lit que Camille, sous les tièdes tendresses de sa tante. Elle était d'une santé de fer, et elle fut soignée comme une enfant chétive, partageant les médicaments que prenait son cousin, tenue dans l'air chaud de la chambre occupée par le petit malade. Pendant des heures, elle restait accroupie devant le feu, pensive, regardant les flammes en face, sans baisser les paupières.

This obligatory life of a convalescent caused her to retire within herself. She got into the habit of talking in a low voice, of moving about

Cette vie forcée de convalescente la replia sur elle-même; elle prit l'habitude de parler à voix basse, de marcher sans faire de bruit, de rester

noiselessly, of remaining mute and motionless on a chair with expressionless, open eyes. But, when she raised an arm, when she advanced a foot, it was easy to perceive that she possessed feline suppleness, short, potent muscles, and that unmistakable energy and passion slumbered in her soporous frame.

muette et immobile sur une chaise, les yeux ouverts et vides de regards. Et lorsqu'elle levait un bras, lorsqu'elle avançait un pied, on sentait en elle des souplesses félines, des muscles courts et puissants, toute une énergie, toute une passion qui dormaient dans sa chair assoupie.

Her cousin having fallen down one day in a fainting fit, she abruptly picked him up and carried him—an effort of strength that turned her cheeks scarlet. The cloistered life she led, the debilitating regimen to which she found herself subjected, failed to weaken her thin, robust form. Only her face took a pale, and even a slightly yellowish tint, making her look almost ugly in the shade. Ever and anon she went to the window, and contemplated the opposite houses on which the sun threw sheets of gold.

Un jour, son cousin était tombé, pris de faiblesse; elle l'avait soulevé et transporté, d'un geste brusque, et ce déploiement de force avait mis de larges plaques ardentes sur son visage. La vie cloîtrée qu'elle menait, le régime débilitant auquel elle était soumise ne purent affaiblir son corps maigre et robuste; sa face prit seulement des teintes pâles, légèrement jaunâtres, et elle devint presque laide à l'ombre. Parfois, elle allait à la fenêtre, elle contemplait les maisons d'en face sur lesquelles le soleil jetait des nappes dorées.

When Madame Raquin sold her business, and withdrew to the little place beside the river, Therese experienced secret thrills of joy. Her aunt had so

Lorsque Mme Raquin vendit son fonds et qu'elle se retira dans la petite maison du bord de l'eau, Thérèse eut de secrets tressaillements de joie. Sa tante

frequently repeated to her: "Don't make a noise; be quiet," that she kept all the impetuosity of her nature carefully concealed within her. She possessed supreme composure, and an apparent tranquillity that masked terrible transports.

lui avait répété si souvent: "Ne fais pas de bruit, reste tranquille", qu'elle tenait soigneusement cachées, au fond d'elle, toutes les fougues de sa nature. Elle possédait un sang-froid suprême, une apparente tranquillité qui cachait des emportements terribles.

She still fancied herself in the room of her cousin, beside a dying child, and had the softened movements, the periods of silence, the placidity, the faltering speech of an old woman. When she saw the garden, the clear river, the vast green hillocks ascending on the horizon, she felt a savage desire to run and shout. She felt her heart thumping fit to burst in her bosom; but not a muscle of her face moved, and she merely smiled when her aunt inquired whether she was pleased with her new home.

Elle se croyait toujours dans la chambre de son cousin, auprès d'un enfant moribond; elle avait des mouvements adoucis, des silences, des placidités, des paroles bégayées de vieille femme. Quand elle vit le jardin, la rivière blanche, les vastes coteaux verts qui montaient à l'horizon, il lui prit une envie sauvage de courir et de crier; elle sentit son coeur qui frappait à grands coups dans sa poitrine; mais pas un muscle de son visage ne bougea, elle se contenta de sourire lorsque sa tante lui demanda si cette nouvelle demeure lui plaisait.

Life now became more pleasant for her. She maintained her supple gait, her calm, indifferent countenance, she remained the child brought up in the bed of an invalid; but

Alors la vie devint meilleure pour elle. Elle garda ses allures souples, sa physionomie calme et indifférente, elle resta l'enfant élevée dans le lit d'un malade; mais elle vécut

inwardly she lived a burning, passionate existence. When alone on the grass beside the water, she would lie down flat on her stomach like an animal, her black eyes wide open, her body writhing, ready to spring.

And she stayed there for hours, without a thought, scorched by the sun, delighted at being able to thrust her fingers in the earth. She had the most ridiculous dreams; she looked at the roaring river in defiance, imagining that the water was about to leap on her and attack her. Then she became rigid, preparing for the defence, and angrily inquiring of herself how she could vanquish the torrent.

At night, Therese, appeased and silent, stitched beside her aunt, with a countenance that seemed to be dozing in the gleam that softly glided from beneath the lamp shade. Camille buried in an armchair thought of his additions. A word uttered in a low voice, alone disturbed, at moments, the peacefulness of this drowsy home.

Madame Raquin observed her

intérieurement une existence brûlante et emportée. Quand elle était seule, dans l'herbe, au bord de l'eau, elle se couchait à plat ventre comme une bête, les yeux noirs et agrandis, le corps tordu, près de bondir.

Et elle restait là, pendant des heures, ne pensant à rien, mordue par le soleil, heureuse d'enfoncer ses doigts dans la terre. Elle faisait des rêves fous; elle regardait avec défi la rivière qui grondait, elle s'imaginait que l'eau allait se jeter sur elle et l'attaquer; alors elle se roidissait, elle se préparait à la défense, elle se questionnait avec colère pour savoir comment elle pourrait vaincre les flots.

Le soir, Thérèse, apaisée et silencieuse, cousait auprès de sa tante; son visage semblait sommeiller dans la lueur qui glissait mollement de l'abat-jour de la lampe. Camille, affaissé au fond d'un fauteuil, songeait à ses additions. Une parole, dite à voix basse, troublait seule par moments la paix de cet intérieur endormi.

Mme Raquin regardait ses

children with serene benevolence. She had resolved to make them husband and wife. She continued to treat her son as if he were at death's door; and she trembled when she happened to reflect that she would one day die herself, and would leave him alone and suffering. In that contingency, she relied on Therese, saying to herself that the young girl would be a vigilant guardian beside Camille. Her niece with her tranquil manner, and mute devotedness, inspired her with unlimited confidence. She had seen Therese at work, and wished to give her to her son as a guardian angel. This marriage was a solution to the matter, foreseen and settled in her mind.

enfants avec une bonté sereine. Elle avait résolu de les marier ensemble. Elle traitait toujours son fils en moribond; elle tremblait lorsqu'elle venait à songer qu'elle mourrait un jour et qu'elle le laisserait seul et souffrant. Alors elle comptait sur Thérèse, elle se disait que la jeune fille serait une garde vigilante auprès de Camille. Sa nièce, avec ses airs tranquilles, ses dévouements muets, lui inspirait une confiance sans bornes. Elle l'avait vue à l'oeuvre, elle voulait la donner à son fils comme un ange gardien. Ce mariage était un dénoûment prévu, arrêté.

The children knew for a long time that they were one day to marry. They had grown up with this idea, which had thus become familiar and natural to them. The union was spoken of in the family as a necessary and positive thing. Madame Raquin had said: "We will wait until Therese is one-and-twenty."

Les enfants savaient depuis longtemps qu'ils devaient s'épouser un jour. Ils avaient grandi dans cette pensée qui leur était devenue ainsi familière et naturelle. On parlait de cette union, dans la famille, comme d'une chose nécessaire, fatale. Mme Raquin avait dit: « Nous attendrons que Thérèse ait vingt et un ans. »

And they waited patiently, without excitement, and without a blush. Camille, whose blood had become impoverished by illness, had remained a little boy in the eyes of his cousin. He kissed her as he kissed his mother, by habit, without losing any of his egotistic tranquillity. He looked upon her as an obliging comrade who helped him to amuse himself, and who, if occasion offered, prepared him an infusion.

When playing with her, when he held her in his arms, it was as if he had a boy to deal with. He experienced no thrill, and at these moments the idea had never occurred to him of planting a warm kiss on her lips as she struggled with a nervous laugh to free herself.

The girl also seemed to have remained cold and indifferent. At times her great eyes rested on Camille and fixedly gazed at him with sovereign calm. On such occasions her lips alone made almost imperceptible little motions. Nothing could be read on her expressionless countenance, which an inexorable will always

Et ils attendaient patiemment, sans fièvre, sans rougeur. Camille, dont la maladie avait appauvri le sang, ignorait les âpres désirs de l'adolescence. Il était resté petit garçon devant sa cousine, il l'embrassait comme il embrassait sa mère, par habitude, sans rien perdre de sa tranquillité égoïste. Il voyait en elle une camarade complaisante qui l'empêchait de trop s'ennuyer, et qui, à l'occasion, lui faisait de la tisane.

Quand il jouait avec elle, qu'il la tenait dans ses bras, il croyait tenir un garçon; sa chair n'avait pas un frémissement. Et jamais il ne lui était venu la pensée, en ces moments, de baiser les lèvres chaudes de Thérèse, qui se débattait en riant d'un rire nerveux.

La jeune fille, elle aussi, semblait rester froide et indifférente. Elle arrêtait parfois ses grands yeux sur Camille et le regardait pendant plusieurs minutes avec une fixité d'un calme souverain. Ses lèvres seules avaient alors de petits mouvements imperceptibles. On ne pouvait rien lire sur ce visage fermé

maintained gentle and attentive. Therese became grave when the conversation turned to her marriage, contenting herself with approving all that Madame Raquin said by a sign of the head. Camille went to sleep.

qu'une volonté implacable tenait toujours doux et attentif. Quand on parlait de son mariage, Thérèse devenait grave, se contentait d'approuver de la tête tout ce que disait Mme Raquin. Camille s'endormait.

On summer evenings, the two young people ran to the edge of the water. Camille, irritated at the incessant attentions of his mother, at times broke out in open revolt. He wished to run about and make himself ill, to escape the fondling that disgusted him. He would then drag Therese along with him, provoking her to wrestle, to roll in the grass. One day, having pushed his cousin down, the young girl bounded to her feet with all the savageness of a wild beast, and, with flaming face and bloodshot eyes, fell upon him with clenched fists. Camille in fear sank to the ground.

Le soir, en été, les deux jeunes gens se sauvaient au bord de l'eau. Camille s'irritait des soins incessants de sa mère, il avait des révoltes, il voulait courir, se rendre malade, échapper aux câlineries qui lui donnaient des nausées. Alors il entraînait Thérèse, il la provoquait à lutter, à se vautrer sur l'herbe. Un jour, il poussa sa cousine et la fit tomber; la jeune fille se releva d'un bond, avec une sauvagerie de bête, et, la face ardente, les yeux rouges, elle se précipita sur lui, les deux bras levés. Camille se laissa glisser à terre. Il avait peur.

Months and years passed by, and at length the day fixed for the marriage arrived. Madame Raquin took Therese apart, spoke to her of her father and mother, and related to her the story of her birth. The young

Les mois, les années s'écoulèrent. Le jour fixé pour le mariage arriva. Mme Raquin prit Thérèse à part, lui parla de son père et de sa mère, lui conta l'histoire de sa naissance. La jeune fille écouta sa tante,

girl listened to her aunt, and when she had finished speaking, kissed her, without answering a word.

puis l'embrassa sans répondre un mot.

At night, Therese, instead of going into her own room, which was on the left of the staircase, entered that of her cousin which was on the right. This was all the change that occurred in her mode of life. The following day, when the young couple came downstairs, Camille had still his sickly languidness, his righteous tranquillity of an egotist. Therese still maintained her gentle indifference, and her restrained expression of frightful calmness.

Le soir, Thérèse, au lieu d'entrer dans sa chambre, qui était à gauche de l'escalier, entra dans celle de son cousin, qui était à droite. Ce fut tout le changement qu'il y eut dans sa vie, ce jour-là. Et, le lendemain, lorsque les jeunes époux descendirent, Camille avait encore sa langueur maladive, sa sainte tranquillité d'égoïste. Thérèse gardait toujours son indifférence douce, son visage contenu, effrayant de calme.

III

CHAPITRE III

A week after the marriage, Camille distinctly told his mother that he intended quitting Vernon to reside in Paris. Madame Raquin protested: she had arranged her mode of life, and would not modify it in any way. Thereupon her son had a nervous attack, and threatened to fall ill, if she did not give way to his whim.

Huit jours après son mariage, Camille déclara nettement à sa mère qu'il entendait quitter Vernon et aller vivre à Paris. Mme Raquin se récria: elle avait arrangé son existence; elle ne voulait point y changer un seul événement. Son fils eut une crise de nerfs, il la menaça de tomber malade, si elle ne cédait pas à son caprice.

"Never have I opposed you in your plans," said he; "I married my cousin, I took all the drugs you gave me. It is only natural, now, when I have a desire of my own, that you should be of the same mind. We will move at the end of the month."

—Je ne t'ai jamais contrariée dans tes projets, lui dit-il; j'ai épousé ma cousine, j'ai pris toutes les drogues que tu m'as données. C'est bien le moins, aujourd'hui, que j'aie une volonté, et que tu sois de mon avis. Nous partirons à la fin du mois.

Madame Raquin was unable to sleep all night. The decision Camille had come to, upset her way of living, and, in despair, she sought to arrange another existence for herself and the married couple. Little by little, she recovered calm. She reflected that the young people might have children, and that her small fortune would not then suffice.

Mme Raquin ne dormit pas de la nuit. La décision de Camille bouleversait sa vie, et elle cherchait désespérément à se refaire une existence. Peu à peu, le calme se fit en elle. Elle réfléchit que le jeune ménage pouvait avoir des enfants et que sa petite fortune ne suffirait plus alors.

It was necessary to earn money, to go into business again, to find lucrative occupation for Therese. The next day she had become accustomed to the idea of moving, and had arranged a plan for a new life.

Il fallait gagner encore de l'argent, se remettre au commerce, trouver une occupation lucrative pour Thérèse. Le lendemain, elle s'était habituée à l'idée du départ, elle avait fait le plan d'une vie nouvelle.

At luncheon she was quite gay.

Au déjeuner, elle était toute gaie.

"This is what we will do," said she to her children. "I will go

—Voici ce que nous allons faire, dit-elle à ses enfants. J'irai

to Paris to-morrow. There I will look out for a small mercery business for sale, and Therese and myself will resume selling needles and cotton, which will give us something to do. You, Camille, will act as you like. You can either stroll about in the sun, or you can find some employment."

à Paris demain; je chercherai un petit fonds de commerce, et nous nous remettrons, Thérèse et moi, à vendre du fil et des aiguilles. Cela nous occupera. Toi, Camille, tu feras ce que tu voudras, tu te promèneras au soleil ou tu trouveras un emploi.

"I shall find employment," answered the young man. The truth was that an idiotic ambition had alone impelled Camille to leave Vernon. He wished to find a post in some important administration. He blushed with delight when he fancied he saw himself in the middle of a large office, with lustring elbow sleeves, and a pen behind his ear.

—Je trouverai un emploi, répondit le jeune homme. La vérité était qu'une ambition bête avait seule poussé Camille au départ. Il voulait être employé dans une grande administration; il rougissait de plaisir, lorsqu'il se voyait en rêve au milieu d'un vaste bureau, avec des manches de lustrine, la plume sur l'oreille.

Therese was not consulted: she had always displayed such passive obedience that her aunt and husband no longer took the trouble to ask her opinion. She went where they went, she did what they did, without a complaint, without a reproach, without appearing even to be aware that she changed her place of residence.

Thérèse ne fut pas consultée; elle avait toujours montré une telle obéissance passive que sa tante et son mari ne prenaient plus la peine de lui demander son opinion. Elle allait où ils allaient, elle faisait ce qu'ils faisaient, sans une plainte, sans un reproche, sans même paraître savoir qu'elle changeait de place.

Madame Raquin came to Paris, and went straight to the Arcade of the Pont Neuf. An old maid at Vernon had sent her to one of her relatives who in this arcade kept a mercery shop which she desired to get rid of.

Mme Raquin vint à Paris et alla droit au passage du Pont-Neuf. Une vieille demoiselle de Vernon l'avait adressée à une de ses parentes qui tenait dans ce passage un fonds de mercerie dont elle désirait se débarrasser.

The former mercer found the shop rather small, and rather dark; but, in passing through Paris, she had been taken aback by the noise in the streets, by the luxuriously dressed windows, and this narrow gallery, this modest shop front, recalled her former place of business which was so peaceful. She could fancy herself again in the provinces, and she drew a long breath thinking that her dear children would be happy in this out-of-the-way corner.

L'ancienne mercière trouva la boutique un peu petite, un peu noire; mais, en traversant Paris, elle avait été effrayée par le tapage des rues, par le luxe des étalages, et cette galerie étroite, ces vitrines modestes lui rappelèrent son ancien magasin, si paisible. Elle put se croire encore en province, elle respira, elle pensa que ses chers enfants seraient heureux dans ce coin ignoré.

The low price asked for the business, caused her to make up her mind. The owner sold it her for 2,000 francs, and the rent of the shop and first floor was only 1,200 francs a year. Madame Raquin, who had close upon 4,000 francs saved up, calculated that she could pay for the business and settle the rent for the first year,

Le prix modeste du fonds la décida; on le lui vendait deux mille francs. Le loyer de la boutique et du premier étage n'était que douze cents francs. Mme Raquin, qui avait près de quatre mille francs d'économies, calcula qu'elle pourrait payer le fonds et la première année de loyer sans entamer sa fortune. Les

without encroaching on her fortune. The salary Camille would be receiving, and the profit on the mercery business would suffice, she thought, to meet the daily expenses; so that she need not touch the income of her funded money, which would capitalise, and go towards providing marriage portions for her grandchildren.

appointements de Camille et les bénéfices du commerce de mercerie suffiraient, pensait-elle, aux besoins journaliers; de sorte qu'elle ne toucherait plus ses rentes et qu'elle laisserait grossir le capital pour doter ses petits-enfants.

She returned to Vernon beaming with pleasure, relating that she had found a gem, a delightful little place right in the centre of Paris. Little by little, at the end of a few days, in her conversations of an evening, the damp, obscure shop in the arcade became a palace; she pictured it to herself, so far as her memory served her, as convenient, spacious, tranquil, and replete with a thousand inestimable advantages.

Elle revint rayonnante à Vernon, elle dit qu'elle avait trouvé une perle, un trou délicieux, en plein Paris. Peu à peu, au bout de quelques jours, dans ses causeries du soir, la boutique humble et obscure du passage devint un palais; elle la revoyait, au fond de ses souvenirs, commode, large, tranquille, pourvue de mille avantages inappréciables.

"Ah! my dear Therese," said she, "you will see how happy we shall be in that nook! There are three beautiful rooms upstairs. The arcade is full of people. We will make charming displays. There is no fear of our feeling dull."

—Ah! ma bonne Thérèse, disait-elle, tu verras comme nous serons heureuses dans ce coin-là! Il y a trois belles chambres en haut.... Le passage est plein de monde.... Nous ferons des étalages charmants.... Va, nous ne nous ennuierons pas.

But she did not stop there. All her instinct of a former shopkeeper was awakened. She gave advice to Therese, beforehand, as to buying and selling, and posted her up in all the tricks of small tradespeople. At length, the family quitted the house beside the Seine, and on the evening of the same day, were installed in the Arcade of the Pont Neuf.

Et elle ne tarissait point. Tous ses instincts d'ancienne marchande se réveillaient; elle donnait à l'avance des conseils à Thérèse sur la vente, sur les achats, sur les roueries du petit commerce. Enfin la famille quitta la maison du bord de la Seine; le soir du même jour, elle s'installait au passage du Pont-Neuf.

When Therese entered the shop, where in future she was to live, it seemed to her that she was descending into the clammy soil of a grave. She felt quite disheartened, and shivered with fear. She looked at the dirty, damp gallery, visited the shop, and ascending to the first floor, walked round each room. These bare apartments, without furniture, looked frightful in their solitude and dilapidation.

Quand Thérèse entra dans la boutique où elle allait vivre désormais, il lui semblait qu'elle descendait dans la terre grasse d'une fosse. Une sorte d'écoeurement la prit à la gorge, elle eut des frissons de peur. Elle regarda la galerie sale et humide, elle visita le magasin, monta au premier étage, fit le tour de chaque pièce; ces pièces nues, sans meubles, étaient effrayantes de solitude et de délabrement.

The young woman could not make a gesture, or utter a word. She was as if frozen. Her aunt and husband having come downstairs, she seated herself on a trunk, her hands rigid, her throat full of sobs, and yet she could not cry.

La jeune femme ne trouva pas un geste, ne prononça pas une parole. Elle était comme glacée. Sa tante et son mari étaient descendus, elle s'assit sur une malle, les mains roides, la gorge pleine de sanglots, ne pouvant pleurer.

Madame Raquin, face to face with reality, felt embarrassed, and ashamed of her dreams. She sought to defend her acquisition. She found a remedy for every fresh inconvenience that was discovered, explaining the obscurity by saying the weather was overcast, and concluded by affirming that a sweep-up would suffice to set everything right.

Mme Raquin, en face de la réalité, resta embarrassée, honteuse de ses rêves. Elle chercha à défendre son acquisition. Elle trouvait un remède à chaque nouvel inconvénient qui se présentait, expliquait l'obscurité en disant que le temps était couvert, et concluait en affirmant qu'un coup de balai suffirait.

"Bah!" answered Camille, "all this is quite suitable. Besides, we shall only come up here at night. I shall not be home before five or six o'clock. As to you two, you will be together, so you will not be dull."

—Bah! répondait Camille, tout cela est très convenable.... D'ailleurs, nous ne monterons ici que le soir. Moi, je ne rentrerai pas avant cinq ou six heures.... Vous deux, vous serez ensemble, vous ne vous ennuierez pas.

The young man would never have consented to inhabit such a den, had he not relied on the comfort of his office. He said to himself that he would be warm all day at his administration, and that, at night, he would go to bed early.

Jamais le jeune homme n'aurait consenti à habiter un pareil taudis, s'il n'avait compté sur les douceurs tièdes de son bureau. Il se disait qu'il aurait chaud tout le jour à son administration, et que, le soir, il se coucherait de bonne heure.

For a whole week, the shop and lodging remained in disorder. Therese had seated herself behind the counter

Pendant une grande semaine, la boutique et le logement restèrent en désordre. Dès le premier jour, Thérèse s'était

from the first day, and she did not move from that place. Madame Raquin was astonished at this depressed attitude. She had thought that the young woman would try to adorn her habitation. That she would place flowers at the windows, and ask for new papers, curtains and carpets. When she suggested some repairs, some kind of embellishment, her niece quietly replied:

assise derrière le comptoir, et elle ne bougeait plus de cette place, Mme Raquin s'étonna de cette attitude affaissée; elle avait cru que la jeune femme allait chercher à embellir sa demeure, mettre des fleurs sur les fenêtres, demander des papiers neufs, des rideaux, des tapis. Lorsqu'elle proposait une réparation, un embellissement quelconque:

"What need is there for it? We are very well as we are. There is no necessity for luxury."

—A quoi bon? répondait tranquillement sa nièce. Nous sommes très bien, nous n'avons pas besoin de luxe.

It was Madame Raquin who had to arrange the rooms and tidy up the shop. Therese at last lost patience at seeing the good old lady incessantly turning round and round before her eyes; she engaged a charwoman, and forced her aunt to be seated beside her.

Ce fut Mme Raquin qui dut arranger les chambres et mettre un peu d'ordre dans la boutique. Thérèse finit par s'impatienter à la voir sans cesse tourner devant ses yeux; elle prit une femme de ménage, elle força sa tante à venir s'asseoir auprès d'elle.

Camille remained a month without finding employment. He lived as little as possible in the shop, preferring to stroll about all day; and he found life so dreadfully dull with nothing to do, that he spoke of

Camille resta un mois sans pouvoir trouver un emploi. Il vivait le moins possible dans la boutique, il flânait toute la journée. L'ennui le prit à un tel point qu'il parla de retourner à Vernon. Enfin, il entra dans

returning to Vernon. But he at length obtained a post in the administration of the Orleans Railway, where he earned 100 francs a month. His dream had become realised.

l'administration du chemin de fer d'Orléans. Il gagnait cent francs par mois. Son rêve était exaucé.

He set out in the morning at eight o'clock. Walking down the Rue Guenegaud, he found himself on the quays. Then, taking short steps with his hands in his pockets, he followed the Seine from the Institut to the Jardin des Plantes. This long journey which he performed twice daily, never wearied him. He watched the water running along, and he stopped to see the rafts of wood descending the river, pass by. He thought of nothing.

Le matin, il partait à huit heures. Il descendait la rue Guénégaud et se trouvait sur les quais. Alors, à petits pas, les mains dans les poches, il suivait la Seine, de l'Institut au Jardin des Plantes. Cette longue course, qu'il faisait deux fois par jour, ne l'ennuyait jamais. Il regardait couler l'eau, il s'arrêtait pour voir passer les trains de bois qui descendaient la rivière. Il ne pensait à rien.

Frequently he planted himself before Notre Dame, to contemplate the scaffolding surrounding the cathedral which was then undergoing repair. These huge pieces of timber amused him although he failed to understand why. Then he cast a glance into the Port aux Vins as he went past, and after that counted the cabs coming from the station.

Souvent il se plantait devant Notre-Dame, et contemplait les échafaudages dont l'église, alors en réparation, était entourée: ces grosses pièces de charpente l'amusaient, sans qu'il sût pourquoi. Puis, en passant, il jetait un coup d'oeil dans le Port aux Vins, il comptait les fiacres qui venaient de la gare.

In the evening, quite stupefied, with his head full of some silly story related to his office, he crossed the Jardin des Plantes, and went to have a look at the bears, if he was not in too great a hurry. There he remained half an hour, leaning over the rails at the top of the pit, observing the animals clumsily swaying to and fro. The behaviour of these huge beasts pleased him. He examined them with gaping mouth and rounded eyes, partaking of the joy of an idiot when he perceived them bestir themselves. At last he turned homewards, dragging his feet along, busying himself with the passers-by, with the vehicles, and the shops.

Le soir, abruti, la tête pleine de quelque sotte histoire contée à son bureau, il traversait le Jardin des Plantes et allait voir les ours, s'il n'était pas trop pressé. Il restait là une demi-heure, penché au-dessus de la fosse, suivant du regard les ours qui se dandinaient lourdement: les allures de ces grosses bêtes lui plaisaient; il les examinait, les lèvres ouvertes, les yeux arrondis, goûtant une joie d'imbécile à les voir se remuer. Il se décidait enfin à rentrer, traînant les pieds, s'occupant des passants, des voitures, des magasins.

As soon as he arrived he dined, and then began reading. He had purchased the works of Buffon, and, every evening, he set himself to peruse twenty to thirty pages, notwithstanding the wearisome nature of the task. He also read in serial, at 10 centimes the number, "The History of the Consulate and Empire" by Thiers, and "The History of the Girondins" by Lamartine, as well as some

Dès son arrivée, il mangeait, puis se mettait à lire. Il avait acheté les oeuvres de Buffon, et, chaque soir, il se donnait une tâche de vingt, de trente pages, malgré l'ennui qu'une pareille lecture lui causait. Il lisait encore, en livraisons à dix centimes, l' Histoire du Consulat et de l'Empire , de Thiers, et l' Histoire des Girondins , de Lamartine, ou bien des ouvrages de

popular scientific works.

He fancied he was labouring at his education. At times, he forced his wife to listen to certain pages, to particular anecdotes, and felt very much astonished that Therese could remain pensive and silent the whole evening, without being tempted to take up a book. And he thought to himself that his wife must be a woman of very poor intelligence.

Therese thrust books away from her with impatience. She preferred to remain idle, with her eyes fixed, and her thoughts wandering and lost. But she maintained an even, easy temper, exercising all her will to render herself a passive instrument, replete with supreme complaisance and abnegation.

The shop did not do much business. The profit was the same regularly each month. The customers consisted of female workpeople living in the neighbourhood. Every five minutes a young girl came in to purchase a few sous worth of goods. Therese served the people with words that were

vulgarisation scientifique.

Il croyait travailler à son éducation. Parfois, il forçait sa femme à écouter la lecture de certaines pages, de certaines anecdotes. Il s'étonnait beaucoup que Thérèse pût rester pensive et silencieuse pendant toute une soirée, sans être tentée de prendre un livre. Au fond, il s'avouait que sa femme était une pauvre intelligence.

Thérèse repoussait les livres avec impatience. Elle préférait demeurer oisive, les yeux fixes, la pensée flottante et perdue. Elle gardait d'ailleurs une humeur égale et facile; toute sa volonté tendait à faire de son être un instrument passif, d'une complaisance et d'une abnégation suprêmes.

Le commerce allait tout doucement. Les bénéfices, chaque mois, étaient régulièrement les mêmes. La clientèle se composait des ouvrières du quartier. A chaque cinq minutes, une jeune fille entrait, achetait pour quelques sous de marchandise. Thérèse servait les clientes

ever the same, with a smile that appeared mechanically on her lisp. Madame Raquin displayed a more unbending, a more gossipy disposition, and, to tell the truth, it was she who attracted and retained the customers.

For three years, days followed days and resembled one another. Camille did not once absent himself from his office. His mother and wife hardly ever left the shop. Therese, residing in damp obscurity, in gloomy, crushing silence, saw life expand before her in all its nakedness, each night bringing the same cold couch, and each morn the same empty day.

avec des paroles toujours semblables, avec un sourire qui montait mécaniquement à ses lèvres. Mme Raquin se montrait plus souple, plus bavarde, et, à vrai dire, c'était elle qui attirait et retenait sa clientèle.

Pendant trois ans, les jours se suivirent et se ressemblèrent. Camille ne s'absenta pas une seule fois de son bureau; sa mère et sa femme sortirent à peine de la boutique. Thérèse vivant dans une ombre humide, dans un silence morne et écrasant, voyait la vie s'étendre devant elle, toute nue, amenant chaque soir la même couche froide et chaque matin la même journée vide.

IV

One day out of seven, on the Thursday evening, the Raquin family received their friends. They lit a large lamp in the dining-room, and put water on the fire to make tea. There was quite a set out. This particular evening emerged in bold relief from the others. It had become one of the customs of the family, who regarded it in the light of a middle-class orgie

CHAPITRE IV

Un jour sur sept, le jeudi soir, la famille Raquin recevait. On allumait une grande lampe dans la salle à manger, et l'on mettait une bouilloire d'eau au feu pour faire du thé. C'était toute une grosse histoire. Cette soirée-là tranchait sur les autres; elle avait passé dans les habitudes de la famille comme une orgie bourgeoise d'une gaieté folle. On se couchait à

full of giddy gaiety. They did not retire to rest until eleven o'clock at night.

onze heures.

At Paris Madame Raquin had found one of her old friends, the commissary of police Michaud, who had held a post at Vernon for twenty years, lodging in the same house as the mercer. A narrow intimacy had thus been established between them; then, when the widow had sold her business to go and reside in the house beside the river, they had little by little lost sight of one another.

Mme Raquin retrouva à Paris un de ses vieux amis, le commissaire de police Michaud, qui avait exercé à Vernon pendant vingt ans, logé dans la même maison que la mercière. Une étroite intimité s'était ainsi établie entre eux; puis, lorsque la veuve avait vendu son fonds pour aller habiter la maison du bord de l'eau, ils s'étaient peu à peu perdus de vue.

Michaud left the provinces a few months later, and came to live peacefully in Paris, Rue de Seine, on his pension of 1,500 francs. One rainy day, he met his old friend in the Arcade of the Pont Neuf, and the same evening dined with the family.

Michaud quitta la province quelques mois plus tard et vint manger paisiblement à Paris, rue de Seine, les quinze cents francs de sa retraite. Un jour de pluie, il rencontra sa vieille amie dans le passage du Pont-Neuf; le soir même, il dînait chez les Raquin.

The Thursday receptions began in this way: the former commissary of police got into the habit of calling on the Raquins regularly once a week. After a while he came accompanied by his son Olivier, a great fellow of thirty,

Ainsi furent fondées les réceptions du jeudi. L'ancien commissaire de police prit l'habitude de venir ponctuellement une fois par semaine. Il finit par amener son fils Olivier, un grand garçon de trente ans, sec et

dry and thin, who had married a very little woman, slow and sickly.

maigre, qui avait épousé une toute petite femme, lente et maladive.

This Olivier held the post of head clerk in the section of order and security at the Prefecture of Police, worth 3,000 francs a year, which made Camille feel particularly jealous. From the first day he made his appearance, Therese detested this cold, rigid individual, who imagined he honoured the shop in the arcade by making a display of his great shrivelled-up frame, and the exhausted condition of his poor little wife.

Olivier occupait à la préfecture de police un emploi de trois mille francs dont Camille se montrait singulièrement jaloux; il était commis principal dans le bureau de la police d'ordre et de sûreté. Dès le premier jour, Thérèse détesta ce garçon roide et froid qui croyait honorer la boutique du passage en y promenant la sécheresse de son grand corps et les défaillances de sa pauvre petite femme.

Camille introduced another guest, an old clerk at the Orleans Railway, named Grivet, who had been twenty years in the service of the company, where he now held the position of head clerk, and earned 2,100 francs a year. It was he who gave out the work in the office where Camille had found employment, and the latter showed him certain respect. Camille, in his day dreams, had said to himself that Grivet would one day die, and that he would perhaps take his place at the end of a decade

Camille introduisit un autre invité, un vieil employé du chemin de fer d'Orléans. Grivet avait vingt ans de service; il était premier commis et gagnait deux mille cent francs. C'était lui qui distribuait la besogne aux employés du bureau de Camille, et celui-ci lui témoignait un certain respect; dans ses rêves, il se disait que Grivet mourrait un jour, qu'il le remplacerait peut-être, au bout d'une dizaine d'années.

or so.

Grivet was delighted at the welcome Madame Raquin gave him, and he returned every week with perfect regularity. Six months later, his Thursday visit had become, in his way of thinking, a duty: he went to the Arcade of the Pont Neuf, just as he went every morning to his office, that is to say mechanically, and with the instinct of a brute.

Grivet fut enchanté de l'accueil de Mme Raquin, il revint chaque semaine avec une régularité parfaite. Six mois plus tard, sa visite du jeudi était devenue pour lui un devoir: il allait au passage du Pont-Neuf, comme il se rendait chaque matin à son bureau, mécaniquement, par un instinct de brute.

From this moment, the gatherings became charming. At seven o'clock Madame Raquin lit the fire, set the lamp in the centre of the table, placed a box of dominoes beside it, and wiped the tea service which was in the sideboard. Precisely at eight o'clock old Michaud and Grivet met before the shop, one coming from the Rue de Seine, and the other from the Rue Mazarine. As soon as they entered, all the family went up to the first floor.

Dès lors, les réunions devinrent charmantes. A sept heures, Mme Raquin allumait le feu, mettait la lampe au milieu de la table, posait un jeu de dominos à côté, essuyait le service à thé qui se trouvait sur le buffet. A huit heures précises, le vieux Michaud et Grivet se rencontraient devant la boutique venant l'un de la rue de Seine, l'autre de la rue Mazarine. Ils entraient, et toute la famille montait au premier étage.

There, in the dining-room, they seated themselves round the table waiting for Olivier Michaud and his wife who always arrived late. When the

On s'asseyait autour de la table, on attendait Olivier Michaud et sa femme, qui arrivaient toujours en retard. Quand la réunion se trouvait au complet,

party was complete, Madame Raquin poured out the tea. Camille emptied the box of dominoes on the oilcloth table cover, and everyone became deeply interested in their hands. Henceforth nothing could be heard but the jingle of dominoes. At the end of each game, the players quarrelled for two or three minutes, then mournful silence was resumed, broken by the sharp clanks of the dominoes.

Mme Raquin versait le thé, Camille vidait la boite de dominos sur la toile cirée, chacun s'enfonçait dans son jeu. On n'entendait plus que le cliquetis des dominos. Après chaque partie, les joueurs se querellaient pendant deux ou trois minutes, puis le silence retombait, morne, coupé de bruits secs.

Therese played with an indifference that irritated Camille. She took Francois, the great tabby cat that Madame Raquin had brought from Vernon, on her lap, caressing it with one hand, whilst she placed her dominoes with the other.

Thérèse jouait avec une indifférence qui irritait Camille. Elle prenait sur elle François, le gros chat tigré que Mme Raquin avait apporté de Vernon, elle le caressait d'une main, tandis qu'elle posait les dominos de l'autre.

These Thursday evenings were a torture to her. Frequently she complained of being unwell, of a bad headache, so as not to play, and remain there doing nothing, and half asleep. An elbow on the table, her cheek resting on the palm of her hand, she watched the guests of her aunt and husband through a sort of yellow, smoky mist coming from the

Les soirées du jeudi étaient un supplice pour elle; souvent elle se plaignait d'un malaise, d'une forte migraine, afin de ne pas jouer, de rester là oisive, à moitié endormie. Un coude sur la table, la joue appuyée sur la paume de la main, elle regardait les invités de sa tante et de son mari, elle les voyait à travers une sorte de brouillard jaune et fumeux qui sortait de

lamp. All these faces exasperated her.

She looked from one to the other in profound disgust and secret irritation. Old Michaud exhibited a pasty countenance, spotted with red blotches, one of those death-like faces of an old man fallen into second childhood; Grivet had the narrow visage, the round eyes, the thin lips of an idiot. Olivier, whose bones were piercing his cheeks, gravely carried a stiff, insignificant head on a ridiculous body; as to Suzanne, the wife of Olivier, she was quite pale, with expressionless eyes, white lips, and a soft face.

And Therese could not find one human being, not one living being among these grotesque and sinister creatures, with whom she was shut up; sometimes she had hallucinations, she imagined herself buried at the bottom of a tomb, in company with mechanical corpses, who, when the strings were pulled, moved their heads, and agitated their legs and arms. The thick atmosphere of the dining-room stifled her; the

la lampe. Toutes ces têtes-là l'exaspéraient.

Elle allait de l'une à l'autre avec des dégoûts profonds, des irritations sourdes. Le vieux Michaud étalait une face blafarde, tachée de plaques rouges, une de ces faces mortes de vieillard tombé en enfance; Grivet avait le masque étroit, les yeux ronds, les lèvres minces d'un crétin; Olivier, dont les os perçaient les joues, portait gravement sur son corps ridicule une tête roide et insignifiante; quant à Suzanne, la femme d'Olivier, elle était toute pâle, les yeux vagues, les lèvres blanches, le visage mou.

Et Thérèse ne trouvait pas un homme, pas un être vivant parmi ces créatures grotesques et sinistres avec lesquelles elle était enfermée; parfois des hallucinations la prenaient, elle se croyait enfouie au fond d'un caveau, en compagnic dc cadavres mécaniques, remuant la tète, agitant les jambes et les bras, lorsqu'on tirait des ficelles. L'air épais de la salle à manger l'étouffait; la silence frissonnant, les lueurs jaunâtres de la lampe la pénétraient d'un

shivering silence, the yellow gleams of the lamp penetrated her with vague terror, and inexpressible anguish.

vague effroi, d'une angoisse inexprimable.

Below, to the door of the shop, they had fixed a bell whose sharp tinkle announced the entrance of customers. Therese had her ear on the alert; and when the bell rang, she rapidly ran downstairs quite relieved, delighted at being able to quit the dining-room.

On avait posé en bas, à la porte du magasin, une sonnette dont le tintement aigu annonçait l'entrée des clientes. Thérèse tendait l'oreille; lorsque la sonnette se faisait entendre, elle descendait rapidement, soulagée, heureuse de quitter la salle à manger.

She slowly served the purchaser, and when she found herself alone, she sat down behind the counter where she remained as long as possible, dreading going upstairs again, and in the enjoyment of real pleasure at no longer having Grivet and Olivier before her eyes. The damp air of the shop calmed the burning fever of her hands, and she again fell into the customary grave reverie.

Elle servait la pratique avec lenteur. Quand elle se trouvait seule, elle s'asseyait derrière le comptoir, elle demeurait là le plus longtemps possible, redoutant de remonter, goûtant une véritable joie à ne plus avoir Grivet et Olivier devant les yeux. L'air humide de la boutique calmait la fièvre qui brûlait ses mains. Et elle retombait dans cette rêverie grave qui lui était ordinaire.

But she could not remain like this for long. Camille became angry at her absence. He failed to comprehend how anyone could prefer the shop to the dining-room on a Thursday

Mais elle ne pouvait rester longtemps ainsi. Camille se fâchait de son absence; il ne comprenait pas qu'on pût préférer la boutique à la salle à manger, le jeudi soir. Alors il se

evening, and he leant over the banister, to look for his wife.

penchait sur la rampe, cherchait sa femme du regard.

"What's the matter?" he would shout. "What are you doing there? Why don't you come up? Grivet has the devil's own luck. He has just won again."

—Eh bien! criait-il, que fais-tu donc là? pourquoi ne montes-tu pas?... Grivet a une chance du diable. Il vient encore de gagner.

The young woman rose painfully, and ascending to the dining-room resumed her seat opposite old Michaud, whose pendent lips gave heartrending smiles. And, until eleven o'clock, she remained oppressed in her chair, watching Francois whom she held in her arms, so as to avoid seeing the cardboard dolls grimacing around her.

La jeune femme se levait péniblement et venait reprendre sa place en face du vieux Michaud, dont les lèvres pendantes avaient des sourires écoeurants. Et, jusqu'à onze heures, elle demeurait affaissée sur sa chaise, regardant François qu'elle tenait dans ses bras, pour ne pas voir les poupées de carton qui grimaçaient autour d'elle.

V

CHAPITRE V

One Thursday, Camille, on returning from his office, brought with him a great fellow with square shoulders, whom he pushed in a familiar manner into the shop.

Un jeudi, en revenant de son bureau, Camille amena avec lui un grand gaillard, carré des épaules, qu'il poussa dans la boutique d'un geste familier.

"Mother," he said to Madame Raquin, pointing to the newcomer, "do you recognise this gentleman?"

—Mère, demanda-t-il à madame Raquin en le lui montrant, reconnais-tu ce monsieur-là?

The old mercer looked at the strapping blade, seeking

La vieille mercière regarda le grand gaillard, chercha dans

among her recollections and finding nothing, while Therese placidly observed the scene.

ses souvenirs et ne trouva rien. Thérèse suivait cette scène d'un air placide.

"What!" resumed Camille, "you don't recognise Laurent, little Laurent, the son of daddy Laurent who owns those beautiful fields of corn out Jeufosse way. Don't you remember? I went to school with him; he came to fetch me of a morning on leaving the house of his uncle, who was our neighbour, and you used to give him slices of bread and jam."

—Comment! reprit Camille, tu ne reconnais pas Laurent, le petit Laurent, le fils du père Laurent qui a de si beaux champs de blé du côté de Jeufosse?... Tu ne te rappelles pas?... J'allais à l'école avec lui; il venait me chercher le matin, en sortant de chez son oncle qui était notre voisin, et tu lui donnais des tartines de confiture.

All at once Madame Raquin recollected little Laurent, whom she found very much grown. It was quite ten years since she had seen him. She now did her best to make him forget her lapse of memory in greeting him, by recalling a thousand little incidents of the past, and by adopting a wheedling manner towards him that was quite maternal. Laurent had seated himself. With a peaceful smile on his lips, he replied to the questions addressed to him in a clear voice, casting calm and easy glances around him.

Mme Raquin se souvint brusquement du petit Laurent, qu'elle trouva singulièrement grandi. Il y avait bien vingt ans qu'elle ne l'avait vu. Elle voulut lui faire oublier son accueil étonné par un flot de souvenirs, par des cajoleries toutes maternelles. Laurent s'était assis, il souriait paisiblement, il répondait d'une voix claire, il promenait autour de lui des regards calmes et aisés.

"Just imagine," said Camille, "this joker has been employed at the Orleans-Railway-Station for eighteen months, and it was only to-night that we met and recognised one another—the administration is so vast, so important!"

—Figurez-vous, dit Camille, que ce farceur-là est employé à la gare du chemin de fer d'Orléans depuis dix-huit mois, et que nous ne nous sommes rencontrés et reconnus que ce soir. C'est si vaste, si important, cette administration!

As the young man made this remark, he opened his eyes wider, and pinched his lips, proud to be a humble wheel in such a large machine. Shaking his head, he continued:

Le jeune homme fit cette remarque, en agrandissant les yeux, en pinçant les lèvres, tout fier d'être l'humble rouage d'une grosse machine. Il continua en secouant la tête:

"Oh! but he is in a good position. He has studied. He already earns 1,500 francs a year. His father sent him to college. He had read for the bar, and learnt painting. That is so, is it not, Laurent? You'll dine with us?"

—Oh! mais, lui, il se porte bien, il a étudié, il gagne déjà quinze cents francs.... Son père l'a mis au collège; il a fait son droit et a appris la peinture. N'est-ce pas, Laurent?... Tu vas dîner avec nous.

"I am quite willing," boldly replied the other.

—Je veux bien, répondit carrément Laurent.

He got rid of his hat and made himself comfortable in the shop, while Madame Raquin ran off to her stewpots. Therese, who had not yet pronounced a word, looked at the new arrival. She had never seen such a man before.

Il se débarrassa de son chapeau et s'installa dans la boutique. Mme Raquin courut à ses casseroles. Thérèse, qui n'avait pas encore prononcé une parole, regardait le nouveau venu. Elle n'avait jamais vu un homme. Laurent, grand, fort,

Laurent, who was tall and robust, with a florid complexion, astonished her. It was with a feeling akin to admiration, that she contemplated his low forehead planted with coarse black hair, his full cheeks, his red lips, his regular features of sanguineous beauty.

le visage frais, l'étonnait. Elle contemplait avec une sorte d'admiration son front bas, planté d'une rude chevelure noire, ses joues pleines, ses lèvres rouges, sa face régulière, d'une beauté sanguine.

For an instant her eyes rested on his neck, a neck that was thick and short, fat and powerful. Then she became lost in the contemplation of his great hands which he kept spread out on his knees: the fingers were square; the clenched fist must be enormous and would fell an ox.

Elle arrêta un instant ses regards sur son cou; ce cou était large et court, gras et puissant, Puis elle s'oublia à considérer les grosses mains qu'il tenait étalées sur ses genoux; les doigts en étaient carrés: le poing fermé devait être énorme et aurait pu assommer un boeuf.

Laurent was a real son of a peasant, rather heavy in gait, with an arched back, with movements that were slow and precise, and an obstinate tranquil manner. One felt that his apparel concealed round and well-developed muscles, and a body of thick hard flesh. Therese examined him with curiosity, glancing from his fists to his face, and experienced little shivers when her eyes fell on his bull-like

Laurent était un vrai fils de paysan, d'allure un peu lourde, le dos bombé, les mouvements lents et précis, l'air tranquille et entêté. On sentait sous ses vêtements des muscles ronds et développés, tout un corps d'une chair épaisse et ferme. Et Thérèse l'examinait avec curiosité, allant de ses poings à sa face, éprouvant de petits frissons lorsque ses yeux rencontraient son cou de taureau.

neck.

Camille spread out his Buffon volumes, and his serials at 10 centimes the number, to show his friend that he also studied. Then, as if answering an inquiry he had been making of himself for some minutes, he said to Laurent:

Camille étala ses volumes de Buffon et ses livraisons à dix centimes, pour montrer à son mari qu'il travaillait, lui aussi. Puis, comme répondant à une question qu'il s'adressait depuis quelques instants:

"But, surely you must know my wife? Don't you remember that little cousin who used to play with us at Vernon?"

—Mais, dit-il à Laurent, tu dois connaître ma femme? Tu ne te rappelles pas cette petite cousine qui jouait avec nous, à Vernon?

"I had no difficulty in recognising Madame," answered Laurent, looking Therese full in the face.

—J'ai parfaitement reconnu madame, répondit Laurent en regardant Thérèse en face.

This penetrating glance troubled the young woman, who, nevertheless, gave a forced smile, and after exchanging a few words with Laurent and her husband, hurried away to join her aunt, feeling ill at ease.

Sous ce regard droit qui semblait pénétrer en elle, la jeune femme éprouva une sorte de malaise. Elle eut un sourire forcé, et échangea quelques mots avec Laurent et son mari; puis elle se hâta d'aller rejoindre sa tante. Elle souffrait.

As soon as they had seated themselves at table, and commenced the soup, Camille thought it right to be attentive to his friend.

On se mit à table. Dès le potage, Camille crut devoir s'occuper de son ami.

"How is your father?" he inquired.

—Comment va ton père? lui demanda-t-il.

"Well, I don't know," answered Laurent. "We are not on good terms; we ceased corresponding five years ago."

—Mais je ne sais pas, répondit Laurent. Nous sommes brouillés; il y a cinq ans que nous ne nous écrivons plus.

"Bah!" exclaimed the clerk, astonished at such a monstrosity.

—Bah! s'écria l'employé, étonné d'une pareille monstruosité.

"Yes," continued the other, "the dear man has ideas of his own. As he is always at law with his neighbours, he sent me to college, in the fond hope that later on, he would find in me an advocate who would win him all his actions. Oh! daddy Laurent has naught but useful ambitions; he even wants to get something out of his follies."

—Oui, le cher homme a des idées à lui.... Comme il est continuellement en procès avec ses voisins, il m'a mis au collège, rêvant de trouver plus tard en moi un avocat qui lui gagnerait toutes ses causes.... Oh! le père Laurent n'a que des ambitions utiles; il veut tirer parti même de ses folies.

"And you wouldn't be an advocate?" inquired Camille, more and more astonished.

—Et tu n'as pas voulu être avocat? dit Camille, de plus en plus étonné.

"Faith, no," answered his friend with a smile. "For a couple of years I pretended to follow the classes, so as to draw the allowance of 1,200 francs which my father made me. I lived with one of my college chums, who is a painter, and I set about

—Ma foi non, reprit son ami en riant.... Pendant deux ans, j'ai fait semblant de suivre les cours, afin de toucher la pension de douze cents francs que mon père me servait. Je vivais avec un de mes camarades de collège, qui est peintre, et je m'étais mis à faire

painting also. It amused me. The calling is droll, and not at all fatiguing. We smoked and joked all the livelong day."

aussi de la peinture. Cela m'amusait; le métier est drôle, pas fatigant. Nous fumions, nous blaguions tout le jour…

The Raquin family opened their eyes in amazement.

La famille Raquin ouvrait des yeux énormes.

"Unfortunately," continued Laurent, "this could not last. My father found out that I was telling him falsehoods. He stopped my 100 francs a month, and invited me to return and plough the land with him. I then tried to paint pictures on religious subjects which proved bad business. As I could plainly see that I was going to die of hunger, I sent art to the deuce and sought employment. My father will die one of these days, and I am waiting for that event to live and do nothing."

—Par malheur, continua Laurent, cela ne pouvait durer. Le père a su que je lui contais des mensonges, il m'a retranché net mes cent francs par mois, en m'invitant à venir piocher la terre avec lui. J'ai essayé alors de peindre des tableaux de sainteté; mauvais commerce…. Comme j'ai vu clairement que j'allais mourir de faim, j'ai envoyé l'art à tous les diables et j'ai cherché un emploi…. Le père mourra bien un de ces jours, j'attends ça pour vivre sans rien faire.

Laurent spoke in a tranquil tone. In a few words he had just related a characteristic tale that depicted him at full length. In reality he was an idle fellow, with the appetite of a full-blooded man for everything, and very pronounced ideas as to easy and lasting employment. The only ambition of this great

Laurent parlait d'une voix tranquille. Il venait, en quelques mots, de conter une histoire caractéristique qui le peignait en entier. Au fond, c'était un paresseux, ayant des appétits sanguins, des désirs très arrêtés de jouissances faciles et durables. Ce grand corps puissant ne demandait qu'à ne rien faire, qu'à se

powerful frame was to do nothing, to grovel in idleness and satiation from hour to hour. He wanted to eat well, sleep well, to abundantly satisfy his passions, without moving from his place, without running the risk of the slightest fatigue.

vautrer dans une oisiveté et un assouvissement de toutes les heures. Il aurait voulu bien manger, bien dormir, contenter largement ses passions, sans remuer de place, sans courir la mauvaise chance d'une fatigue quelconque.

The profession of advocate had terrified him, and he shuddered at the idea of tilling the soil. He had plunged into art, hoping to find therein a calling suitable to an idle man. The paint-brush struck him as being an instrument light to handle, and he fancied success easy.

La profession d'avocat l'avait épouvanté, et il frissonnait à l'idée de piocher la terre. Il s'était jeté dans l'art, espérant y trouver un métier de paresseux; le pinceau lui semblait un instrument léger à manier: puis il croyait le succès facile.

His dream was a life of cheap sensuality, a beautiful existence full of houris, of repose on divans, of victuals and intoxication. The dream lasted so long as daddy Laurent sent the crown pieces.

Il rêvait une vie de voluptés à bon marché, une belle vie pleine de femmes, de repos sur des divans, de mangeailles et de soûleries. Le rêve dura tant que le père Laurent envoya des écus.

But when the young man, who was already thirty, perceived the wolf at the door, he began to reflect. Face to face with privations, he felt himself a coward. He would not have accepted a day without bread, for the utmost glory art could

Mais, lorsque le jeune homme, qui avait déjà trente ans, vit la misère à l'horizon, il se mit à réfléchir, il se sentait lâche devant les privations, il n'aurait pas accepté une journée sans pain pour la plus grande gloire de l'art.

bestow.

As he had said himself, he sent art to the deuce, as soon as he recognised that it would never suffice to satisfy his numerous requirements. His first efforts had been below mediocrity; his peasant eyes caught a clumsy, slovenly view of nature; his muddy, badly drawn, grimacing pictures, defied all criticism.

Comme il le disait, il envoya la peinture au diable, le jour où il s'aperçut qu'elle ne contenterait jamais ses larges appétits. Ses premiers essais étaient restés au-dessous de la médiocrité; son oeil de paysan voyait gauchement et salement la nature; ses toiles, boueuses, mal bâties, grimaçantes, défiaient toute critique.

But he did not seem to have an over-dose of vanity for an artist; he was not in dire despair when he had to put aside his brushes. All he really regretted was the vast studio of his college chum, where he had been voluptuously grovelling for four or five years.

D'ailleurs, il ne paraissait point trop vaniteux comme artiste, il ne se désespéra pas outre mesure, lorsqu'il lui fallut jeter les pinceaux. Il ne regretta réellement que l'atelier de son camarade de collège, ce vaste atelier dans lequel il s'était si voluptueusement vautré pendant quatre ou cinq ans.

He also regretted the women who came to pose there. Nevertheless he found himself at ease in his position as clerk; he lived very well in a brutish fashion, and he was fond of this daily task, which did not fatigue him, and soothed his mind. Still one thing irritated him: the food at the eighteen sous ordinaries failed to appease the gluttonous

Il regretta encore les femmes qui venaient poser, et dont les caprices étaient à la portée de sa bourse. Ce monde de jouissances brutales lui laissa de cuisants besoins de chairs. Il se trouva cependant à l'aise dans son métier d'employé; il vivait très bien en brute, il aimait cette besogne au jour le jour, qui ne le fatiguait pas et qui endormait son esprit. Deux

appetite of his stomach.

choses l'irritaient seulement: il manquait de femmes et la nourriture des restaurants à dix-huit sous n'apaisait pas les appétits gloutons de son estomac.

As Camille listened to his friend, he contemplated him with all the astonishment of a simpleton. This feeble man was dreaming, in a childish manner, of this studio life which his friend had been alluding to, and he questioned Laurent on the subject.

Camille l'écoutait, le regardait avec un étonnement de niais. Ce garçon débile, dont le corps mou et affaissé n'avait jamais eu une secousse de désir, rêvait puérilement à cette vie d'atelier dont son ami lui parlait. Il songeait à ces femmes qui étalent leur peau nue. Il questionna Laurent.

"So," said he, "there were lady models who posed before you in the nude?"

—Alors, lui dit-il, il y a eu, comme ça, des femmes qui ont retiré leur chemise devant toi?

"Oh! yes," answered Laurent with a smile, and looking at Therese, who had turned deadly pale.

—Mais oui, répondit Laurent en souriant et en regardant Thérèse qui était devenue très pâle.

"You must have thought that very funny," continued Camille, laughing like a child. "It would have made me feel most awkward. I expect you were quite scandalised the first time it happened."

—Ça doit vous faire un singulier effet, reprit Camille avec un rire d'enfant.... Moi, je serais gêné.... La première fois, tu as dû rester tout bête.

Laurent had spread out one of his great hands and was attentively looking at the palm.

Laurent avait élargi une de ses grosses mains dont il regardait attentivement la paume. Ses

His fingers gave slight twitches, and his cheeks became flushed.

doigts eurent de légers frémissements, des lueurs rouges montèrent à ses joues.

"The first time," he answered, as if speaking to himself, "I fancy I thought it quite natural. This devilish art is exceedingly amusing, only it does not bring in a sou. I had a red-haired girl as model who was superb, firm white flesh, gorgeous bust, hips as wide as . . ."

—La première fois, reprit-il comme se parlant à lui-même, je crois que j'ai trouvé ça naturel.... C'est bien amusant, ce diable d'art, seulement ça ne rapporte pas un sou.... J'ai eu pour modèle une rousse qui était adorable: des chairs fermes, éclatantes, une poitrine superbe, des hanches d'une largeur....

Laurent, raising his head, saw Therese mute and motionless opposite, gazing at him with ardent fixedness. Her dull black eyes seemed like two fathomless holes, and through her parted lips could be perceived the rosy tint of the inside of her mouth. She seemed as if overpowered by what she heard, and lost in thought. She continued listening.

Laurent leva la tête et vit Thérèse devant lui, muette, immobile. La jeune femme le regardait avec une fixité ardente. Ses yeux, d'un noir mat, semblaient deux trous sans fond, et, par ses lèvres entr'ouvertes, on apercevait des clartés roses dans sa bouche. Elle était comme écrasée, ramassée sur elle-même; elle écoutait.

Laurent looked from Therese to Camille, and the former painter restrained a smile. He completed his phrase by a broad voluptuous gesture, which the young woman followed with her eyes. They

Les regards de Laurent allèrent de Thérèse à Camille. L'ancien peintre retint un sourire. Il acheva sa phrase du geste, un geste large et voluptueux, que la jeune femme suivit du regard. On était au dessert, et

were at dessert, and Madame Raquin had just run downstairs to serve a customer.

When the cloth was removed Laurent, who for some minutes had been thoughtful, turned to Camille.

"You know," he blurted out, "I must paint your portrait."

This idea delighted Madame Raquin and her son, but Therese remained silent.

"It is summer-time," resumed Laurent, "and as we leave the office at four o'clock, I can come here, and let you give me a sitting for a couple of hours in the evening. The picture will be finished in a week."

"That will be fine," answered Camille, flushed with joy. "You shall dine with us. I will have my hair curled, and put on my black frock coat."

Eight o'clock struck. Grivet and Michaud made their entry. Olivier and Suzanne arrived behind them.

When Camille introduced his friend to the company, Grivet pinched his lips. He detested Laurent whose salary,

madame Raquin venait de descendre pour servir une cliente.

Quand la nappe fut retirée, Laurent, songeur depuis quelques minutes, s'adressa brusquement à Camille.

—Tu sais, lui dit-il, il faut que je fasse ton portrait.

Cette idée enchanta madame Raquin et son fils. Thérèse resta silencieuse.

—Nous sommes en été, reprit Laurent, et comme nous sortons du bureau à quatre heures, je pourrai venir ici et te faire poser pendant deux heures, le soir. Ce sera l'affaire de huit jours.

—C'est cela, répondit Camille, rouge de joie, tu dîneras avec nous.... Je me ferai friser et je mettrai une redingote noire.

Huit heures sonnaient. Grivet et Michaud firent leur entrée. Olivier et Suzanne arrivèrent derrière eux.

Camille présenta son ami à la société. Grivet pinça les lèvres. Il détestait Laurent, dont les appointements avaient monté

according to his idea, had risen far too rapidly. Besides, the introduction of a new-comer was quite an important matter, and the guests of the Raquins could not receive an individual unknown to them, without some display of coldness.

trop vite, selon lui. D'ailleurs c'était toute une affaire que l'introduction d'un nouvel invité: les hôtes des Raquin ne pouvaient recevoir un inconnu sans quelque froideur.

Laurent behaved very amicably. He grasped the situation, and did his best to please the company, so as to make himself acceptable to them at once. He related anecdotes, enlivened the party by his merry laughter, and even won the friendship of Grivet.

Laurent se comporta en bon enfant. Il comprit la situation, il voulut plaire, se faire accepter d'un coup. Il raconta des histoires, égaya la soirée par son gros rire, et gagna l'amitié de Grivet lui-même.

That evening Therese made no attempt to go down to the shop. She remained seated on her chair until eleven o'clock, playing and talking, avoiding the eyes of Laurent, who for that matter did not trouble himself about her. The sanguineous temperament of this strapping fellow, his full voice and jovial laughter, troubled the young woman and threw her into a sort of nervous anguish.

Thérèse, ce soir-là, ne chercha pas à descendre à la boutique. Elle resta jusqu à onze heures sur sa chaise, jouant et causant, évitant de rencontrer les regards de Laurent, qui d'ailleurs ne s'occupait pas d'elle. La nature sanguine de ce garçon, sa voix pleine, ses rires gras, les senteurs âcres et puissantes qui s'échappaient de sa personne, troublaient la jeune femme et la jetaient dans une sorte d'angoisse nerveuse.

VI

CHAPITRE VI

Henceforth, Laurent called

Laurent, à partir de ce jour,

almost every evening on the Raquins. He lived in the Rue Saint-Victor, opposite the Port aux Vins, where he rented a small furnished room at 18 francs a month. This attic, pierced at the top by a lift-up window, measured barely nine square yards, and Laurent was in the habit of going home as late as possible at night.

revint presque chaque soir chez les Raquin. Il habitait, rue Saint-Victor, en face du Port aux Vins, un petit cabinet meublé qu'il payait dix-huit francs par mois; ce cabinet, mansardé, troué en haut d'une fenêtre à tabatière, qui s'entrebâillait étroitement sur le ciel, avait à peine six mètres carrés. Laurent rentrait le plus tard possible dans ce galetas.

Previous to his meeting with Camille, the state of his purse not permitting him to idle away his time in the cafes, he loitered at the cheap eating-houses where he took his dinner, smoking his pipe and sipping his coffee and brandy which cost him three sous. Then he slowly gained the Rue Saint-Victor, sauntering along the quays, where he seated himself on the benches, in mild weather.

Avant de rencontrer Camille, comme il n'avait pas d'argent pour aller se traîner sur les banquettes des cafés, il s'attardait dans la crémerie où il dînait le soir, il fumait des pipes en prenant un gloria qui lui coûtait trois sous. Puis il regagnait doucement la rue Saint-Victor, flânant le long des quais, s'asseyant sur les bancs, quand l'air était tiède.

The shop in the Arcade of the Pont Neuf became a charming retreat, warm and quiet, where he found amicable conversation and attention. He saved the three sous his coffee and brandy cost him, and gluttonously swallowed the excellent tea prepared by

La boutique du passage du Pont-Neuf devint pour lui une retraite charmante, chaude, tranquille, pleine de paroles et d'attentions amicales. Il épargna les trois sous de son gloria et but en gourmand l'excellent thé de Mme Raquin.

Madame Raquin.

He remained there until ten o'clock, dozing and digesting as if he were at home; and before taking his departure, assisted Camille to put up the shutters and close the shop for the night.

Jusqu'à dix heures, il restait là, assoupi, digérant, se croyant chez lui; il n'en partait qu'après avoir aidé Camille à fermer la boutique.

One evening, he came with his easel and box of colours. He was to commence the portrait of Camille on the morrow. A canvas was purchased, minute preparations made, and the artist at last took the work in hand in the room occupied by the married couple, where Laurent said the light was the best.

Un soir, il apporta son chevalet et sa boîte à couleurs. Il devait commencer le lendemain le portrait de Camille. On acheta une toile, on fit des préparatifs minutieux. Enfin l'artiste se mit à l'oeuvre dans la chambre même des époux; le jour, disait-il, y était plus clair.

He took three evenings to draw the head. He carefully trailed the charcoal over the canvas with short, sorry strokes, his rigid, cold drawing recalling in a grotesque fashion that of the primitive masters. He copied the face of Camille with a hesitating hand, as a pupil copies an academical figure, with a clumsy exactitude that conveyed a scowl to the face.

Il lui fallut trois soirées pour dessiner la tête. Il traînait avec soin le fusain sur la toile; à petits coups, maigrement; son dessin, roide et sec, rappelait d'une façon grotesque celui des maîtres primitifs. Il copia la face de Camille comme un élève copie une académie, d'une main hésitante, avec une exactitude gauche qui donnait à la figure un air renfrogné.

On the fourth day, he placed

Le quatrième jour, il mit sur sa

tiny little dabs of colour on his palette, and commenced painting with the point of the brush; he then dotted the canvas with small dirty spots, and made short strokes altogether as if he had been using a pencil.

palette de tout petits tas de couleur, et il commença à peindre du bout des pinceaux; il pointillait la toile de minces taches sales, il faisait des hachures courtes et serrées, comme s'il se fût servi d'un crayon.

At the end of each sitting, Madame Raquin and Camille were in ecstasies. But Laurent said they must wait, that the resemblance would soon come.

A la fin de chaque séance, Mme Raquin et Camille s'extasiaient. Laurent disait qu'il fallait attendre, que la ressemblance allait venir.

Since the portrait had been commenced, Therese no longer quitted the room, which had been transformed into a studio. Leaving her aunt alone behind the counter, she ran upstairs at the least pretext, and forgot herself watching Laurent paint.

Depuis que le portrait était commencé, Thérèse ne quittait plus la chambre changée en atelier. Elle laissait sa tante seule derrière le comptoir; pour le moindre prétexte elle montait et s'oubliait à regarder peindre Laurent.

Still grave and oppressed, paler and more silent, she sat down and observed the labour of the brushes. But this sight did not seem to amuse her very much. She came to the spot, as though attracted by some power, and she remained, as if riveted there. Laurent at times turned round, with a smile, inquiring whether the portrait

Grave toujours, oppressée, plus pâle et plus muette, elle s'asseyait et suivait le travail des pinceaux. Ce spectacle ne paraissait cependant pas l'amuser beaucoup, elle venait à cette place, comme attirée par une force, et elle y restait, comme clouée. Laurent se retournait parfois, lui souriait, lui demandait si le portrait lui

pleased her. But she barely answered, a shiver ran through her frame, and she resumed her meditative trance.

plaisait. Elle répondait à peine, frissonnait, puis reprenait son extase recueillie.

Laurent, returning at night to the Rue Saint-Victor, reasoned with himself at length, discussing in his mind, whether he should become the lover of Therese, or not.

Laurent, en revenant le soir à la rue Saint-Victor, se faisait de longs raisonnements; il discutait avec lui-même s'il devait, ou non, devenir l'amant de Thérèse.

"Here is a little woman," said he to himself, "who will be my sweetheart whenever I choose. She is always there, behind my back, examining, measuring me, summing me up. She trembles. She has a strange face that is mute and yet impassioned. What a miserable creature that Camille is, to be sure."

—Voilà une petite femme, se disait-il, qui sera ma maîtresse quand je le voudrai. Elle est toujours là, sur mon dos, à m'examiner, à me mesurer, à me peser.... Elle tremble, elle a une figure toute drôle, muette et passionnée. A coup sûr, elle a besoin d'un amant; cela se voit dans ses yeux.... Il faut dire que Camille est un pauvre sire.

And Laurent inwardly laughed as he thought of his pale, thin friend. Then he resumed:

Laurent riait en dedans, au souvenir des maigreurs blafardes de son ami. Puis il continuait:

"She is bored to death in that shop. I go there, because I have nowhere else to go to, otherwise they would not often catch me in the Arcade of the Pont Neuf. It is damp and sad. A woman must be

—Elle s'ennuie dans cette boutique.... Moi, j'y vais, parce que je ne sais où aller. Sans cela, on ne me prendrait pas souvent au passage du Pont-Neuf. C'est humide, triste. Une femme doit mourir là-

wearied to death there. I please her, I am sure of it; then, why not me rather than another?"

dedans.... Je lui plais, j'en suis certain; alors pourquoi pas moi plutôt qu'un autre?

He stopped. Self-conceit was getting the better of him. Absorbed in thought, he watched the Seine running by.

Il s'arrêtait, il lui venait des fatuités, il regardait couler la Seine d'un air absorbé.

"Anyhow, come what may," he exclaimed, "I shall kiss her at the first opportunity. I bet she falls at once into my arms."

—Ma foi, tant pis, s'écriait-il, je l'embrasse à la première occasion.... Je parie qu'elle tombe tout de suite dans mes bras.

As he resumed his walk, he was seized with indecision.

Il se remettait à marcher, et des indécisions le prenaient.

"But she is ugly," thought he. "She has a long nose, and a big mouth. Besides, I have not the least love for her. I shall perhaps get myself into trouble. The matter requires reflection."

—C'est qu'elle est laide, après tout, pensait-il. Elle a le nez long, la bouche grande. Je ne l'aime pas du tout, d'ailleurs. Je vais peut-être m'attirer quelque mauvaise histoire. Cela demande réflexion.

Laurent, who was very prudent, turned these thoughts over in his head for a whole week. He calculated all the possible inconveniences of an intrigue with Therese, and only decided to attempt the adventure, when he felt convinced that it could be attended by no evil consequences.

Laurent, qui était très prudent, roula ces pensées dans sa tête pendant une grande semaine. Il calcula tous les incidents possibles d'une liaison avec Thérèse; il se décida seulement à tenter l'aventure, lorsqu'il se fut bien prouvé qu'il avait un réel intérêt à le faire.

Therese would have every interest to conceal their intimacy, and he could get rid of her whenever he pleased. Even admitting that Camille discovered everything, and got angry, he would knock him down, if he became spiteful. From every point of view that matter appeared to Laurent easy and engaging.

Pour lui, Thérèse, il est vrai, était laide, et il ne l'aimait pas; mais, en somme, elle ne lui coûterait rien, les femmes qu'il achetait à bas prix n'étaient, certes, ni plus belles ni plus aimées. L'économie lui conseillait déjà de prendre la femme de son ami. D'autre part, depuis longtemps il n'avait pas contenté ses appétits; l'argent était rare, il sevrait sa chair, et il ne voulait point laisser échapper l'occasion de la repaître un peu. Enfin, une pareille liaison, en bien réfléchissant, ne pouvait avoir de mauvaises suites: Thérèse aurait intérêt à tout cacher, il la planterait là aisément quand il voudrait; en admettant même que Camille découvrît tout et se fâchât, il l'assommerait d'un coup de poing, s'il faisait le méchant. La question, de tous les côtés, se présentait à Laurent facile et engageante.

Henceforth he enjoyed gentle quietude, waiting for the hour to strike. He had made up his mind to act boldly at the first opportunity. In the future he saw comfortable evenings, with all the Raquins

Dès lors, il vécut dans une douce quiétude, attendant l'heure. A la première occasion, il était décidé à agir carrément. Il voyait, dans l'avenir, des soirées tièdes. Tous les Raquin travailleraient à ses jouissances:

contributing to his enjoyment: Therese giving him her love, Madame Raquin wheedling him like a mother, and Camille chatting with him so that he might not feel too dull, at night, in the shop.

Thérèse apaiserait les brûlures de son sang; Mme Raquin le cajolerait comme une mère; Camille, en causant avec lui, l'empêcherait de trop s'ennuyer, le soir, dans la boutique.

The portrait was almost completed, but the opportunity he desired did not occur. Therese, depressed and anxious, continued to remain in the room. But so did Camille, and Laurent was in despair at being unable to get rid of him. Nevertheless, the time came when he found himself obliged to mention that the portrait would be finished on the morrow, and Madame Raquin thereupon announced that they would celebrate the completion of the work of the artist by dining together.

Le portrait s'achevait, les occasions ne se présentaient pas. Thérèse restait toujours là, accablée et anxieuse; mais Camille ne quittait point la chambre, et Laurent se désolait de ne pouvoir l'éloigner pour une heure. Il lui fallut pourtant déclarer un jour qu'il terminerait le portrait le lendemain. Mme Raquin annonça qu'on dînerait ensemble et qu'on fêterait l'oeuvre du peintre.

The next day, when Laurent had given the canvas the last touch, all the family assembled to go into raptures over the striking resemblance. The portrait was vile, a dirty grey colour with large violescent patches. Laurent could not use even the brightest colours, without making them dull and

Le lendemain, lorsque Laurent eut donné à la toile le dernier coup de pinceau, toute la famille se réunit pour crier à la ressemblance. Le portrait était ignoble, d'un gris sale, avec de larges plaques violacées. Laurent ne pouvait employer les couleurs les plus éclatantes sans les rendre ternes et

muddy. In spite of himself he had exaggerated the wan complexion of his model, and the countenance of Camille resembled the greenish visage of a person who had met death by drowning. The grimacing drawing threw the features into convulsions, thus rendering the sinister resemblance all the more striking. But Camille was delighted; he declared that he had the appearance of a person of distinction on the canvas.

boueuses; il avait, malgré lui, exagéré les teintes blafardes de son modèle, et le visage de Camille ressemblait à la face verdâtre d'un noyé; le dessin grimaçant convulsionnait les traits, rendant ainsi la sinistre ressemblance plus frappante. Mais Camille était enchanté; il disait que sur la toile il avait un air distingué.

When he had thoroughly admired his own face, he declared he would go and fetch a couple of bottles of champagne. Madame Raquin went down to the shop, and the artist was alone with Therese.

Quand il eut bien admiré sa figure, il déclara qu'il allait chercher deux bouteilles de vin de Champagne. Mme Raquin redescendit à la boutique. L'artiste resta seul avec Thérèse.

The young woman had remained seated, gazing vaguely in front of her. Laurent hesitated. He examined the portrait, and played with his brushes. There was not much time to lose. Camille might come back, and the opportunity would perhaps not occur again. The painter abruptly turned round, and found himself face to face with Therese.

Le jeune femme était demeurée accroupie, regardant vaguement devant elle. Elle semblait attendre en frémissant. Laurent hésita; il examinait sa toile, il jouait avec ses pinceaux. Le temps pressait, Camille pouvait revenir, l'occasion ne se représenterait peut-être plus. Brusquement, le peintre se tourna et se trouva face à face avec Thérèse. Ils se

contemplèrent pendant quelques secondes.

They contemplated one another for a few seconds. Then, with a violent movement, Laurent bent down, and pressed the young woman to him. Throwing back her head he crushed her mouth beneath his lips. She made a savage, angry effort at revolt, and, then all at once gave in. They exchanged not a word. The act was silent and brutal.

Puis, d'un mouvement violent, Laurent se baissa et prit la jeune femme contre sa poitrine. Il lui renversa la tête, lui écrasant les lèvres sous les siennes. Elle eut un mouvement de révolte, sauvage, emportée, et, tout d'un coup, elle s'abandonna, glissant par terre, sur le carreau. Ils n'échangèrent pas une seule parole. L'acte fut silencieux et brutal.

VII

CHAPITRE VII

The two sweethearts from the commencement found their intrigue necessary, inevitable and quite natural. At their first interview they conversed familiarly, kissing one another without embarrassment, and without a blush, as if their intimacy had dated back several years. They lived quite at ease in their new situation, with a tranquillity and an independence that were perfect.

Dès le commencement, les amants trouvèrent leur liaison nécessaire, fatale, toute naturelle. A leur première entrevue, ils se tutoyèrent, ils s'embrassèrent sans embarras, sans rougeur, comme si leur intimité eût daté de plusieurs années. Ils vivaient à l'aise dans leur situation nouvelle, avec une tranquillité et une impudence parfaites.

They made their appointments. Therese being unable to go out, it was arranged that

Ils fixèrent leurs rendez-vous. Thérèse ne pouvant sortir, il fut décidé que Laurent

Laurent should come to see her. In a clear, firm voice the young woman explained to him the plan she had conceived. The interview would take place in the nuptial chamber. The sweetheart would pass by the passage which ran into the arcade, and Therese would open the door on the staircase to him. During this time, Camille would be at his office, and Madame Raquin below, in the shop. This was a daring arrangement that ought to succeed.

viendrait. La jeune femme lui expliqua, d'une voix nette et assurée, le moyen qu'elle avait trouvé. Les entrevues auraient lieu dans la chambre des époux. L'amant passerait par l'allée qui donnait sur le passage et Thérèse lui ouvrirait la porte de l'escalier. Pendant ce temps, Camille serait à son bureau, Mme Raquin, en bas, dans la boutique. C'étaient là des coups d'audace qui devaient réussir.

Laurent accepted. There was a sort of brutal temerity in his prudence, the temerity of a man with big fists. Choosing a pretext, he obtained permission from his chief to absent himself for a couple of hours, and hastened to the Arcade of the Pont Neuf.

Laurent accepta. Il avait, dans sa prudence, une sorte de témérité brutale, la témérité d'un homme qui a de gros poings. L'air grave et calme de sa maîtresse l'engagea à venir goûter d'une passion si hardiment offerte. Il choisit un prétexte, il obtint de son chef un congé de deux heures, et il accourut au passage du Pont-Neuf.

The dealer in imitation jewelry was seated just opposite the door of the passage, and he had to wait until she was busy, until some young work-girl came to purchase a ring or a brooch made of brass. Then,

Dès l'entrée du passage, il éprouva des voluptés cuisantes. La marchande de bijoux faux était assise juste en face de la porte de l'allée. Il lui fallut attendre qu'elle fût occupée, qu'une jeune ouvrière

rapidly entering the passage, he ascended the narrow, dark staircase, leaning against the walls which were clammy with damp. He stumbled against the stone steps, and each time he did so, he felt a red-hot iron piercing his chest. A door opened, and on the threshold, in the midst of a gleam of white light he perceived Therese, who closing the door after him, threw her arms about his neck.

vint acheter une bague ou des boucles d'oreilles de cuivre. Alors, rapidement, il entra dans l'allée; il monta l'escalier étroit et obscur, en s'appuyant aux murs gras d'humidité. Ses pieds heurtaient les marches de pierre; au bruit de chaque heurt, il sentait une brûlure qui lui traversait la poitrine. Une porte s'ouvrit. Sur le seuil, au milieu d'une lueur blanche, il vit Thérèse en camisole, en jupon, tout éclatante, les cheveux fortement noués derrière la tête. Elle ferma la porte, elle se pendit à son cou. Il s'échappait d'elle une odeur tiède, une odeur de linge blanc et de chair fraîchement lavée.

Laurent was astonished to find his sweetheart handsome. He had never seen her before as she appeared to him then. Therese, supple and strong, pressed him in her arms, flinging her head backward, while on her visage coursed ardent rays of light and passionate smiles. This face seemed as if transfigured, with its moist lips and sparkling eyes. It now had a fond caressing look. It radiated. She was beautiful with the strong

Laurent, étonné, trouva sa maîtresse belle. Il n'avait jamais vu cette femme. Thérèse, souple et forte, le serrait, renversant la tête en arrière, et, sur son visage, couraient des lumières ardentes, des sourires passionnés. Cette face d'amante s'était comme transfigurée, elle avait un air fou et caressant; les lèvres humides, les yeux luisants, elle rayonnait. La jeune femme, tendue et ondoyante, était belle, d'une beauté étrange,

beauty born of passionate abandon.

toute d'emportement. On eût dit que sa figure venait de s'éclairer en dedans, que des flammes s'échappaient de sa chair. Et, autour d'elle, son sang qui brûlait, ses nerfs qui se tendaient, jetaient ainsi des effluves chauds, un air pénétrant et âcre.

When Laurent parted from her, after his initial visit, he staggered like a drunken man, and the next day, on recovering his cunning prudent calm, he asked himself whether he should return to this young woman whose kisses gave him the fever. First of all he positively decided to keep to himself. Then he had a cowardly feeling. He sought to forget, to avoid seeing Therese, and yet she always seemed to be there, implacably extending her arms. The physical suffering that this spectacle caused him became intolerable.

Au premier baiser, elle se révéla courtisane. Son corps inassouvi se jeta éperdument dans la volupté. Elle s'éveillait comme d'un songe, elle naissait à la passion. Elle passait des bras débiles de Camille dans les bras vigoureux de Laurent, et cette approche d'un homme puissant lui donnait une brusque secousse qui la tirait du sommeil de la chair. Tous ses instincts de femme nerveuse éclatèrent dans une violence inouïe; le sang de sa mère, ce sang qui brûlait ses veines, se mit à couler, à battre furieusement dans son corps maigre, presque vierge encore. Elle s'étalait, elle s'offrait avec une impudeur souveraine. Et, de la tête aux pieds, de longs frissons l'agitaient.

Jamais Laurent n'avait connu une pareille femme. Il resta surpris, mal à l'aise.

D'ordinaire, ses maîtresses ne le recevaient pas avec une telle fougue; il était accoutumé à des baisers froids et indifférents, à des amours lasses et rassasiées. Les sanglots, les crises de Thérèse l'épouvantèrent presque, tout en irritant ses curiosités voluptueuses. Quand il quitta la femme, il chancelait comme un homme ivre. Le lendemain, lorsque son calme sournois et prudent fut revenu, il se demanda s'il retournerait auprès de cette amante dont les baisers lui donnaient la fièvre. Il décida d'abord nettement qu'il resterait chez lui. Puis il eut des lâchetés. Il voulait oublier, ne plus voir Thérèse dans sa nudité, dans ses caresses douces et brutales, et toujours elle était là, implacable, tendant les bras. La souffrance physique que lui causait ce spectacle devint intolérable.

He gave way. He arranged another meeting, and returned to the Arcade of the Pont Neuf.

Il céda, il prit un nouveau rendez-vous, il revint au passage du Pont-Neuf.

From that day forth, Therese entered into his life. He did not yet accept her, although he

A partir de ce jour, Thérèse entra dans sa vie. Il ne l'acceptait pas encore, mais il la

bore with her. He had his hours of terror, his moments of prudence, and, altogether this intrigue caused him disagreeable agitation. But his discomfort and his fears disappeared. The meetings continued and multiplied.	subissait. Il avait des heures d'effroi, des moments de prudence, et, en somme, cette liaison le secouait désagréablement; mais ses pleurs, ses malaises tombaient devant ses désirs. Les rendez-vous se suivirent, se multiplièrent.
Therese experienced no hesitation. She went straight where her passion urged her to go. This woman whom circumstances had bowed down, and who had at length drawn herself up erect, now revealed all her being and explained her life.	Thérèse n'avait pas de ces doutes. Elle se livrait sans ménagement, allant droit où la poussait sa passion. Cette femme, que les circonstances avaient pliée et qui se redressait enfin, mettait à nu son être entier, expliquant sa vie.
"Oh! if you only knew," said she, "how I have suffered. I was brought up in the tepid damp room of an invalid. I slept in the same bed as Camille. At night I got as far away from him as I could, to avoid the sickly odour of his body. He was naughty and obstinate. He would not take his physic unless I shared it with him. To please my aunt I was obliged to swallow a dose of every drug. I don't know how it is I have survived. They made me ugly. They robbed me of the only thing I	Parfois elle passait ses bras au cou de Laurent, elle se traînait sur sa poitrine, et, d'une voix encore haletante: —Oh! Si tu savais, disait-elle, combien j'ai souffert! J'ai été élevée dans l'humidité tiède de la chambre d'un malade. Je couchais avec Camille: la nuit, je m'éloignais de lui, écoeurée par l'odeur fade qui sortait de son corps. Il était méchant et entêté; il ne voulait pas prendre les médicaments que je refusais de partager avec lui; pour plaire à ma tante, je devais boire de toutes les drogues. Je ne sais

possessed, and it is impossible for you to love me as I love you."

comment je ne suis pas morte.... Ils m'ont rendue laide, mon pauvre ami, ils m'ont volé tout ce que j'avais, et tu ne peux m'aimer comme je t'aime.

She broke off and wept, and after kissing Laurent, continued with bitter hatred:

Elle pleurait, elle embrassait Laurent, elle continuait avec une haine sourde:

"I do not wish them any harm. They brought me up, they received me, and shielded me from misery. But I should have preferred abandonment to their hospitality. I had a burning desire for the open air. When quite young, my dream was to rove barefooted along the dusty roads, holding out my hand for charity, living like a gipsy. I have been told that my mother was a daughter of the chief of a tribe in Africa. I have often thought of her, and I understood that I belonged to her by blood and instinct. I should have liked to have never parted from her, and to have crossed the sand slung at her back.

—Je ne leur souhaite pas de mal. Ils m'ont élevée, Ils m'ont recueillie et défendue contre la misère.... Mais j'aurais préféré l'abandon à leur hospitalité. J'avais des besoins cuisants de grand air; toute petite, je rêvais de courir les chemins, les pieds nus dans la poussière, demandant l'aumône, vivant en bohémienne. On m'a dit que ma mère était fille d'un chef de tribu, en Afrique; j'ai souvent songé à elle, j'ai compris que je lui appartenais par le sang et les instincts, j'aurais voulu ne la quitter jamais et traverser les sables, pendue à son dos....

"Ah! what a childhood! I still feel disgust and rebellion, when I recall the long days I passed in the room where

Ah! quelle jeunesse! J'ai encore des dégoûts et des révoltes, lorsque je me rappelle les longues journées que j'ai

Camille was at death's door. I sat bent over the fire, stupidly watching the infusions simmer, and feeling my limbs growing stiff. And I could not move. My aunt scolded me if I made a noise. Later on, I tasted profound joy in the little house beside the river; but I was already half feeble, I could barely walk, and when I tried to run I fell down. Then they buried me alive in this vile shop." After a pause, she resumed:

passées dans la chambre où râlait Camille. J'étais accroupie devant le feu, regardant stupidement bouillir les tisanes, sentant mes membres se roidir. Et je ne pouvais bouger, ma tante grondait quand je faisais du bruit. Plus tard, j'ai goûté des joies profondes, dans la petite maison du bord de l'eau; mais j'étais déjà abêtie, je savais à peine marcher, je tombais lorsque je courais. Puis on m'a enterrée toute vive dans cette ignoble boutique. Thérèse respirait fortement, elle serrait son amant à pleins bras, elle se vengeait, et ses narines minces et souples avaient de petits battements nerveux.

"You will hardly credit how bad they have made me. They have turned me into a liar and a hypocrite. They have stifled me with their middle-class gentleness, and I can hardly understand how it is that there is still blood in my veins. I have lowered my eyes, and given myself a mournful, idiotic face like theirs. I have led their deathlike life. When you saw me I looked like a blockhead, did I not? I was grave, overwhelmed,

—Tu ne saurais croire, reprenait-elle, combien ils m'ont rendue mauvaise. Ils ont fait de moi une hypocrite et une menteuse... Ils m'ont étouffée dans leur douceur bourgeoise, et je ne m'explique pas comment il y a encore du sang dans mes veines... J'ai baissé les yeux, j'ai eu comme eux un visage morne et imbécile, j'ai mené leur vie morte. Quand tu m'as vue, n'est-ce pas? j'avais l'air d'une bête, j'étais grave, écrasée,

brutalised. I no longer had any hope. I thought of flinging myself into the Seine.

"But previous to this depression, what nights of anger I had. Down there at Vernon, in my frigid room, I bit my pillow to stifle my cries. I beat myself, taxed myself with cowardice. My blood was on the boil, and I would have lacerated my body. On two occasions, I wanted to run away, to go straight before me, towards the sun; but my courage failed. They had turned me into a docile brute with their tame benevolence and sickly tenderness. Then I lied, I always lied. I remained there quite gentle, quite silent, dreaming of striking and biting." After a silence, she continued:

"I do not know why I consented to marry Camille. I did not protest, from a feeling of a sort of disdainful indifference. I pitied the child. When I played with him, I felt my fingers sink into the flesh of his limbs as into damp clay. I took him because my aunt offered him to me, and

abrutie. Je n'espérais plus en rien, je songeais à me jeter un jour dans la Seine…

Mais, avant cet affaissement, que de nuits de colère! Là-bas, à Vernon, dans ma chambre froide, je mordais mon oreiller pour étouffer mes cris, je me battais, je me traitais de lâche. Mon sang me brûlait et je me serais déchiré le corps. A deux reprises, j'ai voulu fuir, aller devant moi, au soleil; le courage m'a manqué, ils avaient fait de moi une brute docile avec leur bienveillance molle et leur tendresse écoeurante. Alors j'ai menti, j'ai menti toujours. Je suis restée là toute douce, toute silencieuse, rêvant de frapper et de mordre. La jeune femme s'arrêtait, essuyant ses lèvres humides sur le cou de Laurent. Elle ajoutait, après un silence:

—Je ne sais plus pourquoi j'ai consenti à épouser Camille. Je n'ai pas protesté, par une sorte d'insouciance dédaigneuse. Cet enfant me faisait pitié. Lorsque je jouais avec lui, je sentais mes doigts s'enfoncer dans ses membres comme dans de l'argile. Je l'ai pris parce que ma tante me l'offrait et que je

because I never intended to place any restraint on my actions on his account.

comptais ne jamais me gêner pour lui…

"I found my husband just the same little suffering boy whose bed I had shared when I was six years old. He was just as frail, just as plaintive, and he still had that insipid odour of a sick child that had been so repugnant to me previously. I am relating all this so that you may not be jealous. I was seized with a sort of disgust. I remembered the physic I had drank. I got as far away from him as the bed would allow, and I passed terrible nights. But you, you——"

Et j'ai retrouvé dans mon mari le petit garçon souffrant avec lequel j'avais déjà couché à six ans. Il était aussi frêle, aussi plaintif, et il avait toujours cette odeur fade d enfant malade qui me répugnait tant jadis…. Je te dis tout cela pour que tu ne sois pas jaloux…. Une sorte de dégoût me montait à la gorge; je me rappelais les drogues que j'avais bues, et je m'écartais, et je passais des nuits terribles…. Mais toi, toi….

Therese drew herself up, bending backward, her fingers imprisoned in the massive hands of Laurent, gazing at his broad shoulders, and enormous neck. "You, I love you," she continued. "I loved you from the day Camille pushed you into the shop. You have perhaps no esteem for me, because I gave way at once. Truly, I know not how it happened. I am proud. I am passionate. I would have liked to have beaten you, the first day, when you kissed me. I do

Et Thérèse se redressait, se pliait en arrière, les doigts pris dans les mains épaisses de Laurent, regardant ses larges épaules, son cou énorme…. — Toi, je t'aime, je t'ai aimé le jour où Camille t'a poussé dans la boutique…. Tu ne m'estimes peut-être pas, parce que je me suis livrée tout entière, en une fois…. Vrai, je ne sais pas comment cela est arrivé. Je suis fière, je suis emportée. J'aurais voulu te battre le premier jour, quand tu m'as embrassée et jetée par terre dans cette

not know how it was I loved you; I hated you rather. The sight of you irritated me, and made me suffer. When you were there, my nerves were strained fit to snap. My head became quite empty. I was ready to commit a crime.

"Oh! how I suffered! And I sought this suffering. I waited for you to arrive. I loitered round your chair, so as to move in your breath, to drag my clothes over yours. It seemed as though your blood cast puffs of heat on me as I passed, and it was this sort of burning cloud in which you were enveloped, that attracted me, and detained me beside you in spite of my secret revolt. You remember when you were painting here: a fatal power attracted me to your side, and I breathed your air with cruel delight. I know I seemed to be begging for kisses, I felt ashamed of my bondage, I felt I should fall, if you were to touch me. But I gave way to my cowardice, I shivered with cold, waiting until you chose to take me in your arms."

chambre.... J'ignore comment je t'aimais; je te haïssais plutôt. Ta vue m'irritait, me faisait souffrir; lorsque tu étais là, mes nerfs se tendaient à se rompre, ma tête se vidait, je voyais rouge.

Oh! que j'ai souffert! Et je cherchais cette souffrance, j'attendais ta venue, je tournais autour de ta chaise, pour marcher dans ton haleine, pour traîner mes vêtements le long des tiens. Il me semblait que ton sang me jetait des bouffées de chaleur au passage, et c'était cette sorte de nuée ardente, dans laquelle tu t'enveloppais, qui m'attirait et me retenait auprès de toi, malgré mes sourdes révoltes.... Tu te souviens quand tu peignais ici: une force fatale me ramenait à ton côté, je respirais ton air avec des délices cruelles. Je comprenais que je paraissais quêter des baisers, j'avais honte de mon esclavage, je sentais que j'allais tomber si tu me touchais. Mais je cédais à mes lâchetés, je grelottais de froid en attendant que tu voulusses bien me prendre dans tes bras....

When Therese ceased speaking, she was quivering, as though proud at being avenged. In this bare and chilly room were enacted scenes of burning lust, sinister in their brutality. On her part Therese seemed to revel in daring. The only precaution she would take when expecting her lover was to tell her aunt she was going upstairs to rest. But then, when he was there she never bothered about avoiding noise, walking about and talking. At first this terrified Laurent. "For God's sake," he whispered, "don't make so much noise. Madame Raquin will hear."

Alors Thérèse se taisait, frémissante, comme orgueilleuse et vengée. Elle tenait Laurent ivre sur sa poitrine, et, dans la chambre nue et glaciale, se passaient des scènes de passion ardente, d'une brutalité sinistre. Chaque nouveau rendez-vous amenait des crises plus fougueuses. La jeune femme semblait se plaire à l'audace et à l'impudence. Elle n'avait pas une hésitation, pas une peur. Elle se jetait dans l'adultère avec une sorte de franchise énergique, bravant le péril, mettant une sorte de vanité à le braver. Quand son amant devait venir, pour toute précaution, elle prévenait sa tante qu'elle montait se reposer; et, quand il était là, elle marchait, parlait, agissait carrément, sans songer jamais à éviter le bruit. Parfois, dans les commencements, Laurent s'effrayait. —Mon Dieu! disait-il tout bas à Thérèse, ne fais donc pas tant de tapage, Mme Raquin va monter.

Therese would laugh. "Who cares, you are always so worried. She is at her counter and won't leave. She is too afraid of being robbed.

—Bah! répondait-elle en riant, tu trembles toujours… Elle est clouée derrière son comptoir; que veux-tu qu'elle vienne faire ici? elle aurait trop peur qu'on

Besides, you can hide." Laurent's passion had not yet stifled his native peasant caution, but soon he grew used to the risks of these meetings, only a few yards from the old woman. One day, fearing her niece was ill, Madame Raquin climbed the stairs. Therese never bothered to bolt the bedroom door.

ne la volât… Puis, après tout, qu'elle monte si elle veut. Tu te cacheras… Je me moque d'elle. Je t'aime. Ces paroles ne rassuraient guère Laurent. La passion n'avait pas encore endormi sa prudence sournoise de paysan. Bientôt, cependant, l'habitude lui fit accepter, sans trop de terreur, les hardiesses de ces rendez-vous donnés en plein jour, dans la chambre de Camille, à deux pas de la vieille mercière. Sa maîtresse lui répétait que le danger épargne ceux qui l'affrontent en face, et elle avait raison. Jamais les amants n'auraient pu trouver un lieu plus sûr que cette pièce où personne ne serait venu les chercher. Ils y contentaient leur amour, dans une tranquillité incroyable. Un jour, pourtant, Mme Raquin monta, craignant que sa nièce ne fût malade. Il y avait près de trois heures que la jeune femme était en haut. Elle poussait l'audace jusqu'à ne pas fermer au verrou la porte de la chambre qui donnait dans la salle à manger.

At the sound of the woman's heavy step on the wooden stairs, Laurent became frantic.

Lorsque Laurent entendit les pas lourds de la vieille mercière, montant l'escalier de

Therese laughed as she saw him searching for his waistcoat and hat. She grabbed his arm and pushed him down at the foot of the bed. With perfect self-possession she whispered: "Stay there. Don't move."

She threw all his clothes that were lying about over him and covered them with a white petticoat she had taken off. Without losing her calm, she lay down, half-naked, with her hair loose.

When Madame Raquin quietly opened the door and tiptoed to the bed the younger woman pretended to be asleep. Laurent, under all the clothes was in a panic.

"Therese," asked the old lady with some concern, "are you all right, my dear?"

Therese, opening her eyes and yawning, answered that she had a terrible migraine. She begged her aunt to let her

bois, il se troubla, chercha fiévreusement son gilet, son chapeau. Thérèse se mit à rire de la singulière mine qu'il faisait. Elle lui prit le bras avec force, le courba au pied du lit, dans un coin, et lui dit d'une voix basse et calme: —Tiens-toi là… ne remue pas.

Elle jeta sur lui les vêtements d'homme qui traînaient, et étendit sur le tout un jupon blanc qu'elle avait retiré. Elle fit ces choses avec des gestes lestes et précis, sans rien perdre de sa tranquillité. Puis elle se coucha, échevelée, demi-nue, encore rouge et frissonnante.

Mme Raquin ouvrit doucement la porte et s'approcha du lit en étouffant le bruit de ses pas. La jeune femme feignait de dormir. Laurent suait sous le jupon blanc.

—Thérèse, demanda la mercière avec sollicitude, es-tu malade, ma fille?

Thérèse ouvrit les yeux, bâilla, se retourna et répondit d'une voix dolente qu'elle avait une migraine atroce. Elle supplia sa

sleep some more. The old lady left the room as quietly as she had entered it.

tante de la laisser dormir. La vieille dame s'en alla comme elle était venue, sans faire de bruit. Les deux amants, riant en silence, s'embrassèrent avec une violence passionnée.

"So you see," Therese said triumphantly, "there is no reason to worry. These people are not in love. They are blind."

—Tu vois bien, dit Thérèse triomphante, que nous ne craignons rien ici.... Tous ces gens-là sont aveugles: ils n'aiment pas.

At other times Therese seemed quite mad, wandering in her mind. She would see the cat, sitting motionless and dignified, looking at them. "Look at Francois," she said to Laurent. "You'd think he understands and is planning to tell Camille everything to-night. He knows a thing or two about us. Wouldn't it be funny if one day, in the shop, he just started talking."

Un autre jour, la jeune femme eut une idée bizarre. Parfois, elle était comme folle, elle délirait. Le chat tigré, François, était assis sur son derrière, au beau milieu de la chambre. Grave, immobile, il regardait de ses yeux ronds les deux amants. Il semblait les examiner avec soin, sans cligner les paupières, perdu dans une sorte d'extase diabolique. —Regarde donc François, dit Thérèse à Laurent. On dirait qu'il comprend et qu'il va ce soir tout conter à Camille.... Dis, ce serait drôle, s'il se mettait à parler dans la boutique, un de ces jours; il sait de belles histoires sur notre compte....

This idea was delightful to Therese but Laurent felt a

Cette idée, que François pourrait parler, amusa

shudder run through him as he looked at the cat's big green eyes. Therese's hold on him was not total and he was scared. He got up and put the cat out of the room.

singulièrement la jeune femme. Laurent regarda les grands yeux verts du chat, et sentit un frisson lui courir sur la peau.

—Voici comment il ferait, reprit Thérèse. Il se mettrait debout, et, me montrant d'une patte, te montrant de l'autre, il s'écrierait: «Monsieur et madame s'embrassent très fort dans la chambre, ils ne se sont pas méfiés de moi, mais comme leurs amours criminelles me dégoûtent, je vous prie de les faire mettre en prison tous les deux; ils ne troubleront plus ma sieste.»

Thérèse plaisantait comme un enfant, elle mimait le chat, elle allongeait les mains en façon de griffes, elle donnait à ses épaules des ondulations félines. François, gardant une immobilité de pierre, la contemplait toujours; ses yeux seuls paraissaient vivants; et il y avait, dans les coins de sa gueule, deux plis profonds qui faisaient éclater de rire cette tête d'animal empaillé.

Laurent se sentait froid aux os. Il trouva ridicule la plaisanterie

de Thérèse. Il se leva et mit le chat à la porte. En réalité, il avait peur. Sa maîtresse ne le possédait pas encore entièrement; il restait au fond de lui un peu de ce malaise qu'il avait éprouvé sous les premiers baisers de la jeune femme.

VIII

CHAPITRE VIII

Laurent was perfectly happy of an evening, in the shop. He generally returned from the office with Camille. Madame Raquin had formed quite a motherly affection for him. She knew he was short of cash, and indifferently nourished, that he slept in a garret; and she had told him, once for all, that a seat would always be kept for him at their table. She liked this young fellow with that expansive feeling that old women display for people who come from their own part of the country, bringing with them memories of the past.

Le soir, dans la boutique, Laurent était parfaitement heureux. D'ordinaire, il revenait du bureau avec Camille. Mme Raquin s'était prise pour lui d'une amitié maternelle; elle le savait gêné, mangeant mal, couchant dans un grenier, et elle lui avait dit une fois pour toutes que son couvert serait toujours mis à leur table. Elle aimait ce garçon de cette tendresse bavarde que les vieilles femmes ont pour les gens qui viennent de leur pays, apportant avec eux des souvenirs du passé.

The young man took full advantage of this hospitality. Before going to dinner, after leaving the office for the night, he and Camille went for a stroll on the quays. Both found

Le jeune homme usait largement de l'hospitalité. Avant de rentrer, au sortir du bureau, il faisait avec Camille un bout de promenade sur les quais; tous deux trouvaient

satisfaction in this intimacy. They dawdled along, chatting with one another, which prevented them feeling dull, and after a time decided to go and taste the soup prepared by Madame Raquin. Laurent opened the shop door as if he were master of the house, seated himself astride a chair, smoking and expectorating as though at home.

leur compte à cette intimité; ils s'ennuyaient moins, ils flânaient en causant. Puis ils se décidaient à venir manger la soupe de Mme Raquin. Laurent ouvrait en maître la porte de la boutique; il s'asseyait à califourchon sur les chaises, fumant et crachant, comme s'il était chez lui.

The presence of Therese did not embarrass him in the least. He treated the young woman with friendly familiarity, paying her commonplace compliments without a line of his face becoming disturbed. Camille laughed, and, as his wife confined herself to answering his friend in monosyllables, he firmly believed they detested one another. One day he even reproached Therese with what he termed her coldness for Laurent.

La présence de Thérèse ne l'embarrassait nullement. Il traitait la jeune femme avec une rondeur amicale, il plaisantait, lui adressait des galanteries banales, sans qu'un pli de sa face bougeât. Camille riait, et, comme sa femme ne répondait à son ami que par des monosyllabes, il croyait fermement qu'ils se détestaient tous deux. Un jour même il fit des reproches à Thérèse sur ce qu'il appelait sa froideur pour Laurent.

Laurent had made a correct guess: he had become the sweetheart of the woman, the friend of the husband, the spoilt child of the mother. Never had he enjoyed such a capital time. His position in

Laurent avait deviné juste: il était devenu l'amant de la femme, l'ami du mari, l'enfant gâté de la mère. Jamais il n'avait vécu dans un pareil assouvissement de ses appétits. Il s'endormait au fond des

the family struck him as quite natural. He was on the most friendly terms with Camille, in regard to whom he felt neither anger nor remorse. He was so sure of being prudent and calm that he did not even keep watch on his gestures and speech. The egotism he displayed in the enjoyment of his good fortune, shielded him from any fault. All that kept him from kissing Therese in the shop was the fear that he would not be allowed to come any more. He would not have cared a bit about hurting Camille and his mother.

jouissances intimes que lui donnait la famille Raquin. D'ailleurs, sa position dans cette famille lui paraissait toute naturelle. Il tutoyait Camille sans colère, sans remords. Il ne surveillait même pas ses gestes ni ses paroles, tant il était certain de sa prudence, de son calme; l'égoïsme avec lequel il goûtait ses félicités le protégeait contre toute faute. Dans la boutique, sa maîtresse devenait une femme comme une autre, qu'il ne fallait point embrasser et qui n'existait pas pour lui. S'il ne l'embrassait pas devant tous, c'est qu'il craignait de ne pouvoir revenir. Cette seule conséquence l'arrêtait. Autrement, il se serait parfaitement moqué de la douleur de Camille et de sa mère. Il n'avait point conscience de ce que la découverte de sa liaison pourrait amener. Il croyait agir simplement, comme tout le monde aurait agi à sa place, en homme pauvre et affamé, De là ses tranquillités béates, ses audaces patientes, ses attitudes désintéressées et goguenardes.

Therese, who was of a more nervous and quivering

Thérèse, plus nerveuse, plus frémissante que lui, était

temperament, was compelled to play a part, and she played it to perfection, thanks to the clever hypocrisy she had acquired in her bringing up. For nearly fifteen years, she had been lying, stifling her fever, exerting an implacable will to appear gloomy and half asleep. It cost her nothing to keep this mask on her face, which gave her an appearance of icy frigidity.

When Laurent entered the shop, he found her glum, her nose longer, her lips thinner. She was ugly, cross, unapproachable. Nevertheless, she did not exaggerate her effects, but only played her former part, without awakening attention by greater harshness. She experienced extraordinary pleasure in deceiving Camille and Madame Raquin. She was aware she was doing wrong, and at times she felt a ferocious desire to rise from table and smother Laurent with kisses, just to show her husband and aunt that she was not a fool, and that she had a sweetheart.

obligée de jouer un rôle. Elle le jouait à la perfection, grâce à l'hypocrisie savante que lui avait donnée son éducation. Pendant près de quinze ans, elle avait menti, étouffant ses fièvres, mettant une volonté implacable à paraître morne et endormie. Il lui coûtait peu de poser sur sa chair ce masque de morte qui glaçait son visage.

Quand Laurent entrait, il la trouvait grave, rechignée, le nez plus long, les lèvres plus minces. Elle était laide, revêche, inabordable. D'ailleurs, elle n'exagérait pas ses effets, elle jouait son ancien personnage, sans éveiller l'attention par une brusquerie plus grande. Pour elle, elle trouvait une volupté amère à tromper Camille et Mme Raquin; elle n'était pas comme Laurent; affaissée dans le contentement épais de ses désirs, inconsciente du devoir, elle savait qu'elle faisait le mal, et il lui prenait des envies féroces de se lever de table et d'embrasser Laurent à pleine bouche, pour montrer à son mari et à sa tante qu'elle n'était

pas une bête et qu'elle avait un amant.

At moments, she felt giddy with joy; good actress as she proved herself, she could not on such occasions refrain from singing, when her sweetheart did not happen to be there, and she had no fear of betraying herself. These sudden outbursts of gaiety charmed Madame Raquin, who taxed her niece with being too serious. The young woman, moreover, decked the window of her room with pots of flowers, and then had new paper hung in the apartment. After this she wanted a carpet, curtains and rosewood furniture.

Par moments, des joies chaudes lui montaient à la tête; toute bonne comédienne qu'elle fût, elle ne pouvait alors se retenir de chanter, quand son amant n'était pas là et qu'elle ne craignait point de se trahir. Ces gaietés soudaines charmaient Mme Raquin qui accusait sa nièce de trop de gravité. La jeune femme acheta des pots de fleurs et en garnit la fenêtre de sa chambre; puis elle fit coller du papier neuf dans cette pièce, elle voulut un tapis, des rideaux, des meubles de palissandre. Tout ce luxe était pour Laurent.

The nature of the circumstances seemed to have made this woman for this man, and to have thrust one towards the other. The two together, the woman nervous and hypocritical, the man sanguineous and leading the life of a brute, formed a powerful couple allied. The one completed the other, and they mutually protected themselves. At night, at table, in the pale light of the lamp,

La nature et les circonstances semblaient avoir fait cette femme pour cet homme, et les avoir poussés l'un vers l'autre. A eux deux, la femme, nerveuse et hypocrite, l'homme, sanguin et vivant en brute, ils faisaient un couple puissamment lié. Ils se complétaient, se protégeaient mutuellement. Le soir, à table, dans les clartés pâles de la lampe, on sentait la force de leur union, à voir le visage

one felt the strength of their union, at the sight of the heavy, smiling face of Laurent, opposite the mute, impenetrable mask of Therese.

épais et souriant de Laurent, en face du masque muet et impénétrable de Thérèse.

Those evenings were pleasant and calm. In the silence, in the transparent shadow and cool atmosphere, arose friendly conversation. The family and their guest sat close together round the table. After the dessert, they chatted about a thousand trifles of the day, about incidents that had occurred the day before, about their hopes for the morrow.

C'étaient de douces et calmes soirées. Dans le silence, dans l'ombre transparente et attiédie, s'élevaient des paroles amicales. On se serrait autour de la table; après le dessert, on causait des mille riens de la journée, des souvenirs de la veille et des espoirs du lendemain.

Camille liked Laurent, as much as he was capable of liking anybody, after the fashion of a contented egotist, and Laurent seemed to show him equal attachment. Between them there was an exchange of kind sentences, of obliging gestures, and thoughtful attentions. Madame Raquin, with placid countenance, contributed her peacefulness to the tranquillity of the scene, which resembled a gathering of old friends who knew one another to the heart, and who confidently relied on the faith of their friendship.

Camille aimait Laurent, autant qu'il pouvait aimer, en égoïste satisfait, et Laurent semblait lui rendre une égale affection; il y avait entre eux un échange de phrases dévouées, de gestes serviables, de regards prévenants. Mme Raquin, le visage placide, mettait toute sa paix autour de ses enfants, dans l'air tranquille qu'ils respiraient. On eût dit une réunion de vieilles connaissances qui se connaissaient jusqu'au coeur et qui s'endormaient sur la foi de leur amitié.

Therese, motionless, peaceful like the others, observed this joy, this smiling depression of these people of the middle class, and in her heart there was savage laughter; all her being jeered, but her face maintained its frigid rigidity. Ah! how she deceived these worthy people, and how delighted she was to deceive them with such triumphant impudence. Her sweetheart, at this moment, was like a person unknown to her, a comrade of her husband, a sort of simpleton and interloper concerning whom she had no need to concern herself. This atrocious comedy, these duperies of life, this comparison between the burning kisses in the daytime, and the indifference played at night, gave new warmth to the blood of the young woman.

Thérèse, immobile, paisible comme les autres, regardait ces joies bourgeoises, ces affaissements souriants. Et, au fond d'elle, il y avait des rires sauvages; tout son être raillait, tandis que son visage gardait une rigidité froide. Elle se disait, avec des raffinements de volupté, que quelques heures auparavant elle était dans la chambre voisine, demi-nue, échevelée, sur la poitrine de Laurent; elle se rappelait chaque détail de cet après-midi de passion folle, elle les étalait dans sa mémoire, elle opposait cette scène brûlante à la scène morte qu'elle avait sous les yeux. Ah! comme elle trompait ces bonnes gens, et comme elle était heureuse de les tromper avec une impudence si triomphante! Et c'était là, à deux pas, derrière cette mince cloison, qu'elle recevait un homme; c'était là qu'elle se vautrait dans les âpretés de l'adultère. Et son amant, à cette heure, devenait un inconnu pour elle, un camarade de son mari, une sorte d'imbécile et d'intrus dont elle ne devait pas se soucier. Cette comédie atroce, ces duperies de la vie, cette

comparaison entre les baisers ardents du jour et l'indifférence jouée du soir, donnaient des ardeurs nouvelles au sang de la jeune femme.

When by chance Madame Raquin and Camille went downstairs, Therese bounded from her chair, to silently, and with brutal energy, press her lips to those of her sweetheart, remaining thus breathless and choking until she heard the stairs creak. Then, she briskly seated herself again, and resumed her glum grimace, while Laurent calmly continued the interrupted conversation with Camille. It was like a rapid, blinding flash of lightning in a leaden sky.

Lorsque Mme Raquin et Camille descendaient, par hasard, Thérèse se levait d'un bond, collait silencieusement, avec une énergie brutale, ses lèvres sur les lèvres de son amant, et restait ainsi, haletant, étouffant, jusqu'à ce qu'elle entendit crier le bois des marches de l'escalier. Alors, d'un mouvement leste, elle reprenait sa place, elle retrouvait sa grimace rechignée. Laurent, d'une voix calme, continuait avec Camille la causerie interrompue. C'était comme un éclair de passion, rapide et aveuglant, dans un ciel mort.

On Thursday, the evening became a little more animated. Laurent, although bored to death, nevertheless made a point of not missing one of these gatherings. As a measure of prudence he desired to be known and esteemed by the friends of Camille. So he had to lend an ear to the idle talk of Grivet and old Michaud.

Le jeudi, la soirée était un peu plus animée. Laurent, qui, ce jour-là, s'ennuyait à mourir, se faisait pourtant un devoir de ne pas manquer une seule des réunions: il voulait, par mesure de prudence, être connu et estimé des amis de Camille. Il lui fallait écouter les radotages de Grivet et du vieux Michaud; Michaud racontait toujours les

The latter always related the same tales of robbery and murder, while Grivet spoke at the same time about his clerks, his chiefs, and his administration, until the young man sought refuge beside Olivier and Suzanne, whose stupidity seemed less wearisome. But he soon asked for the dominoes.

mêmes histoires de meurtre et de vol; Grivet parlait en même temps de ses employés, de ses chefs, de son administration. Le jeune homme se réfugiait auprès d'Olivier et de Suzanne, qui lui paraissaient d'une bêtise moins assommante. D'ailleurs, il se hâtait de réclamer le jeu de dominos.

It was on Thursday evening that Laurent and Therese arranged the day and hour of their meeting. In the bustle attending the departure, when Madame Raquin and Camille accompanied the guest to the door of the arcade, the young woman approached Laurent, to whom she spoke in an undertone, as she pressed his hand. At times, when all had turned their backs, she kissed him, out of a sort of bravado.

C'était le jeudi soir que Thérèse fixait le jour et l'heure de leurs rendez-vous. Dans le trouble du départ, lorsque Mme Raquin et Camille accompagnaient les invités jusqu'à la porte du passage, la jeune femme s'approchait de Laurent, lui parlait bas, lui serrait la main. Parfois même, quand tout le monde avait le dos tourné, elle l'embrassait, par une sorte de fanfaronnade.

The life of shocks and appeasements, lasted eight months. The sweethearts lived in complete beatitude; Therese no longer felt dull, and was perfectly contented. Laurent satiated, pampered, fatter than before, had but one fear, that of seeing this delightful existence come to an end.

Pendant huit mois, dura cette vie de secousscs et d'apaisements. Les amants vivaient dans une béatitude complète; Thérèse ne s'ennuyait plus, ne désirait plus rien; Laurent, repu, choyé, engraissé encore, avait la seule crainte de voir cesser cette belle existence.

IX	CHAPITRE IX
One afternoon, as Laurent was leaving his office to run and meet Therese who was expecting him, his chief gave him to understand that in future he was forbidden to absent himself. He had taken too many holidays already, and the authorities had decided to dismiss him if he again went out in office hours.	Un après-midi, comme Laurent allait quitter son bureau pour courir auprès de Thérèse qui l'attendait, son chef le fit appeler et lui signifia qu'à l'avenir il lui défendait de s'absenter. Il avait abusé des congés; l'administration était décidée à le renvoyer, s'il Sortait une seule fois.
Riveted to his chair, he remained in despair until eventide. He had to earn his living, and dared not lose his place. At night the wrathful countenance of Therese was a torture to him, and he was unable to find an opportunity to explain to her how it was he had broken his word. At length, as Camille was putting up the shutters, he briskly approached the young woman, to murmur in an undertone:	Cloué sur sa chaise, il désespéra jusqu'au soir. Il devait gagner son pain, il ne pouvait se faire mettre à la porte. Le soir, le visage courroucé de Thérèse fut une torture pour lui. Il ne savait comment expliquer son manque de parole à sa maîtresse. Pendant que Camille fermait sa boutique, il s'approcha vivement de la jeune femme:
"We shall be unable to see one another any more. My chief refuses to give me permission to go out."	—Nous ne pouvons plus nous voir, lui dit-il à voix basse. Mon chef me refuse toute nouvelle permission de sortie.
Camille came into the shop, and Laurent was obliged to withdraw without giving any	Camille rentrait. Laurent dut se retirer sans donner de plus amples explications, laissant

further information, leaving Therese under the disagreeable influence of this abrupt and unpleasant announcement.

Thérèse sous le coup de cette déclaration brutale.

Exasperated at anyone daring to interfere with her delectation, she passed a sleepless night, arranging extravagant plans for a meeting with her sweetheart.

Exaspérée, ne voulant pas admettre qu'on pût troubler ses voluptés, elle passa une nuit d'insomnie à bâtir des plans de rendez-vous extravagants.

The following Thursday, she spoke with Laurent for a minute at the most. Their anxiety was all the keener as they did not know where to meet for the purpose of consulting and coming to an understanding. The young woman, on this occasion, gave her sweetheart another appointment which for the second time he failed to keep, and she then had but one fixed idea—to see him at any cost.

Le jeudi qui suivit, elle causa une minute au plus avec Laurent. Leur anxiété était d'autant plus vive qu'ils ne savaient où se rencontrer pour se consulter et s'entendre. La jeune femme donna un nouveau rendez-vous à son amant, qui lui manqua de parole une seconde fois. Dès lors, elle n'eut plus qu'une idée fixe, le voir à tout prix.

For a fortnight Laurent was unable to speak to Therese alone, and he then felt how necessary this woman had become to his existence. Far from experiencing any uneasiness, as formerly, at the kisses which his ladylove showered on him, he now sought her embraces with the

Il y avait quinze jours que Laurent ne pouvait approcher de Thérèse. Alors il sentit combien cette femme lui était devenue nécessaire; l'habitude de la volupté lui avait créé des appétits nouveaux, d'une exigence aiguë. Il n'éprouvait plus aucun malaise dans les embrassements de sa

obstinacy of a famished animal. A sanguineous passion had lurked in his muscles, and now that his sweetheart was taken from him, this passion burst out in blind violence. He was madly in love. This thriving brutish nature seemed unconscious in everything. He obeyed his instincts, permitting the will of his organism to lead him.

maîtresse, il quêtait ces embrassements avec une obstination d'animal affamé. Une passion de sang avait couvé dans ses muscles; maintenant qu'on lui retirait son amante, cette passion éclatait avec une violence aveugle; il aimait à la rage. Tout semblait inconscient dans cette florissante nature de brute: il obéissait à des instincts, il se laissait conduire par les volontés de son organisme.

A year before, he would have burst into laughter, had he been told he would become the slave of a woman, to the point of risking his tranquillity. The hidden forces of lust that had brought about this result had been secretly proceeding within him, to end by casting him, bound hand and foot, into the arms of Therese.

Il aurait ri aux éclats, un an auparavant, si on lui avait dit qu'il serait l'esclave d'une femme, au point de compromettre ses tranquillités. Le sourd travail des désirs s'était opéré en lui, à son insu, et avait fini par le jeter, pieds et poings liés, aux caresses fauves de Thérèse.

At this hour, he was in dread lest he should omit to be prudent. He no longer dared go of an evening to the shop in the Arcade of the Pont Neuf lest he should commit some folly. He no longer belonged to himself. His ladylove, with her feline suppleness, her

A cette heure, il redoutait d'oublier la prudence, il n'osait venir, le soir, au passage du Pont-Neuf, craignant de commettre quelque folie. Il ne s'appartenait plus; sa maîtresse, avec ses souplesses de chatte, ses flexibilités nerveuses, s'était glissée peu à peu dans chacune

nervous flexibility, had glided, little by little, into each fibre of his body. This woman was as necessary to his life as eating and drinking.

des fibres de son corps. Il avait besoin de cette femme pour vivre comme on a besoin de boire et de manger.

He would certainly have committed some folly, had he not received a letter from Therese, asking him to remain at home the following evening. His sweetheart promised him to call about eight o'clock.

Il aurait certainement fait une sottise, s'il n'avait reçu une lettre de Thérèse, qui lui recommandait de rester chez lui le lendemain. Son amante lui promettait de venir le trouver vers les huit heures du soir.

On quitting the office, he got rid of Camille by saying he was tired, and should go to bed at once. Therese, after dinner, also played her part. She mentioned a customer who had moved without paying her, and acting the indignant creditor who would listen to nothing, declared that she intended calling on her debtor with the view of asking for payment of the money that was due. The customer now lived at Batignolles. Madame Raquin and Camille considered this a long way to go, and thought it doubtful whether the journey would have a satisfactory result; but they expressed no surprise, and allowed Therese to set out on

Au sortir du bureau, il se débarrassa de Camille, en disant qu'il était fatigué, qu'il allait se coucher tout de suite. Thérèse, après le dîner, joua également son rôle; elle parla d'une cliente qui avait déménagé sans la payer, elle fit la créancière intraitable, elle déclara qu'elle voulait aller réclamer son argent. La cliente demeurait aux Batignolles. Mme Raquin et Camille trouvèrent la course longue, la démarche hasardeuse; d'ailleurs, ils ne s'étonnèrent pas, ils laissèrent partir Thérèse en toute tranquillité.

her errand in all tranquillity.

The young woman ran to the Port aux Vins, gliding over the slippery pavement, and knocking up against the passers-by, in her hurry to reach her destination. Beads of perspiration covered her face, and her hands were burning. Anyone might have taken her for a drunken woman. She rapidly ascended the staircase of the hotel, and on reaching the sixth floor, out of breath, and with wandering eyes, she perceived Laurent, who was leaning over the banister awaiting her.

La jeune femme courut au Port aux Vins, glissant sur les pavés qui étaient gras, heurtant les passants, ayant hâte d'arriver. Des moiteurs lui montaient au visage; ses mains brûlaient. On aurait dit une femme soûle. Elle gravit rapidement l'escalier de l'hôtel meublé. Au sixième étage, essoufflée, les yeux vagues, elle aperçut Laurent, penché sur la rampe, qui l'attendait.

She entered the garret, which was so small that she could barely turn round in it, and tearing off her hat with one hand leant against the bedstead in a faint. Through the lift-up window in the roof, which was wide open, the freshness of the evening fell upon the burning couch.

Elle entra dans le grenier. Ses larges jupes ne pouvaient y tenir, tant l'espace était étroit. Elle arracha d'une main son chapeau, et s'appuya contre le lit, défaillante….

The couple remained some time in this wretched little room, as though at the bottom of a hole. All at once, Therese heard a clock in the neighbourhood strike ten. She

La fenêtre à tabatière, ouverte toute grande, versait les fraîcheurs du soir sur la couche brûlante. Les amants restèrent longtemps dans le taudis, comme au fond d'un trou.

felt as if she would have liked to have been deaf. Nevertheless, she looked for her hat which she fastened to her hair with a long pin, and then seating herself, slowly murmured:

Tout d'un coup, Thérèse entendit l'horloge de la Pitié sonner dix heures. Elle aurait voulu être sourde; elle se leva péniblement et regarda le grenier qu'elle n'avait pas encore vu. Elle chercha son chapeau, noua les rubans, et s'assit en disant d'une voix lente:

"I must go."

—Il faut que je parte.

Laurent fell on his knees before her, and took her hands.

Laurent était venu s'agenouiller devant elle. Il lui prit les mains.

"Good-bye, till we see each other again," said she, without moving.

—Au revoir, reprit-elle sans bouger.

"No, not till we see each other again!" he exclaimed, "that is too indefinite. When will you come again?"

—Non pas au revoir, s'écria-t-il, cela est trop vague.... Quel jour reviendras-tu?

She looked him full in the face.

Elle le regarda en face.

"Do you wish me to be frank with you?" she inquired. "Well, then, to tell you the truth, I think I shall come no more. I have no pretext, and I cannot invent one."

—Tu veux de la franchise? dit-elle. Eh bien! vrai, je crois que je ne reviendrai plus. Je n'ai pas de prétexte, je ne puis en inventer.

"Then we must say farewell," he remarked.

—Alors il faut nous dire adieu.

"No, I will not do that!" she

—Non, je ne veux pas!

answered.

She pronounced these words in terrified anger. Then she added more gently, without knowing what she was saying, and without moving from her chair:

Elle prononça ces mots avec une colère épouvantée. Elle ajouta plus doucement, sans savoir ce qu'elle disait, sans quitter sa chaise:

"I am going."

—Je vais m'en aller.

Laurent reflected. He was thinking of Camille.

Laurent songeait. Il pensait à Camille.

"I wish him no harm," said he at length, without pronouncing the name: "but really he is too much in our way. Couldn't you get rid of him, send him on a journey somewhere, a long way off?"

—Je ne lui en veux pas, dit-il enfin sans le nommer, mais vraiment il nous gêne trop.... Est-ce que tu ne pourrais pas nous en débarrasser, l'envoyer en voyage, quelque part, bien loin?

"Ah! yes, send him on a journey!" resumed the young woman, nodding her head. "And do you imagine a man like that would consent to travel? There is only one journey, that from which you never return. But he will bury us all. People who are at their last breath, never die."

-Ah! oui, l'envoyer en voyage! reprit la jeune femme en hochant la tête. Tu crois qu'un homme comme ça consent à voyager.... Il n'y a qu'un voyage dont on ne revient pas.... Mais il nous enterrera tous; ces gens-là qui n'ont que le souffle ne meurent jamais.

Then came a silence which was broken by Laurent who remarked:

Il y eut un silence. Laurent se traîna sur les genoux, se serrant contre sa maîtresse, appuyant la tête contre sa poitrine.

"I had a day dream. Camille

—J'avais fait un rêve, dit-il; je

met with an accident and died, and I became your husband. Do you understand?"

voulais passer une nuit entière avec toi, m'endormir dans tes bras et me réveiller le lendemain sous tes baisers.... Je voudrais être ton mari.... Tu comprends?

"Yes, yes," answered Therese, shuddering.

—Oui, oui, répondit Thérèse, frissonnante.

Then, abruptly bending over the face of Laurent, she smothered it with kisses, and bursting into sobs, uttered these disjoined sentences amidst her tears:

Elle se pencha brusquement sur le visage de Laurent, qu'elle couvrit de baisers. Elle égratignait les brides de son chapeau contre la barbe rude du jeune homme; elle ne songeait plus qu'elle était habillée et qu'elle allait froisser ses vêtements. Elle sanglotait, elle prononçait des paroles haletantes au milieu de ses larmes.

"Don't talk like that, for if you do, I shall lack the strength to leave you. I shall remain here. Give me courage rather. Tell me we shall see one another again. You have need of me, have you not? Well, one of these days we shall find a way to live together."

—Ne dis pas ces choses, répétait-elle, car je n'aurais plus la force de te quitter, je resterais là.... Donne-moi du courage plutôt; dis-moi que nous nous verrons encore. N'est-ce pas que tu as besoin de moi et que nous trouverons bien un jour le moyen de vivre ensemble?

"Then come back, come back to-morrow," said Laurent.

—Alors, reviens, reviens demain, lui répondit Laurent, dont les mains tremblantes

montaient le long de sa taille.

"But I cannot return," she answered. "I have told you. I have no pretext."

—Mais je ne puis revenir…. Je te l'ai dit, je n'ai pas de prétexte.

She wrung her hands and continued:

Elle se tordait les bras. Elle reprit:

"Oh! I do not fear the scandal. If you like, when I get back, I will tell Camille you are my sweetheart, and return here. I am trembling for you. I do not wish to disturb your life. I want to make you happy."

—Oh! Le scandale ne me fait pas peur…. En rentrant, si tu veux, je vais dire à Camille que tu es mon amant, et je reviens coucher ici…. C'est pour toi que je tremble; je ne veux pas te déranger ta vie, je désire te faire une existence heureuse.

The prudent instincts of the young man were awakened.

Les instincts prudents du jeune homme se réveillèrent.

"You are right," said he. "We must not behave like children. Ah! if your husband were to die!"

—Tu as raison, dit-il, il ne faut pas agir comme des enfants. Ah! si ton mari mourait….

"If my husband were to die," slowly repeated Therese.

—Si mon mari mourait… répéta lentement Thérèse.

"We would marry," he continued, "and have nothing more to fear. What a nice, gentle life it would be!"

—Nous nous marierions ensemble, nous ne craindrions plus rien, nous jouirions largement de nos amours…. Quelle bonne et douce vie!

The young woman stood up erect. Her cheeks were pale, and she looked at her sweetheart with a clouded

La jeune femme s'était redressée. Les joues pâles, elle regardait son amant avec des yeux sombres; des battements

brow, while her lips were twitching.

agitaient ses lèvres.

"Sometimes people die," she murmured at last. "Only it is dangerous for those who survive."

—Les gens meurent quelquefois, murmura-t-elle enfin. Seulement, c'est dangereux pour ceux qui survivent.

Laurent did not reply.

Laurent ne répondit pas.

"You see," she continued, "all the methods that are known are bad."

—Vois-tu, continua-t-elle, tous les moyens connus sont mauvais.

"You misunderstood me," said he quietly. "I am not a fool, I wish to love you in peace. I was thinking that accidents happen daily, that a foot may slip, a tile may fall. You understand. In the latter event, the wind alone is guilty."

—Tu ne m'as pas compris, dit-il paisiblement. Je ne suis pas un sot, je veux t'aimer en paix.... Je pensais qu'il arrive des accidents tous les jours, que le pied peut glisser, qu'une tuile peut tomber.... Tu comprends? Dans ce dernier cas, le vent seul est coupable.

He spoke in a strange voice. Then he smiled, and added in a caressing tone:

Il parlait d'une voix étrange. Il eut un sourire et ajouta d'un ton caressant:

"Never mind, keep quiet. We will love one another fondly, and live happily. As you are unable to come here, I will arrange matters. Should we remain a few months without seeing one another, do not forget me, and bear in mind that I am labouring for your

—Va, sois tranquille, nous nous aimerons bien, nous vivrons heureux.... Puisque tu ne peux venir, j'arrangerai tout cela.... Si nous restons plusieurs mois sans nous voir, ne m'oublie pas, songe que je travaille à nos félicités.

felicity."

As Therese opened the door to leave, he seized her in his arms.

Il saisit dans ses bras Thérèse, qui ouvrait la porte pour partir.

"You are mine, are you not?" he continued. "You swear to belong to me, at any hour, when I choose."

—Tu es à moi, n'est-ce pas? continua-t-il. Tu jures de te livrer entière, à toute heure, quand je voudrai?

"Yes!" exclaimed the young woman. "I am yours, do as you please with me."

—Oui, cria la jeune femme, je t'appartiens, fais de moi ce qu'il te plaira.

For a moment they remained locked together and mute. Then Therese tore herself roughly away, and, without turning her head, quitted the garret and went downstairs. Laurent listened to the sound of her footsteps fading away.

Ils restèrent un moment farouches et muets. Puis Thérèse s'arracha avec brusquerie, et, sans tourner la tête, elle sortit de la mansarde et descendit l'escalier. Laurent écouta le bruit de ses pas qui s'éloignaient.

When he heard the last of them, he returned to his wretched room, and went to bed. The sheets were still warm. Without closing the window, he lay on his back, his arms bare, his hands open, exposed to the fresh air. And he reflected, with his eyes on the dark blue square that the window framed in the sky.

Quand il n'entendit plus rien, il rentra dans son taudis, il se coucha. Les draps étaient tièdes. Il étouffait au fond de ce trou étroit que Thérèse laissait plein des ardeurs de sa passion. Il lui semblait que son souffle respirait encore un peu de la jeune femme; elle avait passé là, répandant des émanations pénétrantes, des odeurs de violette, et maintenant il ne pouvait plus serrer entre ses bras que le

fantôme insaisissable de sa maîtresse, traînant autour de lui; il avait la fièvre des amours renaissantes et inassouvies. Il ne ferma pas la fenêtre. Couché sur le dos, les bras nus, les mains ouvertes, cherchant la fraîcheur, il songea, en regardant le carré d'un bleu sombre que le châssis taillait dans le ciel.

He turned the same idea over in his head until daybreak. Previous to the visit of Therese, the idea of murdering Camille had not occurred to him. He had spoken of the death of this man, urged to do so by the facts, irritated at the thought that he would be unable to meet his sweetheart any more. And it was thus that a new corner of his unconscious nature came to be revealed.

Jusqu'au jour, la même idée tourna dans sa tête. Avant la venue de Thérèse, il ne songeait pas au meurtre de Camille; il avait parlé de la mort de cet homme, poussé par les faits, irrité par la pensée qu'il ne reverrait plus son amante. Et c'est ainsi qu'un nouveau coin de sa nature inconsciente venait de se révéler; il s'était mis à rêver l'assassinat dans les emportements de l'adultère.

Now that he was more calm, alone in the middle of the peaceful night, he studied the murder. The idea of death, blurted out in despair between a couple of kisses, returned implacable and keen. Racked by insomnia, and unnerved by the visit of Therese, he calculated the disadvantages

Maintenant, plus calme, seul au milieu de la nuit paisible, il étudiait le meurtre. L'idée de mort, jetée avec désespoir entre deux baisers, revenait implacable et aiguë. Laurent, secoué par l'insomnie, énervé par les senteurs âcres que Thérèse avait laissées derrière elle, dressait des embûches,

and the advantages of his becoming an assassin.

calculait les mauvaises chances, étalait les avantages qu'il aurait à être assassin.

All his interests urged him to commit the crime. He said to himself that as his father, the Jeufosse peasant, could not make up his mind to die, he would perhaps have to remain a clerk another ten years, eating in cheap restaurants, and living in a garret.

Tous les intérêts le poussaient au crime. Il se disait que son père, le paysan de Jeufosse, ne se décidait pas à mourir; il lui faudrait peut-être rester encore dix ans employé; mangeant dans les crémeries, vivant sans femme dans un grenier.

This idea exasperated him. On the other hand, if Camille were dead, he would marry Therese, he would inherit from Madame Raquin, resign his clerkship, and saunter about in the sun. Then, he took pleasure in dreaming of this life of idleness; he saw himself with nothing to do, eating and sleeping, patiently awaiting the death of his father. And when the reality arose in the middle of his dream, he ran up against Camille, and clenched his fists to knock him down.

Cette idée l'exaspérait. Au contraire, Camille mort, il épousait Thérèse, il héritait de Mme Raquin, il donnait sa démission et flânait au soleil. Alors, il se plut à rêver cette vie de paresseux; il se voyait déjà oisif, mangeant et dormant, attendant avec patience la mort de son père. Et quand la réalité se dressait au milieu de son rêve, il se heurtait contre Camille, il serrait les poings comme pour l'assommer.

Laurent desired Therese; he wanted her for himself alone, to have her always within reach. If he failed to make the husband disappear, the woman would escape him. She had

Laurent voulait Thérèse; il la voulait à lui tout seul, toujours à portée de sa main. S'il ne faisait pas disparaître le mari, la femme lui échappait. Elle l'avait dit: elle ne pouvait

said so: she could not return. He would have eloped with her, carried her off somewhere, but then both would die of hunger. He risked less in killing the husband. There would be no scandal. He would simply push a man away to take his place. In his brutal logic of a peasant, he found this method excellent and natural. His innate prudence even advised this rapid expedient.

revenir. Il l'aurait bien enlevée, emportée quelque part, mais alors ils seraient morts de faim tous deux. Il risquait moins en tuant le mari; il ne soulevait aucun scandale, il poussait seulement un homme pour se mettre à sa place. Dans sa logique brutale de paysan, il trouvait ce moyen excellent et naturel. Sa prudence native lui conseillait même cet expédient rapide.

He grovelled on his bed, in perspiration, flat on his stomach, with his face against the pillow, and he remained there breathless, stifling, seeing lines of fire pass along his closed eyelids.

Il se vautrait sur son lit, en sueur, à plat ventre, collant sa face moite dans l'oreiller où avait traîné le chignon de Thérèse. Il prenait la toile entre ses lèvres séchées, il buvait les parfums légers de ce linge, et il restait là, sans haleine, étouffant, voyant passer des barres de feu le long de ses paupières closes.

He asked himself how he would kill Camille. Then, unable to breathe any more, he turned round at a bound to resume his position on his back, and with his eyes wide open, received full in the face, the puffs of cold air from the window, seeking in the stars, in the bluish square of sky, a

Il se demandait comment il pourrait bien tuer Camille. Puis, quand la respiration lui manquait, il se retournait d'un bond, se remettait sur le dos, et, les yeux grands ouverts, recevant en plein visage les souffles froids de la fenêtre, il cherchait dans les étoiles, dans la clarté bleuâtre du ciel, un

piece of advice about murder, a plan of assassination.

And he found nothing. As he had told his ladylove, he was neither a child nor a fool. He wanted neither a dagger nor poison. What he sought was a subtle crime, one that could be accomplished without danger; a sort of sinister suffocation, without cries and without terror, a simple disappearance. Passion might well stir him, and urge him forward; all his being imperiously insisted on prudence. He was too cowardly, too voluptuous to risk his tranquillity. If he killed, it would be for a calm and happy life.

Little by little slumber overcame him. Fatigued and appeased, he sank into a sort of gentle and uncertain torpor. As he fell asleep, he decided he would await a favourable opportunity, and his thoughts, fleeting further and further away, lulled him to rest with the murmur: "I will kill him, I will kill him." Five minutes later, he was at rest, breathing with serene regularity.

conseil de meurtre, un plan d'assassinat.

Il ne trouva rien. Comme il l'avait dit à sa maîtresse, il n'était pas un enfant, un sot; il ne voulait ni du poignard ni du poison. Il lui fallait un crime sournois, accompli sans danger, une sorte d'étouffement sinistre, sans cris, sans terreur, une simple disparition. La passion avait beau le secouer et le pousser en avant; tout son être réclamait impérieusement la prudence. Il était trop lâche, trop voluptueux, pour risquer sa tranquillité. Il tuait afin de vivre calme et heureux.

Peu à peu le sommeil le prit. L'air froid avait chassé du grenier le fantôme tiède et odorant de Thérèse. Laurent, brisé, apaisé, se laissa envahir par une sorte d'engourdissement doux et vague. En s'endormant, il décida qu'il attendrait une occasion favorable, et sa pensée, de plus en plus fuyante, le berçait en murmurant: «Je le tuerai, je le tuerai.» Cinq minutes plus tard, il reposait, respirant avec une

régularité sereine.

Therese returned home at eleven o'clock, with a burning head, and her thoughts strained, reaching the Arcade of the Pont Neuf unconscious of the road she had taken. It seemed to her that she had just come downstairs from her visit to Laurent, so full were her ears of the words she had recently heard. She found Madame Raquin and Camille anxious and attentive; but she answered their questions sharply, saying she had been on a fools' errand, and had waited an hour on the pavement for an omnibus.

Thérèse était rentrée chez elle à onze heures. La tête en feu, la pensée fondue, elle arriva au passage du Pont-Neuf, sans avoir conscience du chemin parcouru. Il lui semblait qu'elle descendait de chez Laurent, tant ses oreilles étaient pleines encore des paroles qu'elle venait d'entendre. Elle trouva Mme Raquin et Camille anxieux et empressés; elle répondit sèchement à leurs questions, en disant qu'elle avait fait une course inutile et qu'elle était restée une heure sur un trottoir à attendre un omnibus.

When she got into bed, she found the sheets cold and damp. Her limbs, which were still burning, shuddered with repugnance. Camille soon fell asleep, and for a long time Therese watched his wan face reposing idiotically on the pillow, with his mouth wide open. Therese drew away from her husband. She felt a desire to drive her clenched fist into that mouth.

Lorsqu'elle se mit au lit, elle trouva les draps froids et humides. Ses membres, encore brûlants, eurent des frissons de répugnance. Camille ne tarda pas à s'endormir, et Thérèse regarda longtemps cette face blafarde qui reposait bêtement sur l'oreiller, la bouche ouverte. Elle s'écartait de lui, elle avait des envies d'enfoncer son poing fermé dans cette bouche.

X

CHAPITRE X

More than three weeks passed. Laurent came to the shop every evening, looking weary and unwell. A light bluish circle surrounded his eyes, and his lips were becoming pale and chapped. Otherwise, he still maintained his obtuse tranquillity, he looked Camille in the face, and showed him the same frank friendship. Madame Raquin pampered the friend of the family the more, now that she saw him giving way to a sort of low fever.

Therese had resumed her mute, glum countenance and manner. She was more motionless, more impenetrable, more peaceful than ever. She did not seem to trouble herself in the least about Laurent. She barely looked at him, rarely exchanged a word with him, treating him with perfect indifference. Madame Raquin, who in her goodness of heart, felt pained at this attitude, sometimes said to the young man: "Do not pay attention to the manner of my niece, I know her; her face appears cold, but her heart is warm

Près de trois semaines se passèrent. Laurent revenait à la boutique tous les soirs; il paraissait las, comme malade: un léger cercle bleuâtre entourait ses yeux, ses lèvres pâlissaient et se gerçaient. D'ailleurs, il avait toujours sa tranquillité lourde, il regardait Camille en face, il lui témoignait la même amitié franche. Mme Raquin choyait davantage l'ami de la maison, depuis qu'elle le voyait s'endormir dans, une sorte de fièvre sourde.

Thérèse avait repris son visage muet et rechigné. Elle était plus immobile, plus impénétrable, plus paisible que jamais. Il lui semblait que Laurent n'existât pas pour elle; elle le regardait à peine, lui adressait de rares paroles, le traitait avec une indifférence parfaite. Mme Raquin, dont la bonté souffrait de cette attitude, disait parfois au jeune homme: « Ne faites pas attention à la froideur de ma nièce. Je la connais; son visage paraît froid, mais son coeur est chaud de toutes les tendresses et de tous les dévouements. »

with tenderness and devotedness."

The two sweethearts had no more meetings. Since the evening in the Rue Saint-Victor they had not met alone. At night, when they found themselves face to face, placid in appearance and like strangers to one another, storms of passion and dismay passed beneath the calm flesh of their countenance. And while with Therese, there were outbursts of fury, base ideas, and cruel jeers, with Laurent there were sombre brutalities, and poignant indecisions. Neither dared search to the bottom of their beings, to the bottom of that cloudy fever that filled their brains with a sort of thick and acrid vapour.

Les deux amants n'avaient plus de rendez-vous. Depuis la soirée de la rue Saint-Victor, ils ne s'étaient plus rencontrés seul à seule. Le soir, lorsqu'ils se trouvaient face à face, en apparence tranquilles et étrangers l'un à l'autre, des orages de passion, d'épouvante et de désir passaient sous la chair calme de leur visage. Et il y avait dans Thérèse des emportements, des lâchetés, des railleries cruelles; il y avait dans Laurent des brutalités sombres, des indécisions poignantes. Eux-mêmes n'osaient regarder au fond de leur être, au fond de cette fièvre trouble qui emplissait leur cerveau d'une sorte de vapeur épaisse et âcre.

When they could press the hands of one another behind a door, without speaking, they did so, fit to crush them, in a short rough clasp. They would have liked, mutually, to have carried off strips of their flesh clinging to their fingers. They had naught but this pressure of hands to appease their feelings. They put all their souls into

Quand ils pouvaient, derrière une porte, sans parler, ils se serraient les mains à se les briser, dans une étreinte rude et courte. Ils auraient voulu, mutuellement, emporter des lambeaux de leur chair, collés à leurs doigts. Ils n'avaient plus que ce serrement de mains pour apaiser leurs désirs. Ils y mettaient tout leur corps. Ils

them, and asked for nothing more from one another. They waited.

ne se demandaient rien autre chose, ils attendaient.

One Thursday evening, before sitting down to the game of dominoes, the guests of the Raquin family had a chat, as usual. A favourite subject of conversation was afforded by the experiences of old Michaud who was plied with questions respecting the strange and sinister adventures with which he must have been connected in the discharge of his former functions. Then Grivet and Camille listened to the stories of the commissary with the affrighted and gaping countenances of small children listening to "Blue Beard" or "Tom Thumb." These tales terrified and amused them.

Un jeudi soir, avant de se mettre au jeu, les invités de la famille Raquin, comme à l'ordinaire, eurent un bout de causerie. Un des grands sujets de conversation était de parler au vieux Michaud de ses anciennes fonctions, de le questionner sur les étranges et sinistres aventures auxquelles il avait dû être mêlé. Alors Grivet et Camille écoutaient les histoires du commissaire de police avec la face effrayée et béante des petits enfants qui entendent Barbe-Bleue ou le Petit Poucet . Cela les terrifiait et les amusait.

On this particular Thursday, Michaud, who had just given an account of a horrible murder, the details of which had made his audience shudder, added as he wagged his head:

Ce jour-là, Michaud, qui venait de raconter un horrible assassinat dont les détails avaient fait frissonner son auditoire, ajouta en hochant la tête:

"And a great deal never comes out at all. How many crimes remain undiscovered! How many murderers escape the

—Et l'on ne sait pas tout.... Que de crimes restent inconnus! que d'assassins échappent à la justice des

justice of man!"

hommes!

"What!" exclaimed Grivet astonished, "you think there are foul creatures like that walking about the streets, people who have murdered and are not arrested?"

—Comment! dit Grivet étonné, vous croyez qu'il y a, comme ça, dans la rue des canailles qui ont assassiné et qu'on n'arrête pas?

Olivier smiled with an air of disdain.

Olivier se mit à sourire d'un air de dédain.

"My dear sir," he answered in his dictatorial tone, "if they are not arrested it is because no one is aware that they have committed a murder."

—Mon cher monsieur, répondit-il de sa voix cassante, si on ne les arrête pas, c'est qu'on ignore qu'ils ont assassiné.

This reasoning did not appear to convince Grivet, and Camille came to his assistance.

Ce raisonnement ne parut pas convaincre Grivet. Camille vint à son secours.

"I am of the opinion of M. Grivet," said he, with silly importance. "I should like to believe that the police do their duty, and that I never brush against a murderer on the pavement."

—Moi, je suis de l'avis de M. Grivet, dit-il avec une importance bête.... J'ai besoin de croire que la police est bien faite et que je ne coudoierai jamais un meurtrier sur un trottoir.

Olivier considered this remark a personal attack.

Olivier vit une attaque personnelle dans ces paroles.

"Certainly the police do their duty," he exclaimed in a vexed tone. "Still we cannot do what is impossible. There are wretches who have studied crime at Satan's own school;

—Certainement, la police est bien faite, s'écria-t-il d'un ton vexé.... Mais nous ne pouvons pourtant pas faire l'impossible. Il y a des scélérats qui ont appris le crime à l'école du

they would escape the Divinity Himself. Isn't that so, father?"

diable; ils échapperaient à Dieu lui-même.... N'est-ce pas, mon père?

"Yes, yes," confirmed old Michaud. "Thus, while I was at Vernon—you perhaps remember the incident, Madame Raquin—a wagoner was murdered on the highway. The corpse was found cut in pieces, at the bottom of a ditch. The authorities were never able to lay hands on the culprit. He is perhaps still living at this hour. Maybe he is our neighbour, and perhaps M. Grivet will meet him on his way home."

—Oui, oui, appuya le vieux Michaud.... Ainsi, lorsque j'étais à Vernon,—vous vous souvenez peut-être de cela, madame Raquin,—on assassina un roulier sur la grand'route. Le cadavre fut trouvé coupé en morceaux, au fond d'un fossé. Jamais on n'a pu mettre la main sur le coupable. Il vit peut-être encore aujourd'hui, il est peut-être notre voisin, et peut-être M. Grivet va-t-il le rencontrer en rentrant chez lui.

Grivet turned pale as a sheet. He dared not look round. He fancied the murderer of the wagoner was behind him. But for that matter, he was delighted to feel afraid.

Grivet devint pâle comme un linge. Il n'osait tourner la tête; il croyait que l'assassin du roulier était derrière lui. D'ailleurs, il était enchanté d'avoir peur.

"Well, no," he faltered, hardly knowing what he said, "well, no, I cannot believe that. But I also have a story: once upon a time a servant was put in prison for stealing a silver spoon and fork belonging to her master and mistress. Two months afterwards, while a tree was being felled, the knife

—Ah bien! non, balbutia-t-il, sans trop savoir ce qu'il disait, ah bien! non, je ne veux pas croire cela.... Moi aussi, je sais une histoire: Il y avait une fois une servante qui fut mise en prison, pour avoir volé à ses maîtres un couvert d'argent. Deux mois après, comme on abattait un arbre, on trouva le

and fork were discovered in the nest of a magpie. It was the magpie who was the thief. The servant was released. You see that the guilty are always punished."

Grivet triumphed. Olivier sneered.

"Then, they put the magpie in prison," said he.

"That is not what M. Grivet meant to say," answered Camille, annoyed to see his chief turned into ridicule. "Mother, give us the dominoes."

While Madame Raquin went to fetch the box, the young man, addressing Michaud, continued:

"Then you admit the police are powerless, that there are murderers walking about in the sunshine?"

"Unfortunately, yes," answered the commissary.

"It is immoral," concluded Grivet.

During this conversation, Therese and Laurent had remained silent. They had not

couvert dans un nid de pie. C'était une pie qui était la voleuse. On relâcha la servante.... Vous voyez bien que les coupables sont toujours punis.

Grivet était triomphant, Olivier ricanait.

—Alors, dit-il, on a mis la pie en prison?

—Ce n'est pas cela que M. Grivet a voulu dire, reprit Camille, fâché de voir tourner son chef en ridicule.... Mère, donne-moi le jeu de dominos.

Pendant que Mme Raquin allait chercher la boîte, le jeune homme continua, en s'adressant à Michaud:

—Alors, la police est impuissante, vous l'avouez? il y a des meurtriers qui se promènent au soleil?

—Eh! malheureusement oui, répondit le commissaire.

—C'est immoral, conclut Grivet.

Pendant cette conversation, Thérèse et Laurent étaient restés silencieux. Ils n'avaient

even smiled at the folly of Grivet. Both leaning with their arms on the table, looking slightly pale, and with a vague expression in their eyes, listened. At one moment those dark, ardent orbs had met. And small drops of perspiration pearled at the roots of the hair of Therese, while chilly puffs of breath gave imperceptible shivers to the skin of Laurent.

pas même souri de la sottise de Grivet. Accoudés tous deux sur la table, légèrement pâles, les yeux vagues, ils écoutaient. Un moment leurs regards s'étaient rencontrés, noirs et ardents. Et de petites gouttes de sueur perlaient à la racine des cheveux de Thérèse, et des souffles froids donnaient des frissons imperceptibles à la peau de Laurent.

XI

CHAPITRE XI

Sometimes on a Sunday, when the weather was fine, Camille forced Therese to go out with him, for a walk in the Champs Elysees. The young woman would have preferred to remain in the damp obscurity of the arcade, for the exercise fatigued her, and it worried her to be on the arm of her husband, who dragged her along the pavement, stopping before the shop windows, expressing his astonishment, making reflections, and then falling into ridiculous spells of silence.

Parfois, le dimanche, lorsqu'il faisait beau, Camille forçait Thérèse à sortir avec lui, à faire un bout de promenade aux Champs-Elysées. La jeune femme aurait préféré rester dans l'ombre humide de la boutique, elle se fatiguait, elle s'ennuyait au bras de son mari qui la traînait sur les trottoirs, en s'arrêtant aux boutiques, avec des étonnements, des réflexions, des silences d'imbécile.

But Camille insisted on these Sunday outings, which gave him the satisfaction of

Mais Camille tenait bon; il aimait à montrer sa femme; lorsqu'il rencontrait un de ses

showing off his wife. When he met a colleague, particularly one of his chiefs, he felt quite proud to exchange bows with him, in the company of Madame. Besides, he walked for the sake of walking, and he did so almost in silence, stiff and deformed in his Sunday clothes, dragging along his feet, and looking silly and vain. It made Therese suffer to be seen arm in arm with such a man.

collègues, un de ses chefs surtout, il était tout fier d'échanger un salut avec lui, en compagnie de madame. D'ailleurs, il marchait pour marcher, sans presque parler, roide et contrefait dans ses habits du dimanche, traînant les pieds, abruti et vaniteux. Thérèse souffrait d'avoir un pareil homme au bras.

On these walking-out days, Madame Raquin accompanied her children to the end of the arcade, where she embraced them as if they were leaving on a journey, giving them endless advice, accompanied by fervent prayers.

Les jours de promenade, Mme Raquin accompagnait ses enfants jusqu'au bout du passage. Elle les embrassait comme s'ils fussent partis pour un voyage. Et c'étaient des recommandations sans fin, des prières pressantes.

"Particularly, beware of accidents," she would say. "There are so many vehicles in the streets of Paris! Promise me not to get in a crowd."

—Surtout, leur disait-elle, prenez garde aux accidents…. Il y a tant de voitures dans ce Paris!… Vous me promettez de ne pas aller dans la foule….

At last she allowed them to set out, but she followed them a considerable distance with her eyes, before returning to the shop. Her lower limbs were becoming unwieldy which prohibited her taking long

Elle les laissait enfin s'éloigner, les suivant longtemps des yeux. Puis elle rentrait à la boutique. Ses jambes devenaient lourdes et lui interdisaient toute longue marche.

walks.

On other occasions, but more rarely, the married couple went out of Paris, as far as Saint-Ouen or Asnieres, where they treated themselves to a dish of fried fish in one of the restaurants beside the river. These were regarded as days of great revelry which were spoken of a month beforehand. Therese engaged more willingly, almost with joy, in these excursions which kept her in the open air until ten or eleven o'clock at night. Saint-Ouen, with its green isles, reminded her of Vernon, and rekindled all the wild love she had felt for the Seine when a little girl.

D'autres fois, plus rarement, les époux sortaient de Paris: ils allaient à Saint-Ouen ou à Asnières, et mangeaient une friture dans un des restaurants du bord de l'eau. C'étaient des jours de grande débauche, dont on parlait un mois à l'avance. Thérèse acceptait plus volontiers, presque avec joie, ces courses qui la retenaient en plein air jusqu'à dix et onze heures du soir. Saint-Ouen, avec ses îles vertes, lui rappelait Vernon; elle y sentait se réveiller toutes les amitiés sauvages qu'elle avait eues pour la Seine, étant jeune fille.

She seated herself on the gravel, dipped her hands in the water, feeling full of life in the burning heat of the sun, attenuated by the fresh puffs of breeze in the shade. While she tore and soiled her frock on the stones and clammy ground, Camille neatly spread out his pocket-handkerchief and sank down beside her with endless precautions. Latterly the young couple almost invariably took Laurent with

Elle s'asseyait sur les graviers, trempait ses mains dans la rivière, se sentait vivre sous les ardeurs du soleil que tempéraient les souffles graves des ombrages. Tandis qu'elle déchirait et souillait sa robe sur les cailloux et la terre grasse, Camille étalait proprement son mouchoir et s'accroupissait à côté d'elle avec mille précautions. Dans les derniers temps, le jeune ménage emmenait presque toujours

them. He enlivened the excursion by his laughter and strength of a peasant.

Laurent, qui égayait la promenade par ses rires et sa force de paysan.

One Sunday, Camille, Therese and Laurent left for Saint-Ouen after breakfast, at about eleven o'clock. The outing had been projected a long time, and was to be the last of the season. Autumn approached, and the cold breezes at night, began to make the air chilly.

Un dimanche, Camille, Thérèse et Laurent partirent pour Saint-Ouen vers onze heures, après le déjeuner. La partie était projetée depuis longtemps, et devait être la dernière de la saison. L'automne venait, des souffles froids commençaient, le soir, à faire frissonner l'air.

On this particular morning, the sky maintained all its blue serenity. It proved warm in the sun and tepid in the shade. The party decided that they must take advantage of the last fine weather.

Ce matin-là, le ciel gardait encore toute sa sérénité bleue. Il faisait chaud au soleil, et l'ombre était tiède. On décida qu'il fallait profiter des derniers rayons.

Hailing a passing cab they set out, accompanied by the pitiful expressions of uneasiness, and the anxious effusions of the old mercer. Crossing Paris, they left the vehicle at the fortifications, and gained Saint-Ouen on foot. It was noon. The dusty road, brightly lit up by the sun, had the blinding whiteness of snow. The air was intensely warm, heavy and pungent. Therese, on the arm of Camille, walked with short

Les trois promeneurs prirent un fiacre, accompagnés des doléances, des effusions inquiètes de la vieille mercière. Ils traversèrent Paris et quittèrent le fiacre aux fortifications; puis ils gagnèrent Saint-Ouen en suivant la chaussée. Il était midi. La route, couverte de poussière, largement éclairée par le soleil, avait des blancheurs aveuglantes de neige. L'air brûlait, épaissi et

steps, concealing herself beneath her umbrella, while her husband fanned his face with an immense handkerchief.

âcre. Thérèse, au bras de Camille, marchait à petits pas, se cachant sous son ombrelle, tandis que son mari s'éventait la face avec un immense mouchoir.

Behind them came Laurent, who had the sun streaming fiercely on the back of his neck, without appearing to notice it. He whistled and kicked the stones before him as he strolled along. Now and again there was a fierce glint in his eyes as he watched Therese's swinging hips.

Derrière eux venait Laurent, dont les rayons du soleil mordaient le cou, sans qu'il parût rien sentir; il sifflait, il poussait du pied les cailloux, et, par moments, il regardait avec des yeux fauves les balancements de hanches de sa maîtresse.

On reaching Saint-Ouen, they lost no time in looking for a cluster of trees, a patch of green grass in the shade. Crossing the water to an island, they plunged into a bit of underwood. The fallen leaves covered the ground with a russety bed which cracked beneath their feet with sharp, quivering sounds.

Quand ils arrivèrent à Saint-Ouen, ils se hâtèrent de chercher un bouquet d'arbres, un tapis d'herbe verte étalé à l'ombre. Ils passèrent dans une île et s'enfoncèrent dans un taillis. Les feuilles tombées faisaient à terre une couche rougeâtre qui craquait sous les pieds avec des frémissements secs.

Innumerable trunks of trees rose up erect, like clusters of small gothic columns; the branches descended to the foreheads of the three holiday makers, whose only view was the expiring copper-like

Les troncs se dressaient droits, innombrables, comme des faisceaux de colonnettes gothiques; les branches descendaient jusque sur le front des promeneurs, qui avaient ainsi pour tout horizon

foliage, and the black and white stems of the aspens and oaks. They were in the wilderness, in a melancholy corner, in a narrow clearing that was silent and fresh. All around them they heard the murmur of the Seine.

la voûte cuivrée des feuillages mourants et les fûts blancs et noirs des trembles et des chênes. Ils étaient au désert, dans un trou mélancolique, dans une étroite clairière silencieuse et fraîche. Tout autour d'eux, ils entendaient la Seine gronder.

Camille having selected a dry spot, seated himself on the ground, after lifting up the skirt of his frock coat; while Therese, amid a loud crumpling of petticoats, had just flung herself among the leaves. Laurent lay on his stomach with his chin resting on the ground.

Camille avait choisi une place sèche et s'était assis en relevant les pans de sa redingote. Thérèse, avec un grand bruit de jupes froissées, venait de se jeter sur les feuilles; elle disparaissait à moitié au milieu des plis de sa robe qui se relevait autour d'elle, en découvrant une de ses jambes jusqu'au genou. Laurent, couché à plat ventre, le menton dans la terre, regardait cette jambe et écoutait son ami qui se fâchait contre le gouvernement, en déclarant qu'on devrait changer tous les îlots de la Seine en jardins anglais, avec des bancs, des allées sablées, des arbres taillés, comme aux Tuileries.

They remained three hours in this clearing, waiting until it became cooler, to take a run in the country before dinner. Camille talked about his office,

Ils restèrent près de trois heures dans la clairière, attendant que le soleil fût moins chaud, pour courir la campagne, avant le dîner.

and related silly stories; then, feeling fatigued, he let himself fall backward and went to sleep with the rim of his hat over his eyes. Therese had closed her eyelids some time previously, feigning slumber.

Laurent, who felt wide awake, and was tired of his recumbent position, crept up behind her and kissed her shoe and ankle. For a month his life had been chaste and this walk in the sun had set him on fire. Here he was, in a hidden retreat, and unable to hold to his breast the woman who was really his. Her husband might wake up and all his prudent calculations would be ruined by this obstacle of a man. So he lay, flat on the ground, hidden by his lover's skirts, trembling with exasperation as he pressed kiss after kiss upon the shoe and white stocking. Therese made no movement. Laurent thought she was asleep.

Camille parla de son bureau, il conta des histoires niaises; puis, fatigué, il se laissa aller à la renverse et s'endormit; il avait posé son chapeau sur ses yeux. Depuis longtemps, Thérèse, les paupières closes, feignait de sommeiller.

Alors, Laurent se coula doucement vers la jeune femme; il avança les lèvres et baisa sa bottine et sa cheville. Ce cuir, ce bas blanc qu'il baisait lui brûlaient la bouche. Les senteurs âpres de la terre, les parfums légers de Thérèse se mêlaient et le pénétraient, en allumant son sang, en irritant ses nerfs. Depuis un mois il vivait dans une chasteté pleine de colère. La marche au soleil, sur la chaussée de Saint-Ouen, avait mis des flammes en lui. Maintenant, il était là, au fond d'une retraite ignorée, au milieu de la grande volupté de l'ombre et du silence, et il ne pouvait presser contre sa poitrine cette femme qui lui appartenait. Le mari allait peut-être s'éveiller, le voir, déjouer ses calculs de prudence. Toujours, cet homme était un obstacle. Et l'amant, aplati sur le sol, se cachant derrière les

jupes, frémissant et irrité, collait des baisers silencieux sur la bottine et sur le bas blanc. Thérèse, comme morte, ne faisait pas un mouvement. Laurent crut qu'elle dormait.

He rose to his feet and stood with his back to a tree. Then he perceived that the young woman was gazing into space with her great, sparkling eyes wide open. Her face, lying between her arms, with her hands clasped above her head, was deadly pale, and wore an expression of frigid rigidity. Therese was musing. Her fixed eyes resembled dark, unfathomable depths, where naught was visible save night. She did not move, she did not cast a glance at Laurent, who stood erect behind her.

Il se leva, le dos brisé, et s'appuya contre un arbre. Alors il vit la jeune femme qui regardait en l'air avec de grands yeux ouverts et luisants. Sa face, posée entre ses bras relevés, avait une pâleur mate, une rigidité froide. Thérèse songeait. Ses yeux fixes semblaient un abîme sombre où l'on ne voyait que de la nuit. Elle ne bougea pas, elle ne tourna pas ses regards vers Laurent, debout derrière elle.

Her sweetheart contemplated her, and was almost affrighted to see her so motionless and mute. He would have liked to have bent forward, and closed those great open eyes with a kiss. But Camille lay asleep close at hand.

Son amant la contempla, presque effrayé de la voir si immobile et si muette sous ses caresses. Cette tête blanche et morte, noyée dans les plis des jupons, lui donna une sorte d'effroi plein de désirs cuisants. Il aurait voulu se pencher et fermer d'un baiser ces grands yeux ouverts. Mais, presque dans les jupons, dormait aussi Camille.

This poor creature, with his body twisted out of shape, displaying his lean proportions, was gently snoring. Under the hat, half concealing his face, could be seen his mouth contorted into a silly grimace in his slumber. A few short reddish hairs on a bony chin sullied his livid skin, and his head being thrown backward, his thin wrinkled neck appeared, with Adam's apple standing out prominently in brick red in the centre, and rising at each snore. Camille, spread out on the ground in this fashion, looked contemptible and vile.	Le pauvre être, le corps déjeté, montrant sa maigreur, ronflait légèrement; sous le chapeau, qui lui couvrait à demi la figure, on apercevait sa bouche ouverte, tordue par le sommeil, faisant une grimace bête; de petits poils roussâtres, clairsemés sur son menton grêle, salissaient sa chair blafarde, et, comme il avait la tête renversée en arrière, on voyait son cou maigre, ridé, au milieu duquel le noeud de la gorge, saillant et d'un rouge brique, remontait à chaque ronflement. Camille, ainsi vautré, était exaspérant et ignoble.
Laurent who looked at him, abruptly raised his heel. He was going to crush his face at one blow.	Laurent, qui le regardait, leva le talon, d'un mouvement brusque. Il allait, d'un coup, lui écraser la face.
Therese restrained a cry. She went a shade paler than before, closed her eyes and turned her head away as if to avoid being bespattered with blood.	Thérèse retint un cri. Elle pâlit et ferma les yeux. Elle tourna la tête, comme pour éviter les éclaboussures du sang.
Laurent, for a few seconds, remained with his heel in the air, above the face of the slumbering Camille. Then slowly, straightening his leg, he moved a few paces away. He	Et Laurent, pendant quelques secondes, resta, le talon en l'air, au-dessus du visage de Camille endormi. Puis, lentement, il replia la jambe, il s'éloigna de quelques pas. Il s'était dit que

reflected that this would be a form of murder such as an idiot would choose. This pounded head would have set all the police on him. If he wanted to get rid of Camille, it was solely for the purpose of marrying Therese. It was his intention to bask in the sun, after the crime, like the murderer of the wagoner, in the story related by old Michaud.

ce serait là un assassinat d'imbécile. Cette tête broyée lui aurait mis toute la police sur les bras. Il voulait se débarrasser de Camille uniquement pour épouser Thérèse; il entendait vivre au soleil, après le crime, comme le meurtrier du roulier dont le vieux Michaud avait conté l'histoire.

He went as far as the edge of the water, and watched the running river in a stupid manner. Then, he abruptly turned into the underwood again. He had just arranged a plan. He had thought of a mode of murder that would be convenient, and without danger to himself.

Il alla jusqu'au bord de l'eau, regarda couler la rivière d'un air stupide. Puis, brusquement, il rentra dans le taillis; il venait enfin d'arrêter un plan, d'inventer un meurtre commode et sans danger pour lui.

He awoke the sleeper by tickling his nose with a straw. Camille sneezed, got up, and pronounced the joke a capital one. He liked Laurent on account of his tomfoolery, which made him laugh. He now roused his wife, who kept her eyes closed. When she had risen to her feet, and shaken her skirt, which was all crumpled, and covered with

Alors, il éveilla le dormeur en lui chatouillant le nez avec une paille. Camille éternua, se leva, trouva la plaisanterie excellente. Il aimait Laurent pour ses farces qui le faisaient rire. Puis il secoua sa femme, qui tenait les yeux fermés; lorsque Thérèse se fut dressée et qu'elle eut secoué ses jupes, fripées et couvertes de feuilles sèches, les trois promeneurs

dry leaves, the party quitted the clearing, breaking the small branches they found in their way.

quittèrent la clairière, en cassant les petites branches devant eux.

They left the island, and walked along the roads, along the byways crowded with groups in Sunday finery. Between the hedges ran girls in light frocks; a number of boating men passed by singing; files of middle-class couples, of elderly persons, of clerks and shopmen with their wives, walked the short steps, besides the ditches. Each roadway seemed like a populous, noisy street. The sun alone maintained its great tranquility. It was descending towards the horizon, casting on the reddened trees and white thoroughfares immense sheets of pale light. Penetrating freshness began to fall from the quivering sky.

Ils sortirent de l'île, ils s'en allèrent par les routes, par les sentiers pleins de groupes endimanchés. Entre les haies, couraient des filles en robes claires; une équipe de canotiers passait en chantant; des filles de couples bourgeois, de vieilles gens, des commis avec leurs épouses, marchaient à petits pas, au bord des fossés. Chaque chemin semblait une rue populeuse et bruyante. Le soleil seul gardait sa tranquillité large; il baissait vers l'horizon et jetait sur les arbres rougis, sur les routes blanches, d'immenses nappes de clarté pâle. Du ciel frissonnant commençait à tomber une fraîcheur pénétrante.

Camille had ceased giving his arm to Therese. He was chatting with Laurent, laughing at the jests, at the feats of strength of his friend, who leapt the ditches and raised huge stones above his head. The young woman, on the other side of the road,

Camille ne donnait plus le bras à Thérèse; il causait avec Laurent, riait des plaisanteries et des tours de force de son ami, qui sautait les fossés et soulevait de grosses pierres. La jeune femme, de l'autre côté de la route, s'avançait, la tête penchée, se courbant parfois

advanced with her head bent forward, stooping down from time to time to gather an herb. When she had fallen behind, she stopped and observed her sweetheart and husband in the distance.

pour arracher une herbe. Quand elle était restée en arrière, elle s'arrêtait et regardait de loin son amant et son mari.

"Heh! Aren't you hungry?" shouted Camille at her.

—Hé! tu n'as pas faim? finit par lui crier Camille.

"Yes," she replied.

—Si, répondit-elle.

"Then, come on!" said he.

—Alors, en route!

Therese was not hungry; but felt tired and uneasy. She was in ignorance as to the designs of Laurent, and her lower limbs were trembling with anxiety.

Thérèse n'avait pas faim; seulement elle était lasse et inquiète. Elle ignorait les projets de Laurent, ses jambes tremblaient sous elle d'anxiété.

The three, returning to the riverside, found a restaurant, where they seated themselves at table on a sort of terrace formed of planks in an indifferent eating-house reeking with the odour of grease and wine. This place resounded with cries, songs, and the clatter of plates and dishes. In each private room and public saloon, were parties talking in loud voices, and the thin partitions gave vibrating sonority to all this riot. The waiters, ascending to the upper

Les trois promeneurs revinrent au bord de l'eau et cherchèrent un restaurant. Ils s'attablèrent sur une sorte de terrasse en planches, dans une gargote puant la graisse et le vin. La maison était pleine de cris, de chansons, de bruits de vaisselle; dans chaque cabinet, dans chaque salon, il y avait des sociétés qui parlaient haut, et les minces cloisons donnaient une sonorité vibrante à tout ce tapage. Les garçons en montant faisaient trembler l'escalier.

rooms, caused the staircase to shake.

Above, on the terrace, the puffs of air from the river drove away the smell of fat. Therese, leaning over the balustrade, observed the quay. To right and left, extended two lines of wine-shops and shanties of showmen. Beneath the arbours in the gardens of the former, amid the few remaining yellow leaves, one perceived the white tablecloths, the dabs of black formed by men's coats, and the brilliant skirts of women. People passed to and fro, bareheaded, running, and laughing; and with the bawling noise of the crowd, was mingled the lamentable strains of the barrel organs. An odour of dust and frying food hung in the calm air.

En haut, sur la terrasse, les souffles de la rivière chassaient les odeurs du graillon. Thérèse, appuyée contre la balustrade, regardait sur le quai. A droite et à gauche, s'étendaient deux files de guinguettes et de baraques de foire; sous les tonnelles, entre les feuilles rares et jaunes, on apercevait la blancheur des nappes, les taches noires des paletots, les jupes éclatantes des femmes; les gens allaient et venaient, nu-tête, courant et riant; et, au bruit criard de la foule, se mêlaient les chansons lamentables des orgues de Barbarie. Une odeur de friture et de poussière traînait dans l'air calme.

Below Therese, some tarts from the Latin Quarter were dancing in a ring on a patch of worn turf singing an infantine roundelay. With hats fallen on their shoulders, and hair unbound, they held one another by the hands, playing like little children. They still managed to find a small thread

Au-dessous de Thérèse, des filles du quartier latin, sur un tapis de gazon usé, tournaient, en chantant une ronde enfantine. Le chapeau tombé sur les épaules, les cheveux dénoués, elles se tenaient par la main, jouant comme des petites filles. Elles retrouvaient un filet de voix fraîche, et leurs

of fresh voice, and their pale countenances, ruffled by brutal caresses, became tenderly coloured with virgin-like blushes, while their great impure eyes filled with moisture. A few students, smoking clean clay pipes, who were watching them as they turned round, greeted them with ribald jests.

visages pâles, que des caresses brutales avaient martelés, se coloraient tendrement de rougeurs de vierges. Dans leurs grands yeux impurs, passaient des humidités attendries. Des étudiants, fumant des pipes de terre blanche, les regardaient tourner en leur jetant des plaisanteries grasses.

And beyond, on the Seine, on the hillocks, descended the serenity of night, a sort of vague bluish mist, which bathed the trees in transparent vapour.

Et, au delà, sur la Seine, sur les coteaux, descendait la sérénité du soir, un air bleuâtre et vague qui noyait les arbres dans une vapeur transparente.

"Heh! Waiter!" shouted Laurent, leaning over the banister, "what about this dinner?"

—Eh bien! cria Laurent en se penchant sur la rampe de l'escalier, garçon, et ce dîner?

Then, changing his mind, he turned to Camille and said:

Puis, comme se ravisant:

"I say, Camille, let us go for a pull on the river before sitting down to table. It will give them time to roast the fowl. We shall be bored to death waiting an hour here."

—Dis donc, Camille, ajouta-t-il, si nous allions faire une promenade sur l'eau, avant de nous mettre à table?… On aurait le temps de faire rôtir notre poulet. Nous allons nous ennuyer pendant une heure à attendre.

"As you like," answered Camille carelessly. "But

—Comme tu voudras, répondit nonchalamment

Therese is hungry."

Camille... Mais Thérèse a faim.

"No, no, I can wait," hastened to say the young woman, at whom Laurent was fixedly looking.

—Non, non, je puis attendre, se hâta de dire la jeune femme, que Laurent regardait avec des yeux fixes.

All three went downstairs again. Passing before the rostrum where the lady cashier was seated, they retained a table, and decided on a menu, saying they would return in an hour. As the host let out pleasure boats, they asked him to come and detach one. Laurent selected a skiff, which appeared so light that Camille was terrified by its fragility.

Ils redescendirent tous trois. En passant devant le comptoir, ils retinrent une table, ils arrêtèrent un menu, disant qu'ils seraient de retour dans une heure. Comme le cabaretier louait des canots, ils le prièrent de venir en détacher un. Laurent choisit une mince barque dont la légèreté effrayait Camille.

"The deuce," said he, "we shall have to be careful not to move about in this, otherwise we shall get a famous ducking."

—Diable! dit-il, il ne va pas falloir remuer là-dedans. On ferait un fameux plongeon.

The truth was that the clerk had a horrible dread of the water. At Vernon, his sickly condition did not permit him, when a child, to go and dabble in the Seine. Whilst his schoolfellows ran and threw themselves into the river, he lay abed between a couple of warm blankets. Laurent had become an intrepid swimmer,

La vérité était que le commis avait une peur horrible de l'eau. A Vernon, son état maladif ne lui permettait pas, lorsqu'il était enfant, d'aller barboter dans la Seine; tandis que ses camarades d'école couraient se jeter en pleine rivière, il se couchait entre deux couvertures chaudes. Laurent était devenu un nageur

and an indefatigable oarsman. Camille had preserved that terror for deep water which is inherent in women and children. He tapped the end of the boat with his foot to make sure of its solidity.

intrépide, un rameur infatigable; Camille avait gardé cette épouvante que les enfants et les femmes ont pour les eaux profondes. Il tâta du pied le bout du canot, comme pour s'assurer de sa solidité.

"Come, get in," cried Laurent with a laugh, "you're always trembling."

—Allons, entre donc, lui cria Laurent en riant… Tu trembles toujours.

Camille stepped over the side, and went staggering to seat himself at the stern. When he felt the planks under him, he was at ease, and joked to show his courage.

Camille enjamba le bord et alla, en chancelant, s'asseoir à l'arrière. Quand il sentit les planches sous lui, il prit ses aises, il plaisanta, pour faire acte de courage.

Therese had remained on the bank, standing grave and motionless beside her sweetheart, who held the rope. He bent down, and rapidly murmured in an undertone:

Thérèse était demeurée sur la rive, grave et immobile, à côté de son amant qui tenait l'amarre. Il se baissa, et, rapidement, à voix basse:

"Be careful. I am going to pitch him in the river. Obey me. I answer for everything."

—Prends garde, murmura-t-il, je vais le jeter à l'eau… Obéis-moi… Je réponds de tout.

The young woman turned horribly pale. She remained as if riveted to the ground. She was rigid, and her eyes had opened wider.

La jeune femme devint horriblement pâle. Elle resta comme clouée au sol. Elle se raidissait, les yeux agrandis.

"Get into the boat," Laurent murmured again.

—Entre donc dans la barque, murmura encore Laurent.

She did not move. A terrible struggle was passing within her. She strained her will with all her might, to avoid bursting into sobs, and falling to the ground.

Elle ne bougea pas. Une lutte terrible se passait en elle. Elle tendait sa volonté de toutes ses forces, car elle avait peur d'éclater en sanglots et de tomber à terre.

"Ah! ah!" cried Camille. "Laurent, just look at Therese. It's she who is afraid. She'll get in; no, she won't get in."

—Ah! ah! cria Camille... Laurent, regarde donc Thérèse... C'est elle qui a peur! ... Elle entrera, elle n'entrera pas...

He had now spread himself out on the back seat, his two arms on the sides of the boat, and was showing off with fanfaronade. The chuckles of this poor man were like cuts from a whip to Therese, lashing and urging her on. She abruptly sprang into the boat, remaining in the bows. Laurent grasped the skulls. The skiff left the bank, advancing slowly towards the isles.

Il s'était étalé sur le banc de l'arrière, les deux coudes contre les bords du canot, et se dandinait avec fanfaronnade. Thérèse lui jeta un regard étrange; les ricanements de ce pauvre homme furent comme un coup de fouet qui la cingla et la poussa. Brusquement, elle sauta dans la barque. Elle resta à l'avant. Laurent prit les rames. Le canot quitta la rive, se dirigeant vers les îles avec lenteur.

Twilight came. Huge shadows fell from the trees, and the water ran black at the edges. In the middle of the river were great, pale, silver trails. The boat was soon in full steam. There, all the sounds of the quays softened; the singing, and the cries came vague and

Le crépuscule venait. De grandes ombres tombaient des arbres, et les eaux étaient noires sur les bords. Au milieu de la rivière il y avait de larges traînées d'argent pâle. La barque fut bientôt en pleine Seine. Là, tous les bruits des quais s'adoucissaient; les

melancholy, with sad languidness. The odour of frying and dust had passed away. The air freshened. It turned cold.

chants, les cris, arrivaient vagues et mélancoliques, avec des langueurs tristes. On ne sentait plus l'odeur de friture et de poussière. Des fraîcheurs traînaient. Il faisait froid.

Laurent, resting on his skulls, allowed the boat to drift along in the current.

Laurent cessa de ramer et laissa descendre le canot au fil du courant.

Opposite, rose the great reddish mass of trees on the islands. The two sombre brown banks, patched with grey, were like a couple of broad bands stretching towards the horizon. The water and sky seemed as if cut from the same whitish piece of material. Nothing looks more painfully calm than an autumn twilight. The sun rays pale in the quivering air, the old trees cast their leaves. The country, scorched by the ardent beams of summer, feels death coming with the first cold winds. And, in the sky, there are plaintive sighs of despair. Night falls from above, bringing winding sheets in its shade.

En face, se dressait le grand massif rougeâtre des îles. Les deux rives, d'un brun sombre taché de gris, étaient comme deux larges bandes qui allaient se rejoindre à l'horizon. L'eau et le ciel semblaient coupés dans la même étoffe blanchâtre. Rien n'est plus douloureusement calme qu'un crépuscule d'automne. Les rayons pâlissent dans l'air frissonnant, les arbres vieillis jettent leurs feuilles. La campagne, brûlée par les rayons ardents de l'été, sent la mort venir avec les premiers vents froids. Et il y a, dans les cieux, des souffles plaintifs de désespérance. La nuit descend de haut, apportant des linceuls dans son ombre.

The party were silent. Seated at the bottom of the boat drifting with the stream, they watched

Les promeneurs se taisaient. Assis au fond de la barque qui coulait avec l'eau, ils

the final gleams of light quitting the tall branches. They approached the islands. The great russety masses grew sombre; all the landscape became simplified in the twilight; the Seine, the sky, the islands, the slopes were naught but brown and grey patches which faded away amidst milky fog.

regardaient les dernières lueurs quitter les hautes branches. Ils approchaient des îles. Les grandes masses rougeâtres devenaient sombres; tout le paysage se simplifiait dans le crépuscule; la Seine, le ciel, les îles, les coteaux n'étaient plus que des taches brunes et grises qui s'effaçaient au milieu d'un brouillard laiteux.

Camille, who had ended by lying down on his stomach, with his head over the water, dipped his hands in the river.

Camille, qui avait fini par se coucher à plat ventre, la tête au-dessus de l'eau, trempa ses mains dans la rivière.

"The deuce! How cold it is!" he exclaimed. "It would not be pleasant to go in there head foremost."

—Fichtre! que c'est froid! s'écria-t-il. Il ne ferait pas bon de piquer une tête dans ce bouillon-là.

Laurent did not answer. For an instant he had been observing the two banks of the river with uneasiness. He advanced his huge hands to his knees, tightly compressing his lips. Therese, rigid and motionless, with her head thrown slightly backward, waited.

Laurent ne répondît pas. Depuis un instant il regardait les deux rives avec inquiétude; il avançait ses grosses mains sur ses genoux, en serrant les lèvres. Thérèse, raide, immobile, la tête un peu renversée, attendait.

The skiff was about to enter a small arm of the river, that was sombre and narrow, penetrating between two islands. Behind one of these

La barque allait s'engager dans un petit bras, sombre et étroit, s'enfonçant entre deux îles. On entendait, derrière l'une des îles, les chants adoucis d'une

islands could be distinguished the softened melody of a boating party who seemed to be ascending the Seine. Up the river in the distance, the water was free.

équipe de canotiers qui devaient remonter la Seine. Au loin, en amont, la rivière était libre.

Then Laurent rose and grasped Camille round the body. The clerk burst into laughter.

Alors Laurent se leva et prit Camille à bras-le-corps. Le commis éclata de rire.

"Ah, no, you tickle me," said he, "none of those jokes. Look here, stop; you'll make me fall over."

—Ah! non, tu me chatouilles, dit-il, pas de ces plaisanteries-là… Voyons, finis; ta vas me faire tomber.

Laurent grasped him tighter, and gave a jerk. Camille turning round, perceived the terrifying face of his friend, violently agitated. He failed to understand. He was seized with vague terror. He wanted to shout, and felt a rough hand seize him by the throat. With the instinct of an animal on the defensive, he rose to his knees, clutching the side of the boat, and struggled for a few seconds.

Laurent serra plus fort, donna une secousse, Camille se tourna et vit la ligure effrayante de son ami, toute convulsionnée. Il ne comprit pas; une épouvante vague le saisit. Il voulut crier, et sentit une main rude qui le serrait à la gorge. Avec l'instinct d'une bête qui se défend, il se dressa sur les genoux, se cramponnant au bord de la barque. Il lutta ainsi pendant quelques secondes.

"Therese! Therese!" he called in a stifling, sibilant voice.

—Thérèse! Thérèse! appela-t-il d'une voix étouffée et sifflante.

The young woman looked at him, clinging with both hands to the seat. The skiff creaked and danced upon the river. She

La jeune femme regardait, se tenant des deux mains à un banc du canot qui craquait et dansait sur la rivière. Elle ne

could not close her eyes, a frightful contraction kept them wide open riveted on the hideous struggle. She remained rigid and mute.

pouvait fermer les yeux; une effrayante contraction les tenait grands ouverts, fixés sur le spectacle horrible de la lutte. Elle était rigide, muette.

"Therese! Therese!" again cried the unfortunate man who was in the throes of death.

—Thérèse! Thérèse! appela de nouveau le malheureux qui râlait.

At this final appeal, Therese burst into sobs. Her nerves had given way. The attack she had been dreading, cast her to the bottom of the boat, where she remained doubled up in a swoon, and as if dead.

A ce dernier appel, Thérèse éclata en sanglots. Ses nerfs se détendaient. La crise qu'elle redoutait la jeta toute frémissante au fond de la barque. Elle y resta pliée, pâmée, morte.

Laurent continued tugging at Camille, pressing with one hand on his throat. With the other hand he ended by tearing his victim away from the side of the skiff, and held him up in the air, in his powerful arms, like a child. As he bent down his head, his victim, mad with rage and terror, twisted himself round, and reaching forward with his teeth, buried them in the neck of his aggressor. And when the murderer, restraining a yell of pain, abruptly flung the clerk into the river, the latter carried a piece of his flesh away with him.

Laurent secouait toujours Camille, en le serrant d'une main à la gorge. Il finit par l'arracher de la barque à l'aide de son autre bras. Il le tenait en l'air, ainsi qu'un enfant, au bout de ses bras vigoureux. Comme il penchait la tête, découvrant le cou, sa victime, folle de rage et d'épouvante, se tordit, avança les dents et les enfonça dans ce cou. Et lorsque le meurtrier, retenant un cri de souffrance, lança brusquement le commis à la rivière, les dents de celui-ci lui emportèrent un morceau de chair.

Camille fall into the water with a shriek. He returned to the surface two or three times, uttering cries that were more and more hollow.

Camille tomba en poussant un hurlement. Il revint deux, ou trois fois sur l'eau, jetant des cris de plus en plus sourds.

Laurent, without losing a second, raised the collar of his coat to hide his wound. Then seizing the unconscious Therese in his arms, he capsized the skiff with his foot, as he fell into the Seine with the young woman, whom he supported on the surface, whilst calling in a lamentable voice for help.

Laurent ne perdit pas une seconde, il releva le collet de son paletot pour cacher sa blessure. Puis il saisit entre ses bras Thérèse évanouie, fit chavirer le canot d'un coup de pied, et se laissa tomber dans la Seine en tenant sa maîtresse. Il la soutint sur l'eau, appelant au secours d'une voix lamentable.

The boating party he had heard singing behind the point of the island, understanding that an accident had happened, advanced with long, rapid strokes of the oars, and rescued the immerged couple. While Therese was laid on a bench, Laurent gave vent to his despair at the death of his friend. Plunging into the water again, he searched for Camille in places where he knew he was not to be found, and returned in tears, wringing his hands, and tearing his hair, while the boating party did their best to calm and console him.

Les canotiers, dont il avait entendu les chants derrière la pointe de l'île, arrivaient à grands coups de rames. Ils comprirent qu'un malheur venait d'avoir lieu: ils opérèrent le sauvetage de Thérèse qu'ils couchèrent sur un banc, et de Laurent qui se mit à se désespérer de la mort de son ami. Il se jeta à l'eau, il chercha Camille dans les endroits où il ne pouvait être, il revint en pleurant, en se tordant les bras, en s'arrachant les cheveux. Les canotiers tentaient de le calmer, de le consoler.

"It is all my fault," he exclaimed. "I ought never to have allowed that poor fellow to dance and move about as he did. At a certain moment we all three found ourselves on one side of the boat, and we capsized. As we fell into the water, he shouted out to me to save his wife."

—C'est ma faute, criait-il, je n'aurais pas dû laisser ce pauvre garçon danser et remuer comme il le faisait… A un moment, nous nous sommes trouvés tous les trois du même côté de la barque, et nous avons chaviré… En tombant, il m'a crié de sauver sa femme…

In accordance with what usually happens under similar circumstances, three or four young fellows among the boating party, maintained that they had witnessed the accident.

Il y eut, parmi les canotiers, comme cela arrive toujours, deux ou trois jeunes gens qui voulurent avoir été témoins de l'accident.

"We saw you well enough," said they. "And, then, hang it all, a boat is not so firm as a dancing floor. Ah! the poor little woman, it'll be a nice awakening for her."

—Nous vous avons bien vus, disaient-ils… Aussi, que diable! une barque, ce n'est pas aussi solide qu'un parquet… Ah! la pauvre petite femme, elle va avoir un beau réveil!

They took their oars, and towing the capsized skiff behind them, conducted Therese and Laurent to the restaurant, where the dinner was ready to be served.

Ils reprirent leurs rames, ils remorquèrent le canot et conduisirent Thérèse et Laurent au restaurant, où le dîner était prêt. Tout Saint-Ouen sut l'accident en quelques minutes. Les canotiers le racontaient comme des témoins oculaires. Une foule apitoyée stationnait devant le cabaret.

The restaurant keeper and his wife were worthy people who placed their wardrobe at the service of the drenched pair. When Therese recovered consciousness, she had a nervous attack, and burst into heartrending sobs. It became necessary to put her to bed. Nature assisted the sinister comedy that had just been performed.

Le gargotier et sa femme étaient de bonnes gens qui mirent leur garde-robe au service des naufragés. Lorsque Thérèse sortit de son évanouissement, elle eut une crise de nerfs, elle éclata en sanglots déchirants; il fallut la mettre au lit. La nature aidait à la sinistre comédie qui venait de se jouer.

As soon as the young woman became calmer, Laurent entrusting her to the care of the host and his wife, set out to return to Paris, where he wished to arrive alone to break the frightful intelligence to Madame Raquin, with all possible precautions. The truth was that he feared the nervous feverish excitement of Therese, and preferred to give her time to reflect, and learn her part.

Quand la jeune femme fut plus calme, Laurent la confia aux soins des maîtres du restaurant. Il voulut retourner seul à Paris, pour apprendre l'affreuse nouvelle à Mme Raquin, avec tous les ménagements possibles. La vérité était qu'il craignait l'exaltation nerveuse de Thérèse. Il préférait lui laisser le temps de réfléchir et d'apprendre son rôle.

It was the boating men who sat down to the dinner prepared for Camille.

Ce furent les canotiers qui mangèrent le dîner de Camille.

XII

CHAPITRE XII

Laurent, in the dark corner of the omnibus that took him back to Paris, continued

Laurent, dans le coin sombre de la voiture publique qui le ramena à Paris, acheva de

perfecting his plan. He was almost certain of impunity, and he felt heavy, anxious joy, the joy of having got over the crime. On reaching the gate at Clichy, he hailed a cab, and drove to the residence of old Michaud in the Rue de Seine. It was nine o'clock at night when he arrived.

mûrir son plan. Il était presque certain de l'impunité. Une joie lourde et anxieuse, la joie du crime accompli, l'emplissait. Arrivé à la barrière de Clichy, il prit un fiacre, il se fit conduire chez le vieux Michaud, rue de Seine. Il était neuf heures du soir.

He found the former commissary of police at table, in the company of Olivier and Suzanne. The motive of his visit was to seek protection, in case he should be suspected, and also to escape breaking the frightful news to Madame Raquin himself. Such an errand was strangely repugnant to him. He anticipated encountering such terrible despair that he feared he would be unable to play his part with sufficient tears. Then the grief of this mother weighed upon him, although at the bottom of his heart, he cared but little about it.

Il trouva l'ancien commissaire de police à table, en compagnie d'Olivier et de Suzanne. Il venait là pour chercher une protection, dans le cas où il serait soupçonné et pour s'éviter d'aller annoncer lui-même l'affreuse nouvelle à Mme Raquin. Cette démarche lui répugnait étrangement; il s'attendait à un tel désespoir qu'il craignait de ne pas jouer son rôle avec assez de larmes; puis la douleur de cette mère lui était pesante, bien qu'il s'en souciât médiocrement au fond.

When Michaud saw him enter, clothed in coarse-looking garments that were too tight for him, he questioned him with his eyes, and Laurent gave an account of the accident in a

Lorsque Michel le vit entrer vêtu de vêtements grossiers, trop étroits pour lui, il le questionna du regard. Laurent fit le récit de l'accident, d'une voix brisée, comme tout

broken voice, as if exhausted with grief and fatigue.

"I have come to you," said he in conclusion, "because I do not know what to do about the two poor women so cruelly afflicted. I dare not go to the bereaved mother alone, and want you to accompany me."

As he spoke, Olivier looked at him fixedly, and with so straight a glance that he terrified him. The murderer had flung himself head down among these people belonging to the police, with an audacity calculated to save him. But he could not repress a shudder as he felt their eyes examining him. He saw distrust where there was naught but stupor and pity. Suzanne weaker and paled than usual, seemed ready to faint.

Olivier, who was alarmed at the idea of death, but whose heart remained absolutely cold, made a grimace expressing painful surprise, while by habit he scrutinised the countenance of Laurent, without having the least suspicion of the sinister truth. As to old Michaud, he uttered exclamations of fright,

essoufflé de douleur et de fatigue.

—Je suis venu vous chercher, dit-il en terminant, je ne savais que faire des deux pauvres femmes si cruellement frappées… Je n'ai point osé aller seul chez la mère. Je vous en prie, venez avec moi.

Pendant qu'il parlait, Olivier le regardait fixement, avec des regards droits qui l'épouvantaient. Le meurtrier s'était jeté, tête baissée, dans ces gens de police, par un coup d'audace qui devait le sauver. Mais il ne pouvait s'empêcher de frémir, en sentant leurs yeux qui l'examinaient; il voyait de la méfiance où il n'y avait que de la stupeur et de la pitié. Suzanne, plus frêle et plus pâle, était près de s'évanouir.

Olivier, que l'idée de la mort effrayait et dont le coeur restait d'ailleurs parfaitement froid, faisait une grimace de surprise douloureuse, en scrutant par habitude le visage de Laurent, sans soupçonner le moins du monde la sinistre vérité. Quant au vieux Michaud, il poussait des exclamations d'effroi, de

commiseration, and astonishment; he fidgeted on his chair, joined his hands together, and cast up his eyes to the ceiling.

commisération, d'étonnement; il se remuait sur sa chaise, joignait les mains, levait les yeux au ciel.

"Ah! good heavens," said he in a broken voice, "ah! good heavens, what a frightful thing! To leave one's home, and die, like that, all of a sudden. It's horrible. And that poor Madame Raquin, his mother, whatever shall we say to her? Certainly, you were quite right to come and find us. We will go with you."

—Ah! mon Dieu, disait-il d'une voix entrecoupée, ah! mon Dieu, l'épouvantable chose!... On sort de chez soi, et l'on meurt, comme ça, tout d'un coup... C'est horrible... Et cette pauvre Mme Raquin, cette mère, qu'allons-nous lui dire?... Certainement, vous avez bien fait de venir nous chercher... Nous allons avec vous...

Rising from his seat, he walked hither and thither about the apartment, stamping with his feet, in search of his hat and walking-stick; and, as he bustled from corner to corner, he made Laurent repeat the details of the catastrophe, giving utterance to fresh exclamations at the end of each sentence.

Il se leva, il tourna, piétina dans la pièce pour trouver sa canne et son chapeau, et, tout en courant, il fit répéter à Laurent les détails de la catastrophe, s'exclamant de nouveau à chaque phrase.

At last all four went downstairs. On reaching the entrance to the Arcade of the Pont Neuf, Laurent was stopped by Michaud.

Ils descendirent tous quatre. A l'entrée du passage du Pont-Neuf, Michaud arrêta Laurent.

"Do not accompany us any further," said he; "your presence would be a sort of brutal avowal which must be avoided. The wretched mother would suspect a misfortune, and this would force us to confess the truth sooner than we ought to tell it to her. Wait for us here."

—Ne venez pas, lui dit-il; votre présence serait une sorte d'aveu brutal qu'il faut éviter… La malheureuse mère soupçonnerait un malheur et nous forcerait à avouer la vérité plus tôt que nous ne devons la lui dire… Attendez-nous ici.

This arrangement relieved the murderer, who shuddered at the thought of entering the shop in the arcade. He recovered his calm, and began walking up and down the pavement, going and coming, in perfect peace of mind. At moments, he forgot the events that were passing. He looked at the shops, whistled between his teeth, turned round to ogle the women who brushed past him. He remained thus for a full half-hour in the street, recovering his composure more and more.

Cet arrangement soulagea le meurtrier, qui frissonnait à la pensée d'entrer dans la boutique du passage. Le calme se fit en lui, il se mit à monter et à descendre le trottoir, allant et venant en toute paix. Par moments, il oubliait les faits qui se passaient, il regardait les boutiques, sifflait entre ses dents, se retournait pour voir les femmes qui le coudoyaient. Il resta ainsi une grande demi-heure dans la rue, retrouvant de plus en plus son sang-froid.

He had not eaten since the morning, and feeling hungry he entered a pastrycook's and stuffed himself with cakes.

Il n'avait pas mangé depuis le matin; la faim le prit, il entra chez un pâtissier et se bourra de gâteaux.

A heartrending scene was passing at the shop in the arcade. Notwithstanding

Dans la boutique du passage, une scène déchirante se passait. Malgré les précautions,

precautions, notwithstanding the soft, friendly sentences of old Michaud, there came a moment when Madame Raquin understood that her son had met with misfortune. From that moment, she insisted on knowing the truth with such a passionate outburst of despair, with such a violent flow of tears and shrieks, that her old friend could not avoid giving way to her.

les phrases adoucies et amicales du vieux Michaud, il vint un instant où Mme Raquin comprit qu'un malheur était arrivé à son fils. Dès lors, elle exigea la vérité avec un emportement de désespoir, une violence de larmes et de cris qui firent plier son vieil ami.

And when she learnt the truth, her grief was tragic. She gave hollow sobs, she received shocks that threw her backward, in a distracting attack of terror and anguish. She remained there choking, uttering from time to time a piercing scream amidst the profound roar of her affliction. She would have dragged herself along the ground, had not Suzanne taken her round the waist, weeping on her knees, and raising her pale countenance towards her. Olivier and his father on their feet, unnerved and mute, turned aside their heads, being disagreeably affected at this painful sight which wounded

Et, lorsqu'elle connut la vérité, sa douleur fut tragique. Elle eut des sanglots sourds, des secousses qui la jetaient en arrière, une crise folle de terreur et d'angoisse; elle resta là étouffant, jetant de temps à autre un cri aigu dans le gonflement profond de sa douleur. Elle se serait traînée à terre, si Suzanne ne l'avait prise à la taille, pleurant sur ses genoux, levant vers elle sa face pâle. Olivier et son père se tenaient debout, énervés et muets, détournant la tête, émus désagréablement par ce spectacle dont leur égoïsme souffrait.

them in their egotism.

The poor mother saw her son rolling along in the thick waters of the Seine, a rigid and horribly swollen corpse; while at the same time, she perceived him a babe, in his cradle, when she drove away death bending over him. She had brought him back into the world on more than ten occasions; she loved him for all the love she had bestowed on him during thirty years. And now he had met his death far away from her, all at once, in the cold and dirty water, like a dog. Then she remembered the warm blankets in which she had enveloped him.

Et la pauvre mère voyait son fils roulé dans les eaux troubles de la Seine, le corps roidi et horriblement gonflé: en même temps, elle le voyait tout petit dans son berceau, lorsqu'elle chassait la mort penchée sur lui. Elle l'avait mis au monde plus de dix fois, elle l'aimait pour tout l'amour qu'elle lui témoignait depuis trente ans. Et voilà qu'il mourait loin d'elle, tout d'un coup, dans l'eau froide et sale, comme un chien. Elle se rappelait alors les chaudes couvertures au milieu desquelles elle l'enveloppait.

What care she had taken of her boy! What a tepid temperature he had been reared in! How she had coaxed and fondled him! And all this to see him one day miserably drown himself! At these thoughts Madame Raquin felt a tightening at the throat, and she hoped she was going to die, strangled by despair.

Que de soins, quelle enfance tiède, que de cajoleries et d'effusions tendres, tout cela pour le voir un jour se noyer misérablement! A ces pensées, Mme Raquin sentait sa gorge se serrer; elle espérait qu'elle allait mourir, étranglée par le désespoir.

Old Michaud hastened to withdraw. Leaving Suzanne behind to look after the

Le vieux Michaud se hâta de sortir. Il laissa Suzanne auprès de la mercière, et revint avec

mercer, he and Olivier went to find Laurent, so that they might hurry to Saint-Ouen with all speed.

Olivier chercher Laurent pour se rendre en toute hâte à Saint-Ouen.

During the journey, they barely exchanged a few words. Each of them buried himself in a corner of the cab which jolted along over the stones. There they remained motionless and mute in the obscurity that prevailed within the vehicle. Ever and anon a rapid flash from a gas lamp, cast a bright gleam on their faces. The sinister event that had brought them together, threw a sort of dismal dejection upon them.

Pendant la route, ils échangèrent à peine quelques mots. Ils s'étaient enfoncés chacun dans un coin du fiacre. Et, par instants, le rapide rayon d'un bec de gaz jetait une lueur vive sur leurs visages. Le sinistre événement, qui les réunissait, mettait autour d'eux une sorte d'accablement lugubre.

When they at length arrived at the restaurant beside the river, they found Therese in bed with burning head and hands. The landlord told them in an undertone, that the young woman had a violent fever. The truth was that Therese, feeling herself weak in character and wanting in courage, feared she might confess the crime in one of her nervous attacks, and had decided to feign illness.

Lorsqu'ils arrivèrent enfin au restaurant du bord de l'eau, ils trouvèrent Thérèse couchée, les mains et la tête brûlantes. Le traiteur leur dit à demi-voix que la jeune femme avait une forte fièvre. La vérité était que, Thérèse, se sentant faible et lâche, craignant d'avouer le meurtre dans une crise, avait pris le parti d'être malade.

Maintaining sullen silence, she kept her lips and eyes closed,

Elle gardait un silence farouche, elle tenait les lèvres

unwilling to see anyone lest she should speak. With the bedclothes to her chin, her face half concealed by the pillow, she made herself quite small, anxiously listening to all that was said around her. And, amidst the reddish gleam that passed beneath her closed lids, she could still see Camille and Laurent struggling at the side of the boat. She perceived her husband, livid, horrible, increased in height, rearing up straight above the turbid water, and this implacable vision heightened the feverish heat of her blood.

et les paupières serrées, ne voulant voir personne, redoutant de parler. Le drap au menton, la face à moitié dans l'oreiller, elle se faisait toute petite, elle écoutait avec anxiété ce qu'on disait autour d'elle. Et, au milieu de la lueur rougeâtre que laissaient passer ses paupières closes, elle voyait toujours Camille et Laurent luttant sur le bord de la barque, elle apercevait son mari, blafard, horrible, grandi, qui se dressait tout droit au-dessus d'une eau limoneuse. Cette vision implacable activait la fièvre de son sang.

Old Michaud endeavoured to speak to her and console her. But she made a movement of impatience, and turning round, broke out into a fresh fit of sobbing.

Le vieux Michaud essaya de lui parler, de la consoler. Elle fit un mouvement d'impatience, elle se retourna et se mit de nouveau à sangloter.

"Leave her alone, sir," said the restaurant keeper, "she shudders at the slightest sound. You see, she wants rest."

—Laissez-la, monsieur, dit le restaurateur, elle frissonne au moindre bruit… Voyez-vous, elle aurait besoin de repos.

Below, in the general room, was a policeman drawing up a statement of the accident. Michaud and his son went downstairs, followed by

En bas, dans la salle commune, il y avait un agent de police qui verbalisait sur l'accident. Michaud et son fils descendirent, suivis de

Laurent. When Olivier had made himself known as an upper official at the Prefecture of Police, everything was over in ten minutes. The boating men, who were still there, gave an account of the drowning in its smallest details, describing how the three holiday-makers had fallen into the water, as if they themselves had witnessed the misfortune.

Laurent. Quand Olivier eut fait connaître sa qualité d'employé supérieur de la Préfecture, tout fut terminé en dix minutes. Les canotiers étaient encore là, racontant la noyade dans ses moindres circonstances, décrivant la façon dont les trois promeneurs étaient tombés, se donnant comme des témoins oculaires.

Had Olivier and his father the least suspicion, it would have been dispelled at once by this testimony. But they had not doubted the veracity of Laurent for an instant. On the contrary, they introduced him to the policeman as the best friend of the victim, and they were careful to see inserted in the report, that the young man had plunged into the water to save Camille Raquin. The following day, the newspapers related the accident with a great display of detail: the unfortunate mother, the inconsolable widow, the noble and courageous friend, nothing was missing from this event of the day, which went the round of the Parisian press, and then found an echo in the

Si Olivier et son père avaient eu le moindre soupçon, ce soupçon se serait évanoui, devant de tels témoignages. Mais ils n'avaient pas douté un instant de la véracité de Laurent; ils le présentèrent au contraire à l'agent de police comme le meilleur ami de la victime, et ils eurent le soin de faire mettre dans le procès-verbal que le jeune homme s'était jeté à l'eau pour sauver Camille Raquin. Le lendemain, les journaux racontèrent l'accident avec un grand luxe de détails; la malheureuse mère, la veuve inconsolable, l'ami noble et courageux, rien ne manquait à ce fait-divers, qui fit le tour de la presse parisienne et qui alla ensuite s'enterrer dans les feuilles des

provinces.

départements.

When the report was completed, Laurent experienced lively joy, which penetrated his being like new life. From the moment his victim had buried his teeth in his neck, he had been as if stiffened, acting mechanically, according to a plan arranged long in advance. The instinct of self-preservation alone impelled him, dictating to him his words, affording him advice as to his gestures.

Quand le procès-verbal fut achevé, Laurent sentit une joie chaude qui pénétra sa chair d'une vie nouvelle. Depuis l'instant où sa victime lui avait enfoncé les dents dans le cou, il était comme roidi, il agissait mécaniquement, d'après un plan arrêté longtemps à l'avance. L'instinct de la conservation seul le poussait, lui disait ses paroles, lui conseillait ses gestes.

At this hour, in the face of the certainty of impunity, the blood resumed flowing in his veins with delicious gentleness. The police had passed beside his crime, and had seen nothing. They had been duped, for they had just acquitted him. He was saved.

A cette heure, devant la certitude de l'impunité, le sang se remettait à couler dans ses veines avec des lenteurs douces. La police avait passé à côté de son crime, et la police n'avait rien vu, elle était dupée, elle venait de l'acquitter. Il était sauvé.

This thought caused him to experience a feeling of delightful moisture all along his body, a warmth that restored flexibility to his limbs and to his intelligence. He continued to act his part of a weeping friend with incomparable science and assurance. At the bottom of

Cette pensée lui fît éprouver tout le long du corps des moiteurs de jouissance, des chaleurs qui rendirent la souplesse à ses membres et à son intelligence. Il continua son rôle d'ami éploré avec une science et un aplomb incomparables. Au fond, il avait des satisfactions de brute;

his heart, he felt brutal satisfaction; and he thought of Therese who was in bed in the room above.

il songeait à Thérèse qui était couchée dans la chambre, en haut.

"We cannot leave this unhappy woman here," said he to Michaud. "She is perhaps threatened with grave illness. We must positively take her back to Paris. Come, let us persuade her to accompany us."

—Nous ne pouvons laisser ici cette malheureuse jeune femme, dit-il à Michaud. Elle est peut-être menacée d'une maladie grave, il faut la ramener absolument à Paris... Venez, nous la déciderons à nous suivre.

Upstairs, he begged and prayed of Therese to rise and dress, and allow herself to be conducted to the Arcade of the Pont Neuf. When the young woman heard the sound of his voice, she started, and stared at him with eyes wide open. She seemed as if crazy, and was shuddering. Painfully she raised herself into a sitting posture without answering. The men quitted the room, leaving her alone with the wife of the restaurant keeper. When ready to start, she came downstairs staggering, and was assisted into the cab by Olivier.

En haut, il parla, il supplia lui-même Thérèse de se lever, de se laisser conduire au passage du Pont-Neuf. Quand la jeune femme entendit le son de sa voix, elle tressaillit, elle ouvrit ses yeux tout grands et le regarda. Elle était hébétée, frissonnante. Péniblement, elle se dressa sans répondre. Les hommes sortirent, la laissant avec la femme du restaurateur. Quand elle fut habillée, elle descendit en chancelant et monta dans le fiacre, soutenue par Olivier.

The journey was a silent one. Laurent, with perfect audacity and impudence, slipped his hand along the skirt of Therese

Le voyage fut silencieux. Laurent, avec une audace et une impudence parfaites, glissa sa main le long des jupes de la

and caught her fingers. He was seated opposite her, in a floating shadow, and could not see her face which she kept bowed down on her breast. As soon as he had grasped her hand, he pressed it vigorously, retaining it until they reached the Rue Mazarine.

jeune femme et lui prit les doigts. Il était assis en face d'elle, dans une ombre flottante; il ne voyait pas sa figure, qu'elle tenait baissée sur sa poitrine. Quand il eut saisi sa main, il la lui serra avec force et la garda dans la sienne jusqu'à la rue Mazarine.

He felt the hand tremble; but it was not withdrawn. On the contrary it ever and anon gave a sudden caress. These two hands, one in the other, were burning; the moist palms adhered, and the fingers tightly held together, were hurt at each pressure. It seemed to Laurent and Therese that the blood from one penetrated the chest of the other, passing through their joined fists. These fists became a live fire whereon their lives were boiling. Amidst the night, amidst the heartrending silence that prevailed, the furious grips they exchanged, were like a crushing weight cast on the head of Camille to keep him under water.

Il sentait cette main trembler; mais elle ne se retirait pas, elle avait au contraire des caresses brusques. Et, l'une dans l'autre, les mains brûlaient; les paumes moites se collaient, et les doigts, étroitement pressés, se meurtrissaient à chaque secousse. Il semblait à Laurent et à Thérèse que le sang de l'un allait dans la poitrine de l'autre en passant par leurs poings unis; ces poings devenaient un foyer ardent où leur vie bouillait. Au milieu de la nuit et du silence navré qui traînait, le furieux serrement de mains qu'ils échangeaient était comme un poids écrasant jeté sur la tête de Camille pour le maintenir sous l'eau.

When the cab stopped, Michaud and his son got out the first, and Laurent bending towards his sweetheart gently

Quand le fiacre s'arrêta, Michaud et son fils descendirent les premiers. Laurent se pencha vers sa

murmured:

maîtresse, et, doucement:

"Be strong, Therese. We have a long time to wait. Recollect."

—Sois forte, Thérèse, murmura-t-il... Nous avons longtemps à attendre... Souviens-toi.

Then the young woman opened her lips for the first time since the death of her husband.

La jeune femme n'avait pas encore parlé. Elle ouvrit les lèvres pour la première fois depuis la mort de son mari.

"Oh! I shall recollect," said she with a shudder, and in a voice light as a puff of breath.

—Oh! je me souviendrai, dit-elle en frissonnant, d'une voix légère comme un souffle.

Olivier extended his hand, inviting her to get down. On this occasion, Laurent went as far as the shop. Madame Raquin was abed, a prey to violent delirium. Therese dragged herself to her room, where Suzanne had barely time to undress her before she gave way. Tranquillised, perceiving that everything was proceeding as well as he could wish, Laurent withdrew, and slowly gained his wretched den in the rue Saint-Victor.

Olivier lui tendait la main, l'invitant à descendre. Laurent alla, cette fois, jusqu'à la boutique. Mme Raquin était couchée, en proie à un violent délire. Thérèse se traîna jusqu'à son lit et Suzanne eut à peine le temps de la déshabiller. Rassuré, voyant que tout s'arrangeait à souhait, Laurent se retira, Il gagna lentement son taudis de la rue Saint-Victor.

It was past midnight. Fresh air circulated in the deserted, silent streets. The young man could hear naught but his own footsteps resounding on the pavement. The nocturnal

Il était plus de minuit. Un air frais courait dans les rues désertes et silencieuses. Le jeune homme n'entendait que le bruit régulier de ses pas sonnant sur les dalles des

coolness of the atmosphere cheered him up; the silence, the darkness gave him sharp sensations of delight, and he loitered on his way.

trottoirs. La fraîcheur le pénétrait de bien-être; le silence, l'ombre lui donnaient des sensations rapides de volupté. Il flânait.

At last he was rid of his crime. He had killed Camille. It was a matter that was settled, and would be spoken of no more. He was now going to lead a tranquil existence, until he could take possession of Therese. The thought of the murder had at times half choked him, but now that it was accomplished, he felt a weight removed from his chest, and breathed at ease, cured of the suffering that hesitation and fear had given him.

Enfin, il était débarrassé de son crime. Il avait tué Camille. C'était là une affaire faite dont on ne parlerait plus. Il allait vivre tranquille, en attendant de pouvoir prendre possession de Thérèse. La pensée du meurtre l'avait parfois étouffé; maintenant que le meurtre était accompli, il se sentait la poitrine libre et respirait à l'aise. Il était guéri des souffrances que l'hésitation et la crainte mettaient en lui.

At the bottom of his heart, he was a trifle hebetated. Fatigue had rendered his limbs and thoughts heavy. He went in to bed and slept soundly. During his slumber slight nervous crispations coursed over his face.

Au fond, il était un peu hébété, la fatigue alourdissait ses membres et ses pensées. Il rentra et s'endormit profondément. Pendant son sommeil, de légères crispations nerveuses couraient sur son visage.

XIII

CHAPITRE XIII

The following morning, Laurent awoke fresh and fit. He had slept well. The cold air

Le lendemain, Laurent s'éveilla frais et dispos. Il avait bien dormi. L'air froid qui entrait

entering by the open window, whipped his sluggish blood. He had no clear recollection of the scenes of the previous day, and had it not been for the burning sensation at his neck, he might have thought that he had retired to rest after a calm evening. But the bite Camille had given him stung as if his skin had been branded with a red-hot iron. When his thoughts settled on the pain this gash caused him, he suffered cruelly. It seemed as though a dozen needles were penetrating little by little into his flesh.

par la fenêtre fouettait son sang alourdi. Il se rappelait à peine les scènes de la veille; sans la cuisson ardente qui le brûlait au cou, il aurait pu croire qu'il s'était couché à dix heures, après une soirée calme. La morsure de Camille était comme un fer rouge posé sur sa peau; lorsque sa pensée se fut arrêtée sur la douleur que lui causait cette entaille, il en souffrit cruellement. Il lui semblait qu'une douzaine d'aiguilles pénétraient peu à peu dans sa chair.

He turned down the collar of his shirt, and examined the wound in a wretched fifteen sous looking-glass hanging against the wall. It formed a red hole, as big as a penny piece. The skin had been torn away, displaying the rosy flesh, studded with dark specks. Streaks of blood had run as far as the shoulder in thin threads that had dried up. The bite looked a deep, dull brown colour against the white skin, and was situated under the right ear. Laurent scrutinised it with curved back and craned

Il rabattit le col de sa chemise et regarda la plaie dans un méchant miroir de quinze sous accroché au mur. Cette plaie faisait un trou rouge, large comme une pièce de deux sous; la peau avait été arrachée, la chair se montrait, rosâtre, avec des taches noires; des filets de sang avaient coulé jusqu'à l'épaule, en minces traînées qui s'écaillaient. Sur le cou blanc, la morsure paraissait d'un brun sourd et puissant; elle se trouvait à droite, au-dessous de l'oreille. Laurent, le dos courbé, le cou tendu,

neck, and the greenish mirror gave his face an atrocious grimace.

regardait, et le miroir verdâtre donnait à sa face une grimace atroce.

Satisfied with his examination, he had a thorough good wash, saying to himself that the wound would be healed in a few days. Then he dressed, and quietly repaired to his office, where he related the accident in an affected tone of voice. When his colleagues had read the account in the newspapers, he became quite a hero. During a whole week the clerks at the Orleans Railway had no other subject of conversation: they were all proud that one of their staff should have been drowned. Grivet never ceased his remarks on the imprudence of adventuring into the middle of the Seine, when it was so easy to watch the running water from the bridges.

Il se lava à grande eau, satisfait de son examen, se disant que la blessure serait cicatrisée au bout de quelques jours. Puis il s'habilla et se rendit à son bureau, tranquillement, comme à l'ordinaire. Il y conta l'accident d'une voix émue. Lorsque ses collègues eurent lu le fait-divers qui courait la presse, il devint un véritable héros. Pendant une semaine, les employés du chemin de fer d'Orléans n'eurent pas d'autre sujet de conversation: ils étaient tout fiers qu'un des leurs se fût noyé. Grivet ne tarissait pas sur l'imprudence qu'il y a à s'aventurer en pleine Seine, quand il est si facile de regarder couler l'eau en traversant les ponts.

Laurent retained a feeling of intense uneasiness. The decease of Camille had not been formally proved. The husband of Therese was indeed dead, but the murderer would have liked to have found his body, so as to obtain a certificate of death. The day

Il restait à Laurent une inquiétude sourde. Le décès de Camille n'avait pu être constaté officiellement. Le mari de Thérèse était bien mort, mais le meurtrier aurait voulu retrouver son cadavre pour qu'un acte formel fût dressé. Le lendemain de l'accident, on

following the accident, a fruitless search had been made for the corpse of the drowned man. It was thought that it had probably gone to the bottom of some hole near the banks of the islands, and men were actively dragging the Seine to get the reward.

avait inutilement cherché le corps du noyé; on pensait qu'il s'était sans doute enfoui au fond de quelque trou, sous les berges des îles. Des ravageurs fouillaient activement la Seine pour toucher la prime.

In the meantime Laurent imposed on himself the task of passing each morning by the Morgue, on the way to his office. He had made up his mind to attend to the business himself. Notwithstanding that his heart rose with repugnance, notwithstanding the shudders that sometimes ran through his frame, for over a week he went and examined the countenance of all the drowned persons extended on the slabs.

Laurent se donna la tâche de passer chaque matin par la Morgue, en se rendant à son bureau. Il s'était juré de faire lui-même ses affaires. Malgré les répugnances qui lui soulevaient le coeur, malgré les frissons qui le secouaient parfois, il alla pendant plus de huit jours, régulièrement, examiner le visage de tous les noyés étendus sur les dalles.

When he entered the place an unsavoury odour, an odour of freshly washed flesh, disgusted him and a chill ran over his skin: the dampness of the walls seemed to add weight to his clothing, which hung more heavily on his shoulders. He went straight to the glass separating the spectators from the corpses, and with his pale face against it, looked. Facing

Lorsqu'il entrait, une odeur fade, une odeur de chair lavée l'écoeurait, et des souffles froids couraient sur sa peau; l'humidité des murs semblait alourdir ses vêtements, qui devenaient plus pesants à ses épaules. Il allait droit au vitrage qui sépare les spectateurs des cadavres; il collait sa face pâle contre les vitres, il regardait. Devant lui s'alignaient les

him appeared rows of grey slabs, and upon them, here and there, the naked bodies formed green and yellow, white and red patches. While some retained their natural condition in the rigidity of death, others seemed like lumps of bleeding and decaying meat.

At the back, against the wall, hung some lamentable rags, petticoats and trousers, puckered against the bare plaster. Laurent at first only caught sight of the wan ensemble of stones and walls, spotted with dabs of russet and black formed by the clothes and corpses. A melodious sound of running water broke the silence.

Little by little he distinguished the bodies, and went from one to the other. It was only the drowned that interested him. When several human forms were there, swollen and blued by the water, he looked at them eagerly, seeking to recognise Camille.

Frequently, the flesh on the faces had gone away by strips, the bones had burst through the mellow skins, the visages

rangées de dalles grises. Ça et là, sur les dalles, des corps nus faisaient des taches vertes et jaunes, blanches et rouges; certains corps gardaient leurs chairs vierges dans la rigidité de la mort; d'autres semblaient des tas de viandes sanglantes et pourries.

Au fond, contre le mur, pendaient des loques lamentables, des jupes, et des pantalons qui grimaçaient sur la nudité du plâtre. Laurent ne voyait d'abord que l'ensemble blafard des pierres et des murailles, tâché de roux et de noir par les vêtements et les cadavres. Un bruit d'eau courante chantait.

Peu à peu il distinguait les corps. Alors il allait de l'un à l'autre. Les noyés seuls l'intéressaient; quand il y avait plusieurs cadavres gonflés et bleuis par l'eau, il les regardait avidement, cherchant à reconnaître Camille.

Souvent, les chairs de leur visage s'en allaient par lambeaux, les os avaient troué la peau amollie, la face était

were like lumps of boned, boiled beef. Laurent hesitated; he looked at the corpses, endeavouring to discover the lean body of his victim. But all the drowned were stout. He saw enormous stomachs, puffy thighs, and strong round arms. He did not know what to do. He stood there shuddering before those greenish-looking rags, which seemed like mocking him, with their horrible wrinkles.

comme bouillie et désossée. Laurent hésitait; il examinait les corps, il tâchait de retrouver les maigreurs de sa victime. Mais tous les noyés sont gras; il voyait des ventres énormes, des cuisses bouffies, des bras ronds et forts. Il ne savait plus, il restait frissonnant en face de ces haillons verdâtres qui semblaient se moquer avec des grimaces horribles.

One morning, he was seized with real terror. For some moments, he had been looking at a corpse, taken from the water, that was small in build and atrociously disfigured. The flesh of this drowned person was so soft and broken-up that the running water washing it, carried it away bit by bit. The jet falling on the face, bored a hole to the left of the nose. And, abruptly, the nose became flat, the lips were detached, showing the white teeth. The head of the drowned man burst out laughing.

Un matin, il fut pris d'une véritable épouvante. Il regardait depuis quelques minutes un noyé, petit de taille, atrocement défiguré. Les chairs de ce noyé étaient tellement molles et dissoutes, que l'eau courante qui les lavait les emportait brin à brin. Le jet qui tombait sur la face, creusait un trou à gauche du nez. Et, brusquement, le nez s'aplatit, les lèvres se détachèrent, montrant des dents blanches. La tête du noyé éclata de rire.

Each time Laurent fancied he recognised Camille, he felt a burning sensation in the heart.

Chaque fois qu'il croyait reconnaître Camille, Laurent ressentait une brûlure au coeur.

He ardently desired to find the body of his victim, and he was seized with cowardice when he imagined it before him. His visits to the Morgue filled him with nightmare, with shudders that set him panting for breath. But he shook off his fear, taxing himself with being childish, when he wished to be strong. Still, in spite of himself, his frame revolted, disgust and terror gained possession of his being, as soon as ever he found himself in the dampness, and unsavoury odour of the hall.

Il désirait ardemment retrouver le corps de sa victime, et des lâchetés le prenaient, lorsqu'il s'imaginait que ce corps était devant lui. Ses visites à la Morgue l'emplissaient de cauchemars, de frissons qui le faisaient haleter. Il secouait ses peurs, il se traitait d'enfant, il voulait être fort; mais, malgré lui, sa chair se révoltait, le dégoût et l'effroi s'emparaient de son être, dès qu'il se trouvait dans l'humidité et l'odeur fade de la salle.

When there were no drowned persons on the back row of slabs, he breathed at ease; his repugnance was not so great. He then became a simple spectator, who took strange pleasure in looking death by violence in the face, in its lugubriously fantastic and grotesque attitudes. This sight amused him, particularly when there were women there displaying their bare bosoms.

Quand il n'y avait pas de noyés sur la dernière rangée de dalles, il respirait à l'aise; ses répugnances étaient moindres. Il devenait alors un simple curieux, il prenait un plaisir étrange à regarder la mort violente en face, dans ses attitudes lugubrement bizarres et grotesques. Ce spectacle l'amusait, surtout lorsqu'il y avait des femmes étalant leur gorge nue.

These nudities, brutally exposed, bloodstained, and in places bored with holes, attracted and detained him. Once he saw a young woman

Ces nudités brutalement étendues, tachées de sang, trouées par endroits, l'attiraient et le retenaient. Il vit, une fois, une jeune femme de vingt ans,

of twenty there, a child of the people, broad and strong, who seemed asleep on the stone. Her fresh, plump, white form displayed the most delicate softness of tint. She was half smiling, with her head slightly inclined on one side. Around her neck she had a black band, which gave her a sort of necklet of shadow. She was a girl who had hanged herself in a fit of love madness.

une fille du peuple, large et forte, qui semblait dormir sur la pierre; son corps frais et gras blanchissait avec des douceurs de teinte d'une grande délicatesse; elle souriait à demi, la tête un peu penchée, et tendait la poitrine d'une façon provocante; on aurait dit une courtisane vautrée, si elle n'avait eu au cou une raie noire qui lui mettait comme un collier d'ombre; c'était une fille qui venait de se pendre par désespoir d'amour. Laurent la regarda longtemps, promenant ses regards sur sa chair, absorbé dans une sorte de désir peureux.

Each morning, while Laurent was there, he heard behind him the coming and going of the public who entered and left.

Chaque matin, pendant qu'il était là, il entendait derrière lui le va-et-vient du public qui entrait et qui sortait.

The morgue is a sight within reach of everybody, and one to which passers-by, rich and poor alike, treat themselves. The door stands open, and all are free to enter. There are admirers of the scene who go out of their way so as not to miss one of these performances of death. If the slabs have nothing on them,

La Morgue est un spectacle à la portée de toutes les bourses, que se payent gratuitement les passants pauvres ou riches. La porte est ouverte, entre qui veut. Il y a des amateurs qui font un détour pour ne pas manquer une de ces représentations de la mort. Lorsque les dalles sont nues, les gens sortent désappointés,

visitors leave the building disappointed, feeling as if they had been cheated, and murmuring between their teeth; but when they are fairly well occupied, people crowd in front of them and treat themselves to cheap emotions; they express horror, they joke, they applaud or whistle, as at the theatre, and withdraw satisfied, declaring the Morgue a success on that particular day.

volés, murmurant entre leurs dents. Lorsque les dalles sont bien garnies, lorsqu'il y a un bel étalage de chair humaine, les visiteurs se pressent, se donnent des émotions à bon marché, s'épouvantent plaisantent, applaudissent ou sifflent comme au théâtre, et se retirent satisfaits, en déclarant que la Morgue est réussie, ce jour-là.

Laurent soon got to know the public frequenting the place, that mixed and dissimilar public who pity and sneer in common. Workmen looked in on their way to their work, with a loaf of bread and tools under their arms. They considered death droll.

Laurent connut vite le public de l'endroit, public mêlé et disparate qui s'apitoyait et ricanait en commun. Des ouvriers entraient, en allant à leur ouvrage, avec un pain et des outils sous le bras; ils trouvaient la mort drôle.

Among them were comical companions of the workshops who elicited a smile from the onlookers by making witty remarks about the faces of each corpse. They styled those who had been burnt to death, coalmen; the hanged, the murdered, the drowned, the bodies that had been stabbed or crushed, excited their jeering vivacity, and their

Parmi eux se rencontraient des loustics d'atelier qui faisaient sourire la galerie en disant un mot plaisant sur la grimace de chaque cadavre; ils appelaient les incendiés des charbonniers; les pendus les assassinés, les noyés, les cadavres troués ou broyés excitaient leur verve goguenarde, et leur voix, qui tremblait un peu, balbutiait des phrases comiques dans le

voices, which slightly trembled, stammered out comical sentences amid the shuddering silence of the hall.

silence frissonnant de la salle.

There came persons of small independent means, old men who were thin and shrivelled-up, idlers who entered because they had nothing to do, and who looked at the bodies in a silly manner with the pouts of peaceful, delicate-minded men.

Puis venaient de petits rentiers, des vieillards maigres et secs, des flâneurs qui entraient par désoeuvrement et qui regardaient les corps avec des yeux bêtes et des moues d'hommes paisibles et délicats.

Women were there in great numbers: young work-girls, all rosy, with white linen, and clean petticoats, who tripped along briskly from one end of the glazed partition to the other, opening great attentive eyes, as if they were before the dressed shop window of a linendraper. There were also women of the lower orders looking stupefied, and giving themselves lamentable airs; and well-dressed ladies, carelessly dragging their silk gowns along the floor.

Les femmes étaient en grand nombre; il y avait de jeunes ouvrières toutes roses, le linge blanc, les jupes propres, qui allaient d'un bout à l'autre du vitrage, lestement, en ouvrant de grands yeux attentifs, comme devant l'étalage d'un magasin de nouveautés; il y avait encore des femmes du peuple, hébétées, prenant des airs lamentables, et des dames bien mises, traînant nonchalamment leur robe de soie.

On a certain occasion Laurent noticed one of the latter standing at a few paces from the glass, and pressing her cambric handkerchief to her nostrils. She wore a delicious

Un jour, Laurent vit une de ces dernières qui se tenait plantée à quelques pas du vitrage, en appuyant un mouchoir de batiste sur ses narines. Elle portait une délicieuse jupe de

grey silk skirt with a large black lace mantle; her face was covered by a veil, and her gloved hands seemed quite small and delicate. Around her hung a gentle perfume of violet.

soie grise, avec un grand mantelet de dentelle noire, une voilette lui couvrait le visage, et ses mains gantées paraissaient toutes petites et toutes fines. Autour d'elle traînait une senteur douce de violette.

She stood scrutinising a corpse. On a slab a few paces away, was stretched the body of a great, big fellow, a mason who had recently killed himself on the spot by falling from a scaffolding. He had a broad chest, large short muscles, and a white, well-nourished body; death had made a marble statue of him. The lady examined him, turned him round and weighed him, so to say, with her eyes. For a time, she seemed quite absorbed in the contemplation of this man. She raised a corner of her veil for one last look. Then she withdrew.

Elle regardait un cadavre. Sur une pierre, à quelques pas, était allongé le corps d'un grand gaillard, d'un maçon qui venait de se tuer net en tombant d'un échafaudage; il avait une poitrine carrée, des muscles gros et courts, une chair blanche et grasse; la mort en avait fait un marbre. La dame l'examinait, le retournait en quelque sorte du regard, le pesait, s'absorbait dans le spectacle de cet homme. Elle leva un coin de sa voilette, regarda encore, puis s'en alla.

At moments, bands of lads arrived—young people between twelve and fifteen, who leant with their hands against the glass, nudging one another with their elbows, and making brutal observations.

Par moments, arrivaient des bandes de gamins, des enfants de douze à quinze ans, qui couraient le long du vitrage, ne s'arrêtant que devant les cadavres de femmes. Ils appuyaient leurs mains aux vitres et promenaient des regards effrontés sur les

poitrines nues. Ils se poussaient du coude, ils faisaient des remarques brutales, ils apprenaient le vice à l'école de la mort. C'est à la Morgue que les jeunes voyous ont leur première maîtresse.

At the end of a week, Laurent became disheartened. At night he dreamt of the corpses he had seen in the morning. This suffering, this daily disgust which he imposed on himself, ended by troubling him to such a point, that he resolved to pay only two more visits to the place. The next day, on entering the Morgue, he received a violent shock in the chest. Opposite him, on a slab, Camille lay looking at him, extended on his back, his head raised, his eyes half open.

Au bout d'une semaine, Laurent était écoeuré. La nuit, il rêvait les cadavres qu'il avait vus le matin. Cette souffrance, ce dégoût de chaque jour qu'il s'imposait, finit par le troubler à un tel point qu'il résolut de ne plus faire que deux visites. Le lendemain, comme il entrait à la Morgue, il reçut un coup violent dans la poitrine: en face de lui, sur une dalle, Camille le regardait, étendu sur le dos, la tête levée, les yeux entr'ouverts.

The murderer slowly approached the glass, as if attracted there, unable to detach his eyes from his victim. He did not suffer; he merely experienced a great inner chill, accompanied by slight pricks on his skin. He would have thought that he would have trembled more violently. For fully five minutes, he stood motionless,

Le meurtrier s'approcha lentement du vitrage, comme attiré, ne pouvant détacher ses regards de sa victime. Il ne souffrait pas; il éprouvait seulement un grand froid intérieur et de légers mouvements à fleur de peau. Il aurait cru trembler davantage. Il resta immobile, pendant cinq grandes minutes, perdu dans une contemplation

lost in unconscious contemplation, engraving, in spite of himself, in his memory, all the horrible lines, all the dirty colours of the picture he had before his eyes.

inconsciente, gravant malgré lui au fond de sa mémoire toutes les lignes horribles, toutes les couleurs sales du tableau qu'il avait sous les yeux.

Camille was hideous. He had been a fortnight in the water. His face still appeared firm and rigid; the features were preserved, but the skin had taken a yellowish, muddy tint.

Camille était ignoble. Il avait séjourné quinze jours dans l'eau. Sa face paraissait encore ferme et rigide; les traits s'étaient conservés, la peau avait seulement pris une teinte jaunâtre et boueuse.

The thin, bony, and slightly tumefied head, wore a grimace. It was a trifle inclined on one side, with the hair sticking to the temples, and the lids raised, displaying the dull globes of the eyes. The twisted lips were drawn to a corner of the mouth in an atrocious grin; and a piece of blackish tongue appeared between the white teeth.

La tête, maigre, osseuse, légèrement tuméfiée, grimaçait; elle se penchait un peu, les cheveux collés aux tempes, les paupières levées, montrant le globe blafard des yeux: les lèvres tordues, tirées vers un des coins de la bouche, avaient un ricanement atroce; un bout de langue noirâtre apparaissait dans la blancheur des dents.

This head, which looked tanned and drawn out lengthwise, while preserving a human appearance, had remained all the more frightful with pain and terror. The body seemed a mass of ruptured flesh; it had suffered horribly. You could feel that the arms

Cette tête, comme tannée et étirée, en gardant une apparence humaine, était restée plus effrayante de douleur et d'épouvante. Le corps semblait un tas de chairs dissoutes; il avait souffert horriblement. On sentait que les bras ne tenaient plus; les clavicules

no longer held to their sockets; and the clavicles were piercing the skin of the shoulders. The ribs formed black bands on the greenish chest; the left side, ripped open, was gaping amidst dark red shreds.

perçaient la peau des épaules. Sur la poitrine verdâtre, les côtes faisaient des bandes noires; le flanc gauche, crevé, ouvert, se creusait au milieu de lambeaux d'un rouge sombre.

All the torso was in a state of putrefaction. The extended legs, although firmer, were daubed with dirty patches. The feet dangled down.

Tout le torse pourrissait. Les jambes, plus fermes, s'allongeaient, plaquées de taches immondes. Les pieds tombaient.

Laurent gazed at Camille. He had never yet seen the body of a drowned person presenting such a dreadful aspect. The corpse, moreover, looked pinched. It had a thin, poor appearance. It had shrunk up in its decay, and the heap it formed was quite small. Anyone might have guessed that it belonged to a clerk at 1,200 francs a year, who was stupid and sickly, and who had been brought up by his mother on infusions. This miserable frame, which had grown to maturity between warm blankets, was now shivering on a cold slab.

Laurent regarda Camille. Il n'avait pas encore vu un noyé si épouvantable. Le cadavre avait, en outre, un air étriqué, une allure maigre et pauvre; il se ramassait dans sa pourriture; il faisait un tout petit tas. On aurait deviné que c'était là un employé à douze cents francs, bête et maladif, que sa mère avait nourri de tisanes. Ce pauvre corps, grandi entre des couvertures chaudes, grelottait sur la dalle froide.

When Laurent could at last tear himself from the poignant curiosity that kept him

Quand Laurent put enfin s'arracher à la curiosité poignante qui le tenait

motionless and gaping before his victim, he went out and begun walking rapidly along the quay. And as he stepped out, he repeated: "That is what I have done. He is hideous." A smell seemed to be following him, the smell that the putrefying body must be giving off.

immobile et béant, il sortit, il se mit à marcher rapidement sur le quai. Et, tout en marchant, il répétait: « Voilà ce que j'en ai fait. Il est ignoble. » Il lui semblait qu'une odeur âcre le suivait, l'odeur que devait exhaler ce corps en putréfaction.

He went to find old Michaud, and told him he had just recognized Camille lying on one of the slabs in the Morgue. The formalities were performed, the drowned man was buried, and a certificate of death delivered. Laurent, henceforth at ease, felt delighted to be able to bury his crime in oblivion, along with the vexatious and painful scenes that had followed it.

Il alla chercher le vieux Michaud et lui dit qu'il venait de reconnaître Camille sur une dalle de la Morgue. Les formalités furent remplies, on enterra le noyé, on dressa un acte de décès. Laurent, tranquille désormais, se jeta avec volupté dans l'oubli de son crime et des scènes fâcheuses et pénibles qui avaient suivi le meurtre.

XIV

CHAPITRE XIV

The shop in the Arcade of the Pont Neuf remained closed for three days. When it opened again, it appeared darker and damper. The shop-front display, which the dust had turned yellow, seemed to be wearing the mourning of the house; the various articles were scattered at sixes and sevens in

La boutique du passage du Pont-Neuf resta fermée pendant trois jours. Lorsqu'elle s'ouvrit de nouveau, elle parut plus sombre et plus humide. L'étalage, jauni par la poussière, semblait porter le deuil de la maison; tout traînait à l'abandon dans les vitrines sales. Derrière les bonnets de

the dirty windows. Behind the linen caps hanging from the rusty iron rods, the face of Therese presented a more olive, a more sallow pallidness, and the immobility of sinister calm.

linge pendus aux tringles rouillées, le visage de Thérèse avait une pâleur plus mate, plus terreuse, une immobilité d'un calme sinistre.

All the gossips in the arcade were moved to pity. The dealer in imitation jewelry pointed out the emaciated profile of the young widow to each of her customers, as an interesting and lamentable curiosity.

Dans le passage, toutes les commères s'apitoyaient. La marchande de bijoux faux montrait à chacune de ses clientes le profil amaigri de la jeune veuve comme une curiosité intéressante et lamentable.

For three days, Madame Raquin and Therese had remained in bed without speaking, and without even seeing one another. The old mercer, propped up by pillows in a sitting posture, gazed vaguely before her with the eyes of an idiot. The death of her son had been like a blow on the head that had felled her senseless to the ground. For hours she remained tranquil and inert, absorbed in her despair; then she was at times seized with attacks of weeping, shrieking and delirium.

Pendant trois jours, Mme Raquin et Thérèse étaient restées dans leur lit sans se parler, sans même se voir. La vieille mercière, assise sur son séant, appuyée contre des oreillers, regardait vaguement devant elle avec des yeux d'idiote. La mort de son fils lui avait donné un grand coup sur la tête, et elle était tombée comme assommée. Elle demeurait des heures entières tranquille et inerte, absorbée au fond du néant de son désespoir; puis des crises la prenaient parfois, elle pleurait, elle criait, elle délirait.

Therese in the adjoining room,

Thérèse, dans la chambre

seemed to sleep. She had turned her face to the wall, and drawn the sheet over her eyes. There she lay stretched out at full length, rigid and mute, without a sob raising the bed-clothes. It looked as if she was concealing the thoughts that made her rigid in the darkness of the alcove.

voisine, semblait dormir; elle avait tourné la face contre la muraille et tiré la couverture sur ses yeux; elle s'allongeait ainsi, raide et muette, sans qu'un sanglot de son corps soulevât le drap qui la couvrait. On eût dit qu'elle cachait dans l'ombre de l'alcôve les pensées qui la tenaient rigide.

Suzanne, who attended to the two women, went feebly from one to the other, gently dragging her feet along the floor, bending her wax-like countenance over the two couches, without succeeding in persuading Therese, who had sudden fits of impatience, to turn round, or in consoling Madame Raquin, whose tears began to flow as soon as a voice drew her from her prostration.

Suzanne, qui gardait les deux femmes, allait mollement de l'une à l'autre, traînant les pieds avec douceur, penchant son visage de cire sur les deux couches, sans parvenir à faire retourner Thérèse, qui avait de brusques mouvements d'impatience, ni à consoler Mme Raquin, dont les pleurs coulaient dès qu'une voix la tirait de son abattement.

On the third day, Therese, rapidly and with a sort of feverish decision, threw the sheet from her, and seated herself up in bed. She thrust back her hair from her temples, and for a moment remained with her hands to her forehead and her eyes fixed, seeming still to reflect. Then, she sprang to the carpet.

Le troisième jour, Thérèse repoussa la couverture, s'assit sur le lit, rapidement, avec une sorte de décision fiévreuse. Elle écarta ses cheveux, en se prenant les tempes, et resta ainsi un moment, les mains au front, les yeux fixes, semblant réfléchir encore. Puis elle sauta sur le tapis. Ses membres étaient frissonnants et rouges

Her limbs were shivering, and red with fever; large livid patches marbled her skin, which had become wrinkled in places as if she had lost flesh. She had grown older.

de fièvre; de larges plaques livides marbraient sa peau qui se plissait par endroits comme vide de chair. Elle était vieillie.

Suzanne, on entering the room, was struck with surprise to find her up. In a placid, drawling tone, she advised her to go to bed again, and continue resting. Therese paid no heed to her, but sought her clothes and put them on with hurried, trembling gestures. When she was dressed, she went and looked at herself in a glass, rubbing her eyes, and passing her hands over her countenance, as if to efface something. Then, without pronouncing a syllable, she quickly crossed the dining-room and entered the apartment occupied by Madame Raquin.

Suzanne, qui entrait, resta toute surprise de la trouver levée; elle lui conseilla, d'un ton placide et traînard, de se recoucher, de se reposer encore. Thérèse ne l'écoutait pas: elle cherchait et mettait ses vêtements avec des gestes pressés et tremblants. Lorsqu'elle fut habillée, elle alla se regarder dans une glace, frotta ses yeux, passa ses mains sur son visage, comme pour effacer quelque chose. Puis, sans prononcer une parole, elle traversa vivement la salle à manger et entra chez Mme Raquin.

She caught the old mercer in a moment of doltish calm. When Therese appeared, she turned her head following the movements of the young widow with her eyes, while the latter came and stood before her, mute and oppressed. The two women contemplated one

L'ancienne mercière était dans un moment de calme hébété. Quand Thérèse rentra, elle tourna la tête et suivit du regard la jeune veuve, qui vint se placer devant elle, muette et oppressée. Les deux femmes se contemplèrent pendant quelques secondes, la nièce

another for some seconds, the niece with increasing anxiety, the aunt with painful efforts of memory. Madame Raquin, at last remembering, stretched out her trembling arms, and, taking Therese by the neck, exclaimed:

"My poor child, my poor Camille!"

She wept, and her tears dried on the burning skin of the young widow, who concealed her own dry eyes in the folds of the sheet. Therese remained bending down, allowing the old mother to exhaust her outburst of grief. She had dreaded this first interview ever since the murder; and had kept in bed to delay it, to reflect at ease on the terrible part she had to play.

When she perceived Madame Raquin more calm, she busied herself about her, advising her to rise, and go down to the shop. The old mercer had almost fallen into dotage. The abrupt apparition of her niece had brought about a favourable crisis that had just restored her memory, and the consciousness of things and

avec une anxiété qui grandissait, la tante avec des efforts pénibles de mémoire. Se souvenant enfin, Mme Raquin tendit ses bras tremblants, et, prenant Thérèse par le cou, s'écria:

—Mon pauvre enfant, mon pauvre Camille!

Elle pleurait, et ses larmes séchaient sur la peau brûlante de la veuve, qui cachait ses yeux secs dans les plis du drap. Thérèse demeura ainsi courbée, laissant la vieille mère épuiser ses pleurs. Depuis le meurtre, elle redoutait cette première entrevue; elle était restée couchée pour en retarder le moment, pour réfléchir à l'aise au rôle terrible qu'elle avait à jouer.

Quand elle vit Mme Raquin plus calme, elle s'agita autour d'elle, elle lui conseilla de se lever, de descendre à la boutique. La vieille mercière était presque tombée en enfance. L'apparition brusque de sa nièce avait amené en elle une crise favorable qui venait de lui rendre la mémoire et la conscience des choses et des

beings around her.

She thanked Suzanne for her attention. Although weakened, she talked, and had ceased wandering, but she spoke in a voice so full of sadness that at moments she was half choked. She watched the movements of Therese with sudden fits of tears; and would then call her to the bedside, and embrace her amid more sobs, telling her in a suffocating tone that she, now, had nobody but her in the world.

In the evening, she consented to get up, and make an effort to eat. Therese then saw what a terrible shock her aunt had received. The legs of the old lady had become so ponderous that she required a stick to assist her to drag herself into the dining-room, and there she thought the walls were vacillating around her.

Nevertheless, the following day she wished the shop to be opened. She feared she would go mad if she continued to remain alone in her room. She went down the wooden staircase with heavy tread, placing her two feet on each

êtres qui l'entouraient.

Elle remercia Suzanne de ses soins, elle parla, affaiblie, ne délirant plus, pleine d'une tristesse qui l'étouffait par moments. Elle regardait marcher Thérèse avec des larmes soudaines; alors, elle l'appelait auprès d'elle, l'embrassait en sanglotant encore, lui disait en suffoquant qu'elle n'avait plus qu'elle au monde.

Le soir, elle consentit à se lever, à essayer de manger. Thérèse put voir quel terrible coup avait reçu sa tante. Les jambes de la pauvre vieille s'étaient alourdies. Il lui fallut une canne pour se traîner dans la salle à manger, et là il lui sembla que les murs vacillaient autour d'elle.

Dès le lendemain, elle voulut cependant qu'on ouvrît la boutique. Elle craignait de devenir folle en restant seule dans sa chambre. Elle descendit pesamment l'escalier de bois, en posant les deux pieds sur chaque marche, et

step, and seated herself behind the counter. From that day forth, she remained riveted there in placid affliction.

Therese, beside her, mused and waited. The shop resumed its gloomy calm.

XV

Laurent resumed calling of an evening, every two or three days, remaining in the shop talking to Madame Raquin for half an hour. Then he went off without looking Therese in the face. The old mercer regarded him as the rescuer of her niece, as a noble-hearted young man who had done his utmost to restore her son to her, and she welcomed him with tender kindness.

One Thursday evening, when Laurent happened to be there, old Michaud and Grivet entered. Eight o'clock was striking. The clerk and the former commissary of police had both thought, independently of one another, that they could resume their dear custom, without appearing importunate, and they arrived at the same

vint s'asseoir, derrière le comptoir. A partir de ce jour, elle y resta clouée dans une douleur sereine.

A côté d'elle, Thérèse songeait et attendait. La boutique reprit son calme noir.

CHAPITRE XV

Laurent revint parfois, le soir, tous les deux ou trois jours. Il restait dans la boutique, causant avec Mme Raquin pendant une demi-heure. Puis il s'en allait, sans avoir regardé Thérèse en face. La vieille mercière le considérait comme le sauveur de sa nièce, comme un noble coeur qui avait tout fait pour lui rendre son fils. Elle l'accueillait avec une bonté attendrie.

Un jeudi soir, Laurent se trouvait là lorsque le vieux Michaud et Grivet entrèrent. Huit heures sonnaient. L'employé et l'ancien commissaire avaient jugé chacun de leur côté qu'ils pouvaient reprendre leurs chères habitudes, sans se montrer importuns, et ils arrivaient à la même minute, comme poussés par le même

moment, as if urged by the same impulse. Behind them, came Olivier and Suzanne.

ressort. Derrière eux, Olivier et Suzanne firent leur entrée.

Everyone went upstairs to the dining-room. Madame Raquin who expected nobody, hastened to light the lamp, and prepare the tea. When all were seated round the table, each before a cup, when the box of dominoes had been emptied on the board, the old mother, with the past suddenly brought back to her, looked at her guests, and burst into sobs. There was a vacant place, that of her son.

On monta dans la salle à manger. Mme Raquin, qui n'attendait personne, se hâta d'allumer la lampe et de faire du thé. Lorsque tout le monde se fut assis autour de la table, chacun devant sa tasse, lorsque la boîte des dominos eut été vidée, la pauvre mère, subitement ramenée dans le passé, regarda ses invités et éclata en sanglots. Il y avait une place vide, la place de son fils.

This despair cast a chill upon the company and annoyed them. Every countenance wore an air of egotistic beatitude. These people fell ill at ease, having no longer the slightest recollection of Camille alive in their hearts.

Ce désespoir glaça et ennuya la société. Tous les visages avaient un air de béatitude égoïste. Ces gens se trouvèrent gênés, n'ayant plus dans le coeur le moindre souvenir vivant de Camille.

"Come, my dear lady," exclaimed old Michaud, slightly impatiently, "you must not give way to despair like that. You will make yourself ill."

—Voyons, chère dame, s'écria le vieux Michaud avec une légère impatience, il ne faut pas vous désespérer comme cela. Vous vous rendrez malade.

"We are all mortal," affirmed Grivet.

—Nous sommes tous mortels, affirma Grivet.

"Your tears will not restore your son to you," sententiously observed Olivier.

—Vos pleurs ne vous rendront pas votre fils, dit sentencieusement Olivier.

"Do not cause us pain, I beg you," murmured Suzanne.

—Je vous en prie, murmura Suzanne, ne nous faites pas de la peine.

And as Madame Raquin sobbed louder, unable to restrain her tears, Michaud resumed:

Et comme Mme Raquin sanglotait plus fort, ne pouvant arrêter ses larmes:

"Come, come, have a little courage. You know we come here to give you some distraction. Then do not let us feel sad. Let us try to forget. We are playing two sous a game. Eh! What do you say?"

—Allons, allons, reprit Michaud, un peu de courage. Vous comprenez bien que nous venons ici pour vous distraire. Que diable! ne nous attristons pas, tâchons d'oublier…. Nous jouons à deux sous la partie. Hein! qu'en dites-vous?

The mercer stifled her sobs with a violent effort. Perhaps she was conscious of the happy egotism of her guests. She dried her tears, but was still quite upset. The dominoes trembled in her poor hands, and the moisture in her eyes prevented her seeing.

La mercière rentra ses pleurs, dans un effort suprême. Peut-être eut-elle conscience de l'égoïsme heureux de ses hôtes. Elle essuya ses yeux, encore toute secouée. Les dominos tremblaient dans ses pauvres mains, et les larmes restées sous ses paupières l'empêchaient de voir.

The game began.

On joua.

Laurent and Therese had witnessed this brief scene in a

Laurent et Thérèse avaient assisté à cette courte scène

grave and impassive manner. The young man was delighted to see these Thursday evenings resumed. He ardently desired them to be continued, aware that he would have need of these gatherings to attain his end. Besides, without asking himself the reason, he felt more at ease among these few persons whom he knew, and it gave him courage to look Therese in the face.

d'un air grave et impassible. Le jeune homme était enchanté de voir revenir les soirées du jeudi. Il les souhaitait ardemment, sachant qu'il aurait besoin de ces réunions pour atteindre son but. Puis, sans se demander pourquoi, il se sentait plus à l'aise au milieu de ces quelques personnes qu'il connaissait, il osait regarder Thérèse en face.

The young woman, attired in black, pale and meditative, seemed to him to possess a beauty that he had hitherto ignored. He was happy to meet her eyes, and to see them rest upon his own with courageous fixedness. Therese still belonged to him, heart and soul.

La jeune femme, vêtue de noir, pâle et recueillie, lui parut avoir une beauté qu'il ignorait encore. Il fut heureux de rencontrer ses regards et de les voir s'arrêter sur les siens avec une fixité courageuse. Thérèse lui appartenait toujours, chair et coeur.

XVI

CHAPITRE XVI

A fortnight passed. The bitterness of the first hours was softening; each day brought additional tranquillity and calm; life resumed its course with weary languidness, and with the monotonous intellectual insensibility which follows great shocks. At the commencement, Laurent and

Quinze mois se passèrent. Les âpretés des premières heures s'adoucirent; chaque jour amena une tranquillité, un affaissement de plus; la vie reprit son cours avec une langueur lasse, elle eut cette stupeur monotone qui suit les grandes crises. Et, dans les commencements, Laurent et

Therese allowed themselves to drift into this new existence which was transforming them; within their beings was proceeding a silent labour which would require analysing with extreme delicacy if one desired to mark all its phases.

Thérèse se laissèrent aller à l'existence nouvelle qui les transformait; il se fit en eux un travail sourd qu'il faudrait analyser avec une délicatesse extrême, si l'on voulait en marquer toutes les phases.

It was not long before Laurent came every night to the shop as formerly. But he no longer dined there, he no longer made the place a lounge during the entire evening. He arrived at half-past nine, and remained until he had put up the shutters. It seemed as if he was accomplishing a duty in placing himself at the service of the two women. If he happened occasionally to neglect the tiresome job, he apologised with the humility of a valet the following day. On Thursdays he assisted Madame Raquin to light the fire, to do the honours of the house, and displayed all kinds of gentle attentions that charmed the old mercer.

Laurent revint bientôt chaque soir à la boutique, comme par le passé. Mais il n'y mangeait plus, il ne s'y établissait plus pendant des soirées entières. Il arrivait à neuf heures et demie, et s'en allait après avoir fermé le magasin. On eût dit qu'il accomplissait un devoir en venant se mettre au service des deux femmes. S'il négligeait un jour sa corvée, il s'excusait le lendemain avec des humilités de valet. Le jeudi, il aidait Mme Raquin à allumer le feu, à faire les honneurs de la maison. Il avait des prévenances tranquilles qui charmaient la vieille mercière.

Therese peacefully watched the activity of his movements round about her. The pallidness of her face had departed. She appeared in

Thérèse le regardait paisiblement s'agiter autour d'elle. La pâleur de son visage s'en était allée; elle paraissait mieux portante, plus souriante,

better health, more smiling and gentle. It was only rarely that her lips, becoming pinched in a nervous contraction, produced two deep pleats which conveyed to her countenance a strange expression of grief and fright.

plus douce. A peine si parfois sa bouche, en se pinçant dans une contraction nerveuse, creusait deux plis profonds qui donnaient à sa face une expression étrange de douleur et d'effroi.

The two sweethearts no longer sought to see one another in private. Not once did they suggest a meeting, nor did they ever furtively exchange a kiss.

Les deux amants ne cherchèrent plus à se voir en particulier. Jamais ils ne se demandèrent un rendez-vous, jamais ils n'échangèrent furtivement un baiser.

The murder seemed to have momentarily appeased their warmth. In killing Camille, they had succeeded in satisfying their passion. Their crime appeared to have given them a keen pleasure that sickened and disgusted them of their embraces.

Le meurtre avait comme apaisé pour un moment les fièvres voluptueuses de leur chair; ils étaient parvenus à contenter, en tuant Camille, ces désirs fougueux et insatiables qu'ils n'avaient pu assouvir en se brisant dans les bras l'un de l'autre. Le crime leur semblait une jouissance aiguë qui les écoeurait et les dégoûtait de leurs embrassements.

They had a thousand facilities for enjoying the freedom that had been their dream, and the attainment of which had urged them on to murder. Madame Raquin, impotent and childish, ceased to be an obstacle. The house belonged to them. They

Ils auraient eu cependant mille facilités pour mener cette vie libre d'amour dont le rêve les avait poussés à l'assassinat. Mme Raquin, impotente, hébétée, n'était pas un obstacle. La maison leur appartenait, ils pouvaient

could go abroad where they pleased. But love did not trouble them, its fire had died out. They remained there, calmly talking, looking at one another without reddening and without a thrill. They even avoided being alone. In their intimacy, they found nothing to say, and both were afraid that they appeared too cold. When they exchanged a pressure of the hand, they experienced a sort of discomfort at the touch of their skins.

sortir, aller où bon leur semblait. Mais l'amour ne les tentait plus, leurs appétits s'en étaient allés; ils restaient là, causant avec calme, se regardant sans rougeurs et sans frissons, paraissant avoir oublié les étreintes folles qui avaient meurtri leur chair et fait craquer leurs os. Ils évitaient même de se rencontrer seul à seule; dans l'intimité, ils ne trouvaient rien à se dire, ils craignaient tous deux de montrer trop de froideur. Lorsqu'ils échangeaient une poignée de main, ils éprouvaient une sorte de malaise en sentant leur peau se toucher.

Both imagined they could explain what made them so indifferent and alarmed when face to face with one another. They put the coldness of their attitude down to prudence. Their calm, according to them, was the result of great caution on their part. They pretended they desired this tranquillity, and somnolence of their hearts.

D'ailleurs, ils croyaient s'expliquer chacun ce qui les tenait ainsi indifférents et effrayés en face l'un de l'autre. Ils mettaient leur attitude froide sur le compte de la prudence. Leur calme, leur abstinence, selon eux, étaient oeuvres de haute sagesse. Ils prétendaient vouloir cette tranquillité de leur chair, ce sommeil de leur coeur.

On the other hand, they regarded the repugnance, the uncomfortable feeling

D'autre part, ils regardaient la répugnance, le malaise qu'ils ressentaient comme un reste

experienced as a remains of terror, as the secret dread of punishment. Sometimes, forcing themselves to hope, they sought to resume the burning dreams of other days, and were quite astonished to find they had no imagination.

d'effroi, comme une peur sourde du châtiment. Parfois, ils se forçaient à l'espérance, ils cherchaient à reprendre les rêves brûlants d'autrefois, et ils demeuraient tout étonnés, en voyant que leur imagination était vide.

Then, they clung to the idea of their forthcoming marriage. They fancied that having attained their end, without a single fear to trouble them, delivered over to one another, their passion would burn again, and they would taste the delights that had been their dream. This prospect brought them calm, and prevented them descending to the void hollowed out beneath them. They persuaded themselves they loved one another as in the past, and they awaited the moment when they were to be perfectly happy bound together for ever.

Alors ils se cramponnaient à l'idée de leur prochain mariage; arrivés à leur but, n'ayant plus aucune crainte, livrés l'un à l'autre, ils retrouveraient leur passion, ils goûteraient les délices rêvées. Cet espoir les calmait, les empêchait de descendre au fond du néant qui s'était creusé en eux. Ils se persuadaient qu'ils s'aimaient comme par le passé, ils attendaient l'heure qui devait les rendre parfaitement heureux en les liant pour toujours.

Never had Therese possessed so placid a mind. She was certainly becoming better. All her implacable, natural will was giving way. She felt happy at night, alone in her bed; no longer did she find the thin face, and piteous form of

Jamais Thérèse n'avait eu l'esprit si calme. Elle devenait certainement meilleure. Toutes les volontés implacables de son être se détendaient. La nuit, seule dans son lit, elle se trouvait heureuse; elle ne sentait plus à son côté la face

Camille at her side to exasperate her. She imagined herself a little girl, a maid beneath the white curtains, lying peacefully amidst the silence and darkness. Her spacious, and slightly cold room rather pleased her, with its lofty ceiling, its obscure corners, and its smack of the cloister.

maigre, le corps chétif de Camille qui exaspérait sa chair et la jetait dans des désirs inassouvis. Elle se croyait petite fille, vierge sous les rideaux blancs, paisible au milieu du silence et de l'ombre. Sa chambre, vaste, un peu froide, lui plaisait, avec son plafond élevé, ses coins obscurs, ses senteurs de cloître.

She even ended by liking the great black wall which rose up before her window. Every night during one entire summer, she remained for hours gazing at the grey stones in this wall, and at the narrow strips of starry sky cut out by the chimneys and roofs. She only thought of Laurent when awakened with a start by nightmare. Then, sitting up, trembling, with dilated eyes, and pressing her nightdress to her, she said to herself that she would not experience these sudden fears, if she had a man lying beside her. She thought of her sweetheart as of a dog who would have guarded and protected her.

Elle finissait même par aimer la grande muraille noire qui montait devant sa fenêtre; pendant tout un été, chaque soir, elle resta des heures entières à regarder les pierres grises de cette muraille et les nappes étroites de ciel étoilé que découpaient les cheminées et les toits. Elle ne pensait à Laurent que lorsqu'un cauchemar l'éveillait en sursaut; alors, assise sur son séant, tremblante, les yeux agrandis, se serrant dans sa chemise, elle se disait qu'elle n'éprouverait pas ces peurs brusques, si elle avait un homme couché à côté d'elle. Elle songeait à son amant comme à un chien qui l'eût gardée et protégée; sa peau fraîche et calme n'avait pas un frisson de désir.

Of a daytime, in the shop, she

Le jour, dans la boutique, elle

took an interest in what was going on outside; she went out at her own instigation, and no longer lived in sullen revolt, occupied with thoughts of hatred and vengeance. It worried her to sit musing. She felt the necessity of acting and seeing. From morning to night, she watched the people passing through the arcade. The noise, and going and coming diverted her. She became inquisitive and talkative, in a word a woman, for hitherto she had only displayed the actions and ideas of a man.

s'intéressait aux choses extérieures, elle sortait d'elle-même, ne vivant plus sourdement révoltée, repliée en pensées de haine et de vengeance. La rêverie l'ennuyait; elle avait le besoin d'agir et de voir. Du matin au soir, elle regardait les gens qui traversaient le passage; ce bruit, ce va-et-vient l'amusaient. Elle devenait curieuse et bavarde, femme en un mot, car jusque-là elle n'avait eu que des actes et des idées d'homme.

From her point of observation, she remarked a young man, a student, who lived at an hotel in the neighbourhood, and who passed several times daily before the shop. This youth had a handsome, pale face, with the long hair of a poet, and the moustache of an officer. Therese thought him superior looking. She was in love with him for a week, in love like a schoolgirl. She read novels, she compared the young man to Laurent, and found the latter very coarse and heavy. Her reading

Dans l'espionnage qu'elle établit, elle remarqua un jeune homme, un étudiant, qui habitait un hôtel garni du voisinage et qui passait plusieurs fois par jour devant la boutique. Ce garçon avait une beauté pâle, avec de grands cheveux de poète et une moustache d'officier, Thérèse le trouva distingué. Elle en fut amoureuse pendant une semaine, amoureuse comme une pensionnaire. Elle lut des romans, elle compara le jeune homme à Laurent, et trouva ce dernier bien épais,

revealed to her romantic scenes that, hitherto, she had ignored. She had only loved with blood and nerves, as yet, and she now began to love with her head. Then, one day, the student disappeared. No doubt he had moved. In a few hours Therese had forgotten him.

bien lourd. La lecture lui ouvrit des horizons romanesques qu'elle ignorait encore; elle n'avait aimé qu'avec son sang et ses nerfs, elle se mit à aimer avec sa tête. Puis, un jour, l'étudiant disparut; il avait sans doute déménagé. Thérèse l'oublia en quelques heures.

She now subscribed to a circulating library, and conceived a passion for the heroes of all the stories that passed under her eyes. This sudden love for reading had great influence on her temperament. She acquired nervous sensibility which caused her to laugh and cry without any motive. The equilibrium which had shown a tendency to be established in her, was upset. She fell into a sort of vague meditation.

Elle s'abonna à un cabinet littéraire et se passionna pour tous les héros des contes qui lui passèrent sous les yeux. Ce subit amour de la lecture eut une grande influence sur son tempérament. Elle acquit une sensibilité nerveuse qui la faisait rire ou pleurer sans motif. L'équilibre, qui tendait à s'établir en elle, fut rompu. Elle tomba dans une sorte de rêverie vague.

At moments, she became disturbed by thoughts of Camille, and she dreamt of Laurent and fresh love, full of terror and distrust. She again became a prey to anguish. At one moment she sought for the means of marrying her sweetheart at that very instant, at another she had an idea of

Par moments, la pensée de Camille la secouait, et elle songeait à Laurent avec de nouveaux désirs, pleins d'effroi et de défiance. Elle fut ainsi rendue à ses angoisses; tantôt elle cherchait un moyen pour épouser son amant à l'instant même, tantôt elle songeait à se sauver, à ne jamais le revoir.

running away never to see him again.

The novels, which spoke to her of chastity and honour, placed a sort of obstacle between her instincts and her will. She remained the ungovernable creature who had wanted to struggle with the Seine and who had thrown herself violently into illicit love; but she was conscious of goodness and gentleness, she understood the putty face and lifeless attitude of the wife of Olivier, and she knew it was possible to be happy without killing one's husband. Then, she did not see herself in a very good light, and lived in cruel indecision.

Les romans, en lui parlant de chasteté et d'honneur, mirent comme un obstacle entre ses instincts et sa volonté. Elle resta la bête indomptable qui voulait lutter avec la Seine et qui s'était jetée violemment dans l'adultère; mais elle eut conscience de la bonté et de la douceur, elle comprit le visage mou et l'attitude morte de la femme d'Olivier, elle sut qu'on pouvait ne pas tuer son mari et être heureuse. Alors elle ne se vit plus bien elle-même, elle vécut dans une indécision cruelle.

Laurent, on his side, passed through several different phases of love and fever. First of all he enjoyed profound tranquility; he seemed as if relieved of an enormous weight. At times he questioned himself with astonishment, fancying he had had a bad dream. He asked himself whether it was really true that he had flung Camille into the water, and had seen his corpse on the slab at the Morgue.

De son côté, Laurent passa par différentes phases de calme et de fièvre. Il goûta d'abord une tranquillité profonde; il était comme soulagé d'un poids énorme. Par moments, il s'interrogeait avec étonnement, il croyait avoir fait un mauvais rêve, il se demandait s'il était bien vrai qu'il eût jeté Camille à l'eau et qu'il eût revu son cadavre sur une dalle de la Morgue.

The recollection of his crime caused him strange surprise; never could he have imagined himself capable of murder. He so prudent, so cowardly, shuddered at the mere thought, ice-like beads of perspiration stood out on his forehead when he reflected that the authorities might have discovered his crime and guillotined him. Then he felt the cold knife on his neck. So long as he had acted, he had gone straight before him, with the obstinacy and blindness of a brute. Now, he turned round, and at the sight of the gulf he had just cleared, grew faint with terror.

Le souvenir de son crime le surprenait étrangement; jamais il ne se serait cru capable d'un assassinat; toute sa prudence, toute sa lâcheté frissonnait, il lui montait au front des sueurs glacées, lorsqu'il songeait qu'on aurait pu découvrir son crime et le guillotiner. Alors il sentait à son cou le froid du couteau. Tant qu'il avait agi, il était allé droit devant lui, avec un entêtement et un aveuglement de brute. Maintenant il se retournait, et, à voir l'abîme qu'il venait de franchir, des défaillances d'épouvante le prenaient.

"Assuredly, I must have been drunk," thought he; "that woman must have intoxicated me with caresses. Good heavens! I was a fool and mad! I risked the guillotine in a business like that. Fortunately it passed off all right. But if it had to be done again, I would not do it."

—Sûrement, j'étais ivre, pensait-il, cette femme m'avait soûlé de caresses. Bon Dieu! ai-je été bête et fou! Je risquais la guillotine, avec une pareille histoire… Enfin, tout s'est bien passé. Si c'était à refaire, je ne recommencerais pas.

Laurent lost all his vigor. He became inactive, and more cowardly and prudent than ever. He grew fat and flabby. No one who had studied this

Laurent s'affaissa, devint mou, plus lâche et plus prudent que jamais. Il engraissa et s'avachit. Quelqu'un qui aurait étudié ce grand corps, tassé sur lui-

great body, piled up in a lump, apparently without bones or muscles, would ever have had the idea of accusing the man of violence and cruelty. He resumed his former habits. For several months, he proved himself a model clerk, doing his work with exemplary brutishness.

même, et qui ne paraissait avoir ni os ni nerfs, n'aurait jamais songé à l'accuser de violence et de cruauté. Il reprit ses anciennes habitudes. Il fut pendant plusieurs mois un employé modèle, faisant sa besogne avec un abrutissement exemplaire.

At night, he took his meal at a cheap restaurant in the Rue Saint-Victor, cutting his bread into thin slices, masticating his food slowly, making his repast last as long as possible. When it was over, he threw himself back against the wall and smoked his pipe. Anyone might have taken him for a stout, good-natured father. In the daytime, he thought of nothing; at night, he reposed in heavy sleep free from dreams. With his face fat and rosy, his belly full, his brain empty, he felt happy.

Le soir, il mangeait dans une crémerie de la rue Saint-Victor, coupant son pain par petites tranches, mâchant avec lenteur, faisant traîner son repas le plus possible; puis il se renversait, il s'adossait au mur, et fumait sa pipe. On aurait dit un bon gros père. Le jour, il ne pensait à rien; la nuit, il dormait d'un sommeil lourd et sans rêves. Le visage rose et gras, le ventre plein, le cerveau vide, il était heureux.

His frame seemed dead, and Therese barely entered his mind. Occasionally he thought of her as one thinks of a woman one has to marry later on, in the indefinite future. He patiently awaited the time for his marriage, forgetful of the

Sa chair semblait morte, il ne songeait guère à Thérèse. Il pensait parfois à elle, comme on pense à une femme qu'on doit épouser plus tard, dans un avenir indéterminé. Il attendait l'heure de son mariage avec patience, oubliant la femme,

bride, and dreaming of the new position he would then enjoy. He would leave his office, he would paint for amusement, and saunter about hither and thither. These hopes brought him night after night, to the shop in the arcade, in spite of the vague discomfort he experienced on entering the place.

rêvant à la nouvelle position qu'il aurait alors. Il quitterait son bureau, il peindrait en amateur, il flânerait. Ces espoirs le ramenaient, chaque soir, à la boutique du passage, malgré le vague malaise qu'il éprouvait en y entrant.

One Sunday, with nothing to do and being bored, he went to see his old school friend, the young painter he had lived with for a time.

Un dimanche, s'ennuyant, ne sachant que faire, il alla chez son ancien ami de collège, chez le jeune peintre avec lequel il avait logé pendant longtemps.

The artist was working on a picture of a nude Bacchante sprawled on some drapery. The model, lying with her head thrown back and her torso twisted sometimes laughed and threw her bosom forward, stretching her arms. As Laurent smoked his pipe and chatted with his friend, he kept his eyes on the model. He took the woman home with him that evening and kept her as his mistress for many months. The poor girl fell in love with him. Every morning she went off and posed as a model all day. Then she came back each evening. She didn't cost

L'artiste travaillait à un tableau qu'il comptait envoyer au Salon et qui représentait une Bacchante nue, vautrée sur un lambeau d'étoffe. Dans le fond de l'atelier, un modèle, une femme était couchée, la tête ployée en arrière, le torse tordu, la hanche haute. Cette femme riait par moments et tendait la poitrine, allongeant les bras, s'étirant pour se délasser. Laurent, qui s'était assis en face d'elle, la regardait, en fumant et en causant avec son ami. Son sang battit, ses nerfs s'irritèrent dans cette contemplation. Il resta jusqu'au soir, il emmena la femme chez

Laurent a penny, keeping herself out of her own earnings. Laurent never bothered to find out about her, where she went, what she did. She was a steadying influence in his life, a useful and necessary thing. He never wondered if he loved her and he never considered that he was being unfaithful to Therese. He simply felt better and happier.

lui. Pendant près d'un an, il la garda pour maîtresse. La pauvre fille s'était mise à l'aimer, le trouvant bel homme. Le matin, elle partait, allait poser tout le jour, et revenait régulièrement chaque soir à la même heure; elle se nourrissait, s'habillait, s'entretenait avec l'argent qu'elle gagnait, ne coûtant ainsi pas un sou à Laurent, qui ne s'inquiétait nullement d'où elle venait ni de ce qu'elle avait pu faire. Cette femme mit un équilibre de plus dans sa vie; il l'accepta comme un objet utile et nécessaire qui maintenait son corps en paix et en santé; il ne sut jamais s'il l'aimait, et jamais il ne lui vint à la pensée qu'il était infidèle à Thérèse. Il se sentait plus gras et plus heureux. Voilà tout.

In the meanwhile the period of mourning that Therese had imposed on herself, had come to an end, and the young woman put on light-coloured gowns. One evening, Laurent found her looking younger and handsomer. But he still felt uncomfortable in her presence. For some time past, she seemed to him feverish, and full of strange capriciousness,

Cependant le deuil de Thérèse était fini. La jeune femme s'habillait de robes claires, et il arriva qu'un soir Laurent la trouva rajeunie et embellie. Mais il éprouvait toujours un certain malaise devant elle; depuis quelque temps, elle lui paraissait fiévreuse, pleine de caprices étranges, riant et s'attristant sans raison.

laughing and turning sad without reason.

This unsettled demeanour alarmed him, for he guessed, in part, what her struggles and troubles must be like. He began to hesitate, having an atrocious dread of risking his tranquillity. He was now living peacefully, in wise contentment, and he feared to endanger the equilibrium of his life, by binding himself to a nervous woman, whose passion had already driven him crazy. But he did not reason these matters out, he felt by instinct all the anguish he would be subjected to, if he made Therese his wife.

L'indécision où il la voyait l'effrayait, car il devinait en partie ses luttes et ses troubles. Il se mit à hésiter, ayant une peur atroce de compromettre sa tranquillité; lui, il vivait paisible, dans un contentement sage de ses appétits, il craignait de risquer l'équilibre de sa vie en se liant à une femme nerveuse dont la passion l'avait déjà rendu fou. D'ailleurs, il ne raisonnait pas ces choses, il sentait d'instinct les angoisses que la possession de Thérèse devait mettre en lui.

The first shock he received, and one that roused him in his sluggishness, was the thought that he must at length begin to think of his marriage. It was almost fifteen months since the death of Camille.

Le premier choc qu'il reçut et qui le secoua dans son affaissement fut la pensée qu'il fallait enfin songer à son mariage. Il y avait près de quinze mois que Camille était mort.

For an instant, Laurent had the idea of not marrying at all, of jilting Therese. Then he said to himself that it was no good killing a man for nothing. In recalling the crime, and the terrible efforts he had made to

Un instant, Laurent pensa à ne pas se marier du tout, à planter là Thérèse, et à garder le modèle dont l'amour complaisant et à bon marché lui suffisait. Puis, il se dit qu'il ne pouvait avoir tué un

be the sole possessor of this woman who was now troubling him, he felt that the murder would become useless and atrocious should he not marry her. Besides, was he not bound to Therese by a bond of blood and horror? Moreover, he feared his accomplice; perhaps, if he failed to marry her, she would go and relate everything to the judicial authorities out of vengeance and jealousy. With these ideas beating in his head the fever settled on him again.

homme pour rien; en se rappelant le crime, les efforts terribles qu'il avait faits pour posséder à lui seul cette femme qui le troublait maintenant, il sentit que le meurtre deviendrait inutile et atroce, s'il ne se mariait pas avec elle. Jeter un homme à l'eau afin de lui voler sa veuve, attendre quinze mois, et se décider ensuite à vivre avec une petite fille qui traînait son corps dans tous les ateliers, lui parut ridicule et le fit sourire. D'ailleurs, n'était-il pas lié à Thérèse par un lien de sang et d'horreur? Il la sentait vaguement crier et se tordre en lui, il lui appartenait. Il avait peur de sa complice; peut-être, s'il ne l'épousait pas, irait-elle tout dire à la justice, par vengeance et jalousie. Ces idées battaient dans sa tête. La fièvre le reprit.

Now, one Sunday the model did not return; no doubt she had found a warmer and more comfortable place to lodge. Laurent was only moderately upset, but he felt a sudden gap in his life without a woman lying beside him at night. In a week his passions rebelled and

Sur ces entrefaites, le modèle le quitta brusquement. Un dimanche, cette fille ne rentra pas; elle avait sans doute trouvé un gîte plus chaud et plus confortable. Laurent fut médiocrement affligé; seulement, il s'était habitué à avoir, la nuit, une femme à son

he began spending entire evenings at the shop again. He watched Therese who was still palpitating from the novels which she read.

côté, et il éprouva un vide subit dans son existence. Huit jours après ses nerfs se révoltèrent. Il revint s'établir, pendant des soirées entières, dans la boutique du passage, regardant de nouveau Thérèse avec des yeux où luisaient des lueurs rapides. La jeune femme, qui sortait toute frissonnante des longues lectures qu'elle faisait, s'alanguissait et s'abandonnait sous ses regards.

After a year of indifferent waiting they both were again tormented by desire. One evening while shutting up the shop, Laurent spoke to Therese in the passage.

Ils en étaient ainsi revenus tous deux à l'angoisse et au désir, après une longue année d'attente écoeurée et indifférente. Un soir, Laurent, en fermant la boutique, retint un instant Thérèse dans le passage.

"Do you want me to come to your room to-night," he asked passionately.

—Veux-tu que je vienne ce soir dans ta chambre? lui demanda-t-il d'une voix ardente.

La jeune femme fit un geste d'effroi.

She started with fear. "No, let's wait. Let's be prudent."

—Non, non, attendons… dit-elle; soyons prudents.

"It seems to me that I've already waited a long time," he went on. "I'm sick of waiting."

—J'attends depuis assez longtemps, je crois, reprit Laurent; je suis las; je te veux.

Therese, her hands and face burning hot, looked at him wildly. She seemed to hesitate, and then said quickly:

Thérèse le regarda follement; des chaleurs lui brûlaient les mains et le visage. Elle sembla hésiter; puis d'un ton brusque:

"Let's get married."

—Marions-nous, je serai à toi.

XVII

CHAPITRE XVII

Laurent left the arcade with a strained mind. Therese had filled him with the old longing lusts again. He walked along with his hat in his hand, so as to get the fresh air full in his face.

Laurent quitta le passage, l'esprit tendu, la chair inquiète. L'haleine chaude, le consentement de Thérèse venaient de remettre en lui les âpretés d'autrefois. Il prit les quais et marcha, son chapeau à la main, pour recevoir au visage tout l'air du ciel.

On reaching the door of his hotel in the Rue Saint-Victor, he was afraid to go upstairs, and remain alone. A childish, inexplicable, unforeseen terror made him fear he would find a man hidden in his garret. Never had he experienced such poltroonery.

Lorsqu'il fut arrivé rue Saint-Victor, à la porte de son hôtel, il eut peur de monter, d'être seul. Un effroi d'enfant, inexplicable, imprévu, lui fit craindre de trouver un homme caché dans sa mansarde. Jamais il n'avait été sujet à de pareilles poltronneries.

He did not even seek to account for the strange shudder that ran through him. He entered a wine-shop and remained an hour there, until midnight, motionless and silent at a table, mechanically absorbing great glasses of wine. Thinking of Therese, his

Il n'essaya même pas de raisonner le frisson étrange qui le prenait; il entra chez un marchand de vin et y resta pendant une heure, jusqu'à minuit, immobile et muet à une table, buvant machinalement de grands verres de vin. Il songeait à

anger raged at her refusal to have him in her room that very night. He felt that with her he would not have been afraid.

Thérèse, il s'irritait contre la jeune femme qui n'avait pas voulu le recevoir le soir même dans sa chambre, et il pensait qu'il n'aurait pas eu peur avec elle.

When the time came for closing the shop, he was obliged to leave. But he went back again to ask for matches. The office of the hotel was on the first floor. Laurent had a long alley to follow and a few steps to ascend, before he could take his candle. This alley, this bit of staircase which was frightfully dark, terrified him. Habitually, he passed boldly through the darkness. But on this particular night he had not even the courage to ring. He said to himself that in a certain recess, formed by the entrance to the cellar, assassins were perhaps concealed, who would suddenly spring at his throat as he passed along.

On ferma la boutique, on le mit à la porte, il rentra pour demander des allumettes. Le bureau de l'hôtel se trouvait au premier étage. Laurent avait une longue allée à suivre et quelques marches à monter, avant de pouvoir prendre sa bougie. Cette allée, ce bout d'escalier, d'un noir terrible, l'épouvantaient. D'ordinaire, il traversait gaillardement ces ténèbres. Ce soir-là, il n'osait sonner, il se disait qu'il y avait peut-être, dans un certain renfoncement formé par l'entrée de la cave, des assassins qui lui sauteraient brusquement à la gorge quand il passerait.

At last he pulled the bell, and lighting a match, made up his mind to enter the alley. The match went out. He stood motionless, breathless, without the courage to run away, rubbing lucifers against the damp wall in such anxiety that

Enfin, il sonna, il alluma une allumette et se décida à s'engager dans l'allée. L'allumette s'éteignit. Il resta immobile, haletant, n'osant s'enfuir, frottant les allumettes sur le mur humide avec une anxiété qui faisait trembler sa

his hand trembled. He fancied he heard voices, and the sound of footsteps before him. The matches broke between his fingers; but he succeeded in striking one. The sulphur began to boil, to set fire to the wood, with a tardiness that increased his distress. In the pale bluish light of the sulphur, in the vacillating glimmer, he fancied he could distinguish monstrous forms. Then the match crackled, and the light became white and clear.

Laurent, relieved, advanced with caution, careful not to be without a match. When he had passed the entrance to the cellar, he clung to the opposite wall where a mass of darkness terrified him. He next briskly scaled the few steps separating him from the office of the hotel, and thought himself safe when he held his candlestick. He ascended to the other floors more gently, holding aloft his candle, lighting all the corners before which he had to pass. The great fantastic shadows that come and go, in ascending a staircase with a light, caused him vague

main. Il lui semblait entendre des voix, des bruits de pas devant lui. Les allumettes se brisaient entre ses doigts. Il réussit à en allumer une. Le soufre se mit à bouillir, à enflammer le bois avec une lenteur qui redoubla les angoisses de Laurent; dans la clarté pâle et bleuâtre du soufre, dans les lueurs vacillantes qui couraient, il crut distinguer des formes monstrueuses. Puis l'allumette pétilla, la lumière devint blanche et claire.

Laurent, soulagé, s'avança avec précaution, en ayant soin de ne pas manquer de lumière. Lorsqu'il lui fallut passer devant la cave, il se serra contre le mur opposé: il y avait là une masse d'ombre qui l'effrayait. Il gravit ensuite vivement les quelques marches qui le séparaient du bureau de l'hôtel, et se crut sauvé lorsqu'il tint sa bougie. Il monta les autres étages plus doucement, en élevant la bougie, en éclairant tous les coins devant lesquels il devait passer. Les grandes ombres bizarres qui vont et viennent, lorsqu'on se trouve dans un escalier avec

discomfort, as they suddenly rose and disappeared before him.

une lumière, le remplissaient d'un vague malaise, en se dressant et en s'effaçant brusquement devant lui.

As soon as he was upstairs, and had rapidly opened his door and shut himself in, his first care was to look under his bed, and make a minute inspection of the room to see that nobody was concealed there. He closed the window in the roof thinking someone might perhaps get in that way, and feeling more calm after taking these measures, he undressed, astonished at his cowardice. He ended by laughing and calling himself a child.

Quand il fut en haut, il ouvrit sa porte et s'enferma, rapidement. Son premier soin fut de regarder sous son lit, de faire une visite minutieuse dans la chambre, pour voir si personne ne s'y trouvait caché. Il ferma la fenêtre du toit, en pensant que quelqu'un pourrait bien descendre par là. Quand il eut pris ces dispositions, il se déshabilla, en s'étonnant de sa poltronnerie, 11 finit par sourire, par se traiter d'enfant.

Never had he been afraid, and he could not understand this sudden fit of terror. He went to bed. When he was in the warmth beneath the bedclothes, he again thought of Therese, whom fright had driven from his mind. Do what he would, obstinately close his eyes, endeavour to sleep, he felt his thoughts at work commanding his attention, connecting one with the other, to ever point out to him the advantage he would

Il n'avait jamais été peureux et ne pouvait s'expliquer cette crise subite de terreur. Il se coucha. Lorsqu'il fut dans la tiédeur des draps, il songea de nouveau à Thérèse, que ses frayeurs lui avaient fait oublier. Les yeux fermés obstinément, cherchant le sommeil, il sentait malgré lui ses pensées travailler, s'imposer, se lier les unes aux autres, lui présenter toujours les avantages qu'il aurait à se marier au plus vite. Par moments, il se retournait,

reap by marrying as soon as possible. Ever and anon he would turn round, saying to himself:

il se disait:

"I must not think any more; I shall have to get up at eight o'clock to-morrow morning to go to my office." And he made an effort to slip off to sleep. But the ideas returned one by one. The dull labour of his reasoning began again; and he soon found himself in a sort of acute reverie that displayed to him in the depths of his brain, the necessity for his marriage, along with the arguments his desire and prudence advanced in turn, for and against the possession of Therese.

« Ne pensons plus, dormons; il faut que je me lève à huit heures demain pour aller à mon bureau. » Et il faisait effort pour se laisser glisser au sommeil. Mais les idées revenaient une à une; le travail sourd de ses raisonnements recommençait; il se retrouvait dans une sorte de rêverie aiguë, qui étalait au fond de son cerveau les nécessités de son mariage, les arguments que ses désirs et sa prudence donnaient tour à tour pour et contre la possession de Thérèse.

Then, seeing he was unable to sleep, that insomnia kept his body in a state of irritation, he turned on his back, and with his eyes wide open, gave up his mind to the young woman. His equilibrium was upset, he again trembled with violent fever, as formerly. He had an idea of getting up, and returning to the Arcade of the Pont Neuf. He would have the iron gate opened, and Therese would receive him. The thought sent

Alors, voyant qu'il ne pouvait dormir, que l'insomnie tenait sa chair irritée, il se mit sur le dos, il ouvrit les yeux tout grands, il laissa son cerveau s'emplir du souvenir de la jeune femme. L'équilibre était rompu, la fièvre chaude de jadis le secouait de nouveau. Il eut l'idée de se lever, de retourner au passage du Pont-Neuf. Il se ferait ouvrir la grille, il irait frapper à la petite porte de l'escalier et Thérèse le

his blood racing.

recevrait. A cette pensée, le sang montait à son cou.

The lucidity of his reverie was astonishing. He saw himself in the streets walking rapidly beside the houses, and he said to himself:

Sa rêverie avait une lucidité étonnante. Il se voyait dans les rues, marchant vite le long des maisons, et il se disait:

"I will take this Boulevard, I will cross this Square, so as to arrive there quicker." Then the iron gate of the arcade grated, he followed the narrow, dark, deserted corridor, congratulating himself at being able to go up to Therese without being seen by the dealer in imitation jewelry. Next he imagined he was in the alley, in the little staircase he had so frequently ascended. He inhaled the sickly odour of the passage, he touched the sticky walls, he saw the dirty shadow that hung about there. And he ascended each step, breathless, and with his ear on the alert. At last he scratched against the door, the door opened, and Therese stood there awaiting him.

« Je prends ce boulevard, je traverse ce carrefour, pour être plus tôt arrivé. » Puis la grille du passage grinçait, il suivait l'étroite galerie, sombre et déserte, en se félicitant de pouvoir monter chez Thérèse sans être vu de la marchande de bijoux faux; puis il s'imaginait être dans l'allée, dans le petit escalier par où il avait passé si souvent. Là, il éprouvait les joies cuisantes de jadis, il se rappelait les terreurs délicieuses, les voluptés poignantes de l'adultère. Ses souvenirs devenaient des réalités qui impressionnaient tous ses sens: il sentait l'odeur fade du couloir, il touchait les murs gluants, il voyait l'ombre sale qui traînait. Et il montait chaque marche, haletant, prêtant l'oreille, contentant déjà ses désirs dans cette approche craintive de la femme désirée. Enfin il grattait à la porte, la porte s'ouvrait,

Thérèse était là qui l'attendait, en jupon, toute blanche.

His thoughts unfolded before him like real scenes. With his eyes fixed on darkness, he saw. When at the end of his journey through the streets, after entering the arcade, and climbing the little staircase, he thought he perceived Therese, ardent and pale, he briskly sprang from his bed, murmuring: "I must go there. She's waiting for me." This abrupt movement drove away the hallucination. He felt the chill of the tile flooring, and was afraid.

Ses pensées se déroulaient devant lui en spectacles réels. Les yeux fixés sur l'ombre, il voyait. Lorsqu'au bout de sa course dans les rues, après être entré dans le passage et avoir gravi le petit escalier, il crut apercevoir Thérèse, ardente et pâle, il sauta vivement de son lit, en murmurant: « Il faut que j'y aille, elle m'attend. » Le brusque mouvement qu'il venait de faire chassa l'hallucination: il sentit le froid du carreau, il eut peur.

For a moment he stood motionless on his bare feet, listening. He fancied he heard a sound on the landing. And he reflected that if he went to Therese, he would again have to pass before the door of the cellar below. This thought sent a cold shiver down his back. Again he was seized with fright, a sort of stupid crushing terror. He looked distrustfully round the room, where he distinguished shreds of whitish light. Then gently, with anxious, hasty precautions, he went to bed again, and there

Il resta un moment immobile, les pieds nus, écoutant. Il lui semblait entendre du bruit sur le carré. S'il allait chez Thérèse, il lui faudrait passer de nouveau devant la porte de la cave, en bas; cette pensée lui fit courir un grand frisson froid dans le dos. L'épouvante le reprit, une épouvante bête et écrasante. Il regarda avec défiance dans sa chambre, il y vit traîner des lambeaux blanchâtres de clarté; alors, doucement, avec des précautions pleines d'une hâte anxieuse, il remonta sur son lit,

huddling himself together, hid himself, as if to escape a weapon, a knife that threatened him.

et, là, se pelotonna, se cacha, comme pour se dérober à une arme, à un couteau qui l'aurait menacé.

The blood had flown violently to his neck, which was burning him. He put his hand there, and beneath his fingers felt the scar of the bite he had received from Camille. He had almost forgotten this wound and was terrified when he found it on his skin, where it seemed to be gnawing into his flesh. He rapidly withdrew his hand so as not to feel the scar, but he was still conscious of its being there boring into and devouring his neck. Then, when he delicately scratched it with his nail, the terrible burning sensation increased twofold. So as not to tear the skin, he pressed his two hands between his doubled-up knees, and he remained thus, rigid and irritated, with the gnawing pain in his neck, and his teeth chattering with fright.

Le sang s'était porté violemment à son cou, et son cou le brûlait. Il y porta la main, il sentit sous ses doigts la cicatrice de la morsure, de Camille. Il avait presque oublié cette morsure. Il fut terrifié en la retrouvant sur sa peau, il crut qu'elle lui mangeait la chair. Il avait vivement retiré la main pour ne plus la sentir, et il la sentait toujours, dévorante, trouant son cou. Alors, il voulut la gratter délicatement, du bout de l'ongle; la terrible cuisson redoubla. Pour ne pas s'arracher la peau, il serra les deux mains entre ses genoux repliés. Roidi, irrité, il resta là, le cou rongé, les dents claquant de peur.

His mind now settled on Camille with frightful tenacity. Hitherto the drowned man had not troubled him at night. And behold the thought of Therese brought up the spectre of her

Maintenant ses idées s'attachaient à Camille, avec une fixité effrayante. Jusque-là, le noyé n'avait pas troublé les nuits de Laurent. Et voilà que la pensée de Thérèse amenait

husband. The murderer dared not open his eyes, afraid of perceiving his victim in a corner of the room. At one moment, he fancied his bedstead was being shaken in a peculiar manner. He imagined Camille was beneath it, and that it was he who was tossing him about in this way so as to make him fall and bite him. With haggard look and hair on end, he clung to his mattress, imagining the jerks were becoming more and more violent.

le spectre de son mari. Le meurtrier n'osait plus ouvrir les yeux; il craignait d'apercevoir sa victime dans un coin de la chambre. A un moment, il lui sembla que sa couche était étrangement secouée; il s'imagina que Camille se trouvait caché sous le lit, et que c'était lui qui le remuait ainsi, pour le faire tomber et le mordre. Hagard, les cheveux dressés sur la tête, il se cramponna à son matelas, croyant que les secousses devenaient de plus en plus violentes.

Then, he perceived the bed was not moving, and he felt a reaction. He sat up, lit his candle, and taxed himself with being an idiot. He next swallowed a large glassful of water to appease his fever.

Puis, il s'aperçut que le lit ne remuait pas. Il y eut une réaction en lui. Il se mit sur son séant, alluma sa bougie, en se traitant d'imbécile. Pour apaiser sa fièvre, il avala un grand verre d'eau.

"I was wrong to drink at that wine-shop," thought he. "I don't know what is the matter with me to-night. It's silly. I shall be worn out to-morrow at my office. I ought to have gone to sleep at once, when I got into bed, instead of thinking of a lot of things. That is what gave me insomnia. I must get to sleep at

—J'ai eu tort de boire chez ce marchand de vin, pensa-t-il.... Je ne sais ce que j'ai, cette nuit. C'est bête. Je serai éreinté aujourd'hui à mon bureau. J'aurais dû dormir tout de suite, en me mettant au lit, et ne pas penser à un tas de choses: c'est cela qui m'a donné l'insomnie.... Dormons.

once."

Again he blew out the light. He buried his head in the pillow, feeling slightly refreshed, and thoroughly determined not to think any more, and to be no more afraid. Fatigue began to relax his nerves.

Il souffla de nouveau la lumière, il enfonça la tête dans l'oreiller, un peu rafraîchi, bien décidé à ne plus penser, à ne plus avoir peur. La fatigue commençait à détendre ses nerfs.

He did not fall into his usual heavy, crushing sleep, but glided lightly into unsettled slumber. He simply felt as if benumbed, as if plunged into gentle and delightful stupor. As he dozed, he could feel his limbs. His intelligence remained awake in his deadened frame. He had driven away his thoughts, he had resisted the vigil.

Il ne s'endormit pas de son sommeil ordinaire, lourd et accablé; il glissa lentement à une somnolence vague. Il était comme simplement engourdi, comme plongé dans un abrutissement doux et voluptueux. Il sentait son corps en sommeillant, son intelligence restait éveillée dans sa chair morte. Il avait chassé les pensées qui venaient, il s'était défendu contre la veille.

Then, when he became appeased, when his strength failed and his will escaped him, his thoughts returned quietly, one by one, regaining possession of his faltering being. His reverie began once more. Again he went over the distance separating him from Therese: he went downstairs, he passed before the cellar at a run, and found himself outside

Puis, quand il fut assoupi, quand les forces lui manquèrent et que la volonté lui échappa, les pensées revinrent doucement, une à une, reprenant possession de son être défaillant. Ses rêveries recommencèrent. Il refit le chemin qui le séparait de Thérèse: il descendit, passa devant la cave en courant et se trouva dehors; il suivit toutes

the house; he took all the streets he had followed before, when he was dreaming with his eyes open; he entered the Arcade of the Pont Neuf, ascended the little staircase and scratched at the door.

But instead of Therese, it was Camille who opened the door, Camille, just as he had seen him at the Morgue, looking greenish, and atrociously disfigured. The corpse extended his arms to him, with a vile laugh, displaying the tip of a blackish tongue between its white teeth.

Laurent shrieked, and awoke with a start. He was bathed in perspiration. He pulled the bedclothes over his eyes, swearing and getting into a rage with himself. He wanted to go to sleep again. And he did so as before, slowly.

The same feeling of heaviness overcame him, and as soon as his will had again escaped in the languidness of semi-slumber, he set out again. He returned where his fixed idea conducted him; he ran to see Therese, and once more it was

les rues qu'il avait déjà suivies auparavant, lorsqu'il rêvait les yeux ouverts; il entra dans le passage du Pont-Neuf, monta le petit escalier et gratta à la porte.

Mais au lieu de Thérèse, au lieu de la jeune femme en jupon, la gorge nue, ce fut Camille qui lui ouvrit, Camille tel qu'il l'avait vu à la Morgue, verdâtre, atrocement défiguré. Le cadavre lui tendait les bras, avec un rire ignoble, en montrant un bout de langue noirâtre dans la blancheur des dents.

Laurent poussa un cri et se réveilla en sursaut. Il était trempé d'une sueur glacée. Il ramena la couverture sur ses yeux, en s'injuriant, en se mettant en colère contre lui-même. Il voulut se rendormir.

Il se rendormit comme précédemment, avec lenteur; le même accablement le prit, et dès que la volonté lui eut de nouveau échappé dans la langueur du demi-sommeil, il se remit en marche, il retourna où le conduisait son idée fixe,

the drowned man who opened the door.

il courut pour voir Thérèse, et ce fut encore le noyé qui lui ouvrit la porte.

The wretch sat up terrified. He would have given anything in the world to be able to drive away this implacable dream. He longed for heavy sleep to crush his thoughts. So long as he remained awake, he had sufficient energy to expel the phantom of his victim; but as soon as he lost command of his mind it led him to the acme of terror.

Terrifié, le misérable se mit sur son séant. Il aurait voulu pour tout au monde chasser ce rêve implacable. Il souhaitait un sommeil de plomb qui écrasât ses pensées. Tant qu'il se tenait éveillé, il avait assez d'énergie pour chasser le fantôme de sa victime; mais dès qu'il n'était plus maître de son esprit, son esprit le conduisait à l'épouvante en le conduisant à la volupté.

He again attempted to sleep. Then came a succession of delicious spells of drowsiness, and abrupt, harrowing awakenings. In his furious obstinacy, he still went to Therese, but only to always run against the body of Camille. He performed the same journey more than ten times over. He started all afire, followed the same itinerary, experienced the same sensations, accomplished the same acts, with minute exactitude; and more than ten times over, he saw the drowned man present himself to be embraced, when he

Il tenta encore le sommeil. Alors ce fut une succession d'assoupissements voluptueux et de réveils brusques et déchirants. Dans son entêtement furieux, toujours il allait vers Thérèse, toujours il se heurtait contre le corps de Camille. A plus de dix reprises, il refit le chemin, il partit la chair brûlante, suivit le même itinéraire, eut les mêmes sensations, accomplit les mêmes actes, avec une exactitude minutieuse, et, à plus de dix reprises, il vit le noyé s'offrir à son embrassement, lorsqu'il étendait les bras pour saisir et

extended his arms to seize and clasp his love.

étreindre sa maîtresse.

This same sinister catastrophe which awoke him on each occasion, gasping and distracted, did not discourage him. After an interval of a few minutes, as soon as he had fallen asleep again, forgetful of the hideous corpse awaiting him, he once more hurried away to seek the young woman. Laurent passed an hour a prey to these successive nightmares, to these bad dreams that followed one another ceaselessly, without any warning, and he was struck with more acute terror at each start they gave him.

Ce même dénouement sinistre qui le réveillait chaque fois, haletant et éperdu, ne décourageait pas son désir; quelques minutes après, dès qu'il se rendormait, son désir oubliait le cadavre ignoble qui l'attendait, et courait chercher de nouveau le corps chaud et souple d'une femme. Pendant une heure, Laurent vécut dans cette suite de cauchemars, dans ce mauvais rêve sans cesse répété et sans cesse imprévu, qui, à chaque sursaut, le brisait d'une épouvante plus aiguë.

The last of these shocks proved so violent, so painful that he determined to get up, and struggle no longer. Day was breaking. A gleam of dull, grey light was entering at the window in the roof which cut out a pale grey square in the sky.

Une des secousses, la dernière, fut si violente, si douloureuse, qu'il se décida à se lever, à ne pas lutter davantage. Le jour venait; une lueur grise et morne entrait par la fenêtre du toit qui coupait dans le ciel un carré blanchâtre couleur de cendre.

Laurent slowly dressed himself, with a feeling of sullen irritation, exasperated at having been unable to sleep, exasperated at allowing himself

Laurent s'habilla lentement, avec une irritation sourde. Il était exaspéré de n'avoir pas dormi, exaspéré de s'être laissé prendre par une peur qu'il

to be caught by a fright which he now regarded as childish. As he drew on this trousers he stretched himself, he rubbed his limbs, he passed his hands over his face, harassed and clouded by a feverish night. And he repeated:

traitait maintenant d'enfantillage. Tout en mettant son pantalon, il s'étirait, il se frottait les membres, il se passait les mains sur son visage battu et brouillé par une nuit de fièvre. Et il répétait:

"I ought not to have thought of all that, I should have gone to sleep. Had I done so, I should be fresh and well-disposed now."

—Je n'aurais pas dû penser à tout ça, j'aurais dormi, je serais frais et dispos, à cette heure.... Ah! si Thérèse avait bien voulu, hier soir, si Thérèse avait couché avec moi....

Then it occurred to him that if he had been with Therese, she would have prevented him being afraid, and this idea brought him a little calm. At the bottom of his heart he dreaded passing other nights similar to the one he had just gone through.

Cette idée, que Thérèse l'aurait empêché d'avoir peur, le tranquillisa un peu. Au fond, il redoutait de passer d'autres nuits semblables à celle qu'il venait d'endurer.

After splashing some water in his face, he ran the comb through his hair, and this bit of toilet while refreshing his head, drove away the final vestiges of terror. He now reasoned freely, and experienced no other inconvenience from his restless night, than great fatigue in all his limbs.

Il se jeta de l'eau à la face, puis se donna un coup de peigne. Ce bout de toilette rafraîchit sa tête et dissipa ses dernières terreurs. Il raisonnait librement, il ne sentait plus qu'une grande fatigue dans tous ses membres.

"I am not a poltroon though," he said to himself as he finished dressing. "I don't care a fig about Camille. It's absurd to think that this poor devil is under my bed. I shall, perhaps, have the same idea, now, every night. I must certainly marry as soon as possible. When Therese has me in her arms, I shall not think much about Camille. She will kiss me on the neck, and I shall cease to feel the atrocious burn that troubles me at present. Let me examine this bite."

—Je ne suis pourtant pas poltron, se disait-il en achevant de se vêtir, je ne me moque pas mal de Camille.... C'est absurde de croire que ce pauvre diable est sous mon lit. Maintenant, je vais peut-être croire cela toutes les nuits.... Décidément il faut que je me marie au plus tôt. Quand Thérèse me tiendra dans ses bras, je ne penserai guère à Camille. Elle m'embrassera sur le cou, et je ne sentirai plus l'atroce cuisson que j'ai éprouvée.... Voyons donc cette morsure.

He approached his glass, extended his neck and looked. The scar presented a rosy appearance. Then, Laurent, perceiving the marks of the teeth of his victim, experienced a certain emotion. The blood flew to his head, and he now observed a strange phenomenon. The ruby flood rushing to the scar had turned it purple, it became raw and sanguineous, standing out quite red against the fat, white neck. Laurent at the same time felt a sharp pricking sensation, as if needles were being thrust into the wound, and he

Il s'approcha de son miroir, tendit le cou et regarda. La cicatrice était d'un rosé pâle. Laurent, en distinguant la marque des dents de sa victime, éprouva une certaine émotion, le sang lui monta à la tête, et il s'aperçut alors d'un étrange phénomène. La cicatrice fut empourprée par le flot qui montait, elle devint vive et sanglante, elle se détacha, toute rouge, sur le cou gras et blanc. En même temps, Laurent ressentit des picotements aigus, comme si l'on eût enfoncé des aiguilles dans la plaie. Il se hâta de

hurriedly raised the collar of his shirt again.

relever le col de sa chemise.

"Bah!" he exclaimed, "Therese will cure that. A few kisses will suffice. What a fool I am to think of these matters!"

—Bah! reprit-il, Thérèse guérira cela.... Quelques baisers suffiront.... Que je suis bête de songer à ces choses!

He put on his hat, and went downstairs. He wanted to be in the open air and walk. Passing before the door of the cellar, he smiled. Nevertheless, he made sure of the strength of the hook fastening the door. Outside, on the deserted pavement, he moved along with short steps in the fresh matutinal air. It was then about five o'clock.

Il mit son chapeau et descendit. Il avait besoin de prendre l'air, besoin de marcher. En passant devant la porte de la cave, il sourit; il s'assura cependant de la solidité du crochet qui fermait cette porte. Dehors, il marcha à pas lents, dans l'air frais du matin, sur les trottoirs déserts. Il était environ cinq heures.

Laurent passed an atrocious day. He had to struggle against the overpowering drowsiness that settled on him in the afternoon at his office. His heavy, aching head nodded in spite of himself, but he abruptly brought it up, as soon as he heard the step of one of his chiefs. This struggle, these shocks completed wearing out his limbs, while causing him intolerable anxiety.

Laurent passa une journée atroce. Il dut lutter contre le sommeil accablant qui le saisit dans l'après-midi à son bureau. Sa tête, lourde et endolorie, se penchait malgré lui, et il la relevait brusquement, dès qu'il entendait le pas d'un de ses chefs. Cette lutte, ces secousses achevèrent de briser ses membres, en lui causant des anxiétés intolérables.

In the evening, notwithstanding his lassitude,

Le soir, malgré sa lassitude, il voulut aller voir Thérèse. Il la

he went to see Therese, only to find her feverish, extremely low-spirited, and as weary as himself.

trouva fiévreuse, accablée, lasse comme lui.

"Our poor Therese has had a bad night," Madame Raquin said to him, as soon as he had seated himself. "It seems she was suffering from nightmare, and terrible insomnia. I heard her crying out on several occasions. This morning she was quite ill."

—Notre pauvre Thérèse a passé une mauvaise nuit, lui dit Mme Raquin, lorsqu'il se fut assis. Il paraît qu'elle a eu des cauchemars, une insomnie terrible.... A plusieurs reprises, je l'ai entendue crier. Ce matin, elle était toute malade.

Therese, while her aunt was speaking, looked fixedly at Laurent. No doubt, they guessed their common terror, for a nervous shudder ran over their countenances. Until ten o'clock they remained face to face with one another, talking of commonplace matters, but still understanding each other, and mutually imploring themselves with their eyes, to hasten the moment when they could unite against the drowned man.

Pendant que sa tante parlait, Thérèse regardait fixement Laurent. Sans doute, ils devinèrent leurs communes terreurs, car un même frisson nerveux courut sur leurs visages. Ils restèrent en face l'un de l'autre jusqu'à dix heures, parlant de banalités, se comprenant, se conjurant tous deux du regard de hâter le moment où ils pourraient s'unir contre le noyé.

XVIII

CHAPITRE XVIII

Therese also had been visited by the spectre of Camille, during this feverish night.

Thérèse, elle aussi, avait été visitée par le spectre de Camille, pendant cette nuit de fièvre.

After over a year of indifference, Laurent's sudden attentions had aroused her senses. As she tossed herself about in insomnia, she had seen the drowned man rise up before her; like Laurent she had writhed in terror, and she had said as he had done, that she would no longer be afraid, that she would no more experience such sufferings, when she had her sweetheart in her arms.

La proposition brûlante de Laurent, demandant un rendez-vous, après plus d'une année d'indifférence, l'avait brusquement fouettée. La chair s'était mise à lui cuire, lorsque, seule et couchée, elle avait songé que le mariage devait avoir bientôt lieu. Alors, au milieu des secousses de l'insomnie, elle avait vu se dresser le noyé; elle s'était, comme Laurent, tordue dans le désir et dans l'épouvante, et, comme lui, elle s'était dit qu'elle n'aurait plus peur, qu'elle n'éprouverait plus de telles souffrances, lorsqu'elle tiendrait son amant entre ses bras.

This man and woman had experienced at the same hour, a sort of nervous disorder which set them panting with terror. A consanguinity had become established between them. They shuddered with the same shudder; their hearts in a kind of poignant friendship, were wrung with the same anguish. From that moment they had one body and one soul for enjoyment and suffering. This communion, this mutual penetration is a

Il y avait eu, à la même heure, chez cette femme et chez cet homme, une sorte de détraquement nerveux qui les rendait, pantelants et terrifiés, à leurs terribles amours. Une parenté de sang et de volupté s'était établie entre eux. Ils frissonnaient des mêmes frissons; leurs coeurs, dans une espèce de fraternité poignante, se serraient aux mêmes angoisses. Ils eurent dès lors un seul corps et une seule âme pour jouir et pour souffrir.

psychological and physiological phenomenon which is often found to exist in beings who have been brought into violent contact by great nervous shocks.

Cette communauté, cette pénétration mutuelle est un fait de psychologie et de physiologie qui a souvent lieu chez les êtres que de grandes secousses nerveuses heurtent violemment l'un à l'autre.

For over a year, Therese and Laurent lightly bore the chain riveted to their limbs that united them. In the depression succeeding the acute crisis of the murder, amidst the feelings of disgust, and the need for calm and oblivion that had followed, these two convicts might fancy they were free, that they were no longer shackled together by iron fetters. The slackened chain dragged on the ground. They reposed, they found themselves struck with a sort of delightful insensibility, they sought to love elsewhere, to live in a state of wise equilibrium. But from the day when urged forward by events, they came to the point of again exchanging burning sentences, the chain became violently strained, and they received such a shock, that they felt themselves for ever linked to one another.

Pendant plus d'une année, Thérèse et Laurent portèrent légèrement la chaîne rivée à leurs membres, qui les unissait; dans l'affaissement succédant à la crise aiguë du meurtre, dans les dégoûts et les besoins de calme et d'oubli qui avaient suivi, ces deux forçats purent croire qu'ils étaient libres, qu'un lien de fer ne les liait plus; la chaîne détendue traînait à terre; eux, ils se reposaient, ils se trouvaient frappés d'une sorte de stupeur heureuse, ils cherchaient à aimer ailleurs, à vivre avec un sage équilibre. Mais le jour où, poussés par les faits, ils en étaient venus à échanger de nouveau des paroles ardentes, la chaîne se tendit violemment, ils reçurent une secousse telle, qu'ils se sentirent à jamais attachés l'un à l'autre.

The day following this first attack of nightmare, Therese secretly set to work to bring about her marriage with Laurent. It was a difficult task, full of peril. The sweethearts trembled lest they should commit an imprudence, arouse suspicions, and too abruptly reveal the interest they had in the death of Camille.

Dès le lendemain, Thérèse se mit à l'oeuvre, travailla sourdement à amener son mariage avec Laurent. C'était là une tâche difficile, pleine de périls. Les amants tremblaient de commettre une imprudence, d'éveiller les soupçons, de montrer trop brusquement l'intérêt qu'ils avaient eu à la mort de Camille.

Convinced that they could not mention marriage themselves, they arranged a very clever plan which consisted in getting Madame Raquin herself, and the Thursday evening guests, to offer them what they dared not ask for. It then only became necessary to convey to these worthy people the idea of remarrying Therese, and particularly to make them believe that this idea originated with themselves, and was their own.

Comprenant qu'ils ne pouvaient parler de mariage, ils arrêtèrent un plan fort sage qui consistait à se faire offrir ce qu'ils n'osaient demander, par Mme Raquin elle-même et par les invités du jeudi. Il ne s'agissait plus que de donner l'idée de remarier Thérèse à ces braves gens, surtout de leur faire accroire que cette idée venait d'eux et leur appartenait en propre.

The comedy was long and delicate to perform. Therese and Laurent took the parts adapted to them, and proceeded with extreme prudence, calculating the slightest gesture, and the least word. At the bottom of their hearts, they were devoured by

La comédie fut longue et délicate à jouer. Thérèse et Laurent avaient pris chacun le rôle qui leur convenait; ils avançaient avec une prudence extrême, calculant le moindre geste, la moindre parole. Au fond, ils étaient dévorés par une impatience qui roidissait et

a feeling of impatience that stiffened and strained their nerves. They lived in a state of constant irritation, and it required all their natural cowardice to compel them to show a smiling and peaceful exterior.

tendait leurs nerfs. Ils vivaient au milieu d'une irritation continuelle, il leur fallait toute leur lâcheté pour s'imposer des airs souriants et paisibles.

If they yearned to bring the business to an end, it was because they could no longer remain separate and solitary. Each night, the drowned man visited them, insomnia stretched them on beds of live coal and turned them over with fiery tongs. The state of enervation in which they lived, nightly increased the fever of their blood, which resulted in atrocious hallucinations rising up before them.

S'ils avaient hâte d'en unir, c'est qu'ils ne pouvaient plus rester séparés et solitaires. Chaque nuit le noyé les visitait, l'insomnie les couchait sur un lit de charbons ardents et les retournait avec des pinces de feu. L'état d'énervement dans lequel ils vivaient, activait encore chaque soir la fièvre de leur sang, en dressant devant eux des hallucinations atroces.

Therese no longer dared enter her room after dusk. She experienced the keenest anguish, when she had to shut herself until morning in this large apartment, which became lit-up with strange glimmers, and peopled with phantoms as soon as the light was out. She ended by leaving her candle burning, and by preventing herself falling asleep, so as to always have her eyes wide

Thérèse, lorsque le crépuscule était venu, n'osait plus monter dans sa chambre, elle éprouvait des angoisses vives, quand il lui fallait s'enfermer jusqu'au matin dans cette grande pièce, qui s'éclairait de lueurs étranges et se peuplait de fantômes, dès que la lumière était éteinte. Elle finit par laisser sa bougie allumée, par ne plus vouloir dormir afin de tenir toujours ses yeux grands

open. But when fatigue lowered her lids, she saw Camille in the dark, and reopened her eyes with a start.

ouverts. Et quand la fatigue baissait ses paupières, elle voyait Camille dans le noir, elle rouvrait les yeux en sursaut.

In the morning she dragged herself about, broken down, having only slumbered for a few hours at dawn. As to Laurent, he had decidedly become a poltroon since the night he had taken fright when passing before the cellar door. Previous to that incident he had lived with the confidence of a brute; now, at the least sound, he trembled and turned pale like a little boy. A shudder of terror had suddenly shaken his limbs, and had clung to him. At night, he suffered even more than Therese; and fright, in this great, soft, cowardly frame, produced profound laceration to the feelings. He watched the fall of day with cruel apprehension.

Le matin, elle se traînait, brisée, n'ayant sommeillé que quelques heures, au jour. Quant à Laurent, il était devenu décidément poltron depuis le soir où il avait eu peur en passant devant la porte de la cave; auparavant, il vivait avec des confiances de brute; maintenant, au moindre bruit, il tremblait, il pâlissait, comme un petit garçon. Un frisson d'effroi avait brusquement secoué ses membres, et ne l'avait plus quitté. La nuit, il souffrait plus encore que Thérèse; la peur, dans ce grand corps mou et lâche, amenait des déchirements profonds. Il voyait tomber le jour avec des appréhensions cruelles.

On several occasions, he failed to return home, and passed whole nights walking in the middle of the deserted streets. Once he remained beneath a bridge, until morning, while the rain poured down in torrents; and there, huddled up, half frozen, not daring to

Il lui arriva, à plusieurs reprises, de ne pas vouloir rentrer, de passer des nuits entières à marcher au milieu des rues désertes. Une fois, il resta jusqu'au matin sous un pont, par une pluie battante; là, accroupi, glacé, n'osant se lever pour remonter sur le quai, il

rise and ascend to the quay, he for nearly six hours watched the dirty water running in the whitish shadow. At times a fit of terror brought him flat down on the damp ground: under one of the arches of the bridge he seemed to see long lines of drowned bodies drifting along in the current.

regarda, pendant près de six heures, couler l'eau sale dans l'ombre blanchâtre; par moments, des terreurs l'aplatissaient contre la terre humide: il lui semblait voir, sous l'arche du pont, passer de longues traînées de noyés qui descendaient au fil du courant.

When weariness drove him home, he shut himself in, and double-locked the door. There he struggled until daybreak amidst frightful attacks of fever.

Lorsque la lassitude le poussait chez lui, il s'y enfermait à double tour, il s'y débattait jusqu'à l'aube, au milieu d'accès effrayants de fièvre.

The same nightmare returned persistently: he fancied he fell from the ardent clasp of Therese into the cold, sticky arms of Camille. He dreamt, first of all, that his sweetheart was stifling him in a warm embrace, and then that the corpse of the drowned man pressed him to his chest in an ice-like strain. These abrupt and alternate sensations of voluptuousness and disgust, these successive contacts of burning love and frigid death, set him panting for breath, and caused him to shudder and gasp in anguish.

Le même cauchemar revenait avec persistance: il croyait tomber des bras ardents et passionnés de Thérèse entre les bras froids et gluants de Camille; il rêvait que sa maîtresse l'étouffait dans une étreinte chaude, et il rêvait ensuite que le noyé le serrait contre sa poitrine pourrie, dans un embrassement glacial; ces sensations brusques et alternées de volupté et de dégoût, ces contacts successifs de chair brûlante d'amour et de chair froide, amollie par la vase, le faisaient haleter et frissonner, râler d'angoisse.

Each day, the terror of the lovers increased, each day their attacks of nightmare crushed and maddened them the more. They no longer relied on their kisses to drive away insomnia. By prudence, they did not dare make appointments, but looked forward to their wedding-day as a day of salvation, to be followed by an untroubled night.

Et, chaque jour, l'épouvante des amants grandissait, chaque jour leurs cauchemars les écrasaient, les affolaient davantage. Ils ne comptaient plus que sur leurs baisers pour tuer l'insomnie. Par prudence, ils n'osaient se donner des rendez-vous, ils attendaient le jour du mariage comme un jour de salut qui serait suivi d'une nuit heureuse.

It was their desire for calm slumber that made them wish for their union. They had hesitated during the hours of indifference, both being oblivious of the egotistic and impassioned reasons that had urged them to the crime, and which were now dispelled. It was in vague despair that they took the supreme resolution to unite openly. At the bottom of their hearts they were afraid.

C'est ainsi qu'ils voulaient leur union de tout le désir qu'ils éprouvaient de dormir un sommeil calme. Pendant les heures d'indifférence, ils avaient hésité, oubliant chacun les raisons égoïstes et passionnées qui s'étaient comme évanouies, après les avoir tous deux poussés au meurtre. La fièvre les brûlant de nouveau, ils retrouvaient, au fond de leur passion et de leur égoïsme, ces raisons premières qui les avaient décidés à tuer Camille, pour goûter ensuite les joies que, selon eux, leur assurerait un mariage légitime. D'ailleurs, c'était avec un vague désespoir qu'ils prenaient la résolution suprême de s'unir ouvertement. Tout au fond d'eux, il y avait de la crainte.

Leurs désirs frissonnaient.

They had leant, so to say, one on the other above an unfathomable depth, attracted to it by its horror. They bent over the abyss together, clinging silently to one another, while feelings of intense giddiness enfeebled their limbs and gave them falling madness. But at the present moment, face to face with their anxious expectation and timorous desires, they felt the imperative necessity of closing their eyes, and of dreaming of a future full of amorous felicity and peaceful enjoyment.

Ils étaient penchés, en quelque sorte, l'un sut l'autre, comme sur un abîme dont l'horreur les attirait; ils se courbaient mutuellement au-dessus de leur être, cramponnés, muets, tandis que des vertiges, d'une volupté cuisante, alanguissaient leurs membres, leur donnaient la folie de la chute. Mais en face du moment présent, de leur attente anxieuse et de leurs désirs peureux, ils sentaient l'impérieuse nécessité de s'aveugler, de rêver un avenir de félicités amoureuses et de jouissances paisibles.

The more they trembled one before the other, the better they foresaw the horror of the abyss to the bottom of which they were about to plunge, and the more they sought to make promises of happiness to themselves, and to spread out before their eyes the invincible facts that fatally led them to marriage.

Plus ils tremblaient l'un devant l'autre, plus ils devinaient l'horreur du gouffre au fond duquel ils allaient se jeter, et plus ils cherchaient à se faire à eux-mêmes des promesses de bonheur, à étaler devant eux les faits invincibles qui les amenaient fatalement au mariage.

Therese desired her union with Laurent solely because she was afraid and wanted a companion. She was a prey to

Thérèse désirait uniquement se marier par ce qu'elle avait peur et que son organisme réclamait les caresses violentes de

nervous attacks that drove her half crazy. In reality she reasoned but little, she flung herself into love with a mind upset by the novels she had recently been reading, and a frame irritated by the cruel insomnia that had kept her awake for several weeks.

Laurent. Elle était en proie à une crise nerveuse qui la rendait comme folle. A vrai dire, elle ne raisonnait guère, elle se jetait dans la passion, l'esprit détraqué par les romans qu'elle venait de lire, la chair irritée par les insomnies cruelles qui la tenaient éveillée depuis plusieurs semaines.

Laurent, who was of a stouter constitution, while giving way to his terror and his desire, had made up his mind to reason out his decision. To thoroughly prove to himself that his marriage was necessary, that he was at last going to be perfectly happy, and to drive away the vague fears that beset him, he resumed all his former calculations.

Laurent, d'un tempérament plus épais, tout en cédant à ses terreurs et à ses désirs, entendait raisonner sa décision. Pour se bien prouver que sort mariage était nécessaire et qu'il allait enfin être parfaitement heureux, pour dissiper les craintes vagues qui le prenaient, il refaisait tous ses calculs d'autrefois.

His father, the peasant of Jeufosse, seemed determined not to die, and Laurent said to himself that he might have to wait a long time for the inheritance. He even feared that this inheritance might escape him, and go into the pockets of one of his cousins, a great big fellow who turned the soil over to the keen satisfaction of the old boy.

Son père, le paysan de Jeufosse, s'entêtant à ne pas mourir, il se disait que l'héritage pouvait se faire longtemps attendre; il craignait même que cet héritage ne lui échappât et n'allât dans les poches d'un de ses cousins, grand gaillard qui piochait la terre à la vive satisfaction du vieux Laurent.

And he would remain poor; he would live the life of a bachelor in a garret, with a bad bed and a worse table. Besides, he did not contemplate working all his life; already he began to find his office singularly tedious. The light labour entrusted to him became irksome owing to his laziness. The invariable result of these reflections was that supreme happiness consisted in doing nothing.

Et lui, il serait toujours pauvre, il vivrait sans femme, dans un grenier, dormant mal, mangeant plus mal encore. D'ailleurs, il comptait ne pas travailler toute sa vie; il commençait à s'ennuyer singulièrement à son bureau, la légère besogne qui lui était confiée devenait accablante pour sa paresse. Le résultat de ses réflexions était toujours que le suprême bonheur consiste à ne rien faire.

Then he remembered that if he had drowned Camille, it was to marry Therese, and work no more. Certainly, the thought of having his sweetheart all to himself had greatly influenced him in committing the crime, but he had perhaps been led to it still more, by the hope of taking the place of Camille, of being looked after in the same way, and of enjoying constant beatitude. Had passion alone urged him to the deed, he would not have shown such cowardice and prudence. The truth was that he had sought by murder to assure himself a calm, indolent life, and the satisfaction of his cravings.

Alors il se rappelait qu'il avait noyé Camille pour épouser Thérèse et ne plus rien faire ensuite. Certes, le désir de posséder à lui seul sa maîtresse était entré pour beaucoup dans la pensée de son crime, mais il avait été conduit au meurtre peut-être plus encore par l'espérance de se mettre à la place de Camille, de se faire soigner comme lui, de goûter une béatitude de toutes les heures; si la passion seule l'eût poussé, il n'aurait pas montré tant de lâcheté, tant de prudence; la vérité était qu'il avait cherché à assurer, par un assassinat, le calme et l'oisiveté de sa vie, le contentement durable de ses appétits.

All these thoughts, avowedly or unconsciously, returned to him. To find encouragement, he repeated that it was time to gather in the harvest anticipated by the death of Camille, and he spread out before him, the advantages and blessings of his future existence: he would leave his office, and live in delicious idleness; he would eat, drink and sleep to his heart's content; he would have an affectionate wife beside him; and, he would shortly inherit the 40,000 francs and more of Madame Raquin, for the poor old woman was dying, little by little, every day; in a word, he would carve out for himself the existence of a happy brute, and would forget everything.

Toutes ces pensées, avouées ou inconscientes, lui revenaient. Il se répétait, pour s'encourager, qu'il était temps de tirer le profit attendu de la mort de Camille. Et il étalait devant lui les avantages, les bonheurs de son existence future: il quitterait son bureau, il vivrait dans une paresse délicieuse; il mangerait, il boirait, il dormirait son soûl; il aurait sans cesse sous la main une femme ardente qui rétablirait l'équilibre de son sang et de ses nerfs; bientôt il hériterait des quarante et quelques mille francs de Mme Raquin, car la pauvre vieille se mourait un peu chaque jour; enfin, il se créerait une vie de brute heureuse, il oublierait tout.

Laurent mentally repeated these ideas at every moment, since his marriage with Therese had been decided on. He also sought other advantages that would result therefrom, and felt delighted when he found a new argument, drawn from his egotism, in favour of his union with the widow of the drowned man. But however

A chaque heure, depuis que leur mariage était décidé entre Thérèse et lui, Laurent se disait ces choses, il cherchait encore d'autres avantages, et il était tout joyeux, lorsqu'il croyait avoir trouvé un nouvel argument puisé dans son égoïsme, qui l'obligeait à épouser la veuve du noyé. Mais il avait beau se forcer à l'espérance, il avait beau rêver

much he forced himself to hope, however much he dreamed of a future full of idleness and pleasure, he never ceased to feel abrupt shudders that gave his skin an icy chill, while at moments he continued to experience an anxiety that stifled his joy in his throat.

un avenir gras de paresse et de volupté, il sentait toujours de brusques frissons lui glacer la peau, il éprouvait toujours, par moments, une anxiété qui étouffait la joie dans sa gorge.

XIX

CHAPITRE XIX

In the meanwhile, the secret work of Therese and Laurent was productive of results. The former had assumed a woeful and despairing demeanour which at the end of a few days alarmed Madame Raquin. When the old mercer inquired what made her niece so sad, the young woman played the part of an inconsolable widow with consummate skill. She spoke in a vague manner of feeling weary, depressed, of suffering from her nerves, without making any precise complaint.

Cependant, le travail sourd de Thérèse et de Laurent amenait des résultats. Thérèse avait pris une attitude morne et désespérée, qui, au bout de quelques jours, inquiéta Mme Raquin. La vieille mercière voulut savoir ce qui attristait ainsi sa nièce. Alors, la jeune femme joua son rôle de veuve inconsolée avec une habileté exquise; elle parla d'ennui, d'affaissement, de douleurs nerveuses, vaguement, sans rien préciser.

When pressed by her aunt with questions, she replied that she was well, that she could not imagine what it was that made her so low-spirited, and that she shed tears without

Lorsque sa tante la pressait de questions, elle répondait qu'elle se portait bien, qu'elle ignorait ce qui l'accablait ainsi, qu'elle pleurait sans savoir pourquoi. Et c'étaient des étouffements

knowing why. Then, the constant choking fits of sobbing, the wan, heartrending smiles, the spells of crushing silence full of emptiness and despair, continued.

continus, des sourires pâles et navrants, des silences écrasants de vide et de désespérance.

The sight of this young woman who was always giving way to her grief, who seemed to be slowly dying of some unknown complaint, ended by seriously alarming Madame Raquin. She had, now, no one in the whole world but her niece, and she prayed the Almighty every night to preserve her this relative to close her eyes. A little egotism was mingled with this final love of her old age.

Devant cette jeune femme, pliée sur elle-même, qui semblait mourir lentement d'un mal inconnu, Mme Raquin finit par s'alarmer sérieusement; elle n'avait plus au monde que sa nièce, elle priait Dieu chaque soir de lui conserver cette enfant pour lui fermer les yeux. Un peu d'égoïsme se mêlait à ce dernier amour de sa vieillesse.

She felt herself affected in the slight consolations that still assisted her to live, when it crossed her mind that she might die alone in the damp shop in the arcade. From that time, she never took her eyes off her niece, and it was with terror that she watched her sadness, wondering what she could do to cure her of her silent despair.

Elle se sentit frappée dans les faibles consolations qui l'aidaient encore à vivre, lorsqu'il lui vint à la pensée qu'elle pouvait perdre Thérèse et mourir seule au fond de la boutique humide du passage. Dès lors, elle ne quitta plus sa nièce du regard, elle étudia avec épouvante les tristesses de la jeune femme, elle se demanda ce qu'elle pourrait bien faire pour la guérir de ses désespoirs muets.

Under these grave

En de si graves circonstances,

circumstances, she thought she ought to take the advice of her old friend Michaud. One Thursday evening, she detained him in the shop, and spoke to him of her alarm.

elle crut devoir prendre l'avis de son vieil ami Michaud. Un jeudi soir elle le retint dans sa boutique et lui dit ses craintes.

"Of course," answered the old man, with that frank brutality he had acquired in the performance of his former functions, "I have noticed for some time past that Therese has been looking sour, and I know very well why her face is quite yellow and overspread with grief."

—Pardieu, lui répondit le vieillard avec la brutalité franche de ses anciennes fonctions, je m'aperçois depuis longtemps que Thérèse boude, et je sais bien pourquoi elle a ainsi la figure toute jaune et toute chagrine.

"You know why!" exclaimed the widow. "Speak out at once. If we could only cure her!"

—Vous savez pourquoi? dit la mercière. Parlez vite. Si nous pouvions la guérir!

"Oh! the treatment is simple," resumed Michaud with a laugh. "Your niece finds life irksome because she had been alone for nearly two years. She wants a husband; you can see that in her eyes."

—Oh! le traitement est facile, reprit Michaud en riant. Votre nièce s'ennuie, parce qu'elle est seule, le soir, dans sa chambre, depuis bientôt deux ans. Elle a besoin d'un mari; cela se voit dans ses yeux.

The brutal frankness of the former commissary, gave Madame Raquin a painful shock. She fancied that the wound Therese had received through the fatal accident at Saint-Ouen, was still as fresh,

La franchise brutale de l'ancien commissaire frappa douloureusement Mme Raquin. Elle pensait que la blessure qui saignait toujours en elle, depuis l'affreux accident de Saint-Ouen, était

still as cruel at the bottom of her heart. It seemed to her that her son, once dead, Therese could have no thought for a husband, and here was Michaud affirming, with a hearty laugh, that Therese was out of sorts because she wanted one.

"Marry her as soon as you can," said he, as he took himself off, "if you do not wish to see her shrivel up entirely. That is my advice, my dear lady, and it is good, believe me."

Madame Raquin could not, at first, accustom herself to the thought that her son was already forgotten. Old Michaud had not even pronounced the name of Camille, and had made a joke of the pretended illness of Therese. The poor mother understood that she alone preserved at the bottom of her heart, the living recollection of her dear child, and she wept, for it seemed to her that Camille had just died a second time.

Then, when she had had a good cry, and was weary of

tout aussi vive, tout aussi cruelle au fond du coeur de la jeune veuve. Son fils mort, il lui semblait qu'il ne pouvait plus exister de mari pour sa nièce. Et voilà que Michaud affirmait, avec un gros rire, que Thérèse était malade par besoin de mari.

—Mariez-la au plus tôt, dit-il en s'en allant, si vous ne voulez pas la voir se dessécher entièrement. Tel est mon avis, chère dame, et il est bon, croyez-moi.

Mme Raquin ne put s'habituer tout de suite à la pensée que son fils était déjà oublié. Le vieux Michaud n'avait pas même prononcé le nom de Camille, et il s'était mis à plaisanter en parlant de la prétendue maladie de Thérèse. La pauvre mère comprit qu'elle gardait seule, au fond de son être, le souvenir vivant de son cher enfant. Elle pleura, il lui sembla que Camille venait de mourir une seconde fois.

Puis, quand elle eut bien pleuré, qu'elle fut lasse de

mourning, she thought, in spite of herself, of what Michaud had said, and became familiar with the idea of purchasing a little happiness at the cost of a marriage which, according to her delicate mind, was like killing her son again. Frequently, she gave way to feelings of cowardice when she came face to face with the dejected and broken-down Therese, amidst the icy silence of the shop.

regrets, elle songea malgré elle aux paroles de Michaud; elle s'accoutuma à l'idée d'acheter un peu de bonheur au prix d'un mariage qui, dans les délicatesses de sa mémoire, tuait de nouveau son fils. Des lâchetés lui venaient, lorsqu'elle se trouvait seule en face de Thérèse, morne et accablée, au milieu du silence glacial de la boutique.

She was not one of those dry, rigid persons who find bitter delight in living a life of eternal despair. Her character was full of pliancy, devotedness, and effusion, which contributed to make up her temperament of a stout and affable good lady, and prompted her to live in a state of active tenderness.

Elle n'était pas un de ces esprits, roides et secs, qui prennent une joie âpre à vivre d'un désespoir éternel: il y avait en elle des souplesses, des dévouements, des effusions, tout un tempérament de bonne dame, grasse et affable, qui la poussait à vivre dans une tendresse active.

Since her niece no longer spoke, and remained there pale and feeble, her own life became intolerable, while the shop seemed to her like a tomb. What she required was to find some warm affection beside her, some liveliness, some caresses, something sweet and gay which would help her to wait peacefully for

Depuis que sa nièce ne parlait plus et restait là, pâle et affaiblie, l'existence devenait intolérable pour elle, la boutique lui paraissait un tombeau; elle aurait voulu une affection chaude autour d'elle, de la vie, des caresses, quelque chose de doux et de gai qui l'aidât à attendre paisiblement la mort.

death.

It was these unconscious desires that made her accept the idea of marrying Therese again; she even forgot her son a little. In the existence of the tomb that she was leading, came a sort of awakening, something like a will, and fresh occupation for the mind. She sought a husband for her niece, and this search gave her matter for consideration. The choice of a husband was an important business. The poor old lady thought much more of her own comfort than of Therese. She wished to marry her niece in order to be happy herself, for she had keen misgivings lest the new husband of the young woman should come and trouble the last hours of her old age. The idea that she was about to introduce a stranger into her daily existence terrified her. It was this thought alone that stopped her, that prevented her from talking openly with her niece about matrimony.

Ces désirs inconscients lui firent accepter le projet de remarier Thérèse; elle oublia même un peu son fils; il y eut, dans l'existence morte qu'elle menait, comme un réveil, comme des volontés et des occupations nouvelles d'esprit. Elle cherchait un mari pour sa nièce, et cela emplissait sa tête. Ce choix d'un mari était une grande affaire; la pauvre vieille songeait encore plus à elle qu'à Thérèse; elle voulait la marier de façon à être heureuse elle-même, car elle craignait vivement que le nouvel époux de la jeune femme ne vînt troubler les dernières heures de sa vieillesse. La pensée qu'elle allait introduire un étranger dans son existence de chaque jour l'épouvantait; cette pensée seule l'arrêtait, l'empêchait de causer mariage avec sa nièce, ouvertement.

While Therese acted the comedy of weariness and dejection with that perfect hypocrisy she had acquired by

Pendant que Thérèse jouait, avec cette hypocrisie parfaite que son éducation lui avait donnée, la comédie de l'ennui

her education, Laurent took the part of a sensible and serviceable man. He was full of little attentions for the two women, particularly for Madame Raquin, whom he overwhelmed with delicate attention. Little by little he made himself indispensable in the shop; it was him alone who brought a little gaiety into this black hole. When he did not happen to be there of an evening, the old mercer searched round her, ill at ease, as if she missed something, being almost afraid to find herself face to face with the despairing Therese.

But Laurent only occasionally absented himself to better prove his power. He went to the shop daily, on quitting his office, and remained there until the arcade was closed at night. He ran the errands, and handed Madame Raquin, who could only walk with difficulty, the small articles she required. Then he seated himself and chatted. He had acquired the gentle penetrating voice of an actor which he employed to flatter the ears and heart of the good old lady. In a friendly

et de l'accablement, Laurent avait pris le rôle d'homme sensible et serviable. Il était aux petits soins pour les deux femmes, surtout pour Mme Raquin, qu'il comblait d'attentions délicates. Peu à peu, il se rendit indispensable dans la boutique; lui seul mettait un peu de gaieté au fond de ce trou noir. Quand il n'était pas là, le soir, la vieille mercière cherchait auteur d'elle, mal à l'aise, comme s'il lui manquait quelque chose, ayant presque peur de se trouver en tête à tête avec les désespoirs de Thérèse.

D'ailleurs, Laurent ne s'absentait une soirée que pour mieux asseoir sa puissance; il venait tous les jours à la boutique en sortant de son bureau, il y restait jusqu'à la fermeture du passage. Il faisait les commissions, il donnait à Mme Raquin, qui ne marchait qu'avec peine, les menus objets dont elle avait besoin. Puis il s'asseyait, il causait. Il avait trouvé une voix d'acteur, douce et pénétrante, qu'il employait pour flatter les oreilles et le coeur de la bonne

way, he seemed particularly anxious about the health of Therese, like a tender-hearted man who feels for the sufferings of others. On repeated occasions, he took Madame Raquin to one side, and terrified her by appearing very much alarmed himself at the changes and ravages he said he perceived on the face of the young woman.

vieille. Surtout, il semblait s'inquiéter beaucoup de la santé de Thérèse, en ami, en homme tendre dont l'âme souffre de la souffrance d'autrui. A plusieurs reprises, il prit Mme Raquin à part, il la terrifia en paraissant très effrayé lui-même des changements, des ravages qu'il disait voir sur le visage de la jeune femme.

"We shall soon lose her," he murmured in a tearful voice. "We cannot conceal from ourselves that she is extremely ill. Ah! alas, for our poor happiness, and our nice tranquil evenings!"

—Nous la perdrons bientôt, murmurait-il avec des larmes dans la voix. Nous ne pouvons nous dissimuler qu'elle est bien malade. Ah! notre pauvre bonheur, nos bonnes et tranquilles soirées!

Madame Raquin listened to him with anguish. Laurent even had the audacity to speak of Camille.

Mme Raquin l'écoutait avec angoisse. Laurent poussait même l'audace jusqu'à parler de Camille.

"You see," said he to the mercer, "the death of my poor friend has been a terrible blow to her. She had been dying for the last two years, since that fatal day when she lost Camille. Nothing will console her, nothing will cure her. We must be resigned."

—Voyez-vous, disait-il encore à la mercière, la mort de mon pauvre ami a été trop terrible pour elle. Elle se meurt depuis deux ans, depuis le jour funeste où elle a perdu Camille. Rien ne la consolera, rien ne la guérira. Il faut nous résigner.

These impudent falsehoods

Ces mensonges impudents

made the old lady shed bitter tears. The memory of her son troubled and blinded her. Each time the name of Camille was pronounced, she gave way, bursting into sobs. She would have embraced the person who mentioned her poor boy. Laurent had noticed the trouble, and outburst of tender feeling that this name produced. He could make her weep at will, upset her with such emotion that she failed to distinguish the clear aspect of things; and he took advantage of this power to always hold her pliant and in pain in his hand, as it were.

faisaient pleurer la vieille dame à chaudes larmes. Le souvenir de son fils la troublait et l'aveuglait. Chaque fois qu'on prononçait le nom de Camille, elle éclatait en sanglots, elle s'abandonnait, elle aurait embrassé la personne qui nommait son pauvre enfant. Laurent avait remarqué l'effet de trouble et d'attendrissement que ce nom produisait sur elle. Il pouvait la faire pleurer à volonté, la briser d'une émotion qui lui ôtait la vue nette des choses, et il abusait de son pouvoir pour la tenir toujours souple et endolorie dans sa main.

Each evening in spite of the secret revolt of his trembling inner being, he brought the conversation to bear on the rare qualities, on the tender heart and mind of Camille, praising his victim with most shameless impudence. At moments, when he found the eyes of Therese fixed with a strange expression on his own, he shuddered, and ended by believing all the good he had been saying about the drowned man. Then he held his tongue, suddenly seized with atrocious

Chaque soir, malgré les révoltes sourdes de ses entrailles qui tressaillaient, il mettait la conversation sur les rares qualités, sur le coeur tendre et l'esprit de Camille; il vantait sa victime avec une impudence parfaite. Par moments, lorsqu'il rencontrait les regards de Thérèse fixés étrangement sur les siens, il frissonnait, il finissait par croire lui-même tout le bien qu'il disait du noyé; alors il se taisait, pris brusquement d'une atroce jalousie, craignant que la

jealousy, fearing that the young widow loved the man he had flung into the water, and whom he now lauded with the conviction of an enthusiast.

veuve n'aimât l'homme qu'il avait jeté à l'eau et qu'il vantait maintenant avec une conviction d'halluciné.

Throughout the conversation Madame Raquin was in tears, and unable to distinguish anything around her. As she wept, she reflected that Laurent must have a loving and generous heart. He alone remembered her son, he alone still spoke of him in a trembling and affected voice. She dried her eyes, gazing at the young man with infinite tenderness, and feeling that she loved him as her own child.

Pendant toute la conversation, Mme Raquin était dans les larmes, ne voyant rien autour d'elle. Tout en pleurant, elle songeait que Laurent était un coeur aimant et généreux, lui seul se souvenait de son fils, lui seul en parlait encore d'une voix tremblante et émue. Elle essuyait ses larmes, elle regardait le jeune homme avec une tendresse infinie, elle l'aimait comme son propre enfant.

One Thursday evening, Michaud and Grivet were already in the dining-room, when Laurent coming in, approached Therese, and with gentle anxiety inquired after her health. He seated himself for a moment beside her, performing for the edification of the persons present, his part of an alarmed and affectionate friend. As the young couple sat close together, exchanging a few words, Michaud, who was observing them, bent down, and said in a low voice to the

Un jeudi soir, Michaud et Grivet se trouvaient déjà dans la salle à manger, lorsque Laurent entra et s'approcha de Thérèse, lui demandant avec une inquiétude douce des nouvelles de sa santé. Il s'assit un instant à côté d'elle, jouant, pour les personnes qui étaient là, son rôle d'ami affectueux et effrayé. Comme les jeunes gens étaient près l'un de l'autre, échangeant quelques mots, Michaud, qui les regardait, se pencha et dit tōut bas à la vieille mercière, en lui

old mercer, as he pointed to Laurent:

montrant Laurent:

"Look, there is the husband who will suit your niece. Arrange this marriage quickly. We will assist you if it be necessary."

—Tenez, voilà le mari qu'il faut à votre nièce. Arrangez vite ce mariage. Nous vous aiderons, s'il est nécessaire.

This remark came as a revelation to Madame Raquin. She saw, at once, all the advantages she would derive, personally, from the union of Therese and Laurent. The marriage would tighten the bonds already connecting her and her niece with the friend of her son, with that good-natured fellow who came to amuse them in the evening. In this manner, she would not be introducing a stranger into her home, she would not run the risk of unhappiness. On the contrary, while giving Therese a support, she added another joy to her old age, she found a second son in this young man who for three years had shown her such filial affection.

Michaud souriait d'un air de gaillardise, dans sa pensée, Thérèse devait avoir besoin d'un mari vigoureux. Mme Raquin fut comme frappée d'un trait de lumière; elle vit d'un coup tous les avantages qu'elle retirerait personnellement du mariage de Thérèse et de Laurent. Ce mariage ne ferait que resserrer les liens qui les unissaient déjà, elle et sa nièce, à l'ami de son fils, à l'excellent coeur qui venait les distraire, le soir. De cette façon, elle n'introduirait pas un étranger chez elle, elle ne courrait pas le risque d'être malheureuse; au contraire, tout en donnant un soutien à Thérèse, elle mettrait une joie de plus autour de sa vieillesse, elle trouverait un second fils dans ce garçon qui depuis trois ans lui témoignait une affection filiale.

Then it occurred to her that

Puis il lui semblait que Thérèse

Therese would be less faithless to the memory of Camille by marrying Laurent. The religion of the heart is peculiarly delicate. Madame Raquin, who would have wept to see a stranger embrace the young widow, felt no repulsion at the thought of giving her to the comrade of her son.

serait moins infidèle au souvenir de Camille en épousant Laurent. Les religions du coeur ont des délicatesses étranges. Mme Raquin, qui aurait pleuré en voyant un étranger embrasser la jeune veuve, ne sentait en elle aucune révolte à la pensée de la livrer aux embrassements de l'ancien camarade de son fils. Elle pensait, comme on dit, que cela ne sortait pas de la famille.

Throughout the evening, while the guests played at dominoes, the old mercer watched the couple so tenderly, that they guessed the comedy had succeeded, and that the denouement was at hand. Michaud, before withdrawing, had a short conversation in an undertone with Madame Raquin. Then, he pointedly took the arm of Laurent saying he would accompany him a bit of the way. As Laurent went off, he exchanged a rapid glance with Therese, a glance full of urgent enjoinment.

Pendant toute la soirée, tandis que ses invités jouaient aux dominos, la vieille mercière regarda le couple avec des attendrissements qui firent deviner au jeune homme et à la jeune femme que leur comédie avait réussi et que le dénoûment était proche. Michaud, avant de se retirer, eut une courte conversation à voix basse avec Mme Raquin, puis il prit avec affectation le bras de Laurent et déclara qu'il allait l'accompagner un bout de chemin. Laurent, en s'éloignant, échangea un rapide regard avec Thérèse, un regard plein de recommandations pressantes.

Michaud had undertaken to feel the ground. He found the

Michaud s'était chargé de tâter le terrain, il trouva le jeune

young man very much devoted to the two ladies, but exceedingly astonished at the idea of a marriage between Therese and himself. Laurent added, in an unsteady tone of voice, that he loved the widow of his poor friend as a sister, and that it would seem to him a perfect sacrilege to marry her. The former commissary of police insisted, giving numerous good reasons with a view to obtaining his consent. He even spoke of devotedness, and went so far as to tell the young man that it was clearly his duty to give a son to Madame Raquin and a husband to Therese. Little by little Laurent allowed himself to be won over, feigning to give way to emotion, to accept the idea of this marriage as one fallen from the clouds, dictated by feelings of devotedness and duty, as old Michaud had said.

homme très dévoué pour ces dames, mais très surpris d'un projet de mariage entre Thérèse et lui. Laurent ajouta, d'une voix émue, qu'il aimait comme une soeur la veuve de son pauvre ami, et qu'il croirait commettre un véritable sacrilège en l'épousant. L'ancien commissaire de police insista; il donna cent bonnes raisons pour obtenir un consentement, il parla même de dévouement, il alla jusqu'à dire au jeune homme que son devoir lui dictait de rendre un fils à Mme Raquin et un époux à Thérèse. Peu à peu, Laurent se laissa vaincre; il feignit de céder à l'émotion, d'accepter la pensée de mariage comme une pensée tombée du ciel, dictée par le dévouement et le devoir, ainsi que le disait le vieux Michaud.

When the latter had obtained a formal answer in the affirmative, he parted with his companion, rubbing his hands, for he fancied he had just gained a great victory. He prided himself on having had the first idea of this marriage

Quand celui-ci eut obtenu un oui formel, il quitta son compagnon, en se frottant les mains; il venait, croyait-il, de remporter une grande victoire, il s'applaudissait d'avoir eu le premier l'idée de ce mariage qui rendrait aux soirées du

which would convey to the Thursday evenings all their former gaiety.

While Michaud was talking with Laurent, slowly following the quays, Madame Raquin had an almost identical conversation with Therese. At the moment when her niece, pale and unsteady in gait, as usual, was about to retire to rest, the old mercer detained her an instant. She questioned her in a tender tone, imploring her to be frank, and confess the cause of the trouble that overwhelmed her. Then, as she only obtained vague replies, she spoke of the emptiness of widowhood, and little by little came to talk in a more precise manner of the offer of a second marriage, concluding by asking Therese, plainly, whether she had not a secret desire to marry again.

Therese protested, saying that such a thought had never entered her mind, and that she intended remaining faithful to Camille. Madame Raquin began to weep. Pleading against her heart, she gave her niece to understand that despair should not be eternal;

jeudi toute leur ancienne joie.

Pendant que Michaud causait ainsi avec Laurent, en suivant lentement les quais, Mme Raquin avait une conversation toute semblable avec Thérèse. Au moment où sa nièce, pâle et chancelante comme toujours, allait se retirer, la vieille mercière la retint un instant. Elle la questionna d'une voix tendre, elle la supplia d'être franche, de lui avouer les causes de cet ennui qui la pliait. Puis, comme elle n'obtenait que des réponses vagues, elle parla des vides du veuvage. Elle en vint peu à peu à préciser l'offre d'un nouveau mariage, elle finit par demander nettement à Thérèse si elle n'avait pas le secret désir de se remarier.

Thérèse se récria, dit qu'elle ne songeait pas à cela, et qu'elle resterait fidèle à Camille. Mme Raquin se mit à pleurer. Elle plaida contre son coeur, elle fit entendre que le désespoir ne peut être éternel; enfin, en réponse à un cri de la jeune femme disant que jamais elle

and, finally, in response to an exclamation of the young woman saying she would never replace Camille, Madame Raquin abruptly pronounced the name of Laurent. Then she enlarged with a flood of words on the propriety and advantages of such an union. She poured out her mind, repeating aloud all she had been thinking during the evening, depicting with naive egotism, the picture of her final days of happiness, between her two dear children. Therese, resigned and docile, listened to her with bowed head, ready to give satisfaction to her slightest wish.

ne remplacerait Camille, elle nomma brusquement Laurent. Alors, elle s'étendit avec un flot de paroles sur la convenance, sur les avantages d'une pareille union: elle vida son âme, répéta tout haut ce qu'elle avait pensé durant la soirée; elle peignit, avec un naïf égoïsme, le tableau de ses derniers bonheurs, entre ses deux chers enfants. Thérèse l'écoutait, la tête basse, résignée et docile, prête à contenter ses moindres souhaits.

"I love Laurent as a brother," said she grievously, when her aunt had ceased speaking. "But, as you desire it, I will endeavour to love him as a husband. I wish to make you happy. I had hoped that you would have allowed me to weep in peace, but I will dry my tears, as it is a question of your happiness."

—J'aime Laurent comme un frère, dit-elle douloureusement, lorsque sa tante se tut. Puisque vous le désirez, je tâcherai de l'aimer comme un époux. Je veux vous rendre heureuse…. J'espérais que vous me laisseriez pleurer en paix, mais j'essuierai mes larmes, puisqu'il s'agit de votre bonheur.

She kissed the old lady, who remained surprised and frightened at having been the first to forget her son. As

Elle embrassa la vieille dame, qui demeura surprise et effrayée d'avoir été la première à oublier son fils. En se

Madame Raquin went to bed, she sobbed bitterly, accusing herself of having less strength than Therese, and of desiring, out of egotism, a marriage that the young widow accepted by simple abnegation.

mettant au lit, Mme Raquin sanglota amèrement es s'accusant d'être moins forte que Thérèse, de vouloir par égoïsme un mariage que la jeune veuve acceptait par simple abnégation.

The following morning, Michaud and his old friend had a short conversation in the arcade, before the door of the shop, where they communicated to one another the result of their efforts, and agreed to hurry matters on by forcing the young people to become affianced the same evening.

Le lendemain matin, Michaud et sa vieille amie eurent une courte conversation dans le passage, devant la porte de la boutique. Ils se communiquèrent le résultat de leurs démarches, et convinrent de mener les choses rondement, en forçant les jeunes gens à se fiancer le soir même.

At five o'clock, Michaud was already in the shop when Laurent entered. As soon as the young man had seated himself, the former commissary of police said in his ear:

Le soir à cinq heures, Michaud était déjà dans le magasin, lorsque Laurent entra. Dès que le jeune homme fut assis, l'ancien commissaire de police lui dit à l'oreille:

"She accepts."

—Elle accepte.

This blunt remark was overheard by Therese who remained pale, with her eyes impudently fixed on Laurent. The two sweethearts looked at each other for a few seconds as if consulting. Both

Ce mot brutal fut entendu de Thérèse, qui resta pâle, les yeux impudemment fixés sur Laurent. Les deux amants se regardèrent pendant quelques secondes, comme pour se consulter. Ils comprirent tous

understood that they must accept the position without hesitation, and finish the business at one stroke. Laurent, rising, went and took the hand of Madame Raquin, who made every effort to restrain her tears.

deux qu'il fallait accepter la position sans hésiter et en finir d'un coup. Laurent, se levant, alla prendre la main de Mme Raquin, qui faisait tous ses efforts pour retenir ses larmes.

"Dear mother," said he smiling, "I was talking about your felicity, last night, with M. Michaud. Your children wish to make you happy."

—Chère mère, lui dit-il en souriant, j'ai causé de votre bonheur avec M. Michaud, hier soir. Vos enfants veulent vous rendre heureuse.

The poor old lady, on hearing herself called "dear mother," allowed her tears to flow. She quietly seized the hand of Therese and placed it in that of Laurent, unable to utter a single word.

La pauvre vieille, en s'entendant appeler « chère mère », laissa couler ses larmes. Elle saisit vivement la main de Thérèse et la mit dans celle de Laurent, sans pouvoir parler.

The two sweethearts shivered on feeling their skins touch, and remained with their burning fingers pressed together, in a nervous clasp. After a pause, the young man, in a hesitating tone, resumed:

Les deux amants eurent un frisson en sentant leur peau se toucher. Ils restèrent les doigts serrés et brûlants, dans une étreinte nerveuse. Le jeune homme reprit d'une voix hésitante:

"Therese, shall we give your aunt a bright and peaceful existence?"

—Thérèse, voulez-vous que nous fassions à votre tante une existence gaie et paisible?

"Yes," feebly replied the young woman, "we have a duty to perform."

—Oui, répondit la jeune femme faiblement, nous avons une tâche à remplir.

Then Laurent, becoming very pale, turned towards Madame Raquin, and added:

Alors Laurent se tourna vers Mme Raquin et ajouta, très pâle:

"When Camille fell into the water, he shouted out to me: 'Save my wife, I entrust her to you.' I believe I am acting in accordance with his last wish in marrying Therese."

—Lorsque Camille est tombé á l'eau, il m'a crié: « Sauve ma femme, je te la confie. » Je crois accomplir ses derniers voeux en épousant Thérèse.

Therese, on hearing these words, let go the hand of Laurent. She had received a shock like a blow in the chest. The impudence of her sweetheart overwhelmed her. She observed him with a senseless look, while Madame Raquin, half stifled by sobs, stammered:

Thérèse lâcha la main de Laurent, en entendant ces mots. Elle avait reçu comme un coup dans la poitrine. L'impudence de son amant l'écrasa. Elle le regarda avec des yeux hébétés, tandis que Mme Raquin, que les sanglots étouffaient, balbutiait:

"Yes, yes, my friend, marry her, make her happy; my son, from the depth of his tomb, will thank you."

—Oui, oui, mon ami, épousez-la, rendez-la heureuse, mon fils vous remerciera du fond de sa tombe.

Laurent, feeling himself giving way, leant on the back of a chair, while Michaud, who was himself moved to tears, pushed him towards Therese with the remark:

Laurent sentit qu'il fléchissait, il s'appuya sur le dossier d'une chaise. Michaud, qui, lui aussi, était ému aux larmes, le poussa vers Thérèse, en disant:

"Kiss one another. It will be your betrothal."

—Embrassez-vous, ce seront vos fiançailles.

When the lips of the young

Le jeune homme fut pris d'un

man came in contact with the cheeks of the widow, he experienced a peculiarly uncomfortable feeling, while the latter abruptly drew back, as if the two kisses of her sweetheart burnt her. This was the first caress he had given her in the presence of witnesses. All her blood rushed to her face, and she felt herself red and burning.

étrange malaise en posant ses lèvres sur les joues de la veuve, et celle-ci se recula brusquement, comme brûlée par les deux baisers de son amant. C'étaient les premières caresses que cet homme lui faisait devant témoins: tout son sang lui monta à la face, elle se sentit rouge et ardente, elle qui ignorait la pudeur et qui n'avait jamais rougi dans les hontes de ses amours.

After this crisis, the two murderers breathed. Their marriage was decided on. At last they approached the goal they had so long had in view. Everything was settled the same evening. The Thursday following, the marriage was announced to Grivet, as well as to Olivier and his wife. Michaud, in communicating the news to them, did not conceal his delight. He rubbed his hands, repeating as he did so:

Après cette crise, les deux meurtriers respirèrent. Leur mariage était décidé, ils touchaient enfin au but qu'ils poursuivaient depuis si longtemps. Tout fut réglé le soir même. Le jeudi suivant, le mariage fut annoncé à Grivet, à Olivier et à sa femme. Michaud, en donnant cette nouvelle, était ravi; il se frottait les mains et répétait:

"It was I who thought of it. It is I who have married them. You will see what a nice couple they'll make!"

—C'est moi qui ai pensé a cela, c'est moi qui les ai mariés.... Vous verrez le joli couple!

Suzanne silently embraced Therese. This poor creature,

Suzanne vint embrasser silencieusement Thérèse. Cette

who was half dead, and as white as a sheet, had formed a friendship for the rigid and sombre young widow. She showed her a sort of childlike affection mingled with a kind of respectful terror. Olivier complimented the aunt and niece, while Grivet hazarded a few spicy jokes that met with middling success. Altogether the company were delighted, enchanted, and declared that everything was for the best; in reality all they thought about was the wedding feast.

pauvre créature, toute morte et toute blanche, s'était prise d'amitié pour la jeune veuve, sombre et roide. Elle l'aimait en enfant, avec une sorte de terreur respectueuse. Olivier complimenta la tante et la nièce, Grivet hasarda quelques plaisanteries épicées qui eurent un succès médiocre. En somme, la compagnie se montra enchantée, ravie, et déclara que tout était pour le mieux; à vrai dire, la compagnie se voyait déjà à la noce.

Therese and Laurent were clever enough to maintain a suitable demeanour, by simply displaying tender and obliging friendship to one another. They gave themselves an air of accomplishing an act of supreme devotedness. Nothing in their faces betrayed a suspicion of the terror and desire that disturbed them. Madame Raquin watched the couple with faint smiles, and a look of feeble, but grateful goodwill.

L'attitude de Thérèse et de Laurent resta digne et savante. Ils se témoignaient une amitié tendre et prévenante, simplement. Ils avaient l'air d'accomplir un acte de dévouement suprême. Rien dans leur physionomie ne pouvait faire soupçonner les terreurs, les désirs qui les secouaient. Mme Raquin les regardait avec de pâles sourires, avec des bienveillances molles et reconnaissantes.

A few formalities required fulfilling. Laurent had to write to his father to ask his consent to the marriage. The old

Il y avait quelques formalités à remplir. Laurent dut écrire à son père pour lui demander son consentement. Le vieux

peasant of Jeufosse who had almost forgotten that he had a son at Paris, answered him, in four lines, that he could marry, and go and get hanged if he chose. He gave him to understand that being resolved never to give him a sou, he left him master of his body, and authorised him to be guilty of all imaginable follies. A permission accorded in such terms, caused Laurent singular anxiety.

paysan de Jeufosse, qui avait presque oublié qu'il eût un fils à Paris, lui répondit, en quatre lignes, qu'il pouvait se marier et se faire pendre, s'il voulait; il lui fit comprendre que, résolu à ne jamais lui donner un sou, il le laissait maître de son corps et l'autorisait à commettre toutes les folies du monde. Une autorisation ainsi accordée inquiéta singulièrement Laurent.

Madame Raquin, after reading the letter of this unnatural father, in a transport of kind-heartedness, acted very foolishly. She made over to her niece the 40,000 francs and more, that she possessed, stripping herself entirely for the young couple, on whose affection she relied, with the desire of being indebted to them for all her happiness.

Mme Raquin, après avoir lu la lettre de ce père dénaturé, eut un élan de bonté qui la poussa à faire une sottise. Elle mit sur la tête de sa nièce les quarante et quelques mille francs qu'elle possédait, elle se dépouilla entièrement pour les nouveaux époux, se confiant à leur bon coeur, voulant tenir d'eux toute sa félicité.

Laurent brought nothing into the community, and he even gave it to be understood that he did not always intend to remain in his present employment, but would perhaps take up painting again. In any case, the future of the little family was assured; the

Laurent n'apportait rien à la communauté; il fit même entendre qu'il ne garderait pas toujours son emploi et qu'il se remettrait peut-être à la peinture. D'ailleurs, l'avenir de la petite famille était assuré; les rentes des quarante et quelques mille francs, jointes aux

interest on the money put aside added to the profit on the mercery business, would be sufficient to keep three persons comfortably. As a matter of fact it was only just sufficient to make them happy.

bénéfices du commerce de mercerie, devaient faire vivre aisément trois personnes. Ils auraient tout juste assez pour être heureux.

The preparations for the marriage were hurried on, the formalities being abridged as much as possible, and at last the welcome day arrived.

Les préparatifs de mariage furent pressés. On abrégea les formalités autant qu'il fut possible. On eût dit que chacun avait hâte de pousser Laurent dans la chambre de Thérèse. Le jour désiré vint enfin.

XX

CHAPITRE XX

In the morning, Laurent and Therese, awoke in their respective rooms, with the same feeling of profound joy in their hearts: both said to themselves that their last night of terror had passed. They would no longer have to sleep alone, and they would mutually defend themselves against the drowned man.

Le matin, Laurent et Thérèse, chacun dans sa chambre, s'éveillèrent avec la même pensée de joie profonde: tous deux se dirent que leur dernière nuit de terreur était finie. Ils ne coucheraient plus seuls, ils se défendraient mutuellement contre le noyé.

Therese looked around her, giving a strange smile as she measured her great bed with her eyes. She rose and began to slowly dress herself, in anticipation of the arrival of

Thérèse regarda autour d'elle et eut un étrange sourire en mesurant des yeux son grand lit. Elle se leva, puis s'habilla lentement, en attendant Suzanne qui devait venir l'aider

Suzanne, who was to come and assist her with her bridal toilet.

à faire sa toilette de mariée.

Laurent, on awakening, sat up in bed, and remained in that position for a few minutes, bidding farewell to his garret, which struck him as vile. At last he was to quit this kennel and have a wife. It was in the month of December and he shivered. He sprang on the tile floor, saying to himself that he would be warm at night.

Laurent se mit sur son séant. Il resta ainsi quelques minutes, faisant ses adieux à son grenier qu'il trouvait ignoble. Enfin, il allait quitter ce chenil et avoir une femme à lui. On était en décembre. Il frissonnait. Il sauta sur le carreau en se disant qu'il aurait chaud le soir.

A week previously, Madame Raquin, knowing how short he was of money, had slipped a purse into his hand containing 500 francs, which represented all her savings. The young man had accepted this present without difficulty, and had rigged himself out from tip to toe. Moreover, the money of the old mercer permitted him to make Therese the customary presents.

Mme Raquin, sachant combien il était gêné, lui avait glissé dans la main, huit jours auparavant, une bourse contenant cinq cents francs, toutes ses économies. Le jeune homme avait accepté carrément et s'était fait habiller de neuf. L'argent de la vieille mercière lui avait en outre permis de donner à Thérèse les cadeaux d'usage.

The black trousers, dress coat, white waistcoat, shirt and cambric tie, hung spread out on a couple of chairs. Laurent washed, perfumed himself with a bottle of eau de Cologne, and then proceeded

Le pantalon noir, l'habit, ainsi que le gilet blanc, la chemise et la cravate de fine toile, étaient étalés sur deux chaises. Laurent se savonna, se parfuma le corps avec un flacon d'eau de Cologne, puis il procéda

to carefully attire himself. He wished to look handsome. As he fastened his collar, a collar which was high and stiff, he experienced keen pain in the neck. The button escaped from his fingers. He lost patience. The starched linen seemed to cut into his flesh. Wishing to see what was the matter, he raised his chin, and perceived the bite Camille had given him looking quite red. The collar had slightly galled the scar.

minutieusement à sa toilette. Il voulait être beau. Comme il attachait son faux-col, un faux-col haut et raide, il éprouva une souffrance vive au cou; le bouton du faux-col lui échappait des doigts, il s'impatientait, et il lui semblait que l'étoffe amidonnée lui coupait la chair. Il voulut voir, il leva le menton: alors il aperçut la morsure de Camille toute rouge; le faux-col avait légèrement écorché la cicatrice.

Laurent pressed his lips together, and turned pale; the sight of this mark seaming his neck, frightened and irritated him at this moment. He crumpled up the collar, and selected another which he put on with every precaution, and then finished dressing himself. As he went downstairs his new clothes made him look rigid. With his neck imprisoned in the inflexible linen, he dared not turn his head. At every movement he made, a pleat pinched the wound that the teeth of the drowned man had made in his flesh, and it was under the irritation of these sharp pricks, that he got into

Laurent serra les lèvres et devint pâle; la vue de cette tache, qui lui marbrait le cou, l'effraya et l'irrita, à cette heure. Il froissa le faux-col, en choisit un autre qu'il mit avec mille précautions. Puis il acheva de s'habiller. Quand il descendit, ses vêtements neufs le tenaient tout raide; il n'osait tourner la tête, le cou emprisonné dans des toiles gommées. A chaque mouvement qu'il faisait, un pli de ces toiles pinçait la plaie que les dents du noyé avaient creusée dans sa chair. Ce fut en souffrant de ces sortes de piqûres aiguës qu'il monta en voiture et alla chercher Thérèse pour la conduire à la

the carriage, and went to fetch Therese to conduct her to the town-hall and church.

mairie et à l'église.

On the way, he picked up a clerk employed at the Orleans Railway Company, and old Michaud, who were to act as witnesses. When they reached the shop, everyone was ready: Grivet and Olivier, the witnesses of Therese, were there, along with Suzanne, who looked at the bride as little girls look at dolls they have just dressed up. Although Madame Raquin was no longer able to walk, she desired to accompany the couple everywhere, so she was hoisted into a conveyance and the party set out.

Il prit en passant un employé du chemin de fer d'Orléans et le vieux Michaud, qui devaient lui servir de témoins. Lorsqu'ils arrivèrent à la boutique, tout le monde était prêt: il y avait là Grivet et Olivier, témoins de Thérèse, et Suzanne qui regardait la mariée comme les petites filles regardent les poupées qu'elles viennent d'habiller. Mme Raquin, bien que ne pouvant plus marcher, voulut accompagner partout ses enfants. On la hissa dans une voiture et l'on partit.

Everything passed off in a satisfactory manner at the town-hall and church. The calm and modest attitude of the bride and bridegroom was remarked and approved. They pronounced the sacramental "yes" with an emotion that moved Grivet himself. They were as if in a dream. Whether seated, or quietly kneeling side by side, they were rent by raging thoughts that flashed through their minds in spite of

Tout se passa convenablement à la mairie et à l'église. L'attitude calme et modeste des époux fut remarquée et approuvée. Ils prononcèrent le oui sacramentel avec une émotion qui attendrit Grivet lui-même. Ils étaient comme dans an rêve. Tandis qu'ils restaient assis ou agenouillés côte à côte, tranquillement, des pensées furieuses les traversaient malgré eux et les déchiraient. Ils évitèrent de se

themselves, and they avoided looking at one another. When they seated themselves in their carriage, they seemed to be greater strangers than before.

regarder en face. Quand ils remontèrent en voiture, il leur sembla qu'ils étaient plus étrangers l'un à l'autre qu'auparavant.

It had been decided that the wedding feast should be a family affair at a little restaurant on the heights of Belleville. The Michauds and Grivet alone were invited. Until six in the evening, the wedding party drove along the boulevards, and then repaired to the cheap eating-house where a table was spread with seven covers in a small private room painted yellow, and reeking of dust and wine.

Il avait été décidé que le repas se ferait en famille, dans un petit restaurant, sur les hauteurs de Belleville. Les Michaud et Grivet étaient seuls invités. En attendant six heures, la noce se promena en voiture tout le long des boulevards; puis elle se rendit à la gargote où une table de sept couverts était dressée dans un cabinet peint en jaune, qui puait la poussière et le vin.

The repast was not accompanied by much gaiety. The newly married pair were grave and thoughtful. Since the morning, they had been experiencing strange sensations, which they did not seek to fathom. From the commencement, they had felt bewildered at the rapidity with which the formalities and ceremony were performed, that had just bound them together for ever.

Le repas fut d'une gaieté médiocre. Les époux étaient graves, pensifs. Ils éprouvaient depuis le matin des sensations étranges, dont ils ne cherchaient pas eux-mêmes à se rendre compte. Ils s'étaient trouvés étourdis, dès les premières heures, par la rapidité des formalités et de la cérémonie qui venaient de les lier à jamais.

Then, the long drive on the

Puis la longue promenade sur

boulevards had soothed them and made them drowsy. It appeared to them that this drive lasted months. Nevertheless, they allowed themselves to be taken through the monotonous streets without displaying impatience, looking at the shops and people with sparkless eyes, overcome by a numbness that made them feel stupid, and which they endeavoured to shake off by bursting into fits of laughter. When they entered the restaurant, they were weighed down by oppressive fatigue, while increasing stupor continued to settle on them.

les boulevards les avait comme bercés et endormis; il leur semblait que cette promenade avait duré des mois entiers; d'ailleurs, ils s'étaient laissé aller sans impatience dans la monotonie des rues, regardant les boutiques et les passants avec des yeux morts, pris d'un engourdissement qui les hébétait et qu'ils tâchaient de secouer en essayant des éclats de rire. Quand ils étaient entrés dans le restaurant, une fatigue accablante pesait à leurs épaules, une stupeur croissante les envahissait.

Placed at table opposite one another, they smiled with an air of constraint, and then fell into the same heavy reverie as before, eating, answering questions, moving their limbs like machines. Amidst the idle lassitude of their minds, the same string of flying thoughts returned ceaselessly.

Placés à table en face l'un de l'autre, ils souriaient d'un air contraint et retombaient toujours dans une rêverie lourde; ils mangeaient, ils répondaient, ils remuaient les membres comme des machines. Au milieu de la lassitude paresseuse de leur esprit, une même série de pensées fuyantes revenaient sans cesse.

They were married, and yet unconscious of their new condition, which caused them

Ils étaient mariés et ils n'avaient pas conscience d'un nouvel état; cela les étonnait

profound astonishment. They imagined an abyss still separated them, and at moments asked themselves how they could get over this unfathomable depth. They fancied they were living previous to the murder, when a material obstacle stood between them. Then they abruptly remembered they would occupy the same apartment that night, in a few hours, and they gazed at one another in astonishment, unable to comprehend why they should be permitted to do so. They did not feel they were united, but, on the contrary, were dreaming that they had just been violently separated, and one cast far from the other.

The silly chuckling of the guests beside them, who wished to hear them talk familiarly, so as to dispel all restraint, made them stammer and colour. They could never make up their minds to treat one another as sweethearts in the presence of company.

Waiting had extinguished the flame that had formerly fired them. All the past had

profondément. Ils s'imaginaient qu'un abîme les séparait encore; par moments, ils se demandaient comment ils pourraient franchir cet abîme. Ils croyaient être avant le meurtre, lorsqu'un obstacle matériel se dressait devant eux. Puis, brusquement, ils se rappelaient qu'ils coucheraient ensemble, le soir, dans quelques heures; alors ils se regardaient, étonnés, ne comprenant plus pourquoi cela leur serait permis. Ils ne sentaient pas leur union, ils rêvaient au contraire qu'on venait de les écarter violemment et de les jeter loin de l'autre.

Les invités, qui ricanaient bêtement autour d'eux, ayant voulu les entendre se tutoyer, pour dissiper toute gêne, ils balbutièrent, ils rougirent, ils ne purent jamais se résoudre à se traiter en amants, devant le monde.

Dans l'attente leurs désirs s'étaient usés, tout le passé avait disparu. Ils perdaient

disappeared. They had forgotten their violent passion, they forgot even their joy of the morning, that profound joy they had experienced at the thought that they would no more be afraid. They were simply wearied and bewildered at all that was taking place. The events of the day turned round and round in their heads, appearing incomprehensible and monstrous. They sat there mute and smiling, expecting nothing, hoping for nothing. Mingled with their dejection of spirits, was a restless anxiety that proved vaguely painful.

leurs violents appétits de volupté, ils oubliaient même leur joie du matin, cette joie profonde qui les avait pris à la pensée qu'ils n'auraient plus peur désormais. Ils étaient simplement las et ahuris de tout ce qui se passait; les faits de la journée tournaient dans leur tête, incompréhensibles et monstrueux. Ils restaient là, muets, souriants, n'attendant rien, n'espérant rien. Au fond de leur accablement, s'agitait une anxiété vaguement douloureuse.

At every movement Laurent made with his neck, he felt a sharp burn devouring his flesh; his collar cut and pinched the bite of Camille. While the mayor read out to him the law bearing on marriage, while the priest spoke to him of the Almighty, at every minute of this long day, he had felt the teeth of the drowned man entering his skin. At times, he imagined a streak of blood was running down his chest, and would bespatter his white waistcoat with crimson.

Et Laurent, à chaque mouvement de son cou, éprouvait une cuisson ardente qui lui mordait la chair; son faux-col coupait et pinçait la morsure de Camille. Pendant que le maire lui lisait le code, pendant que le prêtre lui parlait de Dieu, à toutes les minutes de cette longue journée, il avait senti les dents du noyé qui lui entraient dans la peau. Il s'imaginait par moments qu'un filet de sang lui coulait sur la poitrine et allait tacher de rouge la blancheur de son gilet.

Madame Raquin was inwardly

Mme Raquin fut

grateful to the newly married couple for their gravity. Noisy joy would have wounded the poor mother. In her mind, her son was there, invisible, handing Therese over to Laurent. Grivet had other ideas. He considered the wedding party sad, and wanted to enliven it, notwithstanding the looks of Michaud and Olivier which riveted him to his chair each time he wished to get up and say something silly. Nevertheless, he managed to rise once and propose a toast.

intérieurement reconnaissante aux époux de leur gravite; une joie bruyante aurait blessé la pauvre mère; pour elle, son fils était là, invisible, remettant Thérèse entre les mains de Laurent. Grivet n'avait pas les mêmes idées, il trouvait la noce triste, il cherchait vainement à l'égayer, malgré les regards de Michaud et d'Olivier qui le clouaient sur sa chaise toutes les fois qu'il voulait se dresser pour dire quelque sottise. Il réussit cependant à se lever une fois. Il porta un toast.

"I drink to the offspring of monsieur and madame," quoth he in a sprightly tone.

—Je bois aux enfants de monsieur et de madame, dit-il d'un ton égrillard.

It was necessary to touch glasses. Therese and Laurent had turned extremely pale on hearing this sentence. They had never dreamed that they might have children. The thought flashed through them like an icy shiver. They nervously joined glasses with the others, examining one another, surprised and alarmed to find themselves there, face to face.

Il fallut trinquer. Thérèse et Laurent étaient devenus extrêmement pâles, en entendant la phrase de Grivet. Ils n'avaient jamais songé qu'ils auraient peut-être des enfants. Cette pensée les traversa comme un frisson glacial. Ils choquèrent leur verre d'un mouvement nerveux, ils s'examinèrent, surpris, effrayés d'être là, face à face.

The party rose from table

On se leva de table de bonne

early. The guests wished to accompany the newly married pair to the nuptial chamber. It was barely half-past nine when they all returned to the shop in the arcade. The dealer in imitation jewelry was still there in her cupboard, before the box lined with blue velvet. She raised her head inquisitively, gazing at the young husband and wife with a smile. The latter caught her eyes, and was terrified. It struck her that perhaps this old woman was aware of their former meetings, by having noticed Laurent slipping into the little corridor.

heure. Les invités voulurent accompagner les époux jusqu'à la chambre nuptiale. Il n'était guère plus de neuf heures et demie lorsque la noce rentra dans la boutique du passage. La marchande de bijoux faux se trouvait encore au fond de son armoire, devant la boîte garnie de velours bleu. Elle leva curieusement la tête, regardant les nouveaux époux avec un sourire. Ceux-ci surprirent son regard, et en furent terrifiés. Peut-être cette vieille femme avait-elle eu connaissance de leurs rendez-vous, autrefois, en voyant Laurent se glisser dans la petite allée.

When they all arrived on the upper floor, Therese withdrew almost immediately, with Madame Raquin and Suzanne, the men remaining in the dining-room, while the bride performed her toilet for the night. Laurent, nerveless and depressed, did not experience the least impatience, but listened complacently to the coarse jokes of old Michaud and Grivet, who indulged themselves to their hearts' content, now that the ladies

Thérèse se retira presque sur-le-champ, avec Mme Raquin et Suzanne. Les hommes restèrent dans la salle à manger, tandis que la mariée faisait sa toilette de nuit. Laurent, mou et affaissé, n'éprouvait pas la moindre impatience; il écoutait complaisamment les grosses plaisanteries du vieux Michaud et de Grivet, qui s'en donnaient à cour joie, maintenant que les dames n'étaient plus là.

were no longer present.

When Suzanne and Madame Raquin quitted the nuptial apartment, and the old mercer in an unsteady voice told the young man that his wife awaited him, he started. For an instant he remained bewildered. Then he feverishly grasped the hands extended to him, and entered the room, clinging to the door like a man under the influence of drink.

Lorsque Suzanne et Mme Raquin sortirent de la chambre nuptiale et que la vieille mercière dit d'une voix émue au jeune homme que sa femme l'attendait, il tressaillit, il resta un instant effaré; puis il serra fiévreusement les mains qu'on lui tendait, et il entra chez Thérèse en se tenant à la porte, comme un homme ivre.

XXI

CHAPITRE XXI

Laurent carefully closed the door behind him, and for a moment or two stood leaning against it, gazing round the apartment in anxiety and embarrassment.

Laurent ferma soigneusement la porte derrière lui et demeura un instant appuyé contre cette porte, regardant dans la chambre d'un air inquiet et embarrassé.

A clear fire burned on the hearth, sending large sheets of light dancing on ceiling and walls. The room was thus lit-up by bright vacillating gleams, that in a measure annulled the effects of the lamp placed on a table in their midst.

Un feu clair flambait dans la cheminée, jetant de larges clartés jaunes qui dansaient au plafond et sur les murs. La pièce était ainsi éclairée d'une lueur vive et vacillante; la lampe, posée sur une table, pâlissait au milieu de cette lueur.

Madame Raquin had done her best to convey a coquettish aspect to the apartment. It was one mass of white, and

Mme Raquin avait voulu arranger coquettement la chambre qui se trouvait toute blanche et toute parfumée,

perfumed throughout, as if to serve as a nest for young, fresh love. The good lady, moreover, had taken pleasure in adding a few bits of lace to the bed, and in filling the vases on the chimney-piece with bunches of roses. Gentle warmth and pleasant fragrance reigned over all, and not a sound broke the silence, save the crackling and little sharp reports of the wood aglow on the hearth.

comme pour servir de nid à de jeunes et fraîches amours; elle s'était plu à ajouter au lit quelques bouts de dentelle et à garnir de gros bouquets de roses les vases de la cheminée. Une chaleur douce, des senteurs tièdes traînaient. L'air était recueilli et apaisé, pris d'une sorte d'engourdissement voluptueux. Au milieu du silence frissonnant, les pétillements du foyer jetaient de petits bruits secs. On eût dit un désert heureux, un coin ignoré, chaud et sentant bon, fermé à tous les bruits du dehors, un de ces coins faits et apprêtés pour les sensualités et les besoins de mystère de la passion.

Therese was seated on a low chair to the right of the chimney, staring fixedly at the bright flames, with her chin in her hand. She did not turn her head when Laurent entered. Clothed in a petticoat and linen night-jacket bordered with lace, she looked snowy white in the bright light of the fire. Her jacket had become disarranged, and part of her rosy shoulder appeared, half hidden by a tress of raven hair.

Thérèse était assise sur une chaise basse, à droite de la cheminée. Le menton dans la main, elle regardait les flammes vives, fixement. Elle ne tourna pas la tête quand Laurent entra. Vêtue d'un jupon et d'une camisole brodée de dentelle, elle était d'une blancheur crue sous l'ardente clarté du foyer. Sa camisole glissait, et un bout d'épaule passait, rose, à demi caché par une mèche noire de cheveux.

Laurent advanced a few paces without speaking, and took off his coat and waistcoat. When he stood in his shirt sleeves, he again looked at Therese, who had not moved, and he seemed to hesitate. Then, perceiving the bit of shoulder, he bent down quivering, to press his lips to it. The young woman, abruptly turning round, withdrew her shoulder, and in doing so, fixed on Laurent such a strange look of repugnance and horror, that he shrank back, troubled and ill at ease, as if himself seized with terror and disgust.

Laurent then seated himself opposite Therese, on the other side of the chimney, and they remained thus, silent and motionless, for fully five minutes. At times, tongues of reddish flame escaped from the wood, and then the faces of the murderers were touched with fleeting gleams of blood.

It was more than a couple of years since the two sweethearts had found themselves shut up alone in this room. They had arranged no love-meetings since the day when Therese had gone to the Rue Saint-

Laurent fit quelques pas sans parler. Il ôta son habit et son gilet. Quand il fut en manches de chemise, il regarda de nouveau Thérèse qui n'avait pas bougé. Il semblait hésiter. Puis il aperçut le bout d'épaule, et il se baissa en frémissant pour coller ses lèvres à ce morceau de peau nue. La jeune femme retira son épaule en se retournant brusquement. Elle fixa sur Laurent un regard si étrange de répugnance et d'effroi, qu'il recula, mal à l'aise, comme pris lui-même de terreur et de dégoût.

Laurent s'assit en face de Thérèse, de l'autre côté de la cheminée. Ils restèrent ainsi, muets, immobiles, pendant cinq grandes minutes. Par instants, des jets de flammes rougeâtres s'échappaient du bois, et alors des reflets sanglants couraient sur le visage des meurtriers.

Il y avait près de deux ans que les amants ne s'étaient trouvés enfermés dans la même chambre, sans témoins, pouvant se livrer l'un à l'autre. Ils n'avaient plus eu de rendez-vous d'amour depuis le jour où

Victor to convey to Laurent the idea of murder. Prudence had kept them apart. Barely had they, at long intervals, ventured on a pressure of the hand, or a stealthy kiss. After the murder of Camille, they had restrained their passion, awaiting the nuptial night.

Thérèse était venue rue Saint-Victor, apportant à Laurent l'idée du meurtre avec elle. Une pensée de prudence avait sevré leur chair. A peine s'étaient-ils permis de loin en loin un serrement de main, un baiser furtif. Après le meurtre de Camille, lorsque de nouveaux désirs les avaient brûlés, ils s'étaient contenus, attendant le soir des noces, se promettant des voluptés folles, lorsque l'impunité leur serait assurée.

This had at last arrived, and now they remained anxiously face to face, overcome with sudden discomfort. They had but to stretch forth their arms to clasp one another in a passionate embrace, and their arms remained lifeless, as if worn out with fatigue. The depression they had experienced during the daytime, now oppressed them more and more.

Et le soir des noces venait enfin d'arriver, et ils restaient face à face, anxieux, pris d'un malaise subit. Ils n'avaient qu'à allonger les bras pour se presser dans une étreinte passionnée, et leurs bras semblaient mous, comme déjà las et rassasiés d'amour. L'accablement de la journée les écrasait de plus en plus.

They observed one another with timid embarrassment, pained to remain so silent and cold. Their burning dreams ended in a peculiar reality: it sufficed that they should have succeeded in killing Camille, and have become married, it

Ils se regardaient sans désir, avec un embarras peureux, souffrant de rester ainsi silencieux et froids. Leurs rêves brûlants aboutissaient à une étrange réalité; il suffisait qu'ils eussent réussi à tuer Camille et à se marier ensemble, il

sufficed that the lips of Laurent should have grazed the shoulder of Therese, for their lust to be satisfied to the point of disgust and horror.

suffisait que la bouche de Laurent eût effleuré l'épaule de Thérèse, pour que leur luxure fût contentée jusqu'à l'écoeurement et l'épouvante.

In despair, they sought to find within them a little of that passion which formerly had devoured them. Their frames seemed deprived of muscles and nerves, and their embarrassment and anxiety increased. They felt ashamed of remaining so silent and gloomy face to face with one another. They would have liked to have had the strength to squeeze each other to death, so as not to pass as idiots in their own eyes.

Ils se mirent à chercher désespérément en eux un peu de cette passion qui les brûlait jadis. Il leur semblait que leur peau était vide de muscles, vide de nerfs. Leur embarras, leur inquiétude croissaient; ils avaient une mauvaise honte de rester ainsi muets et mornes en face l'un de l'autre. Ils auraient voulu avoir la force de s'étreindre et de se briser, afin de ne point passer à leurs propres yeux pour des imbéciles.

What! they belonged one to the other, they had killed a man, and played an atrocious comedy in order to be able to love in peace, and they sat there, one on either side of a mantelshelf, rigid, exhausted, their minds disturbed and their frames lifeless! Such a denouement appeared to them horribly and cruelly ridiculous. It was then that Laurent endeavoured to speak of love, to conjure up the remembrances of other days,

Eh quoi! ils s'appartenaient, ils avaient tué un homme et joué une atroce comédie pour pouvoir se vautrer avec impudence dans un assouvissement de toutes les heures, et ils se tenaient là, aux deux coins d'une cheminée, roides, épuisés, l'esprit troublé, la chair morte. Un tel dénoûment finit par leur paraître d'un ridicule horrible et cruel. Alors, Laurent essaya de parler d'amour, d'évoquer les souvenirs d'autrefois,

appealing to his imagination for a revival of his tenderness.

faisant appel à son imagination pour ressusciter ses tendresses.

"Therese," he said, "don't you recall our afternoons in this room? Then I came in by that door, but today I came in by this one. We are free now. We can make love in peace."

—Thérèse, dit-il en se penchant vers la jeune femme, te souviens-tu de nos après-midi dans cette chambre?... Je venais par cette porte.... Aujourd'hui, je suis entré par celle-ci.... Nous sommes libres, nous allons pouvoir nous aimer en paix.

He spoke in a hesitating, spiritless manner, and the young woman, huddled up on her low chair, continued gazing dreamily at the flame without listening. Laurent went on:

Il parlait d'une voix hésitante, mollement. La jeune femme, accroupie sur la chaise basse, regardait toujours la flamme, songeuse, n'écoutant pas. Laurent continua:

"Remember how I used to dream of staying a whole night with you? I dreamed of waking up in the morning to your kisses, now it can come true."

—Te rappelles-tu? J'avais fait un rêve, je voulais passer une nuit entière avec toi, m'endormir dans tes bras et me réveiller le lendemain sous tes baisers. Je vais contenter ce rêve.

Therese all at once started as though surprised to hear a voice stammering in her ears. Turning towards Laurent, on whose countenance the fire, at this moment, cast a broad reddish reflection, she gazed at his sanguinary face, and shuddered.

Thérèse fit un mouvement, comme surprise d'entendre unc voix qui balbutiait à scs oreilles; elle se tourna vers Laurent sur le visage duquel le foyer envoyait en ce moment un large reflet rougeâtre, elle regarda ce visage sanglant, et frissonna.

The young man, more troubled and anxious, resumed:

Le jeune homme reprit, plus troublé, plus inquiet:

"We have succeeded, Therese; we have broken through all obstacles, and we belong to one another. The future is ours, is it not? A future of tranquil happiness, of satisfied love. Camille is no longer here ——"

—Nous ayons réussi, Thérèse, nous avons brisé tous les obstacles, et nous nous appartenons.... L'avenir est à nous, n'est-ce pas? un avenir de bonheur tranquille, d'amour satisfait.... Camille n'est plus là....

Laurent ceased speaking. His throat had suddenly become dry, and he was choking, unable to continue. On hearing the name of Camille, Therese received a violent shock. The two murderers contemplated one another, stupefied, pale, and trembling. The yellow gleams of light from the fire continued to dance on ceiling and walls, the soft odour of roses lingered in the air, the crackling of the wood broke the silence with short, sharp reports.

Laurent s'arrêta, la gorge sèche, étranglant, ne pouvant continuer. Au nom de Camille, Thérèse avait reçu un choc aux entrailles. Les deux meurtriers se contemplèrent, hébétés, pâles et tremblants. Les clartés jaunes du foyer dansaient toujours au plafond et sur les murs, l'odeur tiède des roses tramait, les pétillements du bois jetaient de petits bruits secs dans le silence.

Remembrances were abandoned. The spectre of Camille which had been evoked, came and seated itself between the newly married pair, in front of the flaming fire. Therese and Laurent

Les souvenirs étaient lâchés. Le spectre de Camille évoqué venait de s'asseoir entre les nouveaux époux en face du feu qui flambait. Thérèse et Laurent retrouvaient la senteur froide et humide du noyé dans

recognised the cold, damp smell of the drowned man in the warm air they were breathing. They said to themselves that a corpse was there, close to them, and they examined one another without daring to move.

l'air chaud qu'ils respiraient; ils se disaient qu'un cadavre était là, près d'eux, et ils s'examinaient l'un l'autre, sans oser bouger.

Then all the terrible story of their crime was unfolded in their memory. The name of their victim sufficed to fill them with thoughts of the past, to compel them to go through all the anguish of the murder over again. They did not open their lips, but looked at one another, and both at the same time were troubled with the same nightmare, both with their eyes broached the same cruel tale.

Alors toute la terrible histoire de leur crime se déroula au fond de leur mémoire. Le nom de leur victime suffit pour les emplir du passé, pour les obliger à vivre de nouveau les angoisses de l'assassinat. Ils n'ouvrirent pas les lèvres, ils se regardèrent, et tous deux eurent à la fois le même cauchemar, tous deux entamèrent mutuellement des yeux la même histoire cruelle.

This exchange of terrified looks, this mute narration they were about to make to themselves of the murder, caused them keen and intolerable apprehension. The strain on their nerves threatened an attack, they might cry out, perhaps fight. Laurent, to drive away his recollections, violently tore himself from the ecstasy of horror that enthralled him in

Cet échange de regards terrifiée, ce récit muet qu'ils allaient se faire du meurtre, leur causa une appréhension aiguë, intolérable. Leurs nerfs qui se tendaient les menaçaient d'une crise; ils pouvaient crier, se battre peut-être. Laurent, pour chasser les souvenirs, s'arracha violemment à l'extase épouvantée qui le tenait sous le regard de Thérèse; il fit quelques pas dans la chambre;

the gaze of Therese. He took a few strides in the room; he removed his boots and put on slippers; then, returning to his former place, he sat down at the chimney corner, and tried to talk on matters of indifference.

il retira ses bottes et mit des pantoufles, puis il revint s'asseoir au coin de la cheminée, il essaya de parler de choses indifférentes.

Therese, understanding what he desired, strove to answer his questions. They chatted about the weather, endeavouring to force on a commonplace conversation. Laurent said the room was warm, and Therese replied that, nevertheless, a draught came from under the small door on the staircase, and both turned in that direction with a sudden shudder. The young man hastened to speak about the roses, the fire, about everything he saw before him. The young woman, with an effort, rejoined in monosyllables, so as not to allow the conversation to drop. They had drawn back from one another, and were giving themselves easy airs, endeavouring to forget whom they were, treating one another as strangers brought together by chance.

Thérèse comprit son désir. Elle s'efforça de répondre à ses questions. Ils causèrent de la pluie et du beau temps. Ils voulurent se forcer à une causerie banale. Laurent déclara qu'il faisait chaud dans la chambre, Thérèse dit que cependant des courants d'air passaient sous la petite porte de l'escalier. Et ils se retournèrent vers la petite porte avec un frémissement subit. Le jeune homme se hâta de parler des roses, du feu, de tout ce qu'il voyait; la jeune femme faisait effort, trouvait des monosyllabes, pour ne pas laisser tomber la conversation. Ils s'étaient reculés l'un de l'autre; ils prenaient des airs dégagés; ils tâchaient d'oublier qui ils étaient et de se traiter comme des étrangers qu'un hasard quelconque aurait mis face à lace.

But, in spite of themselves, by a strange phenomenon, whilst they uttered these empty phrases, they mutually guessed the thoughts concealed in their banal words. Do what they would, they both thought of Camille. Their eyes continued the story of the past. They still maintained by looks a mute discourse, apart from the conversation they held aloud, which ran haphazard. The words they cast here and there had no signification, being disconnected and contradictory; all their intelligence was bent on the silent exchange of their terrifying recollections.

Et malgré eux, par un étrange phénomène, tandis qu'ils prononçaient des mots vides, ils devinaient mutuellement les pensées qu'ils cachaient sous la banalité de leurs paroles. Ils songeaient invinciblement à Camille. Leurs yeux se continuaient le récit du passé, ils tenaient toujours du regard une conversation suivie et muette, sous leur conversation à haute voix qui se traînait au hasard. Les mots qu'ils jetaient çà et là ne signifiaient rien, ne se liaient pas entre eux, se démentaient; tout leur être s'employait à l'échange silencieux de leurs souvenirs épouvantés.

When Laurent spoke of the roses, or of the fire, of one thing or another, Therese was perfectly well aware that he was reminding her of the struggle in the skiff, of the dull fall of Camille; and, when Therese answered yes or no to an insignificant question, Laurent understood that she said she remembered or did not remember a detail of the crime. They charted it in this manner open-heartedly without needing words, while

Lorsque Laurent parlait des roses ou du feu, d'une chose ou d'une autre, Thérèse entendait parfaitement qu'il lui rappelait la lutte dans la barque, la chute sourde de Camille; et, lorsque Thérèse répondait un oui ou un non à une question insignifiante, Laurent comprenait qu'elle disait se souvenir ou ne pas se souvenir d'un détail du crime. Ils causaient ainsi, à coeur ouvert, sans avoir besoin de mots, parlant d'autre chose.

they spoke aloud of other matters.

Moreover, unconscious of the syllables they pronounced, they followed their secret thoughts sentence by sentence; they might abruptly have continued their confidences aloud, without ceasing to understand each other. This sort of divination, this obstinacy of their memory in presenting to themselves without pause, the image of Camille, little by little drove them crazy. They thoroughly well perceived that they guessed the thoughts of one another, and that if they did not hold their tongues, the words would rise of themselves to their mouths, to name the drowned man, and describe the murder. Then they closely pinched their lips and ceased their conversation.

N'ayant d'ailleurs pas conscience des paroles qu'ils prononçaient, ils suivaient leurs pensées secrètes, phrase à phrase; ils auraient pu brusquement continuer leurs confidences à voix haute, sans cesser de se comprendre. Cette sorte de divination, cet entêtement de leur mémoire à leur présenter sans cesse l'image de Camille, les affolaient peu à peu; ils voyaient bien qu'ils se devinaient, et que, s'ils ne se taisaient pas, les mots allaient monter d'eux-mêmes à leur bouche, nommer le noyé, décrire l'assassinat. Alors ils serrèrent fortement les lèvres, ils cessèrent leur causerie.

In the overwhelming silence that ensued, the two murderers continued to converse about their victim. It appeared to them that their eyes mutually penetrated their flesh, and buried clear, keen phrases in their bodies. At moments, they fancied they heard themselves speaking aloud. Their senses

Et dans le silence accablant qui se fit, les deux meurtriers s'entretinrent encore de leur victime. Il leur sembla que leurs regards pénétraient mutuellement leur chair et enfonçaient en eux des phrases nettes et aiguës. Par moments, ils croyaient s'entendre parler à voix haute; leurs sens se

changed. Sight became a sort of strange and delicate hearing. They so distinctly read their thoughts upon their countenances, that these thoughts took a peculiarly piercing sound that agitated all their organism.

They could not have understood one another better, had they shouted in a heartrending voice: "We have killed Camille, and his corpse is there, extended between us, making our limbs like ice." And the terrible confidence continued, more manifest, more resounding, in the calm moist air of the room.

Laurent and Therese had commenced the mute narration from the day of their first interview in the shop. Then the recollections had come one by one in order; they had related their hours of love, their moments of hesitation and anger, the terrible incident of the murder. It was then that they pinched their lips, ceasing to talk of one thing and another, in fear lest they should all at once name Camille without desiring to do so. But their thoughts failing to

faussaient, la vue devenait une sorte d'ouïe, étrange et délicate; ils lisaient si nettement leurs pensées sur leurs visages, que ces pensées prenaient un son étrange, éclatant, qui secouait tout leur organisme.

Ils ne se seraient pas mieux entendus s'ils s'étaient crié d'une voix déchirante: « Nous avons tué Camille, et son cadavre est là, étendu entre nous, glaçant nos membres. » Et les terribles confidences allaient toujours, plus visibles, plus retentissantes, dans l'air calme et moite de la chambre.

Laurent et Thérèse avaient commencé le récit muet au jour de leur première entrevue dans la boutique. Puis les souvenirs étaient venus un à un, en ordre; ils s'étaient conté les heures de volupté, les moments d'hésitation et de colère, le terrible instant du meurtre. C'est alors qu'ils avaient serré les lèvres, cessant de causer de ceci, de cela, par crainte de nommer tout à coup Camille sans le vouloir. Et leurs pensées, ne s'arrêtant pas, les avaient promenés ensuite

cease, had then led them into great distress, into the affrighted period of expectancy following the crime.

dans les angoisses, dans l'attente peureuse qui avait suivi l'assassinat.

They thus came to think of the corpse of the drowned man extended on a slab at the Morgue. Laurent, by a look, told Therese all the horror he had felt, and the latter, driven to extremities, compelled by a hand of iron to part her lips, abruptly continued the conversation aloud:

Ils arrivèrent ainsi à songer au cadavre du noyé étalé sur une dalle de la Morgue. Laurent, dans un regard, dit toute son épouvante à Thérèse, et Thérèse poussée à bout, obligée par une main de fer de desserrer les lèvres, continua brusquement la conversation à voix haute:

"You saw him at the Morgue?" she inquired of Laurent without naming Camille.

—Tu l'as vu à la Morgue? demanda-t-elle à Laurent, sans nommer Camille.

Laurent looked as if he expected this question. He had been reading it for a moment on the livid face of the young woman.

Laurent paraissait s'attendre à cette question. Il la lisait depuis un moment sur le visage blanc de la jeune femme.

"Yes," answered he in a choking voice.

—Oui, répondit-il d'une voix étranglée.

The murderers shivered, and drawing nearer the fire, extended their hands towards the flame as if an icy puff of wind had suddenly passed through the warm room. For an instant they maintained silence, coiled up like balls, cowering on their chairs. Then

Les meurtriers eurent un frisson. Ils se rapprochèrent du feu; ils étendirent leurs mains devant la flamme, comme si un souffle glacé eût subitement passé dans la chambre chaude. Ils gardèrent un instant le silence, pelotonnés, accroupis. Puis Thérèse reprit

Therese, in a hollow voice, resumed:

sourdement:

"Did he seem to have suffered much?"

—Paraissait-il avoir beaucoup souffert?

Laurent could not answer. He made a terrified gesture as if to put aside some hideous vision, and rising went towards the bed. Then, returning violently with open arms, he advanced towards Therese.

Laurent ne put répondre. Il fit un geste d'effroi, comme pour écarter une vision ignoble. Il se leva, alla vers le lit, et revint avec violence, les bras ouverts, s'avançant vers Thérèse.

"Kiss me," said he, extending his neck.

—Embrasse-moi, lui dit-il en tendant le cou.

Therese had risen, looking quite pale in her nightdress, and stood half thrown back, with her elbow resting on the marble mantelpiece. She gazed at the neck of her husband. On the white skin she had just caught sight of a pink spot. The rush of blood to the head, increased the size of this spot, turning it bright red.

Thérèse s'était levée, toute pâle dans sa toilette de nuit; elle se renversait à demi, le coude posé sur le marbre de la cheminée. Elle regarda le cou de Laurent. Sur la blancheur de la peau, elle venait d'apercevoir une tache rose. Le flot de sang qui montait agrandit cette tache, qui devint d'un rouge ardent.

"Kiss me, kiss me," repeated Laurent, his face and neck scarlet.

—Embrasse-moi, embrasse-moi, répétait Laurent, le visage et le cou en feu.

The young woman threw her head further back, to avoid an embrace, and pressing the tip of her finger on the bite Camille had given her

La jeune femme renversa la tête davantage pour éviter un baiser, et, appuyant le bout de son doigt sur la morsure de Camille, elle demanda à son

husband, addressed him thus:

mari:

"What have you here? I never noticed this wound before."

—Qu'as-tu là? je ne te connaissais pas cette blessure.

It seemed to Laurent as if the finger of Therese was boring a hole in his throat. At the contact of this finger, he suddenly started backward, uttering a suppressed cry of pain.

Il sembla à Laurent que le doigt de Thérèse lui trouait la gorge. Au contact de ce doigt, il eut un brusque mouvement de recul, en poussant un léger cri de douleur.

"That," he stammered, "that ——"

—Ça, dit-il en balbutiant, ça?

He hesitated, but he could not lie, and in spite of himself, he told the truth.

Il hésita, mais il ne put mentir, il dit la vérité malgré lui.

"That is the bite Camille gave me. You know, in the boat. It is nothing. It has healed. Kiss me, kiss me."

—C'est Camille qui m'a mordu, tu sais, dans la barque. Ce n'est rien, c'est guéri.... Embrasse-moi, embrasse-moi.

And the wretch craned his neck which was burning him. He wanted Therese to kiss the scar, convinced that the lips of this woman would appease the thousand pricks lacerating his flesh, and with raised chin he presented his extended neck for the embrace. Therese, who was almost lying back on the marble chimney-piece, gave a supreme gesture of disgust, and in a supplicating voice

Et le misérable tendait son cou qui le brûlait, il désirait que Thérèse le baisât sur la cicatrice, il comptait que le baiser de cette femme apaiserait les mille piqûres qui lui déchiraient la chair. Le menton levé, le cou en avant, il s'offrait. Thérèse, presque couchée sur le marbre de la cheminée, fit un geste de suprême dégoût et s'écria d'une voix suppliante:

exclaimed:

"Oh! no, not on that part. There is blood."

—Oh! non, pas là. Il y a du sang.

She sank down on the low chair, trembling, with her forehead between her hands. Laurent remained where he stood for a moment, looking stupid. Then, all at once, with the clutch of a wild beast, he grasped the head of Therese in his two great hands, and by force brought her lips to the bite he had received from Camille on his neck. For an instant he kept, he crushed, this head of a woman against his skin. Therese had given way, uttering hollow groans. She was choking on the neck of Laurent. When she had freed herself from his hands, she violently wiped her mouth, and spat in the fire. She had not said a word.

Elle retomba sur la chaise basse, frémissante, le front entre les mains. Laurent resta stupide. Il abaissa le menton, il regarda vaguement Thérèse. Puis, tout d'un coup, avec une étreinte de bête fauve, il lui prit la tête dans ses larges mains, et, de force, lui appliqua les lèvres sur son cou, sur la morsure de Camille. Il garda, il écrasa un instant cette tête de femme contre sa peau. Thérèse s'était abandonnée, elle poussait des plaintes sourdes, elle étouffait sur le cou de Laurent. Quand elle se fut dégagée de ses doigts, elle s'essuya violemment la bouche, elle cracha dans le foyer. Elle n'avait pas prononcé une parole.

Laurent, ashamed of his brutality, began walking slowly from the bed to the window. Suffering alone—the horrible burn—had made him exact a kiss from Therese, and when her frigid lips met the scorching scar, he felt the pain more acutely. This kiss

Laurent, honteux de sa brutalité, se mit à marcher lentement, allant du lit à la fenêtre. La souffrance seule, l'horrible cuisson lui avait fait exiger un baiser de Thérèse, et, quand les lèvres de Thérèse s'étaient trouvées froides sur la cicatrice brûlante, il avait

obtained by violence had just crushed him. The shock had been so painful, that for nothing in the world would he have received another. He cast his eyes upon the woman with whom he was to live, and who sat shuddering, doubled up before the fire, turning her back to him; and he repeated to himself that he no longer loved this woman, and that she no longer loved him.

souffert davantage. Ce baiser obtenu par la violence venait de le briser. Pour rien au monde, il n'aurait voulu en recevoir un second, tant le choc avait été douloureux. Et il regardait la femme avec laquelle il devait vivre et qui frissonnait, pliée devant le feu, lui tournant le dos; il se répétait qu'il n'aimait plus cette femme et que cette femme ne l'aimait plus.

For nearly an hour Therese maintained her dejected attitude, while Laurent silently walked backward and forward. Both inwardly acknowledged, with terror, that their passion was dead, that they had killed it in killing Camille. The embers on the hearth were gently dying out; a sheet of bright, clear fire shone above the ashes. Little by little, the heat of the room had become stifling; the flowers were fading, making the thick air sickly, with their heavy odour.

Pendant près d'une heure, Thérèse resta affaissée. Laurent se promena de long en large, silencieusement. Tous deux s'avouaient avec terreur que leur passion était morte, qu'ils avaient tué leurs désirs en tuant Camille. Le feu se mourait doucement; un grand brasier rose luisait sur les cendres. Peu à peu, la chaleur était devenue étouffante dans la chambre, les fleurs se fanaient, alanguissant l'air épais de leurs senteurs lourdes.

Laurent, all at once, had an hallucination. As he turned round, coming from the window to the bed, he saw Camille in a dark corner, between the chimney and

Tout à coup Laurent crut avoir une hallucination. Comme il se tournait revenant de la fenêtre au lit, il vit Camille dans un coin plein d'ombre, entre la cheminée et l'armoire à glace.

wardrobe. The face of his victim looked greenish and distorted, just as he had seen it on the slab at the Morgue. He remained glued to the carpet, fainting, leaning against a piece of furniture for support. At a hollow rattle in his throat, Therese raised her head.

La face de sa victime était verdâtre et convulsionnée, telle qu'il l'avait aperçue sur une dalle de la Morgue. Il demeura cloué sur le tapis, défaillant, s'appuyant contre un meuble. Au râle sourd qu'il poussa, Thérèse leva la tête.

"There, there!" exclaimed Laurent in a terrified tone. With extended arm, he pointed to the dark corner where he perceived the sinister face of Camille. Therese, infected by his terror, went and pressed against him.

—Là, là, disait Laurent d'une voix terrifiée, Le bras tendu, il montrait le coin d'ombre dans lequel il apercevait le visage sinistre de Camille. Thérèse, gagnée par l'épouvante, vint se serrer contre lui.

"It is his portrait," she murmured in an undertone, as if the face of her late husband could hear her.

—C'est son portrait, murmura-t-elle à voix basse, comme si la figure peinte de son ancien mari eût pu l'entendre.

"His portrait?" repeated Laurent, whose hair stood on end.

—Son portrait? répéta Laurent dont les cheveux se dressaient.

"Yes, you know, the painting you did," she replied. "My aunt was to havc rcmovcd it to her room. No doubt she forgot to take it down."

—Oui, tu sais, la peinture que tu as faite. Ma tante devait le prendre chez elle à partir d'aujourd'hui. Elle aura oublié de le décrocher.

"Really; his portrait," said he.

—Bien sûr, c'est son portrait….

The murderer had some

Le meurtrier hésitait à

difficulty in recognising the canvas. In his trouble he forgot that it was he who had drawn those clashing strokes, who had spread on those dirty tints that now terrified him. Terror made him see the picture as it was, vile, wretchedly put together, muddy, displaying the grimacing face of a corpse on a black ground. His own work astonished and crushed him by its atrocious ugliness; particularly the two eyes which seemed floating in soft, yellowish orbits, reminding him exactly of the decomposed eyes of the drowned man at the Morgue. For a moment, he remained breathless, thinking Therese was telling an untruth to allay his fears. Then he distinguished the frame, and little by little became calm.

reconnaître la toile. Dans son trouble, il oubliait qu'il avait lui-même dessiné ces traits heurtés, étalé ces teintes sales qui l'épouvantaient. L'effroi lui faisait voir le tableau tel qu'il était, ignoble, mal bâti, boueux, montrant sur un fond noir une face grimaçante de cadavre. Son oeuvre l'étonnait et l'écrasait par sa laideur atroce, il y avait surtout les deux yeux blancs flottant dans les orbites molles et jaunâtres, qui lui rappelaient exactement les yeux pourris du noyé de la Morgue. Il resta un moment haletant, croyant que Thérèse mentait pour le rassurer. Puis il distingua le cadre, il se calma peu à peu.

"Go and take it down," said he in a very low tone to the young woman.

—Va le décrocher, dit-il tout bas à la jeune femme.

"Oh! no, I'm afraid," she answered with a shiver.

—Oh! non, j'ai peur, répondit celle-ci avec un frisson.

Laurent began to tremble again. At moments the frame of the picture disappeared, and he only saw the two white eyes

Laurent se remit à trembler. Par instants, le cadre disparaissait, il ne voyait plus que les deux yeux blancs qui se

giving him a long, steady look.	fixaient sur lui, longuement.
"I beg you to go and unhook it," said he, beseeching his companion.	—Je t'en prie, reprit-il en, suppliant sa compagne, va le décrocher.
"No, no," she replied.	—Non, non.
"We will turn it face to the wall, and then it will not frighten us," he suggested.	—Nous le tournerons contre le mur, nous n'aurons plus peur.
"No," said she, "I cannot do it."	—Non, je ne puis pas.
The murderer, cowardly and humble, thrust the young woman towards the canvas, hiding behind her, so as to escape the gaze of the drowned man. But she escaped, and he wanted to brazen the matter out. Approaching the picture, he raised his hand in search of the nail, but the portrait gave such a long, crushing, ignoble look, that Laurent after seeking to stare it out, found himself vanquished, and started back overpowered, murmuring as he did so:	Le meurtrier, lâche et humble, poussait la jeune femme vers la toile, se cachant derrière elle, pour se dérober aux regards du noyé. Elle s'échappa, et il voulut se payer d'audace; il s'approcha du tableau, levant la main, cherchant le clou. Mais le portrait eut un regard si écrasant, si ignoble, si long, que Laurent, après avoir voulu lutter de fixité avec lui, fut vaincu et recula, accablé, en murmurant:
"No, you are right, Therese, we cannot do it. Your aunt shall take it down to-morrow."	—Non, tu as raison, Thérèse, nous ne pouvons pas.... Ta tante le décrochera demain.
He resumed his walk up and down, with bowed head,	Il reprit sa marche de long en large, baissant la tête, sentant

feeling the portrait was staring at him, following him with its eyes. At times, he could not prevent himself casting a side glance at the canvas; and, then, in the depth of the darkness, he still perceived the dull, deadened eyes of the drowned man. The thought that Camille was there, in a corner, watching him, present on his wedding night, examining Therese and himself, ended by driving him mad with terror and despair.

que le portrait le regardait, le suivait des yeux. Il ne pouvait s'empêcher, par instants, de jeter un coup d'oeil du côté de la toile; alors, au fond de l'ombre, il apercevait toujours les regards ternes et morts du noyé. La pensée que Camille était là, dans un coin, le guettant, assistant à sa nuit de noces, les examinant, Thérèse et lui, acheva de rendre Laurent fou de terreur et de désespoir.

One circumstance, which would have brought a smile to the lips of anyone else, made him completely lose his head. As he stood before the fire, he heard a sort of scratching sound. He turned pale, imagining it came from the portrait, that Camille was descending from his frame. Then he discovered that the noise was at the small door opening on the staircase, and he looked at Therese who also showed signs of fear.

Un fait, dont tout autre aurait souri, lui fit perdre entièrement la tête. Comme il se trouvait devant la cheminée, il entendit une sorte de grattement. Il pâlit, il s'imagina que ce grattement venait du portrait, que le bruit avait lieu à la petite porte donnant sur l'escalier. Il regarda Thérèse que la peur reprenait.

"There is someone on the staircase," he murmured. "Who can be coming that way?"

—Il y a quelqu'un dans l'escalier, murmura-t-il. Qui peut venir par là?

The young woman gave no answer. Both were thinking of the drowned man, and their temples became moist with icy perspiration. They sought refuge together at the end of the room, expecting to see the door suddenly open, and the corpse of Camille fall on the floor. As the sound continued, but more sharply and irregularly, they thought their victim must be tearing away the wood with his nails to get in. For the space of nearly five minutes, they dared not stir. Finally, a mewing was heard, and Laurent advancing, recognised the tabby cat belonging to Madame Raquin, which had been accidentally shut up in the room, and was endeavouring to get out by clawing at the door.

La jeune femme ne répondit pas. Tous deux songeaient au noyé, une sueur glacée mouillait leurs tempes. Ils se réfugièrent au fond de la chambre, s'attendant à voir la porte s'ouvrir brusquement en laissant tomber sur le carreau le cadavre de Camille. Le bruit continuant plus sec, plus irrégulier, ils pensèrent que leur victime écorchait le bois avec ses ongles pour entrer. Pendant près de cinq minutes, ils n'osèrent bouger. Enfin un miaulement se fit entendre.

Francois, frightened by Laurent, sprang upon a chair at a bound. With hair on end and stiffened paws, he looked his new master in the face, in a harsh and cruel manner. The young man did not like cats, and Francois almost terrified him. In this moment of excitement and alarm, he imagined the cat was about to

Laurent, en s'approchant, reconnut le chat tigré de Mme Raquin, qui avait été enfermé par mégarde dans la chambre, et qui tentait d'en sortir en secouant la petite porte avec ses griffes. François eut peur de Laurent; d'un bond, il sauta sur une chaise; le poil hérissé, les pattes roidies, il regardait son nouveau maître en face,

fly in his face to avenge Camille. He fancied the beast must know everything, that there were thoughts in his strangely dilated round eyes. The fixed gaze of the animal caused Laurent to lower his lids. As he was about to give Francois a kick, Therese exclaimed:

d'un air dur et cruel. Le jeune homme n'aimait pas les chats, François l'effrayait presque. Dans cette heure de fièvre et de crainte, il crut que le chat allait lui sauter au visage pour venger Camille. Cette bête devait tout savoir: il y avait des pensées dans ses yeux ronds, étrangement dilatés. Laurent baissa les paupières, devant la fixité de ces regards de brute. Comme il allait donner un coup de pied à François:

"Don't hurt him."

—Ne lui fais pas de mal, s'écria Thérèse.

This sentence produced a strange impression on Laurent, and an absurd idea got into his head.

Ce cri lui causa une étrange impression. Une idée absurde lui emplit la tête.

"Camille has entered into this cat," thought he. "I shall have to kill the beast. It looks like a human being."

—Camille est entré dans ce chat, pensa-t-il. Il faudra que je tue cette bête.... Elle a l'air d'une personne.

He refrained from giving the kick, being afraid of hearing Francois speak to him with the voice of Camille. Then he said to himself that this animal knew too much, and that he should have to throw it out of the window. But he had not the pluck to accomplish his

Il ne donna pas le coup de pied, craignant d'entendre François lui parler avec le son de voix de Camille. Puis il se rappela les plaisanteries de Thérèse aux temps de leurs voluptés, lorsque le chat était témoin des baisers qu'ils échangeaient. Il se dit alors que

design. Francois maintained a fighting attitude. With claws extended, and back curved in sullen irritation, he followed the least movement of his enemy with superb tranquillity. The metallic sparkle of his eyes troubled Laurent, who hastened to open the dining-room door, and the cat fled with a shrill mew.

cette bête en savait de trop et qu'il fallait la jeter par la fenêtre. Mais il n'eut pas le courage d'accomplir son dessein. François gardait une attitude de guerre; les griffes allongées, le dos soulevé par une irritation sourde, il suivait les moindres mouvements de son ennemi avec une tranquillité superbe. Laurent fut gêné par l'éclat métallique de ses yeux; il se hâta de lui ouvrir la porte de la salle à manger, et le chat s'enfuit en poussant un miaulement aigu.

Therese had again seated herself before the extinguished fire. Laurent resumed his walk from bed to window. It was thus that they awaited day-light. They did not think of going to bed; their hearts were thoroughly dead. They had but one, single desire: to leave the room they were in, and where they were choking. They experienced a real discomfort in being shut up together, and in breathing the same atmosphere. They would have liked someone to be there to interrupt their privacy, to drag them from the cruel embarrassment in which they

Thérèse s'était assise de nouveau devant le foyer éteint. Laurent reprit sa marche du lit à la fenêtre. C'est ainsi qu'ils attendirent le jour. Ils ne songèrent pas à se coucher; leur chair et leur coeur étaient bien morts. Un seul désir les tenait, le désir de sortir de cette chambre où ils étouffaient. Ils éprouvaient un véritable malaise à être enfermés ensemble, à respirer le même air; ils auraient voulu qu'il y eût là quelqu'un pour rompre leur tête-à-tête, pour les tirer de l'embarras cruel où ils étaient, en restant l'un devant l'autre sans parler, sans pouvoir

found themselves, sitting one before the other without opening their lips, and unable to resuscitate their love. Their long silences tortured them, silence loaded with bitter and despairing complaints, with mute reproaches, which they distinctly heard in the tranquil air.

ressusciter leur passion. Leurs longs silences les torturaient; ces silences étaient lourds de plaintes amères et désespérées, de reproches muets, qu'ils entendaient distinctement dans l'air tranquille.

Day came at last, a dirty, whitish dawn, bringing penetrating cold with it. When the room had filled with dim light, Laurent, who was shivering, felt calmer. He looked the portrait of Camille straight in the face, and saw it as it was, commonplace and puerile. He took it down, and shrugging his shoulders, called himself a fool. Therese had risen from the low chair, and was tumbling the bed about for the purpose of deceiving her aunt, so as to make her believe they had passed a happy night.

Le jour vint enfin, sale et blanchâtre, amenant avec lui un froid pénétrant. Lorsqu'une clarté pâle eut empli la chambre, Laurent qui grelottait se sentit plus calme. Il regarda en face le portrait de Camille, et le vit tel qu'il était, banal et puéril; il le décrocha en haussant les épaules, en se traitant de bête. Thérèse s'était levée et défaisait le lit pour tromper sa tante, pour faire croire à une nuit heureuse.

"Look here," Laurent brutally remarked to her, "I hope we shall sleep well to-night! There must be an end to this sort of childishness."

—Ah ça, lui dit brutalement Laurent, j'espère que nous dormirons ce soir?... Ces enfantillages-là ne peuvent durer.

Therese cast a deep, grave

Thérèse lui jeta un coup d'oeil

glance at him.

"You understand," he continued. "I did not marry for the purpose of passing sleepless nights. We are just like children. It was you who disturbed me with your ghostly airs. To-night you will try to be gay, and not frighten me." He forced himself to laugh without knowing why he did so.

"I will try," gloomily answered the young woman.

Such was the wedding night of Therese and Laurent.

XXII

The following nights proved still more cruel. The murderers had wished to pass this part of the twenty-four hours together, so as to be able to defend themselves against the drowned man, and by a strange effect, since they had been doing so, they shuddered the more. They were exasperated, and their nerves so irritated, that they underwent atrocious attacks of suffering and terror, at the exchange of a simple

grave et profond.

—Tu comprends, continua-t-il, je ne me suis pas marié pour passer des nuits blanches. Nous sommes des enfants.... C'est toi qui m'as troublé, avec tes airs de l'autre monde. Ce soir, tu tâcheras d'être gaie et de me pas m'effrayer.

Il se força à rire, sans savoir pourquoi il riait.

—Je tâcherai, reprit sourdement la jeune femme. Telle fut la nuit de noces de Thérèse et de Laurent.

CHAPITRE XXII

Les nuits suivantes furent encore plus cruelles. Les meurtriers avaient voulu être deux, la nuit, pour se défendre contre le noyé, et, par un étrange effet, depuis qu'ils se trouvaient ensemble, ils frissonnaient davantage. Ils s'exaspéraient, ils irritaient leurs nerfs, ils subissaient des crises atroces de souffrance et de terreur, en échangeant une simple parole, un simple regard. A la moindre

word or look. At the slightest conversation between them, at the least talk, they had alone, they began raving, and were ready to draw blood.

conversation qui s'établissait entre eux, au moindre tête-à-tête qu'ils avaient, ils voyaient rouge, ils déliraient.

The sort of remorse Laurent experienced was purely physical. His body, his irritated nerves and trembling frame alone were afraid of the drowned man. His conscience was for nothing in his terror. He did not feel the least regret at having killed Camille. When he was calm, when the spectre did not happen to be there, he would have committed the murder over again, had he thought his interests absolutely required it. During the daytime he laughed at himself for his fright, making up his mind to be stronger, and he harshly rebuked Therese, whom he accused of troubling him. According to what he said, it was Therese who shuddered, it was Therese alone who brought on the frightful scenes, at night, in the bedroom. And, as soon as night came, as soon as he found himself shut in with his wife, icy perspiration pearled on his skin, and his frame

La nature sèche et nerveuse de Thérèse avait agi d'une façon bizarre sur la nature épaisse et sanguine de Laurent. Jadis, aux jours de passion, leur différence de tempérament avait fait de cet homme et de cette femme un couple puissamment lié, en établissant entre eux une sorte d'équilibre, en complétant pour ainsi dire leur organisme. L'amant donnait de son sang, l'amante de ses nerfs, et ils vivaient l'un dans l'autre, ayant besoin de leurs baisers pour régulariser le mécanisme de leur être. Mais un détraquement venait de se produire; les nerfs surexcités de Thérèse avaient dominé. Laurent s'était trouvé tout d'un coup jeté en plein éréthisme nerveux; sous l'influence ardente de la jeune femme, son tempérament était devenu peu à peu celui d'une fille secouée par une névrose aiguë. Il serait curieux d'étudier les changements qui se produisent parfois dans certains

shook with childish terror.

organismes, à la suite de circonstances déterminées. Ces changements, qui partent de la chair, ne tardent pas à se communiquer au cerveau, à tout l'individu.

Avant de connaître Thérèse, Laurent avait la lourdeur, le calme prudent, la vie sanguine d'un fils de paysan. Il dormait, mangeait, buvait en brute. A toute heure, dans tous les faits de l'existence journalière, il respirait d'un souffle large et épais, content de lui, un peu abêti par sa graisse. A peine, au fond de sa chair alourdie, sentait-il parfois des chatouillements. C'étaient ces chatouillements que Thérèse avait développés en horribles secousses. Elle avait fait pousser dans ce grand corps, gras et mou, un système nerveux d'une sensibilité étonnante. Laurent qui, auparavant, jouissait de la vie plus par le sang que par les nerfs, eut des sens moins grossiers. Une existence nerveuse, poignante et nouvelle pour lui, lui fut brusquement révélée, aux premiers baisers de sa maîtresse. Cette existence

décupla ses voluptés, donna un caractère si aigu à ses joies, qu'il en fut d'abord comme affolé; il s'abandonna éperdument à ces crises d'ivresse que jamais son sang ne lui avait procurées. Alors eut lieu en lui un étrange travail; les nerfs se développèrent, l'emportèrent sur l'élément sanguin, et ce fait seul modifia sa nature. Il perdit son calme, sa lourdeur, il ne vécut plus une vie endormie. Un moment arriva où les nerfs et le sang se tinrent en équilibre; ce fut là un moment de jouissance profonde d'existence parfaite. Puis les nerfs dominèrent, et il tomba dans les angoisses qui secouent les corps et les esprits détraqués.

C'est ainsi que Laurent s'était mis à trembler devant un coin d'ombre, comme un enfant poltron. L'être frissonnant et hagard, le nouvel individu qui venait de se dégager en lui du paysan épais et abruti éprouvait les peurs, les anxiétés des tempéraments nerveux. Toutes les circonstances, les caresses fauves de Thérèse, la fièvre du meurtre, l'attente

épouvantée de la volupté, l'avaient rendu comme fou, en exaltant ses sens, en frappant à coups brusques et répétés sur ses nerfs. Enfin l'insomnie était venue fatalement, apportant avec elle l'hallucination. Dès lors, Laurent avait roulé dans la vie intolérable, dans l'effroi éternel où il se débattait.

Ses remords étaient purement physiques. Son corps, ses nerfs irrités et sa chair tremblante avaient seuls peur du noyé. Sa conscience n'entrait pour rien dans ses terreurs, il n'avait pas le moindre regret d'avoir tué Camille; lorsqu'il était calme, lorsque le spectre ne se trouvait pas là, il aurait commis de nouveau le meurtre, s'il avait pensé que son intérêt l'exigeât. Pendant le jour, il se raillait de ses effrois, il se promettait d'être fort, il gourmandait Thérèse, qu'il accusait de le troubler; selon lui, c'était Thérèse qui frissonnait, c'était Thérèse seule qui amenait des scènes épouvantables, le soir, dans la chambre. Et dès que la nuit tombait, dès qu'il était enfermé avec sa femme, des sueurs glacées montaient à sa peau,

des effrois d'enfant le secouaient.

He thus underwent intermittent nervous attacks that returned nightly, and threw his senses into confusion while showing him the hideous green face of his victim. These attacks resembled the accesses of some frightful illness, a sort of hysteria of murder. The name of illness, of nervous affection, was really the only one to give to the terror that Laurent experienced. His face became convulsed, his limbs rigid, his nerves could be seen knotting beneath his skin. The body suffered horribly, while the spirit remained absent. The wretch felt no repentance. His passion for Therese had conveyed a frightful evil to him, and that was all.

Il subissait ainsi des crises périodiques, des crises de nerfs qui revenaient tous les soirs, qui détraquaient ses sens, en lui montrant la face verte et ignoble de sa victime. On eût dit les accès d'une effrayante maladie, d'une sorte d'hystérie du meurtre. Le nom de maladie, d'affection nerveuse était réellement le seul qui convînt aux épouvantes de Laurent. Sa face se convulsionnait, ses membres se raidissaient; on voyait que les nerfs se nouaient en lui. Le corps souffrait horriblement, l'âme restait absente. Le misérable n'éprouvait pas un repentir; la passion de Thérèse lui avait communiqué un mal effroyable, et c'était tout.

Therese also found herself a prey to these heavy shocks. But, in her terror, she showed herself a woman: she felt vague remorse, unavowed regret. She, at times, had an inclination to cast herself on her knees and beseech the spectre of Camille to pardon her, while swearing to appease

Thérèse se trouvait, elle aussi, en proie à des secousses profondes. Mais, chez elle, la nature première n'avait fait que s'exalter outre mesure. Depuis l'âge de dix ans, cette femme était troublée par des désordres nerveux, dus en partie à la façon dont elle grandissait dans l'air tiède et nauséabond

it by repentance. Maybe Laurent perceived these acts of cowardice on the part of Therese, for when they were agitated by the common terror, he laid the blame on her, and treated her with brutality.

de la chambre où râlait le petit Camille. Il s'amassait en elle des orages, des fluides puissants qui devaient éclater plus tard en véritables tempêtes. Laurent avait été pour elle ce qu'elle avait été pour Laurent, une sorte de choc brutal. Dès la première étreinte d'amour, son tempérament sec et voluptueux s'était développé avec une énergie sauvage; elle n'avait plus vécu que pour la passion. S'abandonnant de plus en plus aux fièvres qui la brûlaient, elle en était arrivée à une sorte de stupeur maladive. Les faits l'écrasaient, tout la poussait à la folie. Dans ses effrois, elle se montrait plus femme que son nouveau mari; elle avait de vagues remords, des regrets inavoués; il lui prenait des envies de se jeter à genoux et d'implorer le spectre de Camille, de lui demander grâce en lui jurant de l'apaiser par son repentir. Peut-être Laurent s'apercevait-il de ces lâchetés de Thérèse. Lorsqu'une épouvante commune les agitait, il s'en prenait à elle, il la traitait avec brutalité.

On the first nights, they were unable to go to bed. They waited for daylight, seated before the fire, or pacing to and fro as on the evening of the wedding-day. The thought of lying down, side by side, on the bed, caused them a sort of terrifying repugnance. By tacit consent, they avoided kissing one another, and they did not even look at their couch, which Therese tumbled about in the morning. When overcome with fatigue, they slept for an hour or two in the armchairs, to awaken with a start, under the influence of the sinister denouement of some nightmare. On awakening, with limbs stiff and tired, shivering all over with discomfort and cold, their faces marbled with livid blotches, they contemplated one another in bewilderment astonished to see themselves there. And they displayed strange bashfulness towards each other, ashamed at showing their disgust and terror.

Les premières nuits, ils ne purent se coucher. Ils attendirent le jour, assis devant le feu, se promenant de long en large, comme le jour des noces. La pensée de s'étendre côte à côte sur le lit leur causait une sorte de répugnance effrayée. D'un accord tacite, ils évitèrent de s'embrasser, ils ne regardèrent même pas la couche que Thérèse défaisait le matin. Quand la fatigue les accablait, ils s'endormaient pendant une ou deux heures dans des fauteuils, pour s'éveiller en sursaut, sous le coup du dénoûment sinistre de quelque cauchemar. Au réveil, les membres raidis et brisés, le visage marbré de taches livides, tout grelottants de malaise et de froid, ils se contemplaient avec stupeur, étonnés de se voir là, ayant vis-à-vis l'un de l'autre des pudeurs étranges, des hontes de montrer leur écoeurement et leur terreur.

But they struggled against sleep as much as they could. They seated themselves, one

Ils luttaient d'ailleurs contre le sommeil autant qu'ils pouvaient. Ils s'asseyaient aux

on each side of the chimney, and talked of a thousand trifles, being very careful not to let the conversation drop. There was a broad space between them in front of the fire. When they turned their heads, they imagined that Camille had drawn a chair there, and occupied this space, warming his feet in a lugubrious, bantering fashion. This vision, which they had seen on the evening of the wedding-day, returned each night. And this corpse taking a mute, but jeering part, in their interviews, this horribly disfigured body ever remaining there, overwhelmed them with continued anxiety. Not daring to move, they half blinded themselves staring at the scorching flames, and, when unable to resist any longer, they cast a timid glance aside, their eyes irritated by the glowing coal, created the vision, and conveyed to it a reddish glow.

deux coins de la cheminée et causaient de mille riens, ayant grand soin de ne pas laisser tomber la conversation. Il y avait un large espace entre eux, en face du foyer. Quand ils tournaient la tête, ils s'imaginaient que Camille avait approché un siège et qu'il occupait cet espace, se chauffant les pieds d'une façon lugubrement goguenarde. Cette vision qu'ils avaient eue le soir des noces revenait chaque nuit. Ce cadavre qui assistait, muet et railleur, à leurs entretiens, ce corps horriblement défiguré qui se tenait toujours là, les accablait d'une continuelle anxiété. Ils n'osaient bouger, ils s'aveuglaient à regarder les flammes ardentes, et, lorsque invinciblement ils jetaient un coup d'oeil craintif à côté d'eux, leurs yeux, irrités par les charbons ardents, créaient la vision et lui donnaient des reflets rougeâtres.

Laurent, in the end, refused to remain seated any longer, without avowing the cause of this whim to Therese. The latter understood that he must

Laurent finit par ne plus vouloir s'asseoir, sans avouer à Thérèse la cause de ce caprice. Thérèse comprit que Laurent devait voir Camille, comme

see Camille as she saw him; and, in her turn, she declared that the heat made her feel ill, and that she would be more comfortable a few steps away from the chimney. Pushing back her armchair to the foot of the bed, she remained there overcome, while her husband resumed his walk in the room. From time to time, he opened the window, allowing the icy air of the cold January night to fill the apartment, and this calmed his fever.

elle le voyait; elle déclara à son tour que la chaleur lui faisait mal, qu'elle serait mieux à quelques pas de la cheminée. Elle poussa son fauteuil au pied du lit et y resta affaissée, tandis que son mari reprenait ses promenades dans la chambre. Par moments, il ouvrait la fenêtre, il laissait les nuits froides de janvier emplir la pièce de leur souffle glacial. Cela calmait sa fièvre.

For a week, the newly-married couple passed the nights in this fashion, dozing and getting a little rest in the daytime, Therese behind the counter in the shop, Laurent in his office. At night they belonged to pain and fear. And the strangest part of the whole business was the attitude they maintained towards each other. They did not utter one word of love, but feigned to have forgotten the past; and seemed to accept, to tolerate one another like sick people, feeling secret pity for their mutual sufferings.

Pendant une semaine, les nouveaux époux passèrent ainsi les nuits entières. Ils s'assoupissaient, ils se reposaient un peu dans la journée, Thérèse derrière le comptoir de la boutique, Laurent à son bureau. La nuit, ils appartenaient à la douleur et à la crainte. Et le fait le plus étrange était encore l'attitude qu'ils gardaient vis-à-vis l'un de l'autre. Ils ne prononçaient pas un mot d'amour, ils feignaient d'avoir oublié le passé; ils semblaient s'accepter, se tolérer, comme des malades éprouvant une pitié secrète pour leurs souffrances communes.

Both hoped to conceal their disgust and fear, and neither seemed to think of the peculiar nights they passed, which should have enlightened them as to the real state of their beings. When they sat up until morning, barely exchanging a word, turning pale at the least sound, they looked as if they thought all newly-married folk conducted themselves in the same way, during the first days of their marriage. This was the clumsy hypocrisy of two fools.

Tous les deux avaient l'espérance de cacher leurs dégoûts et leurs peurs, et aucun des deux ne paraissait songer à l'étrangeté des nuits qu'ils passaient, et qui devaient les éclairer mutuellement sur l'état véritable de leur être. Lorsqu'ils restaient debout jusqu'au matin, se parlant à peine, pâlissant au moindre bruit, ils avaient l'air de croire que tous les nouveaux époux se conduisaient ainsi, les premiers jours de leur mariage. C'était l'hypocrisie maladroite de deux fous.

They were soon so overcome by weariness that they one night decided to lie on the bed. They did not undress, but threw themselves, as they were, on the quilt, fearing lest their bare skins should touch, for they fancied they would receive a painful shock at the least contact. Then, when they had slept thus, in an anxious sleep, for two nights, they risked removing their clothes, and slipping between the sheets. But they remained apart, and took all sorts of precautions so as not to come together. Therese got into bed

La lassitude les écrasa bientôt à tel point qu'ils se décidèrent, un soir, à se coucher sur le lit. Ils ne se déshabillèrent pas, ils se jetèrent tout vêtus sur le couvre-pied, craignant que leur peau ne vînt à se toucher. Il leur semblait qu'ils recevraient une secousse douloureuse au moindre contact. Puis, lorsqu'ils eurent sommeillé ainsi, pendant deux nuits, d'un sommeil inquiet, ils se hasardèrent à quitter leurs vêtements et à se couler entre les draps. Mais ils restèrent écartés l'un de l'autre, ils prirent des précautions pour

first, and lay down close to the wall. Laurent waited until she had made herself quite comfortable, and then ventured to stretch himself out at the opposite edge of the mattress, so that there was a broad space between them. It was there that the corpse of Camille lay.

ne point se heurter. Thérèse montait la première et allait se mettre au fond, contre le mur. Laurent attendait qu'elle se fût bien étendue; alors il se risquait à s'étendre lui-même sur le devant du lit, tout au bord, il y avait entre eux une large place. Là couchait le cadavre de Camille.

When the two murderers were extended under the same sheet, and had closed their eyes, they fancied they felt the damp corpse of their victim, lying in the middle of the bed, and turning their flesh icy cold. It was like a vile obstacle separating them. They were seized with fever and delirium, and this obstacle, in their minds, became material. They touched the corpse, they saw it spread out, like a greenish and dissolved shred of something, and they inhaled the infectious odour of this lump of human putrefaction. All their senses were in a state of hallucination, conveying intolerable acuteness to their sensations.

Lorsque les deux meurtriers étaient allongés sous le même drap, et qu'ils fermaient les yeux, ils croyaient sentir le corps humide de leur victime, couché au milieu du lit, qui leur glaçait la chair. C'était comme un obstacle ignoble qui les séparait. La fièvre, le délire les prenait, et cet obstacle devenait matériel pour eux; ils touchaient le corps, ils le voyaient étalé, pareil à un lambeau verdâtre et dissous. Ils respiraient l'odeur infecte de ce tas de pourriture humaine; tous leurs sens s'hallucinaient, donnant une acuité intolérable à leurs sensations.

The presence of this filthy bedfellow kept them motionless, silent, abstracted with anguish. Laurent, at times,

La présence de cet immonde compagnon de lit les tenait immobiles, silencieux, éperdus d'angoisse. Laurent songeait

thought of taking Therese violently in his arms; but he dared not move. He said to himself that he could not extend his hand, without getting it full of the soft flesh of Camille. Next he fancied that the drowned man came to sleep between them so as to prevent them clasping one another, and he ended by understanding that Camille was jealous.

parfois à prendre violemment Thérèse dans ses bras; mais il n'osait bouger, il se disait qu'il ne pouvait allonger la main sans saisir une poignée de la chair molle de Camille. Il pensait alors que le noyé venait se coucher entre eux, pour les empêcher de s'étreindre. Il finit par comprendre que le noyé était jaloux.

Nevertheless, ever and anon, they sought to exchange a timid kiss, to see what would happen. The young man jeered at his wife, and ordered her to embrace him. But their lips were so cold that it seemed as if the dead man had got between their mouths. Both felt disgusted. Therese shuddered with horror, and Laurent who heard her teeth chattering, railed at her:

Parfois, cependant, ils cherchaient à échanger un baiser timide pour voir ce qui arriverait. Le jeune homme raillait sa femme en lui ordonnant de l'embrasser. Mais leurs lèvres étaient si froides, que la mort semblait s'être placée entre leurs bouches. Des nausées lui venaient, Thérèse avait un frisson d'horreur, et Laurent, qui entendait ses dents claquer, s'emportait contre elle.

"Why are you trembling?" he exclaimed. "Are you afraid of Camille? Ah! the poor man is as dead as a doornail at this moment."

—Pourquoi trembles-tu? lui criait-il. Aurais-tu peur de Camille?... Va, le pauvre homme ne sent plus ses os, à cette heure.

Both avoided saying what made them shudder. When an

Ils évitaient tous deux de se confier la cause de leurs

hallucination brought the countenance of the drowned man before Therese, she closed her eyes, keeping her terror to herself, not daring to speak to her husband of her vision, lest she should bring on a still more terrible crisis. And it was just the same with Laurent. When driven to extremities, he, in a fit of despair, accused Therese of being afraid of Camille. The name, uttered aloud, occasioned additional anguish. The murderer raved.

frissons. Quand une hallucination dressait devant l'un d'eux le masque blafard du noyé, il fermait les yeux, il se renfermait dans sa terreur, n'osant parler à l'autre de sa vision, par crainte de déterminer une crise encore plus terrible. Lorsque Laurent, poussé à bout, dans une rage de désespoir, accusait Thérèse d'avoir peur de Camille, ce nom, prononcé tout haut, amenait un redoublement d'angoisse. Le meurtrier délirait.

"Yes, yes," he stammered, addressing the young woman, "you are afraid of Camille. I can see that plain enough! You are a silly thing, you have no pluck at all. Look here! just go to sleep quietly. Do you think your husband will come and pull you out of bed by the heels, because I happen to be sleeping with you?"

—Oui, oui, balbutiait-il en s'adressant à la jeune femme, tu as peur de Camille.... Je le vois bien, parbleu!... Tu es une sotte, tu n'as pas deux sous de courage. Eh! dors tranquillement. Crois-tu que ton premier mari va venir te tirer par les pieds, parce que je suis couché avec toi....

This idea that the drowned man might come and pull them out of bed by the heels, made the hair of Laurent stand on end, and he continued with greater violence, while still in the utmost terror himself.

Cette pensée, cette supposition que le noyé pouvait venir leur tirer les pieds, faisait dresser les cheveux de Laurent. Il continuait, avec plus de violence, en se déchirant lui-même:

"I shall have to take you some night to the cemetery. We will open the coffin Camille is in, and you will see what he looks like! Then you will perhaps cease being afraid. Go on, he doesn't know we threw him in the water."

—Il faudra que je te mène une nuit au cimetière.... Nous ouvrirons la bière de Camille et tu verras quel tas de pourriture! Alors tu n'auras plus peur, peut-être.... Va, il ne sait pas que nous l'avons jeté à l'eau.

Therese with her head under the bedclothes, was uttering smothered groans.

Thérèse, la tête dans les draps, poussait des plaintes étouffées.

"We threw him into the water, because he was in our way," resumed her husband. "And we'll throw him in again, will we not? Don't act like a child. Show a little strength. It's silly to trouble our happiness. You see, my dear, when we are dead and underground, we shall be neither less nor more happy, because we cast an idiot in the Seine, and we shall have freely enjoyed our love which will have been an advantage. Come, give me a kiss."

—Nous l'avons jeté à l'eau parce qu'il nous gênait, reprenait son mari.... Nous l'y jetterions encore, n'est-ce pas? ... Ne fais donc pas l'enfant comme ça. Sois forte. C'est bête de troubler notre bonheur.... Vois-tu, ma bonne, quand nous serons morts, nous ne nous trouverons ni plus ni moins heureux dans la terre, parce que nous avons lancé un imbécile à la Seine, et nous aurons joui librement de notre amour, ce qui est un avantage.... Voyons, embrasse-moi.

The young woman kissed him, but she was icy cold, and half crazy, while he shuddered as much as she did.

La jeune femme l'embrassait, glacée, folle, et il était tout aussi frémissant qu'elle.

For a fortnight Laurent was asking himself how he could kill Camille again. He had flung him in the water; and yet he was not dead enough, because he came every night to sleep in the bed of Therese.

Laurent, pendant plus de quinze jours, se demanda comment il pourrait bien faire pour tuer de nouveau Camille. Il l'avait jeté à l'eau, et voilà qu'il n'était pas assez mort, qu'il revenait toutes les nuits se coucher dans le lit de Thérèse.

While the murderers thought that having committed the crime, they could love one another in peace, their resuscitated victim arrived to make their touch like ice. Therese was not a widow. Laurent found that he was mated to a woman who already had a drowned man for husband.

Lorsque les meurtriers croyaient avoir achevé l'assassinat et pouvoir se livrer en paix aux douceurs de leurs tendresses, leur victime ressuscitait pour glacer leur couche. Thérèse n'était pas veuve, Laurent se trouvait être l'époux d'une femme qui avait déjà pour mari un noyé.

XXIII

CHAPITRE XXIII

Little by little, Laurent became furiously mad, and resolved to drive Camille from his bed. He had first of all slept with his clothes on, then he had avoided touching Therese. In rage and despair, he wanted, at last, to take his wife in his arms, and crush the spectre of his victim rather than leave her to it. This was a superb revolt of brutality.

Peu à peu, Laurent en vint à la folie furieuse. Il résolut de chasser Camille de son lit. Il s'était d'abord couché tout habillé, puis il avait évité de toucher la peau de Thérèse. Par rage, par désespoir, il voulut enfin prendre sa femme sur sa poitrine, et l'écraser plutôt que de la laisser au spectre de sa victime. Ce fut une révolte superbe de brutalité.

The hope that the kisses of Therese would cure him of his insomnia, had alone brought him into the room of the young woman. When he had found himself there, in the position of master, he had become a prey to such atrocious attacks, that it had not even occurred to him to attempt the cure. And he had remained overwhelmed for three weeks, without remembering that he had done everything to obtain Therese, and now that she was in his possession, he could not touch her without increased suffering.

His excessive anguish drew him from this state of dejection. In the first moment of stupor, amid the strange discouragement of the wedding-night, he had forgotten the reasons that had urged him to marry.

But his repeated bad dreams had aroused in him a feeling of sullen irritation, which triumphed over his cowardice, and restored his memory. He remembered he had married in order to drive away nightmare, by pressing his wife closely to

En somme, l'espérance que les baisers de Thérèse le guériraient de ses insomnies l'avait seule amené dans la chambre de la jeune femme. Lorsqu'il s'était trouvé dans cette chambre, en maître, sa chair, déchirée par des crises plus atroces, n'avait même plus songé à tenter la guérison. Et il était resté comme écrasé pendant trois semaines, ne se rappelant pas qu'il avait tout fait pour posséder Thérèse, et ne pouvant la toucher sans accroître ses souffrances, maintenant qu'il la possédait.

L'excès de ses angoisses le fit sortir de cet abrutissement. Dans le premier moment de stupeur, dans l'étrange accablement de la nuit de noces, il avait pu oublier les raisons qui venaient de le pousser au mariage. Mais sous les coups répétés de ses mauvais rêves, une irritation sourde l'envahit qui triompha de ses lâchetés et lui rendit la mémoire. Il se souvint qu'il s'était marié pour chasser ses cauchemars, en serrant sa femme étroitement. Alors il

his breast. Then, one night, he abruptly took Therese in his arms, and, at the risk of passing over the corpse of the drowned man, drew her violently to him.

prit brusquement Thérèse entre ses bras, une nuit, au risque de passer sur le corps du noyé, et la tira à lui avec violence.

The young woman, who was also driven to extremes, would have cast herself into the fire had she thought that flames would have purified her flesh, and delivered her from her woe. She returned Laurent his advances, determined to be either consumed by the caresses of this man, or to find relief in them.

La jeune femme était poussée à bout, elle aussi; elle se serait jetée dans les flammes, si elle eût pensé que la flamme purifiât sa chair et la délivrât de ses maux. Elle rendit à Laurent son étreinte, décidée à être brûlée par les caresses de cet homme ou à trouver en elles un soulagement.

And they clasped one another in a hideous embrace. Pain and horror took the place of love. When their limbs touched, it was like falling on live coal. They uttered a cry, pressing still closer together, so as not to leave room for the drowned man. But they still felt the shreds of Camille, which were ignobly squeezed between them, freezing their skins in parts, whilst in others they were burning hot.

Et ils se serrèrent dans un embrassement horrible. La douleur et l'épouvante leur tinrent lieu de désirs. Quand leurs membres se touchèrent, ils crurent qu'ils étaient tombés sur un brasier. Ils poussèrent un cri et se pressèrent davantage, afin de ne pas laisser entre leur chair de place pour le noyé. Et ils sentaient toujours des lambeaux de Camille, qui s'écrasaient ignoblement entre eux, glaçant leur peau par endroits, tandis que le reste de leur corps brûlait.

Their kisses were frightfully cruel. Therese sought the bite that Camille had given in the stiff, swollen neck of Laurent, and passionately pressed her lips to it. There was the raw sore; this wound once healed, and the murderers would sleep in peace. The young woman understood this, and she endeavoured to cauterise the bad place with the fire of her caresses. But she scorched her lips, and Laurent thrust her violently away, giving a dismal groan. It seemed to him that she was pressing a red-hot iron to his neck.

Leurs baisers furent affreusement cruels. Thérèse chercha des lèvres la morsure de Camille sur le cou gonflé et raidi de Laurent, et elle y colla sa bouche avec emportement. Là était la plaie vive; cette blessure guérie, les meurtriers dormiraient en paix. La jeune femme comprenait cela, elle tentait de cautériser le mal sous le feu de ses caresses. Mais elle se brûla les lèvres, et Laurent la repoussa violemment, en jetant une plainte sourde; il lui semblait qu'on lui appliquait un fer rouge sur le cou.

Therese, half mad, came back. She wanted to kiss the scar again. She experienced a keenly voluptuous sensation in placing her mouth on this piece of skin wherein Camille had buried his teeth. At one moment she thought of biting her husband in the same place, of tearing away a large piece of flesh, of making a fresh and deeper wound, that would remove the trace of the old one. And she said to herself that she would no more turn pale when she saw the marks of her own teeth. But Laurent

Thérèse, affolée, revint, voulut baiser encore la cicatrice; elle éprouvait une volupté âcre à poser sa bouche sur cette peau où s'étaient enfoncées les dents de Camille. Un instant elle eut la pensée de mordre son mari à cet endroit, d'arracher un large morceau de chair, de faire une nouvelle blessure, plus profonde, qui emporterait, les marques de l'ancienne. Et elle se disait qu'elle ne pâlirait plus alors en voyant l'empreinte de ses propres dents. Mais Laurent défendait son cou contre ses baisers; il éprouvait

shielded his neck from her kisses. The smarting pain he experienced was too acute, and each time his wife presented her lips, he pushed her back. They struggled in this manner with a rattling in their throats, writhing in the horror of their caresses.	des cuissons trop dévorantes, il la repoussait chaque fois qu'elle allongeait les lèvres. Ils luttèrent ainsi, râlant, se débattant dans l'horreur de leurs caresses.
They distinctly felt that they only increased their suffering. They might well strain one another in these terrible clasps, they cried out with pain, they burnt and bruised each other, but were unable to calm their frightfully excited nerves. Each strain rendered their disgust more intense. While exchanging these ghastly embraces, they were a prey to the most terrible hallucinations, imagining that the drowned man was dragging them by the heels, and violently jerking the bedstead.	Ils sentaient bien qu'ils ne faisaient qu'augmenter leurs souffrances. Ils avaient beau se briser dans des étreintes terribles, ils criaient de douleur, ils se brûlaient et se meurtrissaient, mais ils ne pouvaient apaiser leurs nerfs épouvantés. Chaque embrassement ne donnait que plus d'acuité à leurs dégoûts. Tandis qu'ils échangeaient ces baisers affreux, ils étaient en proie à d'effrayantes hallucinations; ils s'imaginaient que le noyé les tirait par les pieds et imprimait au lit de violentes secousses.
For a moment they let one another go, feeling repugnance and invincible nervous agitation. Then they determined not to be conquered. They clasped each other again in a fresh embrace, and once more were obliged to	Ils se lâchèrent un moment. Ils avaient des répugnances, des révoltes nerveuses invincibles. Puis ils ne voulurent pas être vaincus; ils se reprirent dans une nouvelle étreinte et furent encore obligés de se lâcher, comme si des pointes rougies

separate, for it seemed as if red-hot bradawls were entering their limbs. At several intervals they attempted in this way to overcome their disgust, by tiring, by wearing out their nerves. And each time their nerves became irritated and strained, causing them such exasperation, that they would perhaps have died of enervation had they remained in the arms of one another.

étaient entrées dans leurs membres. A plusieurs fois, ils tentèrent ainsi de triompher de leurs dégoûts, de tout oublier en lassant, en brisant leurs nerfs. Et chaque fois, leurs nerfs s'irritèrent et se tendirent en leur causant des exaspérations telles qu'ils seraient peut-être morts d'énervement s'ils étaient restés dans les bras l'un de l'autre.

This battle against their own bodies excited them to madness, and they obstinately sought to gain the victory. Finally, a more acute crisis exhausted them. They received a shock of such incredible violence that they thought they were about to have a fit.

Ce combat contre leur propre corps les avait exaltés jusqu'à la rage; ils s'entêtaient, ils voulaient l'emporter. Enfin une crise plus aiguë les brisa; ils reçurent un choc d'une violence inouïe et crurent qu'ils allaient tomber.

Cast back one on each side of the bed, burning and bruised, they began to sob. And amidst their tears, they seemed to hear the triumphant laughter of the drowned man, who again slid, chuckling, under the sheet. They had been unable to drive him from the bed and were vanquished. Camille gently stretched himself between them, whilst Laurent deplored his want of power to thrust

Rejetés aux deux bords de la couche, brûlés et meurtris, ils se mirent à sangloter. Et, dans leurs sanglots, il leur sembla entendre les rires de triomphe du noyé, qui se glissait de nouveau sous le drap avec des ricanements. Ils n'avaient pu le chasser du lit; ils étaient vaincus. Camille s'étendit doucement entre eux, tandis que Laurent pleurait son impuissance et que Thérèse

him away, and Therese trembled lest the corpse should have the idea of taking advantage of the victory to press her, in his turn, in his arms, in the quality of legitimate master.

tremblait qu'il ne prît au cadavre la fantaisie de profiter de sa victoire pour la serrer à son tour entre ses bras pourris, en maître légitime.

They had made a supreme effort. In face of their defeat, they understood that, in future, they dared not exchange the smallest kiss. What they had attempted, in order to drive away their terror, had plunged them into greater fright. And, as they felt the chill of the corpse, which was now to separate them for ever, they shed bitter tears, asking themselves, with anguish, what would become of them.

Ils avaient tenté un moyen suprême; devant leur défaite, ils comprenaient que, désormais, ils n'oseraient plus échanger le moindre baiser. La crise de l'amour fou qu'ils avaient essayé de déterminer pour tuer leurs terreurs, venait de les plonger plus profondément dans l'épouvante. En sentant le froid du cadavre, qui, maintenant, devait les séparer à jamais, ils versaient des larmes de sang, ils se demandaient avec angoisse ce qu'ils allaient devenir.

XXIV

CHAPITRE XXIV

In accordance with the hopes of old Michaud, when doing his best to bring about the marriage of Therese and Laurent, the Thursday evenings resumed their former gaiety, as soon as the wedding was over.

Ainsi que l'espérait le vieux Michaud en travaillant au mariage de Thérèse et de Laurent, les soirées du jeudi reprirent leur ancienne gaieté, dès le lendemain de la noce.

These evenings were in great peril at the time of the death of Camille. The guests came, in fear, into this house of mourning; each week they were trembling with anxiety, lest they should be definitely dismissed. The idea that the door of the shop would no doubt at last be closed to them, terrified Michaud and Grivet, who clung to their habits with the instinct and obstinacy of brutes.

Ces soirées avaient couru un grand péril, lors de la mort de Camille. Les invités ne s'étaient plus présentés que craintivement dans cette maison en deuil; chaque semaine, ils tremblaient de recevoir un congé définitif. La pensée que la porte de la boutique finirait sans doute par se fermer devant eux épouvantait Michaud et Grivet, qui tenaient à leurs habitudes avec l'instinct des brutes.

They said to themselves that the old woman and young widow would one day go and weep over the defunct at Vernon or elsewhere, and then, on Thursday nights, they would not know what to do. In the mind's eye they saw themselves wandering about the arcade in a lamentable fashion, dreaming of colossal games at dominoes.

Ils se disaient que la vieille mère et la jeune veuve s'en iraient un beau matin pleurer leur défunt à Vernon ou ailleurs, et qu'ils se trouveraient ainsi sur le pavé, le jeudi soir, ne sachant que faire; ils se voyaient dans le passage, errant d'une façon lamentable, rêvant à des parties de dominos gigantesques.

Pending the advent of these bad times, they timidly enjoyed their final moments of happiness, arriving with an anxious, sugary air at the shop, and repeating to themselves, on each occasion, that they would perhaps return no more. For over a year they were beset

En attendant ces mauvais jours, ils jouissaient timidement de leurs derniers bonheurs, ils venaient d'un air inquiet et doucereux à la boutique en se répétant chaque fois qu'ils n'y reviendraient peut-être plus. Pendant plus d'un an, ils eurent ces craintes,

with these fears. In face of the tears of Madame Raquin and the silence of Therese, they dared not make themselves at ease and laugh.

ils n'osèrent s'étaler et rire en face des larmes de Mme Raquin et des silences de Thérèse.

They felt they were no longer at home as in the time of Camille; it seemed, so to say, that they were stealing every evening they passed seated at the dining-room table. It was in these desperate circumstances that the egotism of Michaud urged him to strike a masterly stroke by finding a husband for the widow of the drowned man.

Ils ne se sentaient plus chez eux comme au temps de Camille, ils semblaient, pour ainsi dire, voler chaque soirée qu'ils passaient autour de la table de la salle à manger. C'est dans ces circonstances désespérées que l'égoïsme du vieux Michaud le poussa à faire un coup de maître en mariant la veuve du noyé.

On the Thursday following the marriage, Grivet and Michaud made a triumphant entry into the dining-room. They had conquered. The dining-room belonged to them again. They no longer feared dismissal. They came there as happy people, stretching out their legs, and cracking their former jokes, one after the other. It could be seen from their delighted and confident attitude that, in their idea, a revolution had been accomplished.

Le jeudi qui suivit le mariage, Grivet et Michaud firent une entrée triomphale. Ils avaient vaincu. La salle à manger leur appartenait de nouveau, ils ne craignaient plus qu'on les en congédiât. Ils entrèrent en gens heureux, ils s'étalèrent, ils dirent à la file leurs anciennes plaisanteries. A leur attitude béate et confiante, on voyait que, pour eux, une révolution venait de s'accomplir.

All recollection of Camille had

Le souvenir de Camille n'était

been dispelled. The dead husband, the spectre that cast a chill over everyone, had been driven away by the living husband. The past and its joys were resuscitated.

plus la; le mari mort, ce spectre qui les glaçait, avait été chassé par le mari vivant. Le passé ressuscitait avec ses joies.

Laurent took the place of Camille, all cause for sadness disappeared, the guests could now laugh without grieving anyone; and, indeed, it was their duty to laugh to cheer up this worthy family who were good enough to receive them. Henceforth, Grivet and Michaud, who for nearly eighteen months had visited the house under the pretext of consoling Madame Raquin, could set their little hypocrisy aside, and frankly come and doze opposite one another to the sharp ring of the dominoes.

Laurent remplaçait Camille; toute raison de s'attrister disparaissait, les invités pouvaient rire sans chagriner personne, et même ils devaient rire pour égayer l'excellente famille qui voulait bien les recevoir. Dès lors, Grivet et Michaud, qui depuis près de dix-huit mois venaient sous prétexte de consoler Mme Raquin, purent mettre leur petite hypocrisie de côté et venir franchement pour s'endormir, l'un en face de l'autre, au bruit sec des dominos.

And each week brought a Thursday evening, each week those lifeless and grotesque heads which formerly had exasperated Therese, assembled round the table.

Et chaque semaine ramena un jeudi soir, chaque semaine réunit une fois autour de la table ces têtes mortes et grotesques qui exaspéraient Thérèse jadis.

The young woman talked of showing these folk the door; their bursts of foolish laughter and silly reflections irritated

La jeune femme parla de mettre ces gens à la porte, ils l'irritaient avec leurs éclats de rire bêtes, avec leurs réflexions

her. But Laurent made her understand that such a step would be a mistake; it was necessary that the present should resemble the past as much as possible; and, above all, they must preserve the friendship of the police, of those idiots who protected them from all suspicion. Therese gave way. The guests were well received, and they viewed with delight a future full of a long string of warm Thursday evenings.

sottes. Mais Laurent lui fit comprendre qu'un pareil congé serait une faute; il fallait autant que possible que le présent ressemblât au passé; il fallait surtout conserver l'amitié de la police, de ces imbéciles qui les protégeaient contre tout soupçon. Thérèse plia; les invités, bien reçus, virent avec béatitude s'étendre une longue suite de soirées tièdes devant eux.

It was about this time that the lives of the couple became, in a way, divided in two.

Ce fut vers cette époque que la vie des époux se dédoubla en quelque sorte.

In the morning, when day drove away the terror of night, Laurent hastily dressed himself. But he only recovered his ease and egotistic calm when in the dining-room, seated before an enormous bowl of coffee and milk, which Therese prepared for him. Madame Raquin, who had become even more feeble and could barely get down to the shop, watched him eating with a maternal smile.

Le matin, lorsque le jour chassait les effrois de la nuit, Laurent s'habillait en toute hâte. Il n'était à son aise, il ne reprenait son calme égoïste que dans la salle à manger, attablé devant un énorme bol de café au lait, que lui préparait Thérèse. Mme Raquin, impotente, pouvant à peine descendre à la boutique, le regardait manger avec des sourires maternels.

He swallowed the toast, filled his stomach and little by little

Il avalait du pain grillé, il s'emplissait l'estomac, il se

became tranquillised. After the coffee, he drank a small glass of brandy which completely restored him. Then he said "good-bye" to Madame Raquin and Therese, without ever kissing them, and strolled to his office.

Spring was at hand; the trees along the quays were becoming covered with leaves, with light, pale green lacework. The river ran with caressing sounds below; above, the first sunny rays of the year shed gentle warmth.

Laurent felt himself another man in the fresh air; he freely inhaled this breath of young life descending from the skies of April and May; he sought the sun, halting to watch the silvery reflection streaking the Seine, listening to the sounds on the quays, allowing the acrid odours of early day to penetrate him, enjoying the clear, delightful morn. He certainly thought very little about Camille. Sometimes he listlessly contemplated the Morgue on the other side of the water, and his mind then reverted to his victim, like a man of courage might think of

rassurait peu à peu. Après le café, il buvait un petit verre de cognac. Cela le remettait complètement. Il disait: « A ce soir », à Mme Raquin et à Thérèse, sans jamais les embrasser, puis il se rendait à son bureau en flânant.

Le printemps venait; les arbres des quais sa couvraient de feuilles, d'une légère dentelle d'un vert pâle. En bas, la rivière coulait avec des bruits caressants; en haut, les rayons des premiers soleils avaient des tiédeurs douces.

Laurent se sentait renaître dans l'air frais: il respirait largement ces souffles de vie jeune qui descendent des cieux d'avril et de mai; il cherchait le soleil, s'arrêtait pour regarder les reflets d'argent qui moiraient la Seine, écoutait les bruits des quais, se laissait pénétrer par les senteurs acres du matin, jouissait par tous ses sens de la matinée claire et heureuse. Certes, il ne songeait guère à Camille; quelquefois il lui arrivait de contempler machinalement la Morgue, de l'autre côté de l'eau; il pensait alors au noyé en homme courageux qui penserait à une

a silly fright that had come over him.

peur bête qu'il aurait eue.

With stomach full, and face refreshed, he recovered his thick-headed tranquillity. He reached his office, and passed the whole day gaping, and awaiting the time to leave. He was a mere clerk like the others, stupid and weary, without an idea in his head, save that of sending in his resignation and taking a studio. He dreamed vaguely of a new existence of idleness, and this sufficed to occupy him until evening. Thoughts of the shop in the arcade never troubled him. At night, after longing for the hour of release since the morning, he left his office with regret, and followed the quays again, secretly troubled and anxious.

L'estomac plein, le visage rafraîchi, il retrouvait sa tranquillité épaisse, il arrivait à son bureau et y passait la journée entière à bâiller, à attendre l'heure de la sortie. Il n'était plus qu'un employé comme les autres, abruti et ennuyé, ayant la tête vide. La seule idée qu'il eût alors était l'idée de donner sa démission et de louer un atelier; il rêvait vaguement une nouvelle existence de paresse, et cela suffisait pour l'occuper jusqu'au soir. Jamais le souvenir de la boutique du passage ne venait le troubler. Le soir, après avoir désiré l'heure de la sortie depuis le matin, il sortait avec regret, il reprenait les quais, sourdement troublé et inquiet.

However slowly he walked, he had to enter the shop at last, and there terror awaited him. Therese experienced the same sensations. So long as Laurent was not beside her, she felt at ease. She had dismissed her charwoman, saying that everything was in disorder, and the shop and apartment filthy

Il avait beau marcher lentement, il lui fallait enfin rentrer à la boutique. Là l'épouvante l'attendait. Thérèse éprouvait les mêmes sensations. Tant que Laurent n'était pas auprès d'elle, elle se trouvait à l'aise. Elle avait congédié la femme de ménage, disant que tout traînait, que

dirty. She all at once had ideas of tidiness. The truth was that she felt the necessity of moving about, of doing something, of exercising her stiff limbs.

She went hither and thither all the morning, sweeping, dusting, cleaning the rooms, washing up the plates and dishes, doing work that would have disgusted her formerly. These household duties kept her on her feet, active and silent, until noon, without allowing her time to think of aught else than the cobwebs hanging from the ceiling and the greasy plates. On the stroke of twelve, she went to the kitchen to prepare lunch.

At table, Madame Raquin was pained to see her always rising to fetch the dishes; she was touched and annoyed at the activity displayed by her niece; she scolded her, and Therese replied that it was necessary to economise. When the meal was over, the young woman dressed, and at last decided to join her aunt behind the counter.

There, sleep overtook her;

tout était sale dans la boutique et dans l'appartement. Des idées d'ordre lui venaient. La vérité était qu'elle avait besoin de marcher, d'agir, de briser ses membres roidis.

Elle tournait toute la matinée, balayant, époussetant, nettoyant les chambres, lavant la vaisselle, faisant des besognes, qui l'auraient écoeurée autrefois. Jusqu'à midi, ces soins de ménage la tenaient sur les jambes, active et muette, sans lui laisser le temps de songer à autre chose qu'aux toiles d'araignée qui pendaient du plafond et qu'à la graisse qui salissait les assiettes. Alors elle se mettait en cuisine, elle préparait le déjeuner.

A table, Mme Raquin se désolait de la voir toujours se lever pour aller prendre les plats; elle était émue et fâchée de l'activité que déployait sa nièce; elle la grondait, et Thérèse répondait qu'il fallait faire des économies. Après le repas, la jeune femme s'habillait et se décidait enfin à rejoindre sa tante derrière le comptoir.

Là, des somnolences la

worn out by her restless nights, she dozed off, yielding to the voluptuous feeling of drowsiness that gained her, as soon as she sat down. These were only light spells of heaviness, replete with vague charm that calmed her nerves. The thoughts of Camille left her; she enjoyed that tranquil repose of invalids who are all at once freed from pain.

prenaient: brisée par les veilles, elle sommeillait, elle cédait à l'engourdissement voluptueux qui s'emparait d'elle, dès qu'elle était assise. Ce n'étaient que de légers assoupissements, pleins d'un charme vague, qui calmaient ses nerfs. La pensée de Camille s'en allait: elle goûtait ce repos profond des malades que leurs douleurs quittent tout d'un coup.

She felt relieved in body, her mind free, she sank into a gentle and repairing state of nothingness. Deprived of these few calm moments, she would have broken down under the tension of her nervous system. These spells of somnolence gave her strength to suffer again, and become terrified the ensuing night. As a matter of fact she did not sleep, she barely closed her lids, and was lost in a dream of peace. When a customer entered, she opened her eyes, served the few sous worth of articles asked for, and fell back into the floating reverie.

Elle se sentait la chair assouplie, l'esprit libre, elle s'enfonçait dans une sorte de néant tiède et réparateur. Sans ces quelques moments de calme, son organisme aurait éclaté sous la tension de son système nerveux; elle y puisait les forces nécessaires pour souffrir encore et s'épouvanter la nuit suivante. D'ailleurs, elle ne s'endormait point, elle baissait à peine les paupières, perdue au fond d'un rêve de paix; lorsqu'une cliente entrait, elle ouvrait les yeux, elle servait les quelques sous de marchandise demandés, puis retombait dans sa rêverie flottante.

In this manner she passed three or four hours of perfect happiness, answering her aunt

Elle passait ainsi trois ou quatre heures, parfaitement heureuse, répondant par

in monosyllables, and yielding with real enjoyment to these moments of unconsciousness which relieved her of her thoughts, and completely overcame her. She barely, at long intervals, cast a glance into the arcade, and was particularly at her ease in cloudy weather, when it was dark and she could conceal her lassitude in the gloom.

The damp and disgusting arcade, crossed by a lot of wretched drenched pedestrians, whose umbrellas dripped upon the tiles, seemed to her like an alley in a low quarter, a sort of dirty, sinister corridor, where no one would come to seek and trouble her.

At moments, when she saw the dull gleams of light that hung around her, when she smelt the bitter odour of the dampness, she imagined she had just been buried alive, that she was underground, at the bottom of a common grave swarming with dead. And this thought consoled and appeased her, for she said to herself that she was now in security, that she was about to die and would suffer no more.

monosyllabes à sa tante, se laissant aller avec une véritable jouissance aux évanouissements qui lui ôtaient la pensée et qui l'affaissaient sur elle-même. Elle jetait à peine, de loin en loin, un coup d'oeil dans le passage, se trouvant surtout à l'aise par les temps gris, lorsqu'il faisait noir et qu'elle cachait sa lassitude au fond de l'ombre.

Le passage humide, ignoble, traversé par un peuple de pauvres diables mouillés, dont les parapluies s'égouttaient sur les dalles, lui semblait l'allée d'un mauvais lieu, une sorte de corridor sale et sinistre où personne ne viendrait la chercher et la troubler.

Par moments, en voyant les lueurs terreuses qui traînaient autour d'elle, en sentant l'odeur âcre de l'humidité, elle s'imaginait qu'elle venait d'être enterrée vive; elle croyait se trouver dans la terre, au fond d'une fosse commune où grouillaient des morts. Et cette pensée la consolait, l'apaisait: elle se disait qu'elle était en sûreté maintenant, qu'elle allait mourir, qu'elle ne souffrirait plus. D'autres fois, il lui fallait

But sometimes she had to keep her eyes open; Suzanne paid her a visit, and remained embroidering near the counter all the afternoon.

tenir les yeux ouverts; Suzanne lui rendait visite et restait à broder auprès du comptoir toute l'après-midi.

The wife of Olivier, with her putty face and slow movements, now pleased Therese, who experienced strange relief in observing this poor, broken-up creature, and had made a friend of her. She loved to see her at her side, smiling with her faint smile, more dead than alive, and bringing into the shop the stuffy odour of the cemetery. When the blue eyes of Suzanne, transparent as glass, rested fixedly on those of Therese, the latter experienced a beneficent chill in the marrow of her bones.

La femme d'Olivier, avec son visage mou, avec ses gestes lents, plaisait maintenant à Thérèse, qui éprouvait un étrange soulagement à regarder cette pauvre créature toute dissoute; elle en avait fait son amie, elle aimait à la voir à son côté, souriant d'un sourire pâle, vivant à demi, mettant dans la boutique une fade senteur de cimetière. Quand les yeux bleus de Suzanne, d'une transparence vitreuse, se fixaient sur les siens, elle éprouvait au fond de ses os un froid bienfaisant.

Therese remained thus until four o'clock, when she returned to the kitchen, and there again sought fatigue, preparing dinner for Laurent with febrile haste. But when her husband appeared on the threshold she felt a tightening in the throat, and all her being once more became a prey to anguish. Each day, the sensations of the couple were

Thérèse attendait ainsi quatre heures. A ce moment, elle se remettait en cuisine, elle cherchait de nouveau la fatigue, elle préparait le dîner de Laurent avec une hâte fébrile. Et quand son mari paraissait sur le seuil de la porte, sa gorge se serrait, l'angoisse tordait de nouveau tout son être. Chaque jour, les sensations des époux étaient à

practically the same.

During the daytime, when they were not face to face, they enjoyed delightful hours of repose; at night, as soon as they came together, both experienced poignant discomfort. The evenings, nevertheless, were calm. Therese and Laurent, who shuddered at the thought of going to their room, sat up as long as possible. Madame Raquin, reclining in a great armchair, was placed between them, and chatted in her placid voice.

She spoke of Vernon, still thinking of her son, but avoiding to mention him from a sort of feeling of diffidence for the others; she smiled at her dear children, and formed plans for their future. The lamp shed its faint gleams on her white face, and her words sounded particularly sweet in the silence and stillness of the room.

The murderers, one seated on each side of her, silent and motionless, seemed to be attentively listening to what she said. In truth they did not

peu près les mêmes.

Pendant la journée, lorsqu'ils ne se trouvaient pas face à face, ils goûtaient des heures délicieuses de repos; le soir, dès qu'ils étaient réunis, un malaise poignant les envahissait. C'étaient d'ailleurs de calmes soirées. Thérèse et Laurent, qui frissonnaient à la pensée de rentrer dans leur chambre, faisaient durer la veillée le plus longtemps possible. Mme Raquin, à demi-couchée au fond d'un large fauteuil, était placée entre eux et causait de sa voix placide.

Elle parlait de Vernon, pensant toujours à son fils, mais évitant de le nommer, par une sorte de pudeur; elle souriait à ses chers enfants, elle faisait pour eux des projets d'avenir. La lampe jetait sur sa face blanche des lueurs pâles; ses paroles prenaient une douceur extraordinaire dans l'air mort et silencieux.

Et, à ses côtés, les deux meurtriers, muets, immobiles, semblaient l'écouter avec recueillement; à la vérité, ils ne cherchaient pas à suivre le sens

attempt to follow the sense of the gossip of the good old lady. They were simply pleased to hear this sound of soft words which prevented them attending the crash of their own thoughts. They dared not cast their eyes on one another, but looked at Madame Raquin to give themselves countenances.

des bavardages de la bonne vieille, ils étaient simplement heureux de ce bruit de paroles douces qui les empêchait d'entendre l'éclat de leurs pensées. Ils n'osaient se regarder, ils regardaient Mme Raquin pour avoir une contenance.

They never breathed a word about going to bed; they would have remained there until morning, listening to the affectionate nonsense of the former mercer, amid the appeasement she spread around her, had she not herself expressed the desire to retire. It was only then that they quitted the dining-room and entered their own apartment in despair, as if casting themselves to the bottom of an abyss. But they soon had much more preference for the Thursday gatherings, than for these family evenings.

Jamais ils ne parlaient de se coucher; ils seraient restés là jusqu'au matin, dans le radotage caressant de l'ancienne mercière, dans l'apaisement qu'elle mettait autour d'elle, si elle n'avait pas témoigné elle-même le désir de gagner son lit. Alors seulement ils quittaient la salle à manger et rentraient chez eux avec désespoir, comme on se jette au fond d'un gouffre. A ces soirées intimes, ils préférèrent bientôt de beaucoup les soirées du jeudi.

When alone with Madame Raquin, they were unable to divert their thoughts; the feeble voice of their aunt, and her tender gaiety, did not stifle the cries that lacerated them.

Quand ils étaient seuls avec Mme Raquin, ils ne pouvaient s'étourdir: le mince filet de voix de leur tante, sa gaieté attendrie n'étouffaient pas les cris qui les déchiraient. Ils

They could feel bedtime coming on, and they shuddered when their eyes caught sight of the door of their room. Awaiting the moment when they would be alone, became more and more cruel as the evening advanced.

sentaient venir l'heure du coucher, ils frémissaient lorsque, par hasard, ils rencontraient du regard la porte de leur chambre; l'attente de l'instant où ils seraient seuls devenait de plus en plus cruelle, à mesure que la soirée avançait.

On Thursday night, on the contrary, they were giddy with folly, one forgot the presence of the other, and they suffered less. Therese ended by heartily longing for the reception days. Had Michaud and Grivet not arrived, she would have gone and fetched them.

Le jeudi, au contraire, ils se grisaient de sottise, ils oubliaient mutuellement leur présence, ils souffraient moins. Thérèse elle-même finit par souhaiter ardemment les jours de réception. Si Michaud et Grivet n'étaient pas venus, elle serait allée les chercher.

When strangers were in the dining-room, between herself and Laurent, she felt more calm. She would have liked to always have guests there, to hear a noise, something to divert her, and detach her from her thoughts. In the presence of other people, she displayed a sort of nervous gaiety. Laurent also recovered his previous merriment, returning to his coarse peasant jests, his hoarse laughter, his practical jokes of a former canvas dauber.

Lorsqu'il y avait des étrangers dans la salle à manger, entre elle et Laurent, elle se sentait plus calme; elle aurait voulu qu'il y eût toujours là des invités, du bruit, quelque chose qui l'étourdit et l'isolât. Devant le monde, elle montrait une sorte de gaieté nerveuse. Laurent retrouvait, lui aussi, ses grosses plaisanteries de paysan, ses rires gras, ses farces d'ancien rapin.

Never had these gatherings been so gay and noisy. It was thus that Laurent and Therese could remain face to face, once a week, without shuddering. But they were soon beset with further anxiety. Paralysis was little by little gaining on Madame Raquin, and they foresaw the day when she would be riveted to her armchair, feeble and doltish.

The poor old lady already began to stammer fragments of disjointed phrases; her voice was growing weaker, and her limbs were one by one losing their vitality. She was becoming a thing. It was with terror that Therese and Laurent observed the breaking up of this being who still separated them, and whose voice drew them from their bad dreams. When the old mercer lost her intelligence, and remained stiff and silent in her armchair, they would find themselves alone, and in the evening would no longer be able to escape the dreadful face to face conversation.

Then their terror would commence at six o'clock instead of midnight. It would

Jamais les réceptions n'avaient été si gaies, ni si bruyantes. C'est ainsi qu'une fois par semaine, Laurent et Thérèse pouvaient rester face à face sans frissonner. Bientôt une crainte les prit. La paralysie gagnait peu à peu Mme Raquin, et ils prévirent le jour où elle serait clouée dans son fauteuil, impotente et hébétée.

La pauvre vieille commençait à balbutier des lambeaux de phrases qui se cousaient mal les uns aux autres; sa voix faiblissait, ses membres se mouraient un à un. Elle devenait une chose. Thérèse et Laurent voyaient avec effroi s'en aller cet être qui les séparait encore et dont la voix les tirait de leurs mauvais rêves. Quand l'intelligence aurait abandonné l'ancienne mercière et qu'elle resterait muette et roidie au fond de son fauteuil, ils se trouveraient seuls; le soir, ils ne pourraient plus échapper à un tête-à-tête redoutable.

Alors leur épouvante commencerait à six heures, au lieu de commencer à minuit; ils

drive them mad. They made every effort to give Madame Raquin that health which had become so necessary to them. They called in doctors, and bestowed on the patient all sorts of little attentions. Even this occupation of nurses caused them to forget, and afforded them an appeasement that encouraged them to double in zeal. They did not wish to lose a third party who rendered their evenings supportable; and they did not wish the dining-room and the whole house to become a cruel and sinister spot like their room. Madame Raquin was singularly touched at the assiduous care they took of her. She applauded herself, amid tears, at having united them, and at having abandoned to them her forty thousand francs.

Never, since the death of her son, had she counted on so much affection in her final moments. Her old age was quite softened by the tenderness of her dear children. She did not feel the implacable paralysis which, in spite of all, made her more and

en deviendraient fous. Tous leurs efforts tendirent à conserver à Mme Raquin une santé qui leur était si précieuse. Ils firent venir des médecins, ils furent aux petits soins auprès d'elle, ils trouvèrent même dans ce métier de garde-malade un oubli, un apaisement qui les engagea à redoubler de zèle. Ils ne voulaient pas perdre un tiers qui leur rendait les soirées supportables; ils ne voulaient pas que la salle à manger, que la maison tout entière devînt un lieu cruel et sinistre comme leur chambre. Mme Raquin fut singulièrement touchée des soins empressés qu'ils lui prodiguaient; elle s'applaudissait, avec des larmes, de les avoir unis et de leur avoir abandonné ses quarante et quelques mille francs.

Jamais, après la mort de son fils, elle n'avait compté sur une pareille affection à ses dernières heures; sa vieillesse était tout attiédie par la tendresse de ses chers enfants. Elle ne sentait pas la paralysie implacable qui, malgré tout, la roidissait davantage chaque

more rigid day by day. Nevertheless, Therese and Laurent continued to lead their double existence. In each of them there were like two distinct beings: a nervous, terrified being who shuddered as soon as dusk set in, and a torpid forgetful being, who breathed at ease when the sun rose.

jour. Cependant Thérèse et Laurent menaient leur double existence. Il y avait en chacun d'eux comme deux êtres bien distincts: un être nerveux et épouvanté qui frissonnait dès que tombait le crépuscule, et un être engourdi et oublieux, qui respirait à l'aise dès que se levait le soleil.

They lived two lives, crying out in anguish when alone, and peacefully smiling in company. Never did their faces, in public, show the slightest trace of the sufferings that had reached them in private. They appeared calm and happy, and instinctively concealed their troubles. To see them so tranquil in the daytime, no one would have suspected the hallucinations that tortured them every night. They would have been taken for a couple blessed by heaven, and living in the enjoyment of full felicity.

Ils vivaient deux vies, ils criaient d'angoisse, seul à seule, et ils souriaient paisiblement lorsqu'il y avait du monde. Jamais leur visage, en public, ne laissait deviner les souffrances qui venaient de les déchirer dans l'intimité; ils paraissaient calmes et heureux, ils cachaient instinctivement leurs maux. Personne n'aurait soupçonné, à les voir si tranquilles pendant le jour, que les hallucinations les torturaient chaque nuit. On les eût pris pour un ménage béni du ciel, vivant en pleine félicité.

Grivet gallantly called them the "turtle-doves." When he jested about their fatigued looks, Laurent and Therese barely turned pale, and even succeeded in forcing on a

Grivet les appelait galamment «des tourtereaux ». Lorsque leurs yeux étaient cernés par des veillées prolongées, il les plaisantait, il demandait à quand le baptême. Et toute la

smile. They became accustomed to the naughty jokes of the old clerk. So long as they remained in the dining-room, they were able to keep their terror under control.

société riait. Laurent et Thérèse pâlissaient à peine, parvenaient à sourire; ils s'habituaient aux plaisanteries risquées du vieil employé. Tant qu'ils se trouvaient dans la salle à manger, ils étaient maîtres de leurs terreurs.

The mind could not imagine the frightful change that came over them, as soon as they were shut up in their bedroom. On the Thursday night, particularly, this transformation was so violently brutal, that it seemed as if accomplished in a supernatural world.

L'esprit ne pouvait deviner l'effroyable changement qui se produisait en eux, lorsqu'ils s'enfermaient dans la chambre à coucher. Le jeudi soir surtout, ce changement était d'une brutalité si violente qu'il semblait s'accomplir dans un monde surnaturel.

The drama in the bedroom, by its strangeness, by its savage passion, surpassed all belief, and remained deeply concealed within their aching beings. Had they spoken of it, they would have been taken for mad. "How happy those sweethearts are!" frequently remarked old Michaud. "They hardly say a word, but that does not prevent them thinking. I bet they devour one another with kisses when we have gone."

Le drame de leurs nuits, par son étrangeté, par ses emportements sauvages, dépassait toute croyance et restait profondément caché au fond de leur être endolori. Ils auraient parlé qu'on les eût crus fous. —Sont-ils heureux, ces amoureux-là! disait souvent le vieux Michaud. Ils ne causent guère, mais ils n'en pensent pas moins. Je parie qu'ils se dévorent de caresses, quand nous ne sommes plus là.

Such was the opinion of the company. Therese and Laurent

Telle était l'opinion de toute la société. Il arriva que Thérèse et

came to be spoken of as a model couple. All the tenants in the Arcade of the Pont Neuf extolled the affection, the tranquil happiness, the everlasting honeymoon of the married pair. They alone knew that the corpse of Camille slept between them; they alone felt, beneath the calm exterior of their faces, the nervous contractions that, at night, horribly distorted their features, and changed the placid expression of their physiognomies into hideous masks of pain.

XXV

At the expiration of four months, Laurent thought of taking advantage of the profit he had calculated on deriving from his marriage. He would have abandoned his wife, and fled from the spectre of Camille, three days after the wedding, had not his interest detained him at the shop in the arcade. He accepted his nights of terror, he remained in the anguish that was choking him, so as not to be deprived of the benefit of his crime. If he parted from Therese, he would again be plunged in poverty,

Laurent furent donnés comme un ménage modèle. Le passage du Pont-Neuf entier célébrait l'affection, le bonheur tranquille, la lune de miel éternelle des deux époux. Eux seuls savaient que le cadavre de Camille couchait entre eux; eux seuls sentaient, sous la chair calme de leur visage, les contractions nerveuses qui, la nuit, tiraient horriblement leurs traits et changeaient l'expression placide de leur physionomie en un masque ignoble et douloureux.

CHAPITRE XXV

Au bout de quatre mois, Laurent songea à retirer les bénéfices qu'il s'était promis de son mariage. Il aurait abandonné sa femme et se serait enfui devant le spectre de Camille, trois jours après la noce, si son intérêt ne l'eût pas cloué dans la boutique du passage. Il acceptait ses nuits de terreur, il restait au milieu des angoisses qui l'étouffaient, pour ne pas perdre les profits de son crime. En quittant Thérèse, il retombait dans la misère, il était forcé de conserver son emploi; en

and be forced to retain his post; by remaining with her, he would, on the contrary, be able to satisfy his inclination for idleness, and to live liberally, doing nothing, on the revenue Madame Raquin had placed in the name of his wife.

demeurant auprès d'elle, il pouvait au contraire contenter ses appétits de paresse, vivre grassement, sans rien faire, sur les rentes que Mme Raquin avait mises au nom de sa femme.

Very likely he would have fled with the 40,000 francs, had he been able to realise them; but the old mercer, on the advice of Michaud, had shown the prudence to protect the interests of her niece in the marriage contract. Laurent, in this manner, found himself attached to Therese by a powerful bond. As a set-off against his atrocious nights, he determined at least to be kept in blissful laziness, well fed, warmly clothed, and provided with the necessary cash in his pocket to satisfy his whims.

Il est à croire qu'il se serait sauvé avec les quarante mille francs, s'il avait pu les réaliser; mais la vieille mercière, conseillée par Michaud, avait eu la prudence de sauvegarder dans le contrat les intérêts de sa nièce. Laurent se trouvait ainsi attaché à Thérèse par un lien puissant. En dédommagement de ses nuits atroces, il voulut au moins se faire entretenir dans une oisiveté heureuse, bien nourri, chaudement vêtu, ayant en poche l'argent nécessaire pour contenter ses caprices.

At this price alone, would he consent to sleep with the corpse of the drowned man. One evening, he announced to Madame Raquin and his wife that he had sent in his resignation, and would quit his office at the end of a fortnight. Therese gave a gesture of anxiety. He hastened to add

A ce prix seul, il consentait à coucher avec le cadavre du noyé. Un soir, il annonça à Mme Raquin et à sa femme qu'il avait donné sa démission et qu'il quittait son bureau à la fin de la quinzaine. Thérèse eut un geste d'inquiétude. Il se hâta d'ajouter qu'il allait louer un petit atelier où il se remettrait à

that he intended taking a small studio where he would go on with his painting. He spoke at length about the annoyance of his employment, and the broad horizons that Art opened to him. Now that he had a few sous and could make a bid for success, he wished to see whether he was not capable of great achievements.

faire de la peinture. Il s'étendit longuement sur les ennuis de son emploi, sur les larges horizons que l'art lui ouvrait; maintenant qu'il avait quelques sous et qu'il pouvait tenter le succès, il voulait voir s'il n'était pas capable de grandes choses.

The speech he made on this subject simply concealed a ferocious desire to resume his former studio life. Therese sat with pinched lips without replying; she had no idea of allowing Laurent to squander the small fortune that assured her liberty. When her husband pressed her with questions in view of obtaining her consent, she answered curtly, giving him to understand that if he left his office, he would no longer be earning any money, and would be living entirely at her expense.

La tirade qu'il déclama à ce propos cachait simplement une féroce envie de reprendre son ancienne vie d'atelier. Thérèse, les lèvres pincées, ne répondit pas; elle n'entendait point que Laurent lui dépensât la petite fortune qui assurait sa liberté. Lorsque son mari la pressa de questions, pour obtenir son consentement, elle fit quelques réponses sèches; elle lui donna à comprendre que, s'il quittait son bureau, il ne gagnerait plus rien et serait complètement à sa charge.

But, as she spoke, Laurent observed her so keenly, that he troubled her, and arrested on her lips the refusal she was about to utter. She fancied she read in the eyes of her accomplice, this menacing

Tandis qu'elle parlait, Laurent la regardait d'une façon aiguë qui la troubla et arrêta dans sa gorge le refus qu'elle allait formuler; elle crut lire dans les yeux de son complice cette pensée menaçante: « Je dis

threat: "If you do not consent, I shall reveal everything." She began to stammer, and Madame Raquin exclaimed that the desire of her dear son was no more than what was just, and that they must give him the means to become a man of talent. The good lady spoilt Laurent as she had spoilt Camille. Quite mollified by the caresses the young man lavished on her, she belonged to him, and never failed to take his part.

tout, si tu ne consens pas. » Elle se mit à balbutier. Mme Raquin s'écria alors que le désir de son cher fils était trop juste, et qu'il fallait lui donner les moyens de devenir un homme de talent. La bonne dame gâtait Laurent comme elle avait gâté Camille; elle était tout amollie par les caresses que lui prodiguait le jeune homme, elle lui appartenait et se rangeait toujours à son avis.

It was therefore decided that Laurent should have a studio, and receive one hundred francs a month pocket-money. The budget of the family was arranged in this way: the profits realised in the mercery business would pay the rent of the shop and apartment, and the balance would almost suffice for the daily expenses of the family; Laurent would receive the rent of his studio and his one hundred francs a month, out of the two thousand and a few hundred francs income from the funded money, the remainder going into the general purse.

Il fut donc décidé que l'artiste louerait un atelier et qu'il toucherait cent francs par mois pour les divers frais qu'il aurait à faire. Le budget de la famille fut ainsi réglé: les bénéfices réalisés dans le commerce de mercerie payeraient le loyer de la boutique et de l'appartement, et suffiraient presque aux dépenses journalières du ménage; Laurent prendrait le loyer de son atelier et ses cent francs par mois sur les deux mille et quelques cents francs de rente; le reste de ces rentes serait appliqué aux besoins communs.

In that way the capital would

De cette façon, on

remain intact. This arrangement somewhat tranquillised Therese, who nevertheless made her husband swear that he would never go beyond the sum allowed him. But as to that matter, she said to herself that Laurent could not get possession of the 40,000 francs without her signature, and she was thoroughly determined that she would never place her name to any document.

n'entamerait pas le capital. Thérèse se tranquillisa un peu. Elle fit jurer à son mari de ne jamais dépasser la somme qui lui était allouée. D'ailleurs, elle se disait que Laurent ne pouvait s'emparer des quarante mille francs sans avoir sa signature, et elle se promettait bien de ne signer aucun papier.

On the morrow, Laurent took a small studio in the lower part of the Rue Mazarine, which his eye had been fixed on for a month. He did not mean to leave his office without having a refuge where he could quietly pass his days far away from Therese. At the end of the fortnight, he bade adieu to his colleagues. Grivet was stupefied at his departure. A young man, said he, who had such a brilliant future before him, a young man who in the space of four years, had reached a salary that he, Grivet, had taken twenty years to attain! Laurent stupefied him still more, when he told him he was going to give his

Dès le lendemain, Laurent loua, vers le bas de la rue Mazarine, un petit atelier qu'il convoitait depuis un mois. Il ne voulait pas quitter son emploi sans avoir un refuge pour passer tranquillement ses journées, loin de Thérèse. Au bout de la quinzaine, il fit ses adieux a ses collègues. Grivet fut stupéfait de son départ. Un jeune homme, disait-il, qui avait devant lui un si bel avenir, un jeune homme qui en était arrivé, en quatre années, au chiffre d'appointements que lui, Grivet, avait mis vingt ans à atteindre! Laurent le stupéfia encore davantage en lui disant qu'il allait se remettre tout entier à la peinture.

whole time to painting.

At last the artist installed himself in his studio, which was a sort of square loft about seven or eight yards long by the same breadth. The ceiling which inclined abruptly in a rapid slope, was pierced by a large window conveying a white raw light to the floor and blackish walls. The sounds in the street did not ascend so high. This silent, wan room, opening above on the sky, resembled a hole, or a vault dug out of grey clay. Laurent furnished the place anywise; he brought a couple of chairs with holes in the rush seats, a table that he set against the wall so that it might not slip down, an old kitchen dresser, his colour-box and easel; all the luxury in the place consisted of a spacious divan which he purchased for thirty francs from a second-hand dealer.

Enfin l'artiste s'installa dans son atelier. Cet atelier était une sorte de grenier carré, long et large d'environ cinq ou six mètres; le plafond s'inclinait brusquement, en pente raide, percé d'une large fenêtre qui laissait tomber une lumière blanche et crue sur le plancher et sur les murs notaires. Les bruits de la rue ne montaient pas jusqu'à ces hauteurs. La pièce, silencieuse, blafarde, s'ouvrant en haut sur le ciel, ressemblait à un trou, à un caveau creusé dans une argile grise. Laurent meubla ce caveau tant bien que mal; il y apporta deux chaises dépaillées, une table qu'il appuya contre un mur pour qu'elle ne se laissât pas glisser à terre, un vieux buffet de cuisine, sa boîte à couleurs et son ancien chevalet; tout le luxe du lieu consista en un vaste divan qu'il acheta trente francs chez un brocanteur.

He remained a fortnight without even thinking of touching his brushes. He arrived between eight and nine o'clock in the morning, smoked, stretched himself on

Il resta quinze jours sans songer seulement à toucher à ses pinceaux. Il arrivait entre huit et neuf heures, fumait, se couchait sur le divan, attendait midi, heureux d'être au matin

the divan, and awaited noon, delighted that it was morning, and that he had many hours of daylight before him. At twelve he went to lunch. As soon as the meal was over, he hastened back, to be alone, and get away from the pale face of Therese. He next went through the process of digestion, sleeping spread out on the divan until evening. His studio was an abode of peace where he did not tremble. One day his wife asked him if she might visit this dear refuge. He refused, and as, notwithstanding his refusal, she came and knocked at the door, he refrained from opening to her, telling her in the evening that he had spent the day at the Louvre Museum. He was afraid that Therese might bring the spectre of Camille with her.

et d'avoir encore devant lui de longues heures de jour. A midi, il allait déjeuner, puis il se hâtait de revenir, pour être seul, pour ne plus voir le visage pâle de Thérèse. Alors il digérait, il dormait, il se vautrait jusqu'au soir. Son atelier était un lieu de paix où il ne tremblait pas. Un jour sa femme lui demanda à visiter son cher refuge. Il refusa, et comme, malgré son refus, elle vint frapper à sa porte, il n'ouvrit pas; il lui dit le soir qu'il avait passé la journée au musée du Louvre. Il craignait que Thérèse n'introduisît avec elle le spectre de Camille.

Idleness ended by weighing heavily on his shoulders, so he purchased a canvas and colours, and set to work. As he had not sufficient money to pay models, he resolved to paint according to fancy, without troubling about nature, and he began the head of a man.

L'oisiveté finit par lui peser. Il acheta une toile et des couleurs, il se mit à l'oeuvre. N'ayant pas assez d'argent pour payer des modèles, il résolut de peindre au gré de sa fantaisie, sans se soucier de la nature. Il entreprit une tête d'homme.

But at this time, he did not shut himself up so much as he had done; he worked for two or three hours every morning and passed the afternoon strolling hither and thither in Paris and its vicinity. It was opposite the Institut, on his return from one of these long walks, that he knocked up against his old college friend, who had met with a nice little success, thanks to the good fellowship of his comrades, at the last Salon.

D'ailleurs, il ne se cloîtra plus autant; il travailla pendant deux ou trois heures chaque matin et employa ses après-midi à flâner ici et là, dans Paris et dans la banlieue. Ce fut en rentrant d'une de ces longues promenades qu'il rencontra, devant l'Institut, son ancien ami de collège, qui avait obtenu un joli succès de camaraderie au dernier Salon.

"What, is it you?" exclaimed the painter. "Ah! my poor Laurent, I hardly recognise you. You have lost flesh."

—Comment, c'est toi! s'écria le peintre. Ah! mon pauvre Laurent, je ne t'aurais jamais reconnu. Tu as maigri.

"I am married," answered Laurent in an embarrassed tone.

—Je me suis marié, répondit Laurent d'un ton embarrassé.

"Married, you!" said the other. "Then I am not surprised to see you look so funny: and what are you doing now?"

—Marié, toi! Ça ne m'étonne plus de te voir tout drôle.... Et que fais-tu maintenant?

"I have taken a small studio," replied Laurent; "and I paint a little, in the morning."

—J'ai loué un petit atelier; je peins un peu, le matin.

Then, in a feverish voice, he briefly related the story of his marriage, and explained his future plans. His friend

Laurent conta son mariage en quelques mots; puis il exposa ses projets d'avenir d'une voix fiévreuse. Son ami le regardait

observed him with an air of astonishment that troubled and alarmed him. The truth was that the painter no longer found in the husband of Therese, the coarse, common fellow he had known formerly. It seemed to him that Laurent was acquiring a gentlemanly bearing; his face had grown thinner, and had taken the pale tint of good taste, while his whole frame looked more upright and supple.

d'un air étonné qui le troublait et l'inquiétait. La vérité était que le peintre ne retrouvait pas dans le mari de Thérèse le garçon épais et commun qu'il avait connu autrefois. Il lui semblait que Laurent prenait des allures distinguées; le visage s'était aminci et avait des pâleurs de bon goût, le corps entier se tenait plus digne et plus souple.

"But you are becoming a handsome chap," the artist could not refrain from exclaiming. "You are dressed like an ambassador, in the latest style. Who's your model?"

—Mais tu deviens joli garçon, ne put s'empêcher de s'écrier l'artiste, tu as une tenue d'ambassadeur. C'est du dernier chic. A quelle école es-tu donc?

Laurent, who felt the weight of the examination he was undergoing, did not dare to abruptly take himself off.

L'examen qu'il subissait pesait beaucoup à Laurent. Il n'osait s'éloigner d'une façon brusque.

"Will you come up to my studio for a moment?" he at last asked his friend, who showed no signs of leaving him.

—Veux-tu monter un instant à mon atelier? demanda-t-il enfin à son ami, qui ne le quittait pas.

"Willingly," answered the latter.

—Volontiers, répondit celui-ci.

The painter, who could not

Le peintre, ne se rendant pas

understand the change he noticed in his old comrade, was anxious to visit his studio. He had no idea of climbing five floors to gaze on the new pictures of Laurent, which assuredly would disgust him; he merely wished to satisfy his curiosity.

compte des changements qu'il observait, était désireux de visiter l'atelier de son ancien camarade. Certes, il ne montait pas cinq étages pour voir les nouvelles oeuvres de Laurent, qui allaient sûrement lui donner des nausées; il avait la seule envie de contenter sa curiosité.

When he had reached the studio, and had glanced at the canvases hanging against the walls, his astonishment redoubled. They comprised five studies, two heads of women, and three of men painted with real vigour. They looked thick and substantial, each part being dashed off with magnificent dabs of colour on a clear grey background. The artist quickly approached, and was so astounded that he did not even seek to conceal his amazement.

Quand il fut monté et qu'il eut jeté un coup d'oeil sur les toiles accrochées aux murs, son étonnement redoubla. Il y avait là cinq études, deux têtes de femme et trois têtes d'homme, peintes avec une véritable énergie; l'allure en était grasse et solide, chaque morceau s'enlevait par taches magnifiques sur les fonds d'un gris clair. L'artiste s'approcha vivement, et, stupéfait, ne cherchant même pas à cacher sa surprise:

"Did you do those?" he inquired of Laurent.

—C'est toi qui as fait cela? demanda-t-il à Laurent.

"Yes," replied the latter. "They are studies that I intend to utilise in a large picture I am preparing."

—Oui, répondit celui-ci. Ce sont des esquisses qui me serviront pour un grand tableau que je prépare.

"Come, no humbug, are you

—Voyons, pas de blague, tu es

really the author of those things?"

vraiment l'auteur de ces machines-là?

"Eh! Yes. Why should I not be the author of them?"

—Eh! oui. Pourquoi n'en serais-je pas l'auteur?

The painter did not like to answer what he thought, which was as follows:

Le peintre n'osa répondre: «

"Because those canvases are the work of an artist, and you have never been anything but a vile bungler." For a long time, he remained before the studies in silence. Certainly they were clumsy, but they were original, and so powerfully executed that they indicated a highly developed idea of art. They were life-like. Never had this friend of Laurent seen rough painting so full of high promise. When he had examined all the canvases, he turned to the author of them and said:

Parce que ces toiles sont d'un artiste, et que tu n'as jamais été qu'un ignoble maçon. » Il resta longtemps en silence devant les études. Certes, ces études étaient gauches, mais elles avaient une étrangeté, un caractère si puissant qu'elles annonçaient un sens artistique des plus développés. On eût dit de la peinture vécue. Jamais l'ami de Laurent n'avait vu des ébauches si pleines de hautes promesses. Quand il eut bien examiné les toiles, il se tourna vers l'auteur:

"Well, frankly, I should never have thought you capable of painting like that. Where the deuce did you learn to have talent? It is not usually a thing that one acquires." And he considered Laurent, whose voice appeared to him more gentle, while every gesture he

—Là, franchement, lui dit-il, je ne t'aurais pas cru capable de peindre ainsi. Où diable as-tu appris à avoir du talent? Ça ne s'apprend pas d'ordinaire. Et il considérait Laurent, dont la voix lui semblait plus douce, dont chaque geste avait une sorte d'élégance. Il ne pouvait

made had a sort of elegance. The artist had no idea of the frightful shock this man had received, and which had transformed him, developing in him the nerves of a woman, along with keen, delicate sensations. No doubt a strange phenomenon had been accomplished in the organism of the murderer of Camille. It is difficult for analysis to penetrate to such depths. Laurent had, perhaps, become an artist as he had become afraid, after the great disorder that had upset his frame and mind.

deviner l'effroyable secousse qui avait changé cet homme, en développant en lui des nerfs de femme, des sensations aiguës et délicates. Sans doute un phénomène étrange s'était accompli dans l'organisme du meurtrier de Camille. Il est difficile à l'analyse de pénétrer à de telles profondeurs. Laurent était peut-être devenu artiste comme il était devenu peureux, à la suite du grand détraquement qui avait bouleversé sa chair et son esprit.

Previously, he had been half choked by the fulness of his blood, blinded by the thick vapour of breath surrounding him. At present, grown thin, and always shuddering, his manner had become anxious, while he experienced the lively and poignant sensations of a man of nervous temperament.

Auparavant, il étouffait sous le poids lourd de son sang, il restait aveuglé par l'épaisse vapeur de santé qui l'entourait; maintenant, maigri, frissonnant, il avait la verve inquiète, les sensations vives et poignantes des tempéraments nerveux.

In the life of terror that he led, his mind had grown delirious, ascending to the ecstasy of genius. The sort of moral malady, the neurosis wherewith all his being was agitated, had developed an

Dans la vie de terreur qu'il menait, sa pensée délirait et montait jusqu'à l'extase du génie; la maladie en quelque sorte "morale", la névrose dont tout son être était secoué, développait en lui un sens

artistic feeling of peculiar lucidity. Since he had killed, his frame seemed lightened, his distracted mind appeared to him immense; and, in this abrupt expansion of his thoughts, he perceived exquisite creations, the reveries of a poet passing before his eyes. It was thus that his gestures had suddenly become elegant, that his works were beautiful, and were all at once rendered true to nature, and life-like.

artistique d'une lucidité étrange; depuis qu'il avait tué, sa chair s'était comme allégée, son cerveau éperdu lui semblait immense, et, dans ce brusque agrandissement de sa pensée, il voyait passer des créations exquises, des rêveries de poète. Et c'est ainsi que ses gestes avaient pris une distinction subite, c'est ainsi que ses oeuvres étaient belles, rendues tout d'un coup personnelles et vivantes.

The friend did not seek further to fathom the mystery attending this birth of the artist. He went off carrying his astonishment along with him. But before he left, he again gazed at the canvases and said to Laurent:

Son ami n'essaya pas davantage de s'expliquer la naissance de cet artiste. Il s'en alla avec son étonnement. Avant de partir, il regarda encore les toiles et dit à Laurent:

"I have only one thing to reproach you with: all these studies have a family likeness. The five heads resemble each other. The women, themselves, have a peculiarly violent bearing that gives them the appearance of men in disguise. You will understand that if you desire to make a picture out of these studies, you must change some of the

—Je n'ai qu'un reproche à te faire, c'est que toutes tes études ont un air de famille. Ces cinq têtes se ressemblent. Les femmes elles-mêmes prennent je ne sais quelle allure violente qui leur donne l'air d'hommes déguisés.... Tu comprends, si tu veux faire un tableau avec ces ébauches-là, il faudra changer quelques-unes des physionomies; tes

physiognomies; your personages cannot all be brothers, or brothers and sisters, it would excite hilarity."

personnages ne peuvent pas être tous frères, cela ferait rire.

He left the studio, and on the landing merrily added:

Il sortit de l'atelier, et ajouta sur le carré, en riant:

"Really, my dear boy, I am very pleased to have seen you. Henceforth, I shall believe in miracles. Good heavens! How highly respectable you do look!"

—Vrai, mon vieux, ça me fait plaisir de t'avoir vu. Maintenant je vais croire aux miracles.... Bon Dieu! es-tu comme il faut!

As he went downstairs, Laurent returned to the studio, feeling very much upset. When his friend had remarked that all his studies of heads bore a family likeness, he had abruptly turned round to conceal his paleness. The fact was that he had already been struck by this fatal resemblance. Slowly entering the room, he placed himself before the pictures, and as he contemplated them, as he passed from one to the other, ice-like perspiration moistened his back.

Il descendit. Laurent rentra dans l'atelier, vivement troublé. Lorsque son ami lui avait fait l'observation que toutes ses têtes d'étude avaient un air de famille, il s'était brusquement tourné pour cacher sa pâleur. C'est que déjà cette ressemblance fatale l'avait frappé. Il revint lentement se placer devant les toiles; à mesure qu'il les contemplait, qu'il passait de l'une à l'autre, une sueur glacée lui mouillait le dos.

"He is quite right," he murmured, "they all resemble one another. They resemble Camille."

—Il a raison, murmura-t-il, ils se ressemblent tous.... Ils ressemblent à Camille....

He retired a step or two, and

Il se recula, il s'assit sur le

seated himself on the divan, unable to remove his eyes from the studies of heads. The first was an old man with a long white beard; and under this white beard, the artist traced the lean chin of Camille.

divan, sans pouvoir détacher ses yeux des têtes d'étude. La première était une face de vieillard, avec une longue barbe blanche; sous cette barbe blanche, l'artiste devinait le menton maigre de Camille.

The second represented a fair young girl, who gazed at him with the blue eyes of his victim. Each of the other three faces presented a feature of the drowned man. It looked like Camille with the theatrical make-up of an old man, of a young girl, assuming whatever disguise it pleased the painter to give him, but still maintaining the general expression of his own countenance.

La seconde représentait une jeune fille blonde, et cette jeune fille le regardait avec les yeux bleus de sa victime. Les trois autres figures avaient chacune quelque trait du noyé. On eût dit Camille grimé en vieillard, en jeune fille, prenant le déguisement qu'il plaisait au peintre de lui donner, mais gardant toujours le caractère général de sa physionomie.

There existed another terrible resemblance among these heads: they all appeared suffering and terrified, and seemed as though overburdened with the same feeling of horror. Each of them had a slight wrinkle to the left of the mouth, which drawing down the lips, produced a grimace. This wrinkle, which Laurent remembered having noticed on the convulsed face of the

Il existait une autre ressemblance terrible entre ces têtes: elles apparaissaient souffrantes et terrifiées, elles étaient comme écrasées sous le même sentiment d'horreur. Chacune avait un léger pli à gauche de la bouche, qui tirait les lèvres et les faisait grimacer. Ce pli, que Laurent se rappela avoir vu sur la face convulsionnée du noyé, les frappait d'un signe d'ignoble parenté.

drowned man, marked them all with a sign of vile relationship.

Laurent understood that he had taken too long a look at Camille at the Morgue. The image of the drowned man had become deeply impressed on his mind; and now, his hand, without his being conscious of it, never failed to draw the lines of this atrocious face which followed him everywhere.

Laurent comprit qu'il avait trop regardé Camille à la Morgue. L'image du cadavre s'était gravée profondément en lui. Maintenant, sa main, sans qu'il en eût conscience, traçait toujours les lignes de ce visage atroce dont le souvenir le suivait partout.

Little by little, the painter, who was allowing himself to fall back on the divan, fancied he saw the faces become animated. He had five Camilles before him, five Camilles whom his own fingers had powerfully created, and who, by terrifying peculiarity were of various ages and of both sexes. He rose, he lacerated the pictures and threw them outside. He said to himself that he would die of terror in his studio, were he to people it with portraits of his victim.

Peu à peu, le peintre, qui se renversait sur le divan, crut voir les figures s'animer. Et il eut cinq Camille devant lui, cinq Camille que ses propres doigts avaient puissamment créés, et qui, par une étrangeté effrayante, prenaient tous les âges et tous les sexes. Il se leva, il lacéra les toiles et les jeta dehors. Il se disait qu'il mourrait d'effroi dans son atelier, s'il le peuplait lui-même des portraits de sa victime.

A fear had just come over him: he dreaded that he would no more be able to draw a head without reproducing that of the drowned man. He wished

Une crainte venait de le prendre: il redoutait de ne pouvoir plus dessiner une tête, sans dessiner celle du noyé. Il voulut savoir tout de suite s'il

to ascertain, at once, whether he were master of his own hand. He placed a white canvas on his easel; and, then, with a bit of charcoal, sketched out a face in a few lines. The face resembled Camille. Laurent swiftly effaced this drawing and tried another.

était maître de sa main. Il posa une toile blanche sur son chevalet: puis, avec un bout de fusain, il marqua une figure en quelques traits. La figure ressemblait à Camille. Laurent effaça brusquement cette esquisse et en tenta une autre.

For an hour he struggled against futility, which drove along his fingers. At each fresh attempt, he went back to the head of the drowned man. He might indeed assert his will, and avoid the lines he knew so well. In spite of himself, he drew those lines, he obeyed his muscles and his rebellious nerves. He had first of all proceeded rapidly with his sketches; he now took pains to pass the stick of charcoal slowly over the canvas.

Pendant une heure, il se débattit contre la fatalité qui poussait ses doigts. A chaque nouvel essai, il revenait à la tête du noyé. Il avait beau tendre sa volonté, éviter les lignes qu'il connaissait si bien; malgré lui, il traçait ces lignes, il obéissait à ses muscles, à ses nerfs révoltés. Il avait d'abord jeté les croquis rapidement; il s'appliqua ensuite à conduire le fusain avec lenteur.

The result was the same: Camille, grimacing and in pain, appeared ceaselessly. The artist sketched the most different heads successively: the heads of angels, of virgins with aureoles, of Roman warriors with their helmets, of fair, rosy children, of old bandits seamed with scars; and the drowned man always, always reappeared;

Le résultat fut le même: Camille, grimaçant et douloureux, apparaissait sans cesse sur la toile. L'artiste esquissa successivement les têtes les plus diverses, des têtes d'anges, de vierges avec des auréoles, de guerriers romains coiffés de leur casque, d'enfants blonds et roses, de vieux bandits couturés de

he became, in turn, angel, virgin, warrior, child and bandit. Then, Laurent plunged into caricature: he exaggerated the features, he produced monstrous profiles, he invented grotesque heads, but only succeeded in rendering the striking portrait of his victim more horrible. He finished by drawing animals, dogs and cats; but even the dogs and cats vaguely resembled Camille.

cicatrices; toujours, toujours le noyé renaissait, il était tour à tour ange, vierge, guerrier, enfant et bandit. Alors Laurent se jeta dans la caricature, il exagéra les traits, il fit des profils monstrueux, il inventa des têtes grotesques, et il ne réussit qu'à rendre plus horribles ces portraits frappants de sa victime. Il finit par dessiner des animaux, des chiens et des chats; les chiens et les chats ressemblaient vaguement à Camille.

Laurent then became seized with sullen rage. He smashed the canvas with his fist, thinking in despair of his great picture. Now, he must put that idea aside; he was convinced that, in future, he would draw nothing but the head of Camille, and as his friend had told him, faces all alike would cause hilarity. He pictured to himself what his work would have been, and perceived upon the shoulders of his personages, men and women, the livid and terrified face of the drowned man. The strange picture he thus conjured up, appeared to him atrociously ridiculous and exasperated

Une rage sourde s'était emparée de Laurent. Il creva la toile d'un coup de poing, en songeant avec désespoir à son grand tableau. Maintenant il n'y fallait plus penser; il sentait bien que, désormais, il ne dessinerait plus que la tête de Camille, et, comme le lui avait dit son ami, des figures qui se ressembleraient toutes, feraient rire. Il s'imaginait ce qu'aurait été son oeuvre; il voyait sur les épaules de ses personnages, des hommes et des femmes, la face blafarde et épouvantée du noyé; l'étrange spectacle qu'il évoquait ainsi lui parut d'un ridicule atroce et l'exaspéra.

him.

He no longer dared to paint, always dreading that he would resuscitate his victim at the least stroke of his brush. If he desired to live peacefully in his studio he must never paint there. This thought that his fingers possessed the fatal and unconscious faculty of reproducing without end the portrait of Camille, made him observe his hand in terror. It seemed to him that his hand no longer belonged to him.

Ainsi il n'oserait plus travailler, il redouterait toujours de ressusciter sa victime au moindre coup de pinceau. S'il voulait vivre paisible dans son atelier, il devrait ne jamais y peindre. Cette pensée que ses doigts avaient la faculté fatale et inconsciente de reproduire sans cesse le portrait de Camille lui fit regarder sa main avec terreur. Il lui semblait que cette main ne lui appartenait plus.

XXVI

CHAPITRE XXVI

The crisis threatening Madame Raquin took place. The paralysis, which for several months had been creeping along her limbs, always ready to strangle her, at last took her by the throat and linked her body. One evening, while conversing peacefully with Therese and Laurent, she remained in the middle of a sentence with her mouth wide open: she felt as if she was being throttled. When she wanted to cry out and call for help, she could only splutter a few hoarse sounds. Her hands and feet were rigid. She found

La crise dont Mme Raquin était menacée se déclara. Brusquement, la paralysie, qui depuis plusieurs mois rampait le long de ses membres, toujours près de l'étreindre, la prit à la gorge et lui lia le corps. Un soir, comme elle s'entretenait paisiblement avec Thérèse et Laurent, elle resta, au milieu d'une phrase, la bouche béante: il lui semblait qu'on l'étranglait. Quand elle voulut crier, appeler au secours, elle ne put balbutier que des sons rauques. Sa langue était devenue de pierre. Ses mains et ses pieds s'étaient

herself struck dumb, and powerless to move.

roidis. Elle se trouvait frappée de mutisme et d'immobilité.

Therese and Laurent rose from their chairs, terrified at this stroke, which had contorted the old mercer in less than five seconds. When she became rigid, and fixed her supplicating eyes on them, they pressed her with questions in order to ascertain the cause of her suffering. Unable to reply, she continued gazing at them in profound anguish.

Thérèse et Laurent se levèrent, effrayés devant ce coup de foudre, qui tordit la vieille mercière en moins de cinq secondes. Quand elle fut roide et qu'elle fixa sur eux des regards suppliants, ils la pressèrent de questions pour connaître la cause de sa souffrance. Elle ne put répondre, elle continua à les regarder avec une angoisse profonde.

They then understood that they had nothing but a corpse before them, a corpse half alive that could see and hear, but could not speak to them. They were in despair at this attack. At the bottom of their hearts, they cared little for the suffering of the paralysed woman. They mourned over themselves, who in future would have to live alone, face to face.

Ils comprirent alors qu'ils n'avaient plus qu'un cadavre devant eux, un cadavre vivant à moitié qui les voyait et les entendait, mais qui ne pouvait leur parler. Cette crise les désespéra; au fond, ils se souciaient peu des douleurs de la paralytique, ils pleuraient sur eux, qui vivraient désormais dans un éternel tête-à-tête.

From this day the life of the married couple became intolerable. They passed the most cruel evenings opposite the impotent old lady, who no longer lulled their terror with

Dès ce jour, la vie des époux devint intolérable, Ils passèrent des soirées cruelles, en face de la vieille impotente qui n'endormait plus leur effroi de ses doux radotages. Elle gisait

her gentle, idle chatter. She reposed in an armchair, like a parcel, a thing, while they remained alone, one at each end of the table, embarrassed and anxious. This body no longer separated them; at times they forgot it, confounding it with the articles of furniture.

They were now seized with the same terror as at night. The dining-room became, like the bedroom, a terrible spot, where the spectre of Camille arose, causing them to suffer an extra four or five hours daily. As soon as twilight came, they shuddered, lowering the lamp-shade so as not to see one another, and endeavouring to persuade themselves that Madame Raquin was about to speak and thus remind them of her presence. If they kept her with them, if they did not get rid of her, it was because her eyes were still alive, and they experienced a little relief in watching them move and sparkle.

They always placed the impotent old lady in the bright beam of the lamp, so as to thoroughly light up her face and have it always before

dans un fauteuil, comme un paquet, comme une chose, et ils restaient seuls, aux deux bouts de la table, embarrassés et inquiets. Ce cadavre ne les séparait plus; par moments, ils l'oubliaient, ils le confondaient avec les meubles.

Alors leurs épouvantes de la nuit les prenaient, la salle à manger devenait, comme la chambre, un lieu terrible où se dressait le spectre de Camille. Ils souffrirent ainsi quatre ou cinq heures de plus par jour. Dès le crépuscule, ils frissonnaient, baissant l'abat-jour de la lampe pour ne pas se voir, tâchant de croire que Mme Raquin allait parler et leur rappeler ainsi sa présence. S'ils la gardaient, s'ils ne se débarrassaient pas d'elle, c'est que ses yeux vivaient encore, et qu'ils éprouvaient parfois quelque soulagement à les regarder se mouvoir et briller.

Ils plaçaient toujours la vieille impotente sous la clarté crue de la lampe, afin de bien éclairer son visage et de l'avoir sans cesse devant eux. Ce

them. This flabby, livid countenance would have been a sight that others could not have borne, but Therese and Laurent experienced such need for company, that they gazed upon it with real joy.

visage, mou et blafard, eût été un spectacle insoutenable pour d'autres, mais ils éprouvaient un tel besoin de compagnie, qu'ils y reposaient leurs regards avec une véritable joie.

This face looked like that of a dead person in the centre of which two living eyes had been fixed. These eyes alone moved, rolling rapidly in their orbits. The cheeks and mouth maintained such appalling immobility that they seemed as though petrified. When Madame Raquin fell asleep and lowered her lids, her countenance, which was then quite white and mute, was really that of a corpse. Therese and Laurent, who no longer felt anyone with them, then made a noise until the paralysed woman raised her eyelids and looked at them. In this manner they compelled her to remain awake.

On eût dit le masque dissous d'une morte, au milieu duquel on aurait mis deux yeux vivants; ces yeux seuls bougeaient, roulant rapidement dans leur orbite; les joues, la bouche étaient comme pétrifiées, elles gardaient une immobilité qui épouvantait. Lorsque Mme Raquin se laissait aller au sommeil et baissait les paupières, sa face, alors toute blanche et toute muette, était vraiment celle d'un cadavre; Thérèse et Laurent, qui ne sentaient plus personne avec eux, faisaient du bruit jusqu'à ce que la paralytique eût relevé les paupières et les eût regardés. Ils l'obligeaient ainsi à rester éveillée.

They regarded her as a distraction that drew them from their bad dreams. Since she had been infirm, they had to attend to her like a child. The care they lavished on her

Ils la considéraient comme une distraction qui les tirait de leurs mauvais rêves. Depuis qu'elle était infirme, il fallait la soigner ainsi qu'un enfant. Les soins qu'ils lui prodiguaient les

forced them to scatter their thoughts. In the morning Laurent lifted her up and bore her to her armchair; at night he placed her on her bed again. She was still heavy, and he had to exert all his strength to raise her delicately in his arms, and carry her. It was also he who rolled her armchair along.

forçaient à secouer leurs pensées. Le matin, Laurent la levait, la portait dans son fauteuil, et, le soir, il la remettait sur son lit; elle était lourde encore, il devait user de toute sa force pour la prendre délicatement entre ses bras et la transporter. C'était également lui qui roulait son fauteuil.

The other attentions fell to Therese. She dressed and fed the impotent old lady, and sought to understand her slightest wish. For a few days Madame Raquin preserved the use of her hands. She could write on a slate, and in this way asked for what she required; then the hands withered, and it became impossible for her to raise them or hold a pencil. From that moment her eyes were her only language, and it was necessary for her niece to guess what she desired. The young woman devoted herself to the hard duties of sick-nurse, which gave her occupation for body and mind that did her much good.

Les autres soins regardaient Thérèse: elle habillait l'impotente, elle la faisait manger, elle cherchait à comprendre ses moindres désirs. Mme Raquin conserva pendant quelques jours l'usage de ses mains, elle put écrire sur une ardoise et demander ainsi ce dont elle avait besoin; puis ses mains moururent, il lui devint impossible de les soulever et de tenir un crayon; dès lors, elle n'eut plus que le langage du regard, il fallut que sa nièce devinât ce qu'elle désirait. La jeune femme se voua au rude métier de garde-malade; cela lui créa une occupation de corps et d'esprit qui lui fit grand bien.

So as not to remain face to face, the married couple rolled the armchair of the poor old

Les époux, pour ne point rester face à face, roulaient dès le matin, dans la salle à

lady into the dining-room, the first thing in the morning. They placed her between them, as if she were necessary to their existence. They caused her to be present at their meals, and at all their interviews. When she signified the desire to retire to her bedroom, they feigned not to understand. She was only of use to interrupt their private conversations, and had no right to live apart.

manger, le fauteuil de la pauvre vieille. Ils l'apportaient entre eux, comme si elle eût été nécessaire à leur existence; ils la faisaient assister à leurs repas, à toutes leurs entrevues. Ils feignaient de ne pas comprendre, lorsqu'elle témoignait le désir de passer dans sa chambre. Elle n'était bonne qu'à rompre leur tête-à-tête, elle n'avait pas le droit de vivre à part.

At eight o'clock, Laurent went to his studio, Therese descended to the shop, while the paralyzed woman remained alone in the dining-room until noon; then, after lunch, she found herself without company again until six o'clock. Frequently, during the day, her niece ran upstairs, and, hovering round her, made sure she did not require anything. The friends of the family were at a loss for sufficiently laudatory phrases wherein to extol the virtues of Therese and Laurent.

A huit heures, Laurent allait à son atelier, Thérèse descendait à la boutique, la paralytique demeurait seule dans la salle à manger jusqu'à midi; puis, après le déjeuner, elle se trouvait seule de nouveau jusqu'à six heures. Souvent, pendant la journée, sa nièce montait et tournait autour d'elle, s'assurant si elle ne manquait de rien. Les amis de la famille ne savaient quels éloges inventer pour exalter les vertus de Thérèse et de Laurent.

The Thursday receptions continued, the impotent old lady being present, as in the past. Her armchair was

Les réceptions du jeudi continuèrent, et l'impotente y assista, comme par le passé. On approchait son fauteuil de

advanced to the table, and from eight o'clock till eleven she kept her eyes open, casting penetrating glances from one to another of her guests in turn. On the first few of these evenings, old Michaud and Grivet felt some embarrassment in the presence of the corpse of their old friend. They did not know what countenance to put on. They only experienced moderate sorrow, and they were inquiring in their minds in what measure it would be suitable to display their grief. Should they speak to this lifeless form? Should they refrain from troubling about it?

la table; de huit heures à onze heures elle tenait les yeux ouverts, regardant tour à tour les invités avec des lueurs pénétrantes. Les premiers jours le vieux Michaud et Grivet demeurèrent un peu embarrassés en face du cadavre de leur vieille amie; ils ne savaient quelle contenance tenir, ils n'éprouvaient qu'un chagrin médiocre, et ils se demandaient dans quelle juste mesure il était convenable de s'attrister. Fallait-il parler à cette face morte, fallait-il ne pas s'en occuper du tout?

Little by little, they decided to treat Madame Raquin as though nothing had happened to her. They ended by feigning to completely ignore her condition. They chatted with her, putting questions and giving the answers, laughing both for her and for themselves, and never permitting the rigid expression on the countenance to baffle them. It was a strange sight: these men who appeared to be

Peu à peu, ils prirent le parti de traiter Mme Raquin comme si rien ne lui était arrivé. Ils finirent par feindre d'ignorer complètement son état. Ils causaient avec elle, faisant les demandes et les réponses, riant pour elle et pour eux, ne se laissant jamais démonter par l'expression rigide de son visage. Ce fut un étrange spectacle; ces hommes avaient l'air de parler raisonnablement à une statue, comme les petites

speaking sensibly to a statue, just as little girls talk to their dolls. The paralysed woman sat rigid and mute before them, while they babbled, multiplying their gestures in exceedingly animated conversations with her.

filles parlent à leur poupée. La paralytique se tenait raide et muette devant eux, et ils bavardaient, et ils multipliaient les gestes, ayant avec elle des conversations très animées.

Michaud and Grivet prided themselves on their correct attitude. In acting as they did, they believed they were giving proof of politeness; they, moreover, avoided the annoyance of the customary condolences. They fancied that Madame Raquin must feel flattered to find herself treated as a person in good health; and, from that moment, it became possible for them to be merry in her presence, without the least scruple.

Michaud et Grivet s'applaudirent de leur excellente tenue. En agissant ainsi, ils croyaient faire preuve de politesse, ils s'évitaient, en outre, l'ennui des condoléances d'usage. Mme Raquin devait être flattée de se voir traitée en personne bien portante, et, dès lors, il leur était permis de s'égayer en sa présence sans le moindre scrupule.

Grivet had contracted a mania. He affirmed that Madame Raquin and himself understood one another perfectly; and that she could not look at him without him at once comprehending what she desired. This was another delicate attention. Only Grivet was on every occasion in error. He frequently interrupted the game of dominoes, to observe

Grivet eut une manie. Il affirma qu'il s'entendait parfaitement avec Mme Raquin, qu'elle ne pouvait le regarder sans qu'il comprît sur-le-champ ce qu'elle désirait. C'était encore là une attention délicate. Seulement, à chaque fois, Grivet se trompait. Souvent, il interrompait la partie de dominos, il examinait la paralytique dont les yeux

the infirm woman whose eyes were quietly following the game, and declare that she wanted such or such a thing.

suivaient paisiblement le jeu, et il déclarait qu'elle demandait telle ou telle chose.

On further inquiry it was found that she wanted nothing at all, or that she wanted something entirely different. This did not discourage Grivet, who triumphantly exclaimed: "Just as I said!" And he began again a few moments later. It was quite another matter when the impotent old lady openly expressed a desire; Therese, Laurent, and the guests named one object after another that they fancied she might wish for. Grivet then made himself remarkable by the clumsiness of his offers. He mentioned, haphazard, everything that came into his head, invariably offering the contrary to what Madame Raquin desired. But this circumstance did not prevent him repeating:

Vérification faite, Mme Raquin ne demandait rien du tout ou demandait une chose toute différente. Cela ne décourageait pas Grivet, qui lançait un victorieux: «Quand je vous le disais!» et qui recommençait quelques minutes plus tard. C'était une bien autre affaire lorsque l'impotente témoignait ouvertement un désir; Thérèse, Laurent, les invités nommaient l'un après l'autre les objets qu'elle pouvait souhaiter. Grivet se faisait alors remarquer par la maladresse de ses offres. Il nommait tout ce qui lui passait par la tête, au hasard, offrant toujours le contraire de ce que Mme Raquin désirait. Ce qui ne lui empêchait pas de répéter:

"I can read in her eyes as in a book. Look, she says I am right. Is it not so, dear lady? Yes, yes."

—Moi, je lis dans ses yeux comme dans un livre. Tenez, elle me dit que j'ai raison…. N'est-ce pas, chère dame…. Oui, oui.

Nevertheless, it was no easy matter to grasp the wishes of

D'ailleurs, ce n'était pas une chose facile que de saisir les

the poor old woman. Therese alone possessed this faculty. She communicated fairly well with this walled-up brain, still alive, but buried in a lifeless frame. What was passing within this wretched creature, just sufficiently alive to be present at the events of life, without taking part in them? She saw and heard, she no doubt reasoned in a distinct and clear manner. But she was without gesture and voice to express the thoughts originating in her mind. Her ideas were perhaps choking her, and yet she could not raise a hand, nor open her mouth, even though one of her movements or words should decide the destiny of the world.

souhaits de la pauvre vieille. Thérèse seule avait cette science. Elle communiquait assez aisément avec cette intelligence murée, vivante encore et enterrée au fond d'une chair morte. Que se passait-il dans cette misérable créature qui vivait juste assez pour assister à la vie sans y prendre part? Elle voyait, elle entendait, elle raisonnait sans doute d'une façon nette et claire et elle n'avait plus le geste, elle n'avait plus la voix pour exprimer au dehors les pensées qui naissaient en elle. Ses idées l'étouffaient peut-être. Elle n'aurait pu lever la main, ouvrir la bouche, quand même un de ses mouvements, une de ses paroles eût décidé des destinées du monde.

Her mind resembled those of the living buried by mistake, who awaken in the middle of the night in the earth, three or four yards below the surface of the ground. They shout, they struggle, and people pass over them without hearing their atrocious lamentations. Laurent frequently gazed at Madame Raquin, his lips pressed together, his hands

Son esprit était comme un de ces vivants qu'on ensevelit par mégarde et qui se réveillent dans la nuit de la terre, à deux ou trois mètres au-dessous du sol; ils crient, ils se débattent, et l'on passe sur eux sans entendre leurs atroces lamentations. Souvent, Laurent regardait Mme Raquin, les lèvres serrées, les mains allongées sur les genoux,

stretched out on his knees, putting all his life into his sparkling and swiftly moving eyes. And he said to himself:

mettant toute sa vie dans ses yeux vifs et rapides, et il se disait:

"Who knows what she may be thinking of all alone? Some cruel drama must be passing within this inanimate frame."

—Qui sait à quoi elle peut penser toute seule… Il doit se passer quelque drame cruel au fond de cette morte.

Laurent made a mistake. Madame Raquin was happy, happy at the care and affection bestowed on her by her dear children. She had always dreamed of ending in this gentle way, amidst devotedness and caresses. Certainly she would have been pleased to have preserved her speech, so as to be able to thank the friends who assisted her to die in peace. But she accepted her condition without rebellion. The tranquil and retired life she had always led, the sweetness of her character, prevented her feeling too acutely the suffering of being mute and unable to make a movement. She had entered second childhood. She passed days without weariness, gazing before her, and musing on the past. She even tasted the charm of remaining very good in her armchair, like a little girl.

Laurent se trompait, Mme Raquin était heureuse, heureuse des soins et de l'affection de ses chers enfants. Elle avait toujours rêvé de finir comme cela, lentement, au milieu des dévouements et des caresses. Certes, elle aurait voulu conserver la parole pour remercier ses amis qui l'aidaient à mourir en paix. Mais elle acceptait son état sans révolte; la vie paisible et retirée qu'elle avait toujours menée, les douceurs de son tempérament lui empêchaient de sentir trop rudement les souffrances du mutisme et de l'immobilité. Elle était redevenue enfant, elle passait des journées sans ennui, à regarder devant elle, à songer au passé. Elle finit même par goûter des charmes à rester bien sage dans son fauteuil, comme une petite fille.

Each day the sweetness and brightness of her eyes became more penetrating. She had reached the point of making them perform the duties of a hand or mouth, in asking for what she required and in expressing her thanks. In this way she replaced the organs that were wanting, in a most peculiar and charming manner. Her eyes, in the centre of her flabby and grimacing face, were of celestial beauty. Since her twisted and inert lips could no longer smile, she smiled with adorable tenderness, by her looks; moist beams and rays of dawn issued from her orbits.

Ses yeux prenaient chaque jour une douceur, une clarté plus pénétrantes. Elle en était arrivée à se servir de ses yeux comme d'une main, comme d'une bouche, pour demander et remercier. Elle suppléait, ainsi, d'une façon étrange et charmante, aux organes qui lui faisaient défaut. Ses regards étaient beaux, d'une beauté céleste, au milieu de sa face dont les chairs pendaient molles et grimaçantes. Depuis que ses lèvres tordues et inertes ne pouvaient plus sourire, elle souriait du regard, avec des tendresses adorables; des lueurs humides passaient, et des rayons d'aurore sortaient des orbites.

Nothing was more peculiar than those eyes which laughed like lips in this lifeless countenance. The lower part of the face remained gloomy and wan, while the upper part was divinely lit up. It was particularly for her beloved children that she placed all her gratitude, all the affection of her soul into a simple glance. When Laurent took her in his arms, morning and night, to carry her, she thanked him

Rien n'était plus singulier que ces yeux qui riaient comme des lèvres dans ce visage mort; le bas du visage restait morne et blafard, le haut s'éclairait divinement. C'était surtout pour ses chers enfants qu'elle mettait ainsi toutes ses reconnaissances, toutes les affections de son âme dans un simple coup d'oeil. Lorsque, le soir et le matin, Laurent la prenait entre ses bras pour la transporter, elle le remerciait

lovingly by looks full of tender effusion.

She lived thus for weeks, awaiting death, fancying herself sheltered from any fresh misfortune. She thought she had already received her share of suffering. But she was mistaken. One night she was crushed by a frightful blow.

Therese and Laurent might well place her between them, in the full light, but she was no longer sufficiently animated to separate and defend them against their anguish. When they forgot that she was there and could hear and see them, they were seized with folly. Perceiving Camille, they sought to drive him away. Then, in unsteady tones, they allowed the truth to escape them, uttering words that revealed everything to Madame Raquin. Laurent had a sort of attack, during which he spoke like one under the influence of hallucination, and the paralysed woman abruptly understood.

A frightful contraction passed over her face, and she experienced such a shock that

avec amour par des regards pleins d'une tendre effusion.

Elle vécut ainsi pendant plusieurs semaines, attendant la mort, se croyant à l'abri de tout nouveau malheur. Elle pensait avoir payé sa part de souffrance. Elle se trompait. Un soir, un effroyable coup l'écrasa.

Thérèse et Laurent avaient beau la mettre entre eux, en pleine lumière, elle ne vivait plus assez pour les séparer et les défendre contre leurs angoisses. Quand ils oubliaient qu'elle était là, qu'elle les voyait et les entendait, la folie les prenait, ils apercevaient Camille et cherchaient à le chasser. Alors, ils balbutiaient, ils laissaient échapper malgré eux des aveux, des phrases qui finirent par tout révéler à Mme Raquin. Laurent eut une sorte de crise pendant laquelle il parla comme un halluciné. Brusquement, la paralytique comprit.

Une effrayante contraction passa sur son visage, et elle éprouva une telle secousse, que

Therese thought she was about to bound to her feet and shriek, but she fell backward, rigid as iron. This shock was all the more terrible as it seemed to galvanise a corpse. Sensibility which had for a moment returned, disappeared; the impotent woman remained more crushed and wan than before. Her eyes, usually so gentle, had become dark and harsh, resembling pieces of metal.

Thérèse crut qu'elle allait bondir et crier. Puis, elle retomba dans une rigidité de fer. Cette espèce de choc fut d'autant plus épouvantable qu'il sembla galvaniser un cadavre. La sensibilité, un instant rappelée, disparut; l'impotente demeura plus écrasée, plus blafarde. Ses yeux, si doux d'ordinaire, étaient devenus noirs et durs, pareils à des morceaux de métal.

Never had despair fallen more rigorously on a being. The sinister truth, like a flash of flame, scorched the eyes of the paralysed woman and penetrated within her with the concussion of a shaft of lightning. Had she been able to rise, to utter the cry of horror that ascended to her throat, and curse the murderers of her son, she would have suffered less. But, after hearing and understanding everything, she was forced to remain motionless and mute, inwardly preserving all the glare of her grief.

Jamais désespoir n'était tombé plus rudement dans un être. La sinistre vérité, comme un éclair, brûla les yeux de la paralytique et entra eu elle avec le heurt suprême d'un coup de foudre. Si elle avait pu se lever, jeter le cri d'horreur qui montait à sa gorge, maudire les assassins de son fils, elle eût moins souffert. Mais après avoir tout entendu, tout compris, il lui fallut rester immobile et muette, gardant en elle l'éclat de sa douleur.

It seemed to her that Therese and Laurent had bound her, riveted her to her armchair to

Il lui sembla que Thérèse et Laurent l'avaient liée, clouée sur son fauteuil pour

prevent her springing up, and that they took atrocious pleasure in repeating to her, after gagging her to stifle her cries—

l'empêcher de s'élancer, et qu'ils prenaient un atroce plaisir à lui répéter:

"We have killed Camille!" Terror and anguish coursed furiously in her body unable to find an issue. She made superhuman efforts to raise the weight crushing her, to clear her throat and thus give passage to her flood of despair. In vain did she strain her final energy; she felt her tongue cold against her palate, she could not tear herself from death. Cadaverous impotence held her rigid. Her sensations resembled those of a man fallen into lethargy, who is being buried, and who, bound by the bonds of his own frame, hears the deadened sound of the shovels of mould falling on his head.

« Nous avons tué Camille », après avoir posé sur ses lèvres un bâillon qui étouffait ses sanglots. L'épouvante, l'angoisse couraient furieusement dans son corps, sans trouver une issue. Elle faisait des efforts surhumains pour soulever le poids qui l'écrasait, pour dégager sa gorge et trouver ainsi passage au flot de son désespoir. Et vainement elle tendait ses dernières énergies; elle sentait sa langue froide contre son palais, elle ne pouvait s'arracher de la mort. Une impuissance de cadavre la tenait rigide. Ses sensations ressemblaient à celles d'un homme tombé en léthargie qu'on enterrerait et qui, bâillonné par les liens de sa chair, entendrait sur sa tête le bruit sourd des pelletées de sable.

The ravages to which her heart was subjected, proved still more terrible. She felt a blow inwardly that completely undid

Le ravage qui se fit dans son coeur fut plus terrible encore. Elle sentit en elle un écroulement qui la brisa. Sa vie

her. Her entire life was afflicted: all her tenderness, all her goodness, all her devotedness had just been brutally upset and trampled under foot. She had led a life of affection and gentleness, and in her last hours, when about to carry to the grave a belief in the delight of a calm life, a voice shouted to her that all was falsehood and all crime.

The veil being rent, she perceived apart from the love and friendship which was all she had hitherto been able to see, a frightful picture of blood and shame. She would have cursed the Almighty had she been able to shout out a blasphemy. Providence had deceived her for over sixty years, by treating her as a gentle, good little girl, by amusing her with lying representations of tranquil joy.

And she had remained a child, senselessly believing in a thousand silly things, and unable to see life as it really is, dragging along in the sanguinary filth of passions. Providence was bad; it should have told her the truth before,

entière était désolée, toutes ses tendresses, toutes ses bontés, tous ses dévouements venaient d'être brutalement renversés et foulés aux pieds. Elle avait mené une vie d'affection et de douceur et, à ses heures dernières, lorsqu'elle allait emporter dans la tombe la croyance aux bonheurs calmes de l'existence, une voix lui criait que tout est mensonge et que tout est crime.

Le voile qui se déchirait lui montrait, au-delà des amours et des amitiés qu'elle avait cru voir, un spectacle effroyable de sang et de honte. Elle eût injurié Dieu, si elle avait pu crier un blasphème. Dieu l'avait trompée pendant plus de soixante ans, en la traitant en petite fille douce et bonne, en amusant ses yeux par des tableaux mensongers de joie tranquille.

Et elle était demeurée enfant, croyant sottement à mille choses niaises, ne voyant pas la vie réelle se traîner dans la boue sanglante des passions. Dieu était mauvais; il aurait dû lui dire la vérité plus tôt, ou la laisser s'en aller avec ses

or have allowed her to continue in her innocence and blindness. Now, it only remained for her to die, denying love, denying friendship, denying devotedness. Nothing existed but murder and lust.

innocences et son aveuglement. Maintenant, il ne lui restait qu'à mourir en niant l'amour, en niant l'amitié, en niant le dévouement. Rien n'existait que le meurtre et la luxure.

What! Camille had been killed by Therese and Laurent, and they had conceived the crime in shame! For Madame Raquin, there was such a fathomless depth in this thought, that she could neither reason it out, nor grasp it clearly. She experienced but one sensation, that of a horrible disaster; it seemed to her that she was falling into a dark, cold hole. And she said to herself: "I shall be smashed to pieces at the bottom."

Hé quoi! Camille était mort sous les coups de Thérèse et de Laurent, et ceux-ci avaient conçu le crime au milieu des hontes de l'adultère? Il y avait pour Mme Raquin un tel abîme dans cette pensée, qu'elle ne pouvait la raisonner ni la saisir d'une façon nette et détaillée. Elle n'éprouvait qu'une sensation, celle d'une chute horrible; il lui semblait qu'elle tombait dans un trou noir et froid. Et elle se disait: « Je vais aller me briser au fond. »

After the first shock, the crime appeared to her so monstrous that it seemed impossible. Then, when convinced of the misbehaviour and murder, by recalling certain little incidents which she had formerly failed to understand, she was afraid of going out of her mind.

Après la première secousse, la monstruosité du crime lui parut invraisemblable. Puis elle eut peur de devenir folle, lorsque la conviction de l'adultère et du meurtre s'établit en elle, au souvenir de petites circonstances qu'elle ne s'était pas expliquées jadis.

Therese and Laurent were

Thérèse et Laurent étaient bien

really the murderers of Camille: Therese whom she had reared, Laurent whom she had loved with the devoted and tender affection of a mother. These thoughts revolved in her head like an immense wheel, accompanied by a deafening noise. She conjectured such vile details, fathomed such immense hypocrisy, assisting in thought at a double vision so atrocious in irony, that she would have liked to die, mechanical and implacable, pounded her brain with the weight and ceaseless action of a millstone.

les meurtriers de Camille, Thérèse qu'elle avait élevée, Laurent qu'elle avait aimé en mère dévouée et tendre. Cela tournait dans sa tête comme une roue immense, avec un bruit assourdissant. Elle devinait des détails si ignobles, elle descendait dans une hypocrisie si grande, elle assistait en pensée à un double spectacle d'une ironie si atroce, qu'elle eut voulu mourir pour ne plus penser. Une seule idée, machinale et implacable, broyait son cerveau avec une pesanteur et un entêtement de meule.

She repeated to herself: "It is my children who have killed my child." And she could think of nothing else to express her despair.

Elle se répétait: « Ce sont mes enfants qui ont tué mon enfant », et elle ne trouvait rien autre chose pour exprimer son désespoir.

In the sudden change that had come over her heart, she no longer recognised herself. She remained weighed down by the brutal invasion of ideas of vengeance that drove away all the goodness of her life. When she had been thus transformed, all was dark inwardly; she felt the birth of a new being within her frame, a being pitiless and cruel, who

Dans le brusque changement de son coeur, elle se cherchait avec égarement et ne se reconnaissait plus; elle restait écrasée sous l'envahissement brutal des pensées de vengeance qui chassaient toute la bonté de sa vie. Quand elle eut été transformée, il fit noir en elle; elle sentit naître dans sa chair mourante un nouvel être, impitoyable et cruel, qui aurait

would have liked to bite the murderers of her son.	voulu mordre les assassins de son fils.
When she had succumbed to the overwhelming stroke of paralysis, when she understood that she could not fly at the throats of Therese and Laurent, whom she longed to strangle, she resigned herself to silence and immobility, and great tears fell slowly from her eyes. Nothing could be more heartrending than this mute and motionless despair. Those tears coursing, one by one, down this lifeless countenance, not a wrinkle of which moved, that inert, wan face which could not weep with its features, and whose eyes alone sobbed, presented a poignant spectacle.	Lorsqu'elle eut succombé sous l'étreinte accablante de la paralysie, lorsqu'elle eut compris qu'elle ne pouvait sauter à la gorge de Thérèse et de Laurent, qu'elle rêvait d'étrangler, elle se résigna au silence et à l'immobilité, et de grosses larmes tombèrent lentement de ses yeux. Rien ne fut plus navrant que ce désespoir muet et immobile. Ces larmes qui coulaient une à une sur ce visage mort dont pas une ride ne bougeait, cette face inerte et blafarde qui ne pouvait pleurer par tous ses traits et où les yeux seuls sanglotaient, offraient un spectacle poignant.
Therese was seized with horrified pity.	Thérèse fut prise d'une pitié épouvantée.
"We must put her to bed," said she to Laurent, pointing to her aunt.	—Il faut la coucher, dit-elle à Laurent, en lui montrant sa tante.
Laurent hastened to roll the paralysed woman into her bedroom. Then, as he stooped down to take her in his arms, Madame Raquin hoped that some powerful spring would	Laurent se hâta de rouler la paralytique dans sa chambre. Puis il se baissa pour la prendre entre ses bras. A ce moment, Mme Raquin espéra qu'un ressort puissant allait la

place her on her feet; and she attempted a supreme effort. The Almighty would not permit Laurent to press her to his bosom; she fully anticipated he would be struck down if he displayed such monstrous impudence.

mettre sur ses pieds: elle tenta un effort suprême. Dieu ne pouvait permettre que Laurent la serrât contre sa poitrine; elle comptait que la foudre allait l'écraser s'il avait cette impudence monstrueuse.

But no spring came into action, and heaven reserved its lightning. Madame Raquin remained huddled up and passive like a bundle of linen. She was grasped, raised and carried along by the assassin; she experienced the anguish of feeling herself feeble and abandoned in the arms of the murderer of Camille. Her head rolled on to the shoulder of Laurent, whom she observed with eyes increased in volume by horror.

Mais aucun ressort ne la poussa, et le ciel réserva son tonnerre. Elle resta affaissée, passive, comme un paquet de linge. Elle lut saisie, soulevée, transportée par l'assassin, elle éprouva l'angoisse de se sentir, molle et abandonnée, entre les bras du meurtrier de Camille. Sa tête roula sur l'épaule de Laurent, qu'elle regarda avec des yeux agrandis par l'horreur.

"You may look at me," he murmured. "Your eyes will not eat me."

—Va, va, regarde-moi bien, murmura-t-il, tes yeux ne me mangeront pas....

And he cast her brutally on the bed. The impotent old lady fell unconscious on the mattress. Her last thought had been one of terror and disgust. In future, morning and night, she would have to submit to the vile pressure of the arms of

Et il la jeta brutalement sur le lit. L'impotente y tomba évanouie. Sa dernière pensée avait été une pensée de terreur et de dégoût. Désormais, il lui faudrait, matin et soir, subir l'étreinte immonde des bras de Laurent.

Laurent.

XXVII

CHAPITRE XXVII

A shock of terror alone had made the married pair speak, and avow their crime in the presence of Madame Raquin. Neither one nor the other was cruel; they would have avoided such a revelation out of feelings of humanity, had not their own security already made it imperative on their part to maintain silence.

Une crise d'épouvante avait seule pu amener les époux à parler, à faire des aveux en présence de Mme Raquin. Ils n'étaient cruels ni l'un ni l'autre: ils auraient évité une semblable révélation par humanité si leur sûreté ne leur eût pas déjà fait une loi de garder le silence.

On the ensuing Thursday, they felt particularly anxious. In the morning, Therese inquired of Laurent whether he considered it prudent to leave the paralysed woman in the dining-room during the evening. She knew all and might give the alarm.

Le jeudi suivant, ils furent singulièrement inquiets. Le matin, Thérèse demanda à Laurent s'il croyait prudent de laisser la paralytique dans la salle à manger pendant la soirée. Elle savait tout, elle pourrait donner l'éveil.

"Bah!" replied Laurent, "it is impossible for her to raise her little finger. How can she babble?"

—Bah! répondit Laurent, il lui est impossible de remuer le petit doigt. Comment veux-tu qu'elle bavarde?

"She will perhaps discover a way to do so," answered Therese. "I have noticed an implacable thought in her eyes since the other evening."

—Elle trouvera peut-être un moyen, répondit Thérèse. Depuis l'autre soir, je lis dans ses yeux une pensée implacable.

"No," said Laurent. "You see,

—Non, vois-tu, le médecin

the doctor told me it was absolutely all over with her. If she ever speaks again it will be in the final death-rattle. She will not last much longer, you may be sure. It would be stupid to place an additional load on our conscience by preventing her being present at the gathering this evening."

m'a dit que tout était bien fini pour elle. Si elle parle encore une fois elle parlera dans le dernier hoquet de l'agonie.... Elle n'en a pas pour longtemps, va. Ce serait bête de charger encore notre conscience en l'empêchant d'assister à cette soirée....

Therese shuddered.

Thérèse frissonna.

"You misunderstand me," she exclaimed. "Oh! You are right. There has been enough crime. I meant to say that we might shut our aunt up in her own room, pretending she was not well, and was sleeping."

—Tu ne m'as pas comprise, cria-t-elle. Oh! tu as raison, il y a assez de sang.... Je voulais te dire que nous pourrions enfermer ma tante dans sa chambre et prétendre qu'elle est plus souffrante, et qu'elle dort.

"That's it," replied Laurent, "and that idiot Michaud would go straight into the room to see his old friend, notwithstanding. It would be a capital way to ruin us."

—C'est cela, reprit Laurent, et cet imbécile de Michaud entrerait carrément dans la chambre pour voir quand même sa vieille amie.... Ce serait une excellente façon pour nous perdre.

He hesitated. He wanted to appear calm, and anxiety gave a tremor to his voice.

Il hésitait, il voulait paraître tranquille, et l'anxiété le faisait balbutier.

"It will be best to let matters take their course," he continued. "These people are as silly as geese. The mute

—Il vaut mieux laisser aller les événements, continua-t-il. Ces gens-là sont bêtes comme des oies; ils n'entendront

despair of the old woman will certainly teach them nothing. They will never have the least suspicion of the thing, for they are too far away from the truth. Once the ordeal is over, we shall be at ease as to the consequences of our imprudence. All will be well, you will see."

certainement rien aux désespoirs muets de la vieille. Jamais ils ne se douteront de la chose, car ils sont trop loin de la vérité. Une fois l'épreuve faite, nous serons tranquilles sur les suites de notre imprudence.... Tu verras, tout ira bien.

When the guests arrived in the evening, Madame Raquin occupied her usual place, between the stove and table. Therese and Laurent feigned to be in good spirits, concealing their shudders and awaiting, in anguish, the incident that was bound to occur. They had brought the lamp-shade very low down, so that the oilcloth table covering alone was lit up.

Le soir, quand les invités arrivèrent, Mme Raquin occupait sa place ordinaire, entre le poêle et la table. Laurent et Thérèse jouaient la belle humeur, cachant leurs frissons, attendant avec angoisse l'incident qui ne pouvait manquer de se produire. Ils avaient baissé très bas l'abat-jour de la lampe; la toile cirée seule était éclairée.

The guests engaged in the usual noisy, common-place conversation that invariably preceded the first game of dominoes. Grivet and Michaud did not fail to address the usual questions to the paralysed woman, on the subject of her health, and to give excellent answers to them, as was their custom. After which, the company, without troubling

Les invités eurent ce bout de causerie banale et bruyante qui précédait toujours la première partie de dominos. Grivet et Michaud ne manquèrent pas d'adresser à la paralytique les questions d'usage sur sa santé, questions auxquelles ils firent eux-mêmes des réponses excellentes, comme ils en avaient l'habitude. Après quoi, sans plus s'occuper de la

any further about the poor old lady, plunged with delight into the game.

pauvre vieille, la compagnie se plongea dans le jeu avec délices.

Since Madame Raquin had become aware of the horrible secret, she had been awaiting this evening with feverish impatience. She had gathered together all her remaining strength to denounce the culprits. Up to the last moment, she feared she would not be present at the gathering; she thought Laurent would make her disappear, perhaps kill her, or at least shut her up in her own apartment. When she saw that her niece and nephew allowed her to remain in the dining-room, she experienced lively joy at the thought of attempting to avenge her son.

Mme Raquin, depuis qu'elle connaissait l'horrible secret, attendait fiévreusement cette soirée. Elle avait réuni ses dernières forces pour dénoncer les coupables. Jusqu'au dernier moment, elle craignit de ne pas assister à la soirée. Elle pensait que Laurent la ferait disparaître, la tuerait peut-être, ou tout au moins l'enfermerait dans sa chambre. Quand elle vit qu'on la laissait là, quand elle fut en présence des invités, elle goûta une joie chaude en songeant qu'elle allait tenter de venger son fils.

Aware that her tongue was powerless, she resorted to a new kind of language. With astonishing power of will, she succeeded, in a measure, in galvanising her right hand, in slightly raising it from her knee, where it always lay stretched out, inert; she then made it creep little by little up one of the legs of the table before her, and thus succeeded

Comprenant que sa langue était bien morte, elle essaya d'un nouveau langage. Par une puissance de volonté étonnante, elle parvint à galvaniser en quelque sorte sa main droite, à la soulever légèrement de son genou où elle était toujours étendue, inerte; elle la fit ensuite ramper peu à peu le long d'un des pieds de la table, qui se

in placing it on the oilcloth table cover. Then, she feebly agitated the fingers as if to attract attention.

When the players perceived this lifeless hand, white and nerveless, before them, they were exceedingly surprised. Grivet stopped short, with his arm in the air, at the moment when he was about to play the double-six. Since the impotent woman had been struck down, she had never moved her hands.

"Hey! Just look, Therese," cried Michaud. "Madame Raquin is agitating her fingers. She probably wants something."

Therese could not reply. Both she and Laurent had been following the exertion of the paralysed woman, and she was now looking at the hand of her aunt, which stood out wan in the raw light of the lamp, like an avenging hand that was about to speak. The two murderers waited, breathless.

"Of course," said Grivet, "she wants something. Oh! We thoroughly understand one

trouvait devant elle, et parvint à la poser sur la toile cirée. Là elle agita faiblement les doigts comme pour attirer l'attention.

Quand les joueurs aperçurent au milieu d'eux cette main de morte, blanche et molle, ils furent très surpris. Grivet s'arrêta, les bras en l'air, au moment où il allait poser victorieusement le double-six. Depuis son attaque, l'impotente n'avait plus remué les mains.

—Hé! voyez donc, Thérèse, cria Michaud, voilà Mme Raquin qui agite les doigts.... Elle désire sans doute quelque chose.

Thérèse ne put répondre; elle avait suivi, ainsi que Laurent, le labeur de la paralytique, elle regardait la main de sa tante, blafarde sous la lumière crue de la lampe, comme une main vengeresse qui allait parler. Les deux meurtriers attendaient, haletants.

—Pardieu! oui, dit Grivet, elle désire quelque chose.... Oh! nous nous comprenons bien

another. She wants to play dominoes. Eh! Isn't it so, dear lady?"

tous les deux.... Elle veut jouer aux dominos.... Hein! n'est-ce pas, chère dame?

Madame Raquin made a violent sign indicating that she wanted nothing of the kind. She extended one finger, folded up the others with infinite difficulty, and began to painfully trace letters on the table cover. She had barely indicated a stroke or two, when Grivet again exclaimed in triumph:

Mme Raquin fit un signe violent, de dénégation. Elle allongea un doigt, replia les autres, avec des peines infinies, et se mit à tracer péniblement des lettres sur la table. Elle n'avait pas indiqué quelques traits, que Grivet s'écria de nouveau avec triomphe:

"I understand; she says I do right to play the double-six."

—Je comprends: elle dit que je fais bien de poser le double-six.

The impotent woman cast a terrible glance at the old clerk, and returned to the word she wished to write. But Grivet interrupted her at every moment, declaring it was needless, that he understood, and he then brought out some stupidity. Michaud at last made him hold his tongue.

L'impotente jeta sur le vieil employé un regard terrible et reprit le mot qu'elle voulait écrire. Mais, à chaque instant, Grivet l'interrompait en déclarant que c'était inutile, qu'il avait compris, et il avançait une sottise. Michaud finit par le faire taire.

"The deuce! Allow Madame Raquin to speak," said he. "Speak, my old friend."

—Que diable! laissez parler Mme Raquin dit-il. Parlez, ma vieille amie.

And he gazed at the oilcloth table cover as if he had been listening. But the fingers of the

Et il regarda sur la toile cirée, comme il aurait prêté l'oreille. Mais les doigts de la

paralysed woman were growing weary. They had begun the word more than ten times over, and now, in tracing this word, they wandered to right and left. Michaud and Olivier bent forward, and being unable to read, forced the impotent old lady to resume the first letters.

paralytique se lassaient, ils avaient recommencé un mot à plus de dix reprises, et ils ne traçaient plus ce mot qu'en s'égarant à droite et à gauche. Michaud et Olivier se penchaient, ne pouvant lire, forçant l'impotente à toujours reprendre les premières lettres.

"Ah! Bravo!" exclaimed Olivier, all at once, "I can read it, this time. She has just written your name, Therese. Let me see: ' Therese and ——' Complete the sentence, dear lady."

—Ah! bien, s'écria tout à coup Olivier, j'ai lu, cette fois.... Elle vient d'écrire votre nom, Thérèse.... Voyons: « Thérèse et ... » Achevez, chère dame.

Therese almost shrieked in anguish. She watched the finger of her aunt gliding over the oilcloth, and it seemed to her that this finger traced her name, and the confession of her crime in letters of fire. Laurent had risen violently, with half a mind to fling himself on the paralysed woman and break her arm. When he saw this hand return to life to reveal the murder of Camille, he thought all was lost, and already felt the weight and frigidity of the knife on the nape of his neck.

Thérèse faillit crier d'angoisse. Elle regardait les doigts de sa tante glisser sur la toile cirée, et il lui semblait que ces doigts traçaient son nom et l'aveu de son crime en caractères de feu. Laurent s'était levé violemment, se demandant s'il n'allait pas se précipiter sur la paralytique et lui briser le bras. Il crut que tout était perdu, il sentit sur son être la pesanteur et le froid du châtiment, en voyant cette main revivre pour révéler l'assassinat de Camille.

Madame Raquin still wrote, but in a manner that became more and more hesitating.

"This is perfect. I can read it very well indeed," resumed Olivier after an instant, and with his eyes on the married pair. "Your aunt writes your two names: ' Therese and Laurent .'"

The old lady made sign after sign in the affirmative, casting crushing glances on the murderers. Then she sought to complete the sentence, but her fingers had stiffened, the supreme will that galvanised them, escaped her. She felt the paralysis slowly descending her arm and again grasping her wrist. She hurried on, and traced another word. Old Michaud read out in a loud voice:

" Therese and Laurent have —— "

And Olivier inquired:

"What have your dear children?"

The murderers, seized with blind terror, were on the point of completing the sentence

Mme Raquin écrivait toujours, d'une façon de plus en plus hésitante.

—C'est parfait, je lis très bien, reprit Olivier au bout d'un instant, en regardant les époux. Votre tante écrit vos deux noms: « Thérèse et Laurent … »

La vieille dame fit coup sur coup des signes d'affirmation, en jetant sur les meurtriers des regards qui les écrasèrent. Puis elle voulut achever. Mais ses doigts s'étaient raidis, la volonté suprême qui les galvanisait lui échappait; elle sentait la paralysie remonter lentement le long de son bras, et de nouveau s'emparer de son poignet. Elle se hâta, elle traça encore un mot. Le vieux Michaud lut à haute voix:

—« Thérèse et Laurent ont … »

Et Olivier demanda:

—Qu'est-ce qu'ils ont, vos chers enfants?

Les meurtriers, pris d'une terreur folle, furent sur le point d'achever la phrase tout haut.

aloud. They contemplated the avenging hand with fixed and troubled eyes, when, all at once this hand became convulsed, and flattened out on the table. It slipped down and fell on the knee of the impotent woman like a lump of inanimate flesh and bone. The paralysis had returned and arrested the punishment.

Michaud and Olivier sat down again disappointed, while Therese and Laurent experienced such keen joy that they felt like fainting under the influence of the sudden rush of blood that beat in their bosoms.

Grivet who felt vexed at not having been believed on trust, thought the moment had arrived to regain his infallibility, by completing the unfinished sentence. While every one was endeavouring to supply the missing words, he exclaimed:

"It is quite clear. I can read the whole phrase in the eyes of the lady. It is not necessary for her to write on the table to make me understand; a mere look suffices. She means to say:

Ils contemplaient la main vengeresse avec des yeux fixes et troubles, lorsque, tout d'un coup, cette main fut prise d'une convulsion et s'aplatit sur la table; elle glissa et retomba le long du genou de l'impotente comme une masse de chair inanimée. La paralysie était revenue et avait arrêté le châtiment.

Michaud et Olivier se rassirent, désappointés, tandis que Thérèse et Laurent goûtaient une joie si âcre, qu'ils se sentaient défaillir sous le flux brusque du sang qui battait dans leur poitrine.

Grivet était vexé de ne pas avoir été cru sur parole. Il pensa que le moment était venu de reconquérir son infaillibilité en complétant la phrase inachevée de Mme Raquin. Comme on cherchait le sens de cette phrase:

—C'est très clair, dit-il, je devine la phrase entière dans les yeux de madame. Je n'ai pas besoin qu'elle écrive sur une table, moi; un de ses regards me suffit…. Elle a voulu dire: «

"Therese and Laurent have been very kind to me."

Thérèse et Laurent ont bien soin de moi. »

Grivet, on this occasion, had cause to be proud of his imagination, for all the company were of his opinion; and the guests began to sing the praises of the married couple, who were so good for the poor lady.

Grivet dut s'applaudir de son imagination, car toute la société fut de son avis. Les invités se mirent à faire l'éloge des époux, qui se montraient si bons pour la pauvre dame.

"It is certain," old Michaud gravely remarked, "that Madame Raquin wishes to bear testimony to the tender affection her children lavish on her, and this does honour to the whole family."

—Il est certain, dit gravement le vieux Michaud, que Mme Raquin a voulu rendre hommage aux tendres attentions que lui prodiguent ses enfants. Cela honore toute la famille.

Then, taking up his dominoes again, he added:

Et il ajouta en reprenant ses dominos:

"Come, let us continue. Where were we? Grivet was about to play the double-six, I think."

—Allons, continuons. Où en étions-nous?... Grivet allait poser le double-six, je crois.

Grivet played the double six, and the stupid, monotonous game went on.

Grivet posa le double-six. La partie continua, stupide et monotone.

The paralysed woman, cut up by frightful despair, looked at her hand, which had just betrayed her. She felt it as heavy as lead, now; never would she be able to raise it again. Providence would not

La paralytique regardait sa main, abîmée dans un affreux désespoir. Sa main venait de la trahir. Elle la sentait lourde comme du plomb, maintenant; jamais plus elle ne pourrait la soulever. Le ciel ne voulait pas

permit Camille to be avenged. It withdrew from his mother the only means she had of making known the crime to which he had fallen a victim. And the wretched woman said to herself that she was now only fit to go and join her child underground.

que Camille fût vengé, il retirait à sa mère le seul moyen de faire connaître aux hommes le meurtre dont il avait été la victime. Et la malheureuse se disait qu'elle n'était plus bonne qu'à aller rejoindre son enfant dans la terre.

She lowered her lids, feeling herself, henceforth, useless, and with the desire of imagining herself already in the darkness of the tomb.

Elle baissa les paupières, se sentant inutile désormais, voulant se croire déjà dans la nuit du tombeau.

XXVIII

CHAPITRE XXVIII

For two months, Therese and Laurent had been struggling in the anguish of their union. One suffered through the other. Then hatred slowly gained them, and they ended by casting angry glances at one another, full of secret menace.

Depuis deux mois, Thérèse et Laurent se débattaient dans les angoisses de leur union. Ils souffraient l'un par l'autre. Alors la haine monta lentement en eux, ils finirent par se jeter des regards de colère pleins de menaces sourdes.

Hatred was forced to come. They had loved like brutes, with hot passion, entirely sanguineous. Then, amidst the enervation of their crime, their love had turned to fright, and their kisses had produced a sort of physical terror. At present, amid the suffering

La haine devait forcément venir. Ils s'étaient aimés comme des brutes, avec une passion chaude, toute de sang; puis, au milieu des événements du crime, leur amour était devenu de la peur, et ils avaient éprouvé une sorte d'effroi physique de leurs baisers;

which marriage, which life in common imposed on them, they revolted and flew into anger.

It was a bitter hatred, with terrible outbursts. They felt they were in the way of one another, and both inwardly said that they would lead a tranquil existence were they not always face to face. When in presence of each other, it seemed as if an enormous weight were stifling them, and they would have liked to remove this weight, to destroy it. Their lips were pinched, thoughts of violence passed in their clear eyes, and a craving beset them to devour one another.

In reality, one single thought tormented them: they were irritated at their crime, and in despair at having for ever troubled their lives. Hence all their anger and hatred. They fclt thc cvil incurablc, that they would suffer for the murder of Camille until death, and this idea of perpetual suffering exasperated them. Not knowing whom to strike, they turned in hatred on one another.

aujourd'hui, sous la souffrance que le mariage, que la vie en commun leur imposait, ils se révoltaient et s'emportaient.

Ce fut une haine atroce, aux éclats terribles. Ils sentaient bien qu'ils se gênaient l'un l'autre; ils se disaient qu'ils mèneraient une existence tranquille, s'ils n'étaient pas toujours là face à face. Quand ils étaient en présence, il leur semblait qu'un poids énorme les étouffait, et ils auraient voulu écarter ce poids, leurs lèvres se pinçaient, des pensées de violence passaient dans leurs yeux clairs, il leur prenait des envies de s'entre-dévorer.

Au fond, une pensée unique les rongeait: ils s'irritaient contre leur crime, ils se désespéraient d'avoir à jamais troublé leur vie. De là venaient toute leur colère et toute leur haine. Ils sentaient que le mal était incurable, qu'ils souffriraient jusqu'à leur mort du meurtre de Camille, et cette idée de perpétuité dans la souffrance les exaspérait. Ne sachant sur qui frapper, ils s'en prenaient à eux-mêmes, ils

s'exécraient.

They would not openly admit that their marriage was the final punishment of the murder; they refused to listen to the inner voice that shouted out the truth to them, displaying the story of their life before their eyes. And yet, in the fits of rage that bestirred them, they both saw clearly to the bottom of their anger, they were aware it was the furious impulse of their egotistic nature that had urged them to murder in order to satisfy their desire, and that they had only found in assassination, an afflicted and intolerable existence.

Ils ne voulaient pas reconnaître tout haut que leur mariage était le châtiment fatal du meurtre; ils se refusaient à entendre la voix intérieure qui leur criait la vérité, en étalant devant eux l'histoire de leur vie. Et pourtant, dans les crises d'emportement qui les secouaient, ils lisaient chacun nettement au fond de leur colère, ils devinaient les fureurs de leur être égoïste qui les avaient poussés à l'assassinat pour contenter ses appétits, et qui ne trouvait dans l'assassinat qu'une existence désolée et intolérable.

They recollected the past, they knew that their mistaken hopes of lust and peaceful happiness had alone brought them to remorse. Had they been able to embrace one another in peace, and live in joy, they would not have mourned Camille, they would have fattened on their crime. But their bodies had rebelled, refusing marriage, and they inquired of themselves, in terror, where horror and disgust would lead them.

Ils se souvenaient du passé, ils savaient que leur espérance trompée de luxure et de bonheur paisible les amenait seule aux remords; s'ils avaient pu s'embrasser en paix et vivre en joie, ils n'auraient point pleuré Camille, ils se seraient engraissés de leur crime. Mais leur corps s'était révolté, refusant le mariage, et ils se demandaient avec terreur où allaient les conduire l'épouvante et le dégoût.

They only perceived a future that would be horrible in pain, with a sinister and violent end. Then, like two enemies bound together, and who were making violent efforts to release themselves from this forced embrace, they strained their muscles and nerves, stiffening their limbs without succeeding in releasing themselves.

Ils n'apercevaient qu'un avenir effroyable de douleur, qu'un dénouement sinistre et violent. Alors, comme deux ennemis qu'on aurait attachés ensemble et qui feraient de vains efforts pour se soustraire à cet embrassement forcé, ils tendaient leurs muscles et leurs nerfs, ils se roidissaient sans parvenir à se délivrer.

At last understanding that they would never be able to escape from their clasp, irritated by the cords cutting into their flesh, disgusted at their contact, feeling their discomfort increase at every moment, forgetful, and unable to bear their bonds a moment longer, they addressed outrageous reproaches to one another, in the hope of suffering loss, of dressing the wounds they inflicted on themselves, by cursing and deafening each other with their shouts and accusations.

Puis, comprenant que jamais ils n'échapperaient à leur étreinte, irrités par les cordes qui leur coupaient la chair, écoeurés de leur contact, sentant à chaque heure croître leur malaise, oubliant qu'ils s'étaient eux-mêmes liés l'un à l'autre, et ne pouvant supporter leurs liens un instant de plus, ils s'adressaient des reproches sanglants, ils essayaient de souffrir moins, de panser les blessures qu'ils se faisaient en s'injuriant, en s'étourdissant de leurs cris et de leurs accusations.

A quarrel broke out every evening. It looked as though the murderers sought opportunities to become exasperated so as to relax their rigid nerves. They watched one

Chaque soir une querelle éclatait. On eût dit que les meurtriers cherchaient des occasions pour s'exaspérer, pour détendre leurs nerfs roidis. Ils s'épiaient, se tâtaient

another, sounded one another with glances, examined the wounds of one another, discovering the raw parts, and taking keen pleasure in causing each other to yell in pain.

du regard, fouillant leurs blessures, trouvant le vif de chaque plaie, et prenant une acre volupté à se faire crier de douleur.

They lived in constant irritation, weary of themselves, unable to support a word, a gesture or a look, without suffering and frenzy. Both their beings were prepared for violence; the least display of impatience, the most ordinary contrariety increased immoderately in their disordered organism, and all at once, took the form of brutality.

Ils vivaient ainsi au milieu d'une irritation continuelle, las d'eux-mêmes, ne pouvant plus supporter un mot, un geste, un regard, sans souffrir et sans délirer. Leur être entier se trouvait préparé pour la violence; la plus légère impatience, la contrariété la plus ordinaire grandissaient d'une façon étrange dans leur organisme détraqué, et devenaient tout d'un coup grosses de brutalité.

A mere nothing raised a storm that lasted until the morrow. A plate too warm, an open window, a denial, a simple observation, sufficed to drive them into regular fits of madness.

Un rien soulevait un orage qui durait jusqu'au lendemain. Un plat trop chaud, une fenêtre ouverte, un démenti, une simple observation suffisaient pour les pousser à de véritables crises de folie.

In the course of the discussion, they never failed to bring up the subject of the drowned man. From sentence to sentence they came to mutual reproaches about this drowning business at Saint-

Et toujours, à un moment de la dispute, ils se jetaient le noyé à la face. De parole en parole, ils en arrivaient à se reprocher la noyade de Saint-Ouen; alors ils voyaient rouge, ils s'exaltaient jusqu'à la rage. C'étaient des

Ouen, casting the crime in the face of one another. They grew excited to the pitch of fury, until one felt like murdering the other. Then ensued atrocious scenes of choking, blows, abominable cries, shameless brutalities.

scènes atroces, des étouffements, des coups, des cris ignobles, des brutalités honteuses.

As a rule, Therese and Laurent became exasperated, in this manner, after the evening meal. They shut themselves up in the dining-room, so that the sound of their despair should not be heard. There, they could devour one another at ease. At the end of this damp apartment, of this sort of vault, lighted by the yellow beams of the lamp, the tone of their voices took harrowing sharpness, amidst the silence and tranquillity of the atmosphere. And they did not cease until exhausted with fatigue; then only could they go and enjoy a few hours' rest. Their quarrels became, in a measure, necessary to them—a means of procuring a few hours' rest by stupefying their nerves.

D'ordinaire, Thérèse et Laurent s'exaspéraient ainsi après le repas; ils s'enfermaient dans la salle à manger pour que le bruit de leur désespoir ne fût pas entendu. Là, ils pouvaient se dévorer à l'aise, au fond de cette pièce humide, de cette sorte de caveau que la lampe éclairait de lueurs jaunâtres. Leurs voix, au milieu du silence et de la tranquillité de l'air, prenaient des sécheresses déchirantes. Et ils ne cessaient que lorsqu'ils étaient brisés de fatigue; alors seulement ils pouvaient aller goûter quelques heures de repos. Leurs querelles devinrent comme un besoin pour eux, comme un moyen de gagner le sommeil en hébétant leurs nerfs.

Madame Raquin listened. She never ceased to be there, in her armchair, her hands dangling

Mme Raquin les écoutait. Elle était là sans cesse, dans son fauteuil, les mains pendantes

on her knees, her head straight, her face mute. She heard everything, and not a shudder ran through her lifeless frame. Her eyes rested on the murderers with the most acute fixedness. Her martyrdom must have been atrocious. She thus learned, detail by detail, all the events that had preceded and followed the murder of Camille. Little by little her ears became polluted with an account of the filth and crimes of those whom she had called her children.

sur les genoux, la tête droite, la face muette. Elle entendait tout, et sa chair morte n'avait pas un frisson. Ses yeux s'attachaient sur les meurtriers avec une fixité aiguë. Son martyre devait être atroce. Elle sut ainsi, détail par détail, les faits qui avaient précédé et suivi le meurtre de Camille, elle descendit peu à peu dans les saletés et les crimes de ceux qu'elle avait appelés ses chers enfants.

These quarrels of the married couple placed her in possession of the most minute circumstances connected with the murder, and spread out, one by one, before her terrified mind, all the episodes of the horrible adventure. As she went deeper into this sanguinary filth, she pleaded in her mind for mercy, at times, she fancied she was touching the bottom of the infamy, and still she had to descend lower. Each night, she learnt some new detail. The frightful story continued to expand before her. It seemed like being lost in an interminable dream of

Les querelles des époux la mirent au courant des moindres circonstances, étalèrent devant son esprit terrifié, un à un, les épisodes de l'horrible aventure. Et à mesure qu'elle pénétrait plus avant dans cette boue sanglante, elle criait grâce, elle croyait toucher le fond de l'infamie, et il lui fallait descendre encore. Chaque soir, elle apprenait quelque nouveau détail. Toujours l'affreuse histoire s'allongeait devant elle; il lui semblait qu'elle était perdue dans un rêve d'horreur qui n'aurait pas de fin.

horror.

The first avowal had been brutal and crushing, but she suffered more from these repeated blows, from these small facts which the husband and wife allowed to escape them in their fits of anger, and which lit up the crime with sinister rays. Once a day, this mother heard the account of the murder of her son; and, each day this account became more horrifying, more replete with detail, and was shouted into her ears with greater cruelty and uproar.

Le premier aveu avait été brutal et écrasant, mais elle souffrait davantage de ces coups répétés, de ces petits faits que les époux laissaient échapper au milieu de leur emportement et qui éclairaient le crime de lueurs sinistres. Une fois par jour, cette mère entendait le récit de l'assassinat de son fils, et, chaque jour, ce récit devenait plus épouvantable, plus circonstancié, et était crié à ses oreilles avec plus de cruauté et d'éclat.

On one occasion, Therese, taken aback with remorse, at the sight of this wan countenance, with great tears slowly coursing down its cheeks, pointed out her aunt to Laurent, beseeching him with a look to hold his tongue.

Parfois, Thérèse était prise de remords, en face de ce masque blafard sur lequel coulaient silencieusement de grosses larmes. Elle montrait sa tante à Laurent, le conjurant du regard de se taire.

"Well, what of it? Leave me alone!" exclaimed the latter in a brutal tone, "you know very well that she cannot give us up. Am I more happy than she is? We have her cash, I have no need to constrain myself."

—Eh! laisse donc! criait celui-ci avec brutalité, tu sais bien qu'elle ne peut pas nous livrer.... Est-ce que je suis plus heureux qu'elle, moi?... Nous avons son argent, je n'ai pas besoin de me gêner.

The quarrel continued, bitter

Et la querelle continuait, âpre,

and piercing, and Camille was killed over again. Neither Therese nor Laurent dared give way to the thoughts of pity that sometimes came over them, and shut the paralysed woman in her bedroom, when they quarrelled, so as to spare her the story of the crime. They were afraid of beating one another to death, if they failed to have this semi-corpse between them. Their pity yielded to cowardice. They imposed ineffable sufferings on Madame Raquin because they required her presence to protect them against their hallucinations.

éclatante, tuant de nouveau Camille. Ni Thérèse ni Laurent n'osaient céder à la pensée de pitié qui leur venait parfois, d'enfermer la paralytique dans sa chambre, lorsqu'ils se disputaient, et de lui éviter ainsi le récit du crime. Ils redoutaient de s'assommer l'un l'autre, s'ils n'avaient plus entre eux ce cadavre à demi vivant. Leur pitié cédait devant leur lâcheté, ils imposaient à Mme Raquin des souffrances indicibles, parce qu'ils avaient besoin de sa présence pour se protéger contre leurs hallucinations.

All their disputes were alike, and led to the same accusations. As soon as one of them accused the other of having killed this man, there came a frightful shock.

Toutes leurs disputes se ressemblaient et les amenaient aux mêmes accusations. Dès que le nom de Camille était prononcé, dès que l'un d'eux accusait l'autre d'avoir tué cet homme, il y avait un choc effrayant.

One night, at dinner, Laurent who sought a pretext for becoming irritable, found that the water in the decanter was lukewarm. He declared that tepid water made him feel sick, and that he wanted it fresh.

Un soir, à dîner, Laurent, qui cherchait un prétexte pour s'irriter, trouva que l'eau de la carafe était tiède; il déclara que l'eau tiède lui donnait des nausées, et qu'il en voulait de la fraîche.

"I was unable to procure any ice," Therese answered dryly.

—Je n'ai pu me procurer de la glace, répondit sèchement Thérèse.

"Very well, I will deprive myself of drinking," retorted Laurent.

—C'est bien, je ne boirai pas, reprît Laurent.

"This water is excellent," said she.

—Cette eau est excellente.

"It is warm, and has a muddy taste," he answered. "It's like water from the river."

—Elle est chaude et a un goût de bourbe. On dirait de l'eau de rivière.

"Water from the river?" repeated Therese.

Thérèse répéta: —De l'eau de rivière….

And she burst out sobbing. A juncture of ideas had just occurred in her mind.

Et elle éclata en sanglots. Un rapprochement d'idées venait d'avoir lieu dans son esprit.

"Why do you cry?" asked Laurent, who foresaw the answer, and turned pale.

—Pourquoi pleures-tu? demanda Laurent, qui prévoyait la réponse et qui pâlissait.

"I cry," sobbed the young woman, "I cry because—you know why—Oh! Great God! Great God! It was you who killed him."

—Je pleure, sanglota la jeune femme, je pleure parce que… tu le sais bien…. Oh! mon Dieu! mon Dieu! c'est toi qui l'as tué.

"You lie!" shouted the murderer vehemently, "confess that you lie. If I threw him into the Seine, it was you who urged me to commit the murder."

—Tu mens! cria l'assassin avec véhémence, avoue que tu mens…. Si je l'ai jeté à la Seine, c'est que tu m'as poussé à ce meurtre.

"I! I!" she exclaimed.

—Moi! moi!

"Yes, you! Don't act the ignorant," he replied, "don't compel me to force you to tell the truth. I want you to confess your crime, to take your share in the murder. It will tranquillise and relieve me."

—Oui, toi!... Ne fais pas l'ignorante, ne m'oblige pas à te faire avouer de force la vérité. J'ai besoin que tu confesses ton crime, que tu acceptes ta part dans l'assassinat. Cela me tranquillise et me soulage.

"But I did not drown Camille," she pleaded.

—Mais ce n'est pas moi qui ai noyé Camille.

"Yes, you did, a thousand times yes!" he shouted. "Oh! You feign astonishment and want of memory. Wait a moment, I will recall your recollections."

—Si, mille fois si, c'est toi!... Oh! tu feins l'étonnement et l'oubli. Attends, je vais rappeler tes souvenirs.

Rising from table, he bent over the young woman, and with crimson countenance, yelled in her face:

Il se leva de table, se pencha vers la jeune femme, et, le visage en feu, lui cria dans la face:

"You were on the river bank, you remember, and I said to you in an undertone: 'I am going to pitch him into the water.' Then you agreed to it, you got into the boat. You see that we murdered him together."

—Tu étais au bord de l'eau, tu te souviens, et je t'ai dit tout bas: « Je vais le jeter à la rivière. » Alors tu as accepté, tu es entrée dans la barque.... Tu vois bien que tu l'as assassiné avec moi.

"It is not true," she answered. "I was crazy, I don't know what I did, but I never wanted

—Ce n'est pas vrai.... J'étais folle, je ne sais plus ce que j'ai fait, mais je n'ai jamais voulu le

to kill him. You alone committed the crime."

tuer. Toi seul as commis le crime.

These denials tortured Laurent. As he had said, the idea of having an accomplice relieved him. Had he dared, he would have attempted to prove to himself that all the horror of the murder fell upon Therese. He more than once felt inclined to beat the young woman, so as to make her confess that she was the more guilty of the two.

Ces dénégations torturaient Laurent. Comme il le disait, l'idée d'avoir une complice le soulageait; il aurait tenté, s'il l'avait osé, de se prouver à lui-même que toute l'horreur du meurtre retombait sur Thérèse. Il lui venait des envies de battre la jeune femme pour lui faire confesser qu'elle était la plus coupable.

He began striding up and down, shouting and raving, followed by the piercing eyes of Madame Raquin.

Il se mit à marcher de long en large, criant, délirant, suivi par les regards fixes de Mme Raquin.

"Ah! The wretch! The wretch!" he stammered in a choking voice, "she wants to drive me mad. Look, did you not come up to my room one evening, did you not intoxicate me with your caresses to persuade me to rid you of your husband? You told me, when I visited you here, that he displeased you, that he had the odour of a sickly child. Did I think of all this three years ago? Was I a rascal? I was leading the peaceful existence of an upright man, doing no harm to

—Ah! la misérable! la misérable! balbutiait-il d'une voix étranglée, elle veut me rendre fou.... Eh! n'es-tu pas montée un soir dans ma chambre comme une prostituée, ne m'as-tu pas saoulé de tes caresses pour me décider à te débarrasser de ton mari? Il te déplaisait, il sentait l'enfant malade, me disais-tu lorsque je venais te voir ici.... Il y a trois ans, est-ce que je pensais à tout cela, moi? est-ce que j'étais un coquin? Je vivais tranquille, en honnête homme,

anybody. I would not have killed a fly."

ne faisant de mal à personne. Je n'aurais pas écrasé une mouche.

"It was you who killed Camille," repeated Therese with such desperate obstinacy that she made Laurent lose his head.

—C'est toi qui as tué Camille, répéta Thérèse avec une obstination désespérée qui faisait perdre la tête à Laurent.

"No, it was you, I say it was you," he retorted with a terrible burst of rage. "Look here, don't exasperate me, or if you do you'll suffer for it. What, you wretch, have you forgotten everything? You who maddened me with your caresses! Confess that it was all a calculation in your mind, that you hated Camille, and that you had wanted to kill him for a long time. No doubt you took me as a sweetheart, so as to drive me to put an end to him."

—Non, c'est toi, je te dis que c'est toi, reprit-il avec un éclat terrible…. Vois-tu, ne m'exaspère pas, cela pourrait mal finir…. Comment, malheureuse, tu ne te rappelles rien! Tu t'es livrée à moi comme une fille, là, dans la chambre de ton mari; tu m'y as fait connaître tes voluptés qui m'ont affolé. Avoue que tu avais calculé tout cela, que tu haïssais Camille, et que depuis longtemps tu voulais le tuer. Tu m'as sans doute pris pour amant afin de me heurter contre lui et de le briser.

"It is not true," said she. "What you relate is monstrous. You have no right to reproach me with my weakness towards you. I can speak in regard to you, as you speak of me. Before I knew you, I was a good woman, who never wronged a soul. If I drove you

—Ce n'est pas vrai…. C'est monstrueux ce que tu dis là…. Tu n'as pas le droit de me reprocher ma faiblesse. Je puis dire, comme toi, qu'avant de te connaître, j'étais une honnête femme qui n'avait jamais fait de mal à personne. Si je t'ai rendu fou, tu m'as rendue plus

mad, it was you made me madder still. Listen Laurent, don't let us quarrel. I have too much to reproach you with."

folle encore. Ne nous disputons pas, entends-tu, Laurent.... J'aurais trop de choses à te reprocher.

"What can you reproach me with?" he inquired.

—Qu'aurais-tu donc à me reprocher?

"No, nothing," she answered. "You did not save me from myself, you took advantage of my surrender, you chose to spoil my life. I forgive you all that. But, in mercy, do not accuse me of killing Camille. Keep your crime for yourself. Do not seek to make me more terrified than I am already."

—Non, rien... Tu ne m'as pas sauvée de moi-même, tu as profité de mes abandons, tu t'es plu à désoler ma vie.... Je te pardonne tout cela.... Mais, par grâce, ne m'accuse pas d'avoir tué Camille. Garde ton crime pour toi, ne cherche pas à m'épouvanter davantage.

Laurent raised his hand to strike her in the face.

Laurent leva la main pour frapper Thérèse au visage.

"Beat me, I prefer that," said she, "I shall suffer less."

—Bats-moi, j'aime mieux ça, ajouta-t-elle, je souffrirai moins.

And she advanced her head. But he restrained himself, and taking a chair, sat down beside her.

Et elle tendit la face. Il se retint, il prit une chaise et s'assit à côté delà jeune femme.

"Listen," he began in a voice that he endeavoured to render calm, "it is cowardly to refuse to take your share in the crime. You know perfectly well that as we did the deed together, you know you are as guilty as I

—Écoute, lui dit-il d'une voix qu'il s'efforçait de rendre calme, il y a de la lâcheté à refuser ta part du crime. Tu sais parfaitement que nous l'avons commis ensemble, tu sais que tu es aussi coupable

am. Why do you want to make my load heavier, by saying you are innocent? If you were so, you would not have consented to marry me. Just recall what passed during the two years following the murder. Do you want a proof? If so I will go and relate everything to the Public Prosecutor, and you will see whether we are not both condemned."

que moi. Pourquoi veux-tu rendre ma charge plus lourde en te disant innocente? Si tu étais innocente, tu n'aurais pas consenti à m'épouser. Souviens-toi des deux années qui ont suivi le meurtre. Désires-tu tenter une épreuve? Je vais aller tout dire au procureur impérial, et tu verras si nous ne serons pas condamnés l'un et l'autre.

They shuddered, and Therese resumed:

Ils frissonnèrent, et Thérèse reprit:

"Men may, perhaps, condemn me, but Camille knows very well that you did everything. He does not torment me at night as he does you."

—Les hommes me condamneraient peut-être, mais Camille sait bien que tu as tout fait…. Il ne me tourmente pas la nuit comme il te tourmente.

"Camille leaves me in peace," said Laurent, pale and trembling, "it is you who see him before you in your nightmares. I have heard you shout out."

—Camille me laisse en repos, dit Laurent pâle et tremblant, c'est toi qui le vois passer dans tes cauchemars, je t'ai entendue crier.

"Don't say that," angrily exclaimed the young woman. "I have never shouted out. I don't wish the spectre to appear. Oh! I understand, you want to drive it away from yourself. I am innocent, I am

—Ne dis pas cela, s'écria la jeune femme avec colère, je n'ai pas crié, je ne veux pas que le spectre vienne. Oh! je comprends, tu cherches à le détourner de toi…. Je suis innocente!

innocent!"

They looked at one another in terror, exhausted with fatigue, fearing they had evoked the corpse of the drowned man. Their quarrels invariably ended in this way; they protested their innocence, they sought to deceive themselves, so as to drive away their bad dreams. They made constant efforts, each in turn, to reject the responsibility of the crime, defending themselves as though they were before a judge and jury, and accusing one another.

Ils se regardèrent terrifiés, brisés de fatigue, craignant d'avoir évoqué le cadavre du noyé. Leurs querelles finissaient toujours ainsi; ils protestaient de leur innocence, ils cherchaient à se tromper eux-mêmes pour mettre en fuite les mauvais rêves. Leurs continuels efforts tendaient à rejeter à tour de rôle la responsabilité du crime, à se défendre comme devant un tribunal, en faisant mutuellement peser sur eux les charges les plus graves.

The strangest part of this attitude was that they did not succeed in duping themselves by their oaths. Both had a perfect recollection of all the circumstances connected with the murder, and their eyes avowed what their lips denied.

Le plus étrange était qu'ils ne parvenaient pas à être dupes de leurs serments, qu'ils se rappelaient parfaitement tous deux les circonstances de l'assassinat. Ils lisaient des aveux dans leurs yeux, lorsque leurs lèvres se donnaient des démentis.

Their falsehoods were puerile, their affirmations ridiculous. It was the wordy dispute of two wretches who lied for the sake of lying, without succeeding in concealing from themselves that they did so. Each took the part of accuser in turn, and

C'étaient des mensonges puérils, des affirmations ridicules, la dispute toute de mots de deux misérables qui mentaient pour mentir, sans pouvoir se cacher qu'ils mentaient. Successivement, ils prenaient le rôle d'accusateur,

although the prosecution they instituted against one another proved barren of result, they began it again every evening with cruel tenacity.

et, bien que jamais le procès qu'ils se faisaient n'eût amené un résultat, ils le recommençaient chaque soir avec un acharnement cruel.

They were aware that they would prove nothing, that they would not succeed in effacing the past, and still they attempted this task, still they returned to the charge, spurred on by pain and terror, vanquished in advance by overwhelming reality. The sole advantage they derived from their disputes, consisted in producing a tempest of words and cries, and the riot occasioned in this manner momentarily deafened them.

Ils savaient qu'ils ne prouveraient rien, qu'ils ne parviendraient pas à effacer le passé, et ils tentaient toujours cette besogne, ils revenaient toujours à la charge, aiguillonnés par la douleur et l'effroi, vaincus à l'avance par l'accablante réalité. Le bénéfice le plus net qu'ils tiraient de leurs disputes était de produire une tempête de mots et de cris dont le tapage les étourdissait un moment.

And all the time their anger lasted, all the time they were accusing one another, the paralysed woman never ceased to gaze at them. Ardent joy sparkled in her eyes, when Laurent raised his broad hand above the head of Therese.

Et tant que duraient leurs emportements, tant qu'ils s'accusaient, la paralytique ne les quittait pas du regard. Une joie ardente luisait dans ses yeux, lorsque Laurent levait sa large main sur la tête de Thérèse.

XXIX

CHAPITRE XXIX

Matters now took a different aspect. Therese, driven into a corner by fright, not knowing which way to turn for a

Une nouvelle phase se déclara. Thérèse, poussée à bout par la peur, ne sachant où trouver une pensée consolante, se mit

consoling thought, began to weep aloud over the drowned man, in the presence of Laurent.

à pleurer le noyé tout haut devant Laurent.

She abruptly became depressed, her overstrained nerves relaxed, her unfeeling and violent nature softened. She had already felt compassionate in the early days of her second marriage, and this feeling now returned, as a necessary and fatal reaction. When the young woman had struggled with all her nervous energy against the spectre of Camille, when she had lived in sullen irritation for several months up in arms against her sufferings, seeking to get the better of them by efforts of will, she all at once experienced such extraordinary lassitude that she yielded vanquished.

Il y eut un brusque affaissement en elle. Ses nerfs trop tendus se brisèrent, sa nature sèche et violente s'amollit. Déjà elle avait eu des attendrissements pendant les premiers jours du mariage. Ces attendrissements revinrent, comme une réaction nécessaire et fatale. Lorsque la jeune femme eut lutté de toute son énergie nerveuse contre le spectre de Camille, lorsqu'elle eut vécu pendant plusieurs mois sourdement irritée, révoltée contre ses souffrances, cherchant à les guérir par les seules volontés de son être, elle éprouva tout d'un coup une telle lassitude qu'elle plia et fut vaincue.

Then, having become a woman again, even a little girl, no longer feeling the strength to stiffen herself, to stand feverishly erect before her terror, she plunged into pity, into tears and regret, in the hope of finding some relief. She sought to reap advantage from her weakness of body

Alors, redevenue femme, petite fille même, ne se sentant plus la force de se roidir, de se tenir fiévreusement debout en face de ses épouvantes, elle se jeta dans la pitié, dans les larmes et les regrets, espérant y trouver quelque soulagement. Elle essaya de tirer parti des faiblesses de chair et d'esprit

and mind. Perhaps the drowned man, who had not given way to her irritation, would be more unbending to her tears.

Her remorse was all calculation. She thought that this would no doubt be the best way to appease and satisfy Camille. Like certain devotees, who fancy they will deceive the Almighty, and secure pardon by praying with their lips, and assuming the humble attitude of penitence, Therese displayed humility, striking her chest, finding words of repentance, without having anything at the bottom of her heart save fear and cowardice. Besides, she experienced a sort of physical pleasure in giving way in this manner, in feeling feeble and undone, in abandoning herself to grief without resistance.

She overwhelmed Madame Raquin with her tearful despair. The paralysed woman became of daily use to her. She served as a sort of praying-desk, as a piece of furniture in front of which Therese could fearlessly confess her faults and plead for forgiveness. As

qui la prenaient; peut-être le noyé, qui n'avait pas cédé devant ses irritations, céderait-il devant ses pleurs.

Elle eut ainsi des remords par calcul, se disant que c'était sans doute le meilleur moyen d'apaiser et de contenter Camille. Comme certaines dévotes, qui pensent tromper Dieu et en arracher un pardon en priant des lèvres et en prenant l'attitude humble de la pénitence, Thérèse s'humilia, frappa sa poitrine, trouva des mots de repentir, sans avoir au fond du coeur autre chose que de la crainte et de la lâcheté. D'ailleurs, elle éprouvait une sorte de plaisir physique à s'abandonner, à se sentir molle et brisée, à s'offrir à la douleur sans résistance.

Elle accabla Mme Raquin de son désespoir larmoyant. La paralytique lui devint d'un usage journalier; elle lui servait en quelque sorte de prie-Dieu, de meuble devant lequel elle pouvait sans crainte avouer ses fautes et en demander le pardon. Dès qu'elle éprouvait

soon as she felt inclined to cry, to divert herself by sobbing, she knelt before the impotent old lady, and there, wailing and choking, performed to her alone a scene of remorse which weakened but relieved her.

le besoin de pleurer, de se distraire en sanglotant, elle s'agenouillait devant l'impotente, et là, criait, étouffait, jouait à elle seule une scène de remords qui la soulageait en l'affaiblissant.

"I am a wretch," she stammered, "I deserve no mercy. I deceived you, I drove your son to his death. Never will you forgive me. And yet, if you only knew how I am rent by remorse, if you only knew how I suffer, perhaps you would have pity. No, no pity for me. I should like to die here at your feet, overwhelmed by shame and grief."

—Je suis une misérable, balbutiait-elle, je ne mérite pas de grâce. Je vous ai trompée, j'ai poussé votre fils à la mort. Jamais vous ne me pardonnerez!... Et pourtant si vous lisiez en moi les remords qui me déchirent, si vous saviez combien je souffre, peut-être auriez-vous pitié.... Non, pas de pitié pour moi. Je voudrais mourir ainsi à vos pieds, écrasée par la honte et la douleur.

She spoke in this manner for hours together, passing from despair to hope, condemning and then pardoning herself; she assumed the voice, brief and plaintive in turn, of a little sick girl; she flattened herself on the ground and drew herself up again, acting upon all the ideas of humility and pride, of repentance and revolt that entered her head.

Elle parlait de la sorte pendant des heures entières, passant du désespoir à l'espérance, se condamnant, puis se pardonnant; elle prenait une voix dc petite fille malade, tantôt brève, tantôt plaintive; elle s'aplatissait sur le carreau et se redressait ensuite, obéissant à toutes les idées d'humilité et de fierté, de repentir et de révolte qui lui passaient par la tête.

Sometimes even, forgetting she was on her knees before Madame Raquin, she continued her monologue as in a dream. When she had made herself thoroughly giddy with her own words, she rose staggering and dazed, to go down to the shop in a calmer frame of mind, no longer fearing to burst into sobs before her customers. When she again felt inclined for remorse, she ran upstairs and knelt at the feet of the impotent woman. This scene was repeated ten times a day.

Parfois même elle oubliait qu'elle était agenouillée devant Mme Raquin, elle continuait son monologue dans le rêve. Quand elle s'était bien étourdie de ses propres paroles, elle se relevait chancelante, hébétée, et elle descendait à la boutique, calmée, ne craignant plus d'éclater en sanglots nerveux devant ses clientes. Lorsqu'un nouveau besoin de remords la prenait elle se hâtait de remonter et de s'agenouiller encore aux pieds de l'impotente. Et la scène recommençait dix fois par jour.

Therese never reflected that her tears, and display of repentance must impose ineffable anguish on her aunt. The truth was that if she had desired to invent a torment to torture Madame Raquin, it would not have been possible to have found a more frightful one than the comedy of remorse she performed before her.

Thérèse ne songeait jamais que ses larmes et l'étage de son repentir devaient imposer à sa tante des angoisses indicibles. La vérité était que, si l'on avait cherché à inventer un supplice pour torturer Mme Raquin, on n'en aurait pas à coup sûr trouvé de plus effroyable que la comédie du remords jouée par sa nièce.

The paralysed woman could see the egotism concealed beneath these effusions of grief. She suffered horribly from these long monologues

La paralytique devinait l'égoïsme caché sous ces effusions de douleur. Elle souffrait horriblement de ces longs monologues qu'elle était

which she was compelled to listen to at every instant, and which always brought the murder of Camille before her eyes.

forcée de subir à chaque instant, et qui toujours remettaient devant elle l'assassinat de Camille.

She could not pardon, she never departed from the implacable thought of vengeance that her impotency rendered more keen, and all day long she had to listen to pleas for pardon, and to humble and cowardly prayers. She would have liked to give an answer; certain sentences of her niece brought crushing refusals to her lips, but she had to remain mute and allow Therese to plead her cause without once interrupting her.

Elle ne pouvait pardonner, elle s'enfermait dans une pensée implacable de vengeance, que son impuissance rendait plus aiguë, et, toute la journée, il lui fallait entendre des demandes de pardon, des prières humbles et lâches. Elle aurait voulu répondre; certaines phrases de sa nièce faisaient monter à sa gorge des refus écrasants, mais elle devait rester muette, laissant Thérèse plaider sa cause, sans jamais l'interrompre.

The impossibility of crying out and stopping her ears caused her inexpressible torture. The words of the young woman, entered her mind, slow and plaintive, as an irritating ditty. At first, she fancied the murderers inflicted this kind of torture on her out of sheer diabolical cruelty. Her sole means of defence was to close her eyes, as soon as her niece knelt before her, then although she heard, she did not see her.

L'impossibilité où elle était de crier et de se boucher les oreilles l'emplissait d'un tourment inexprimable. Et, une à une, les paroles de la jeune femme entraient dans son esprit, lentes et plaintives, comme un chant irritant. Elle crut un instant que les meurtriers lui infligeaient ce genre de supplice par une pensée diabolique de cruauté. Son unique moyen de défense était de fermer les yeux, dès que sa nièce s'agenouillait

devant elle; si elle l'entendait, elle ne la voyait pas.

Therese, at last, had the impudence to kiss her aunt. One day, in a fit of repentance, she feigned she had perceived a gleam of mercy in the eyes of the paralysed woman; and she dragged herself along on her knees, she raised herself up, exclaiming in a distracted tone: "You forgive me! You forgive me!" Then she kissed the forehead and cheeks of the poor old creature, who was unable to throw her head backward so as to avoid the embrace.

Thérèse finit par s'enhardir jusqu'à embrasser sa tante. Un jour, pendant un accès de repentir, elle feignit devoir surpris dans les yeux de la paralytique une pensée de miséricorde; elle se traîna sur les genoux, elle se souleva, en criant d'une voix éperdue: « Vous me pardonnez! vous me pardonnez! » puis elle baisa le front et les joues de la pauvre vieille, qui ne put rejeter la tête en arrière.

The cold skin on which Therese placed her lips, caused her violent disgust. She fancied this disgust, like the tears of remorse, would be an excellent remedy to appease her nerves; and she continued to kiss the impotent old woman daily, by way of penitence, and also to relieve herself.

La chair froide sur laquelle Thérèse posa lès lèvres, lui causa un violent dégoût. Elle pensa que ce dégoût serait, comme les larmes et les remords, un excellent moyen d'apaiser ses nerfs; elle continua à embrasser chaque jour l'impotente, par pénitence et pour se soulager.

"Oh! How good you are!" she sometimes exclaimed. "I can see my tears have touched you. Your eyes are full of pity. I am saved."

—Oh! que vous êtes bonne! s'écriait-elle parfois. Je vois bien que mes larmes vous ont touchée…. Vos regards sont pleins de pitié…. Je suis sauvée….

Then she smothered her with caresses, placing the head of the infirm old lady on her knees, kissing her hands, smiling at her happily, and attending to all her requirements with a display of passionate affection. After a time, she believed in the reality of this comedy, she imagined she had obtained the pardon of Madame Raquin, and spoke of nothing but the delight she experienced at having secured her pardon.

Et elle l'accablait de caresses, elle posait sa tête sur ses genoux, lui baisait les mains, lui souriait d'une façon heureuse, la soignait avec les marques d'une affection passionnée. Au bout de quelque temps, elle crut à la réalité de cette comédie, elle s'imagina qu'elle avait obtenu le pardon de Mme Raquin, et ne l'entretint plus que du bonheur qu'elle éprouvait d'avoir sa grâce.

This was too much for the paralysed woman. It almost killed her. At the kisses of her niece, she again felt that sensation of bitter repugnance and rage which came over her, morning and night, when Laurent took her in his arms to lift her up, or lay her down.

C'en était trop pour la paralytique. Elle faillit en mourir. Sous les baisers de sa nièce, elle ressentait cette sensation âcre de répugnance et de rage qui l'emplissait matin et soir, lorsque Laurent la prenait dans ses bras pour la lever ou la coucher.

She was obliged to submit to the disgusting caresses of the wretch who had betrayed and killed her son. She could not even use her hand to wipe away the kisses that this woman left on her cheeks; and, for hours and hours together, she felt these kisses burning her. She became the doll of the murderers of Camille, a doll

Elle était obligée de subir les caresses immondes de la misérable qui avait trahi et tué son fils, elle ne pouvait même essuyer de la main les baisers que cette femme laissait sur ses joues. Pendant de longues heures, elle sentait ces baisers qui la brûlaient. C'est ainsi qu'elle était devenue la poupée des meurtriers de Camille,

that they dressed, that they turned to right and left, and that they made use of according to their requirements and whims.

poupée qu'ils habillaient, qu'ils tournaient à droite et à gauche, dont ils se servaient selon leurs besoins et leurs caprices.

She remained inert in their hands, as if she had been a lay-figure, and yet she lived, and became excited and indignant at the least contact with Therese or Laurent. What particularly exasperated her was the atrocious mockery of the young woman, who pretended she perceived expressions of mercy in her eyes, when she would have liked to have brought down fire from heaven on the head of the criminal.

Elle restait inerte entre leurs mains, comme si elle n'avait eu que du son dans les entrailles, et cependant ses entrailles vivaient, révoltées et déchirées, au moindre contact de Thérèse ou de Laurent. Ce qui l'exaspéra surtout, ce fut l'atroce moquerie de la jeune femme qui prétendait lire des pensées de miséricorde dans ses regards, lorsque ses regards auraient voulu foudroyer la criminelle.

She frequently made supreme efforts to utter a cry of protestation, and loaded her looks with hatred. But Therese, who found it answered her purpose to repeat twenty times a day that she was pardoned, redoubled her caresses, and would see nothing. So the paralysed woman had to accept the thanks and effusions that her heart repelled. Henceforth, she lived in a state of bitter but powerless irritation, face to

Elle fit souvent des efforts suprêmes pour jeter un cri de protestation, elle mit toute sa haine dans ses yeux. Mais Thérèse, qui trouvait son compte à se répéter vingt fois par jour qu'elle était pardonnée, redoubla de caresses, ne voulant rien deviner. Il fallut que la paralytique acceptât des remerciements et des effusions que son coeur repoussait. Elle vécut, dès lors, pleine d'une irritation amère et impuissante,

face with her yielding niece who displayed adorable acts of tenderness to recompense her for what she termed her heavenly goodness.

en face de sa nièce assouplie qui cherchait des tendresses adorables pour la récompenser de ce qu'elle nommait sa bonté céleste.

When Therese knelt before Madame Raquin, in the presence of her husband, he brutally brought her to her feet.

Lorsque Laurent était là et que sa femme s'agenouillait devant Mme Raquin, il la relevait avec brutalité:

"No acting," said he. "Do I weep, do I prostrate myself? You do all this to trouble me."

—Pas de comédie, lui disait-il. Est-ce que je pleure, est-ce que je me prosterne, moi?... Tu fais tout cela pour me troubler.

The remorse of Therese caused him peculiar agitation. His suffering increased now that his accomplice dragged herself about him, with eyes red by weeping, and supplicating lips. The sight of this living example of regret redoubled his fright and added to his uneasiness. It was like an everlasting reproach wandering through the house.

Les remords de Thérèse l'agitaient étrangement. Il souffrait davantage depuis que sa complice se traînait autour de lui, les yeux rougis par les larmes, les lèvres suppliantes. La vue de ce regret vivant redoublait ses effrois, augmentait son malaise. C'était comme un reproche éternel qui marchait dans la maison.

Then he feared that repentance would one day drive his wife to reveal everything. He would have preferred her to remain rigid and threatening, bitterly defending herself against his accusations. But she had

Puis, il craignait que le repentir ne poussât un jour sa femme à tout révéler. Il aurait préféré qu'elle restât roidie et menaçante, se défendant avec âpreté contre ses accusations. Mais elle avait changé de

changed her tactics. She now readily recognised the share she had taken in the crime. She even accused herself. She had become yielding and timid, and starting from this point implored redemption with ardent humility. This attitude irritated Laurent, and every evening the quarrels of the couple became more afflicting and sinister.

tactique, elle reconnaissait volontiers maintenant la part qu'elle avait prise au crime, elle s'accusait elle-même, elle se faisait molle et craintive, et partait de là pour implorer la rédemption avec des humilités ardentes. Cette attitude irritait Laurent. Leurs querelles étaient, chaque soir, plus accablantes et plus sinistres.

"Listen to me," said Therese to her husband, "we are very guilty. We must repent if we wish to enjoy tranquillity. Look at me. Since I have been weeping I am more peaceable. Imitate me. Let us say together that we are justly punished for having committed a horrible crime."

—Écoute, disait Thérèse à son mari, nous sommes de grands coupables, il faut nous repentir, si nous voulons goûter quelque tranquillité…. Vois, depuis que je pleure, je suis plus paisible. Imite-moi. Disons ensemble que nous sommes justement punis d'avoir commis un crime horrible.

"Bah!" roughly answered Laurent, "you can say what you please. I know you are deucedly clever and hypocritical. Weep, if that diverts you. But I must beg you not to worry me with your tears."

—Bah! répondait brusquement Laurent, dis ce que tu voudras. Je te sais diablement habile et hypocrite. Pleure, si cela peut te distraire. Mais, je t'en prie, ne me casse pas la tête avec tes larmes.

"Ah!" said she, "you are bad. You reject remorse. You are cowardly. You acted as a

—Ah! tu es mauvais, tu refuses le remords. Tu es lâche, cependant, tu as pris Camille

traitor to Camille."

en traître.

"Do you mean to say that I alone am guilty?" he inquired.

—Veux-tu dire que je suis seul coupable?

"No," she replied, "I do not say that. I am guilty, more guilty than you are. I ought to have saved my husband from your hands. Oh! I am aware of all the horror of my fault. But I have sought pardon, and I have succeeded, Laurent, whereas you continue to lead a disconsolate life. You have not even had the feeling to spare my poor aunt the sight of your vile anger. You have never even addressed a word of regret to her."

—Non, je ne dis pas cela. Je suis coupable, plus coupable que toi. J'aurais dû sauver mon mari de tes mains. Oh! je connais toute l'horreur de ma faute, mais je tâche de me la faire pardonner, et j'y réussirai, Laurent, tandis que toi, tu continueras à mener une vie désolée.... Tu n'as pas même le coeur d'éviter à ma pauvre tante la vue de tes ignobles colères, tu ne lui as jamais adressé un mot de regret.

And she embraced Madame Raquin, who shut her eyes. She hovered round her, raising the pillow that propped up her head, and showing her all kinds of attention. Laurent was infuriated.

Et elle embrassait Mme Raquin, qui fermait les yeux. Elle tournait autour d'elle, remontant l'oreiller qui lui soutenait la tête, lui prodiguant mille amitiés. Laurent était exaspéré.

"Oh, leave her alone," he cried. "Can't you see that your services, and the very sight of you are odious to her. If she could lift her hand she would slap your face."

—Eh! laisse-la, criait-il, tu ne vois pas que ta vue et tes soins lui sont odieux. Si elle pouvait lever la main, elle te souffletterait.

The slow and plaintive words of his wife, and her attitudes of

Les paroles lentes et plaintives de sa femme, ses attitudes

resignation, gradually drove him into blinding fits of anger. He understood her tactics; she no longer wished to be at one with him, but to set herself apart wrapped in her regret, so as to escape the clasp of the drowned man. And, at moments, he said to himself that she had perhaps taken the right path, that tears might cure her of her terror, and he shuddered at the thought of having to suffer, and contend with fright alone.

résignées le faisaient peu à peu entrer dans des colères aveugles. Il voyait bien quelle était sa tactique: elle voulait ne plus faire cause commune avec lui, se mettre à part, au fond de ses regrets, afin de se soustraire aux étreintes du noyé. Par moments, il se disait qu'elle avait peut-être pris le bon chemin, que les larmes la guériraient de ses épouvantes, et il frissonnait à la pensée d'être seul à souffrir, à avoir peur.

He also would have liked to repent, or at least to have performed the comedy of repentance, to see what effect it would have. Unable to find the sobs and necessary words, he flung himself into violence again, stirring up Therese so as to irritate her and lead her back with him to furious madness. But the young woman took care to remain inert, to answer his cries of anger by tearful submission, and to meet his coarseness by a proportionate display of humility and repentance. Laurent was thus gradually driven to fury. To crown his irritation, Therese always ended with the

Il aurait voulu se repentir, lui aussi, jouer tout au moins la comédie du remords, pour essayer; mais il ne pouvait trouver les sanglots et les mots nécessaires, il se rejetait dans la violence, il secouait Thérèse pour l'irriter et la ramener avec lui dans la folie furieuse. La jeune femme s'étudiait à rester inerte, à répondre par des soumissions larmoyantes aux cris de sa colère, à se faire d'autant plus humble et plus repentante qu'il se montrait plus rude. Laurent montait ainsi jusqu'à la rage. Pour mettre le comble à son irritation, Thérèse finissait toujours par faire le

panegyric of Camille so as to display the virtues of the victim.

panégyrique de Camille, par étaler les vertus de sa victime.

"He was good," said she, "and we must have been very cruel to assail such a warm-hearted man who had never a bad thought."

—Il était bon, disait-elle, et il a fallu que nous fussions bien cruels pour nous attaquer à cet excellent coeur qui n'avait jamais eu une mauvaise pensée.

"He was good, yes, I know," jeered Laurent. "You mean to say he was a fool. You must have forgotten! You pretended you were irritated at the slightest thing he said, that he could not open his mouth without letting out some stupidity."

—Il était bon, oui, je sais, ricanait Laurent, tu veux dire qu'il était bête, n'est-ce pas…. Tu as donc oublié? Tu prétendais que la moindre de ses paroles t'irritait, qu'il ne pouvait ouvrir la bouche sans laisser échapper une sottise.

"Don't jeer," said Therese. "It only remains for you to insult the man you murdered. You know nothing about the feelings of a woman, Laurent; Camille loved me and I loved him."

—Ne raille pas…. Il ne te manque plus que d'insulter l'homme que tu as assassiné…. Tu ne connais rien au coeur des femmes, Laurent; Camille m'aimait et je l'aimais.

"You loved him! Ah! Really what a capital idea," cxclaimed Laurent. "And no doubt it was because you loved your husband, that you took me as a sweetheart. I remember one day when we were together, that you told me Camille

—Tu l'aimais, ah! vraiment, voilà qui est bien trouvé…. C'est sans doute parce que tu aimais ton mari que tu m'as pris pour amant…. Je me souviens d'un jour où tu te traînais sur ma poitrine en me disant que Camille t'écoeurait

disgusted you, when you felt the end of your fingers enter his flesh as if it were soft clay. Oh! I know why you loved me. You required more vigorous arms than those of that poor devil."

lorsque tes doigts s'enfonçaient dans sa chair comme dans l'argile.... Oh! je sais pourquoi tu m'as aimé, moi. Il te fallait des bras autrement vigoureux que ceux de ce pauvre diable.

"I loved him as a sister," answered Therese. "He was the son of my benefactress. He had all the delicate feelings of a feeble man. He showed himself noble and generous, serviceable and loving. And we killed him, good God! good God!"

—Je l'aimais comme une soeur. Il était le fils de ma bienfaitrice, il avait toutes les délicatesses des natures faibles, il se montrait noble et généreux, serviable et aimant.... Et nous l'avons tué, mon Dieu! mon Dieu?

She wept, and swooned away. Madame Raquin cast piercing glances at her, indignant to hear the praise of Camille sung by such a pair of lips. Laurent who was unable to do anything against this overflow of tears, walked to and fro with furious strides, searching in his head for some means to stifle the remorse of Therese.

Elle pleurait, elle se pâmait. Mme Raquin lui jetait des regards aigus, indignée d'entendre l'éloge de Camille dans une pareille bouche. Laurent, ne pouvant rien contre ce débordement de larmes se promenait à pas fiévreux, cherchant quelque moyen suprême pour étouffer les remords de Thérèse.

All the good he heard said of his victim ended by causing him poignant anxiety. Now and again he let himself be caught by the heartrending accents of his wife. He really believed in the virtues of

Tout le bien qu'il entendait dire de sa victime finissait par lui causer une anxiété poignante; il se laissait prendre parfois aux accents déchirants de sa femme, il croyait réellement aux vertus de

Camille, and his terror redoubled. But what tried his patience beyond measure was the comparison that the widow of the drowned man never failed to draw between her first and second husband, and which was all to the advantage of the former.	Camille, et ses effrois redoublaient. Mais ce qui le jetait hors de lui, ce qui l'amenait à des actes de violence, c'était le parallèle que la veuve du noyé ne manquait jamais d'établir entre son premier et son second mari, tout à l'avantage du premier.
"Well! Yes," she cried, "he was better than you. I would sooner he were alive now, and you in his place underground."	—Eh bien! oui, criait-elle, il était meilleur que toi, je préférerais qu'il vécût encore et que tu fusses à sa place couché dans la terre.
Laurent first of all shrugged his shoulders.	Laurent haussait d'abord les épaules.
"Say what you will," she continued, becoming animated, "although I perhaps failed to love him in his lifetime, yet I remember all his good qualities now, and do love him. Yes, I love him and hate you, do you hear? For you are an assassin."	—Tu as beau dire, continuait-elle en s'animant, je ne l'ai peut-être pas aimé de son vivant, mais maintenant je me souviens et je l'aime.... Je l'aime et je te hais, vois-tu. Toi, tu es un assassin....
"Will you hold your tongue?" yelled Laurent.	—Te tairas-tu! hurlait Laurent.
"And he is a victim," she went on, notwithstanding the threatening attitude of her husband, "an upright man killed by a rascal. Oh! I am not afraid of you. You know well	—Et lui, il est une victime, un honnête homme qu'un coquin a tué. Oh! tu ne me fais pas peur.... Tu sais bien que tu es un misérable, un homme brutal, sans coeur, sans âme.

enough that you are a miserable wretch, a brute of a man without a heart, and without a soul. How can you expect me to love you, now that you are reeking with the blood of Camille? Camille was full of tenderness for me, and I would kill you, do you hear, if that could bring him to life again, and give me back his love."

Comment veux-tu que je t'aime, maintenant que te voilà couvert du sang de Camille?... Camille avait toutes les tendresses pour moi et je te tuerais, entends-tu? si cela pouvait ressusciter Camille et me rendre son amour.

"Will you hold your tongue, you wretch?" shouted Laurent.

—Te tairas-tu, misérable?

"Why should I hold my tongue?" she retorted. "I am speaking the truth. I would purchase forgiveness at the price of your blood. Ah! How I weep, and how I suffer! It is my own fault if a scoundrel, such as you, murdered my husband. I must go, one of these nights, and kiss the ground where he rests. That will be my final rapture."

—Pourquoi me tairais-je? je dis la vérité. J'achèterais le pardon au prix de ton sang. Ah! que je pleure et que je souffre! C'est ma faute si ce scélérat a assassiné mon mari.... Il faudra que j'aille une nuit baiser la terre où il repose. Ce sont là mes dernières voluptés.

Laurent, beside himself, rendered furious by the atrocious pictures that Therese spread out before his eyes, rushed upon her, and threw her down, menacing her with his uplifted fist.

Laurent, ivre, rendu furieux par les tableaux atroces que Thérèse étalait devant ses yeux, se précipitait sur elle, la renversait par terre et la serrait sous son genou, le poing haut.

"That's it," she cried, "strike me, kill me! Camille never once raised his hand to me, but you are a monster."

—C'est cela, criait-elle, frappe-moi, tue-moi.... Jamais Camille n'a levé la main sur ma tête, mais toi, tu es un monstre!

And Laurent, spurred on by what she said, shook her with rage, beat her, bruised her body with his clenched fists. In two instances he almost strangled her. Therese yielded to his blows. She experienced keen delight in being struck, delivering herself up, thrusting her body forward, provoking her husband in every way, so that he might half kill her again.

Et Laurent, fouetté par ces paroles, la secouait avec rage, la battait, meurtrissait son corps de son poing fermé. A deux reprises, il faillit l'étrangler. Thérèse mollissait sous les coups; elle goûtait une volupté âpre à être frappée; elle s'abandonnait, elle s'offrait, elle provoquait son mari pour qu'il l'assommât davantage.

This was another remedy for her suffering. She slept better at night when she had been thoroughly beaten in the evening. Madame Raquin enjoyed exquisite pleasure, when Laurent dragged her niece along the floor in this way, belabouring her with thumps and kicks.

C'était encore là un remède contre les souffrances de sa vie; elle dormait mieux la nuit, quand elle avait été bien battue le soir. Mme Raquin goûtait des délices cuisantes, lorsque Laurent traînait ainsi sa nièce sur le carreau, lui labourant le corps de coups de pied.

The existence of the assassin had become terrible since the day when Therese conceived the infernal idea of feeling remorse and of mourning Camille aloud. From that

L'existence de l'assassin était effroyable, depuis le jour où Thérèse avait eu l'infernale invention d'avoir des remords et de pleurer tout haut Camille. A partir de ce moment, le

moment the wretch lived everlastingly with his victim. At every hour, he had to listen to his wife praising and regretting her first husband. The least incident became a pretext: Camille did this, Camille did that, Camille had such and such qualities, Camille loved in such and such a way.

misérable vécut éternellement avec sa victime; à chaque heure, il dut entendre sa femme louant et regrettant son premier mari. La moindre circonstance devenait un prétexte: Camille faisait ceci, Camille faisait cela, Camille avait telle qualité, Camille aimait de telle manière.

It was always Camille! Ever sad remarks bewailing his death. Therese had recourse to all her spitefulness to render this torture, which she inflicted on Laurent so as to shield her own self, as cruel as possible. She went into details, relating a thousand insignificant incidents connected with her youth, accompanied by sighs and expressions of regret, and in this manner, mingled the remembrance of the drowned man with every action of her daily life.

Toujours Camille, toujours des phrases attristées qui pleuraient sur la mort de Camille. Thérèse employait toute sa méchanceté à rendre plus cruelle cette torture qu'elle infligeait à Laurent pour se sauvegarder elle-même. Elle descendit dans les détails les plus intimes, elle conta les mille riens de sa jeunesse avec des soupirs de regret, et mêla ainsi le souvenir du noyé à chacun des actes de la vie journalière.

The corpse which already haunted the house, was introduced there openly. It sat on the chairs, took its place at table, extended itself on the bed, making use of the various articles of furniture, and of the objects lying about hither and

Le cadavre, qui hantait déjà la maison, y fut introduit ouvertement. Il s'assit sur les sièges, se mit devant la table, s'étendit dans le lit, se servit des meubles, des objets qui traînaient.

thither.

Laurent could touch nothing, not a fork, not a brush, without Therese making him feel that Camille had touched it before him. The murderer being ceaselessly thrust, so to say, against the man he had killed, ended by experiencing a strange sensation that very nearly drove him out of his mind. By being so constantly compared to Camille, by making use of the different articles Camille had used, he imagined he was Camille himself, that he was identical with his victim.

Lauréat ne pouvait toucher une fourchette, une brosse, n'importe quoi, sans que Thérèse lui fît sentir que Camille avait touché cela avant lui. Sans cesse heurté contre l'homme qu'il avait tué, le meurtrier finit par éprouver une sensation bizarre qui faillit le rendre fou; il s'imagina, à force d'être comparé à Camille, de se servir des objets dont Camille s'était servi, qu'il était Camille, qu'il s'identifiait avec sa victime.

Then, with his brain fit to burst, he blew at his wife to make her hold her tongue, so as to no longer hear the words that drove him frantic. All their quarrels now ended in blows.

Son cerveau éclatait, et alors il se ruait sur sa femme pour la faire taire, pour ne plus entendre les paroles qui le poussaient au délire. Toutes leurs querelles se termineraient par des coups.

XXX

CHAPITRE XXX

A time came when Madame Raquin, in order to escape the sufferings she endured, thought of starving herself to death. She had reached the end of her courage, she could no longer support the martyrdom

Il vint une heure où Mme Raquin, pour échapper aux souffrances qu'elle endurait, eut la pensée de se laisser mourir de faim. Son courage était à bout, elle ne pouvait supporter plus longtemps le

that the presence of the two murderers imposed on her, she longed to find supreme relief in death.

martyre que lui imposait la continuelle présence des meurtriers, elle rêvait de chercher dans la mort un soulagement suprême.

Each day her anguish grew more keen, when Therese embraced her, and when Laurent took her in his arms to carry her along like a child. She determined on freeing herself from these clasps and caresses that caused her such horrible disgust. As she had not sufficient life left within her to permit of her avenging her son, she preferred to be entirely dead, and to leave naught in the hands of the assassins but a corpse that could feel nothing, and with which they could do as they pleased.

Chaque jour ses angoisses devenaient plus vives, lorsque Thérèse l'embrassait, lorsque Laurent la prenait dans ses bras et la portait comme un enfant. Elle décida qu'elle échapperait à ces caresses et à ces étreintes qui lui causaient d'horribles dégoûts. Puisqu'elle ne vivait déjà plus assez pour venger son fils, elle préférait être tout à fait morte et ne laisser entre les mains des assassins qu'un cadavre qui ne sentirait rien et dont ils feraient ce qu'ils voudraient.

For two days she refused all nourishment, employing her remaining strength to clench her teeth or to eject anything that Therese succeeded in introducing into her mouth. Therese was in despair. She was asking herself at the foot of which post she should go to weep and repent, when her aunt would be no longer there.

Pendant deux jours elle refusa toute nourriture, mettant ses dernières forces à serrer les dents, rejetant ce qu'on réussissait à lui introduire dans la bouche. Thérèse était désespérée: elle se demandait au pied de quelle borne elle irait pleurer et se repentir, quand sa tante ne serait plus là.

She kept up an interminable discourse to prove to Madame Raquin that she should live. She wept, she even became angry, bursting into her former fits of rage, opening the jaw of the paralysed woman as you open that of an animal which resists. Madame Raquin held out, and an odious scene ensued.

Elle lui tint d'interminables discours pour lui prouver qu'elle devait vivre; elle pleura, elle se fâcha même, retrouvant ses anciennes colères, ouvrant les mâchoires de la paralytique comme on ouvre celles d'un animal qui résiste. Mme Raquin tenait bon. C'était une lutte odieuse.

Laurent remained absolutely neutral and indifferent. He was astonished at the efforts of Therese to prevent the impotent old woman committing suicide. Now that the presence of the old lady had become useless to them he desired her death. He would not have killed her, but as she wished to die, he did not see the use of depriving her of the means to do so.

Laurent restait parfaitement neutre et indifférent. Il s'étonnait de la rage que Thérèse mettait à empêcher le suicide de l'impotente. Maintenant que la présence de la vieille femme leur était inutile, il souhaitait sa mort. Il ne l'aurait pas tuée, mais puisqu'elle désirait mourir, il ne voyait pas la nécessité de lui en refuser les moyens.

"But, let her be!" he shouted to his wife. "It will be a good riddance. We shall, perhaps, be happier when she is no longer here."

—Eh! laisse-la donc, criait-il à sa femme. Ce sera un bon débarras…. Nous serons peut-être plus heureux, quand elle ne sera plus là.

This remark repeated several times in the hearing of Madame Raquin, caused her extraordinary emotion. She feared that the hope expressed

Cette parole, répétée à plusieurs reprises devant elle, causa à Mme Raquin une étrange émotion. Elle eut peur que l'espérance de Laurent ne

by Laurent might be realised, and that after her death the couple would enjoy calm and happiness. And she said to herself that it would be cowardly to die, that she had no right to go away before she had seen the end of the sinister adventure. Then, only, could she descend into darkness, to say to Camille:

se réalisât, qu'après sa mort le ménage ne goûtât des heures calmes et heureuses. Elle se dit qu'elle était lâche de mourir, qu'elle n'avait pas le droit de s'en aller avant d'avoir assisté au dénoûment de la sinistre aventure. Alors seulement elle pourrait descendre dans la nuit, pour dire à Camille; «

"You are avenged." The idea of suicide became oppressive, when she all at once reflected that she would sink into the grave ignorant as to what had happened to the two murderers of her son. There, she would lie in the cold and silent earth, eternally tormented by uncertainty concerning the punishment of her tormentors. To thoroughly enjoy the slumber of death, she must be hushed to rest by the sweet delight of vengeance, she must carry away with her a dream of satisfied hatred, a dream that would last throughout eternity. So she took the food her niece presented to her, and consented to live on.

Tu es vengé. » La pensée du suicide lui devint lourde, lorsqu'elle songea tout d'un coup à l'ignorance qu'elle emporterait dans la tombe; là, au milieu du froid et du silence de la terre, elle dormirait, éternellement tourmentée par l'incertitude où elle serait du châtiment de ses bourreaux. Pour bien dormir du sommeil de la mort, il lui fallait s'assoupir dans la joie cuisante de la vengeance, il lui fallait emporter un rêve de haine satisfaite, un rêve qu'elle ferait pendant l'éternité. Elle prit les aliments que sa nièce lui présentait, elle consentira vivre encore.

Apart from this, it was easy for her to perceive that the climax

D'ailleurs, elle voyait bien que le dénoûment ne pouvait être

could not be far off. Each day the position of the married couple became more strained and unbearable. A crash that would smash everything was imminent. At every moment, Therese and Laurent started up face to face in a more threatening manner.

loin. Chaque jour, la situation entre les époux devenait plus tendue, plus insoutenable. Un éclat, qui devait tout briser, était imminent. Thérèse et Laurent se dressaient plus menaçants l'un devant l'autre, à toute heure.

It was no longer at nighttime, alone, that they suffered from their intimacy; entire days were passed amidst anxiety and harrowing shocks. It was one constant scene of pain and terror. They lived in a perfect pandemonium, fighting, rendering all they did and said bitter and cruel, seeking to fling one another to the bottom of the abyss which they felt beneath their feet, and falling into it together.

Ce n'était plus seulement la nuit qu'ils souffraient de leur intimité; leurs journées entières se passaient au milieu d'anxiétés, de crises déchirantes. Tout leur devenait effroi et souffrance. Ils vivaient dans un enfer, se meurtrissant, rendant amer et cruel ce qu'ils faisaient et ce qu'ils disaient, voulant se pousser l'un l'autre au fond du gouffre qu'ils sentaient sous leurs pieds, et tombant à la fois.

Ideas of separation had, indeed, occurred to both of them. Each had thought of flight, of seeking some repose far from this Arcade of the Pont Neuf where the damp and filth seemed adapted to their desolated life. But they dared not, they could not run away.

La pensée de la séparation leur était bien venue à tous deux. Ils avaient rêvé, chacun de son côté, de fuir, d'aller goûter quelque repos, loin de ce passage du Pont-Neuf dont l'humidité et la crasse semblaient faites pour leur vie désolée. Mais ils n'osaient, ils ne pouvaient se sauver.

It seemed impossible for them

Ne point se déchirer

to avoid reviling each other, to avoid remaining there to suffer and cause pain. They proved obstinate in their hatred and cruelty. A sort of repulsion and attraction separated and kept them together at the same time. They behaved in the identical manner of two persons who, after quarrelling, wish to part, and who, nevertheless, continue returning to shout out fresh insults at one another.

mutuellement, ne point rester là pour souffrir et se faire souffrir, leur paraissait impossible. Ils avaient l'entêtement de la haine et de la cruauté. Une sorte de répulsion et d'attraction les écartait et les retenait à la fois; ils éprouvaient cette sensation étrange de deux personnes qui, après s'être querellées, veulent se séparer, et qui cependant reviennent toujours pour se crier de nouvelles injures.

Moreover, material obstacles stood in the way of flight. What were they to do with the impotent woman? What could be said to the Thursday evening guests? If they fled, these people would, perhaps, suspect something. At this thought, they imagined they were being pursued and dragged to the guillotine. So they remained where they were through cowardice, wretchedly dragging out their lives amidst the horror of their surroundings.

Puis des obstacles matériels s'opposaient à leur fuite, ils ne savaient que faire de l'impotente, ni que dire aux invités du jeudi. S'ils fuyaient, peut-être se douterait-on de quelque chose; alors ils s'imaginaient qu'on les poursuivait, qu'on les guillotinait. Et ils restaient par lâcheté, ils restaient et se traînaient misérablement dans l'horreur de leur existence.

During the morning and afternoon, when Laurent was absent, Therese went from the dining-room to the shop in anxiety and trouble, at a loss to

Quand Laurent n'était pas là, pendant la matinée et l'après-midi, Thérèse allait de la salle à manger à la boutique, inquiète et troublée, ne sachant

know what to do to fill up the void in her existence that daily became more pronounced. When not kneeling at the feet of Madame Raquin or receiving blows and insults from her husband, she had no occupation.

As soon as she was seated alone in the shop, she became dejected, watching with a doltish expression, the people passing through the dirty, dark gallery. She felt ready to die of sadness in the middle of this gloomy vault, which had the odour of a cemetery, and ended by begging Suzanne to come and pass entire days with her, in the hope that the presence of this poor, gentle, pale creature might calm her.

Suzanne accepted her offer with delight; she continued to feel a sort of respectful friendship for Therese, and had long desired to come and work with her, while Olivier was at his office. Bringing her embroidery with her, she took the vacant chair of Madame Raquin behind the counter.

From that day Therese rather neglected her aunt. She went

comment remplir le vide qui chaque jour se creusait davantage en elle. Elle était désoeuvrée, lorsqu'elle ne pleurait pas aux pieds de Mme Raquin ou qu'elle n'était pas battue et injuriée par son mari.

Dès qu'elle se trouvait seule dans la boutique, un accablement la prenait, elle regardait d'un air hébété les gens qui traversaient la galerie sale et noire, elle devenait triste à mourir au fond de ce caveau sombre, puant le cimetière. Elle finit par prier Suzanne de venir passer les journées entières avec elle, espérant que la présence de cette pauvre créature, douce et pâle, la calmerait.

Suzanne accepta son offre avec joie; elle l'aimait toujours d'une sorte d'amitié respectueuse; depuis longtemps elle avait le désir de venir travailler avec elle, pendant qu'Olivier était à son bureau. Elle apporta sa broderie et prit, derrière le comptoir, la place vide de Mme Raquin.

Thérèse, à partir de ce jour, délaissa un peu sa tante. Elle

upstairs less frequently to weep on her knees and kiss the deathlike face of the invalid. She had something else to do. She made efforts to listen with interest to the dilatory gossip of Suzanne, who spoke of her home, and of the trivialities of her monotonous life. This relieved Therese of her own thoughts. Sometimes she caught herself paying attention to nonsense that brought a bitter smile to her face.

monta moins souvent pleurer sur ses genoux et baiser sa face morte. Elle avait une autre occupation. Elle écoutait avec des efforts d'intérêt les bavardages lents de Suzanne qui parlait de son ménage, des banalités de sa vie monotone. Cela la tirait d'elle-même. Elle se surprenait parfois á s'intéresser à des sottises, ce qui la faisait ensuite sourire amèrement.

By degrees, she lost all her customers. Since her aunt had been confined to her armchair upstairs, she had let the shop go from bad to worse, abandoning the goods to dust and damp. A smell of mildew hung in the atmosphere, spiders came down from the ceiling, the floor was but rarely swept. But what put the customers to flight was the strange way in which Therese sometimes welcomed them.

Peu à peu, elle perdit toute la clientèle qui fréquentait la boutique. Depuis que sa tante était étendue en haut dans son fauteuil, elle laissait le magasin se pourrir, elle abandonnait les marchandises à la poussière et à l'humidité. Des odeurs de moisi traînaient, des araignées descendaient du plafond, le parquet n'était presque jamais balayé. D'ailleurs, ce qui mit en fuite les clientes fut l'étrange façon dont Thérèse les recevait parfois.

When she happened to be upstairs, receiving blows from Laurent or agitated by a shock of terror, and the bell at the shop door tinkled imperiously, she had to go down, barely

Lorsqu'elle était en haut, battue par Laurent ou secouée par une crise d'effroi, et que la sonnette de la porte du magasin tintait impérieusement, il lui fallait

taking time to do up her hair or brush away the tears. On such occasions she served the persons awaiting her roughly; sometimes she even spared herself the trouble of serving, answering from the top of the staircase, that she no longer kept what was asked for. This kind of off-hand behaviour, was not calculated to retain custom.

descendre, sans presque prendre le temps de renouer ses cheveux ni d'essuyer ses larmes; elle servait alors avec brusquerie la cliente qui l'attendait, elle s'épargnait même souvent la peine de la servir, en répondant, du haut de l'escalier de bois, qu'elle ne tenait plus de ce dont on demandait. Ces façons peu engageantes n'étaient pas faites pour retenir les gens.

The little work-girls of the quarter, who were used to the sweet amiability of Madame Raquin, were driven away by the harshness and wild looks of Therese. When the latter took Suzanne with her to keep her company, the defection became complete. To avoid being disturbed in their gossip, the two young woman managed to drive away the few remaining purchasers who visited the shop. Henceforth, the mercery business ceased to bring in a sou towards the household expenses, and it became necessary to encroach on the capital of forty thousand francs and more.

Les petites ouvrières du quartier, habituées aux amabilités doucereuses de Mme Raquin, se retirèrent devant les rudesses et les regards fous de Thérèse. Quand cette dernière eut pris Suzanne avec elle, la défection fut complète: les deux jeunes femmes, pour ne plus être dérangées au milieu de leurs bavardages, s'arrangèrent de manière à congédier les dernières acheteuses qui se présentaient encore. Dès lors, le commerce de mercerie cessa de fournir un sou aux besoins du ménage; il fallut attaquer le capital des quarante et quelques mille francs.

Sometimes, Therese absented herself the entire afternoon.

Parfois, Thérèse sortait pendant des après-midi

No one knew where she went. Her reason for having Suzanne with her was no doubt partly for the purpose of securing company but also to mind the shop, while she was away. When she returned in the evening, worn out, her eyelids heavy with exhaustion, it was to find the little wife of Olivier still behind the counter, bowed down, with a vague smile on her lips, in the same attitude as she had left her five hours previously.

Therese had a bad fright about five months after her marriage to Laurent. She found out she was pregnant and detested the thought of having a child of Laurent's. She had the fear that she would give birth to a drowned body. She thought that she could feel inside herself a soft, decomposing corpse.

No matter what, she had to rid herself of this child. She did not tell Laurent. One day she cruelly provoked him and turned her stomach towards him, hoping to receive a kick. He kicked her and she let him go on kicking her in the

entières. Personne ne savait où elle allait. Elle avait sans doute pris Suzanne avec elle, non seulement pour lui tenir compagnie, mais aussi pour garder la boutique, pendant ses absences. Le soir, quand elle rentrait, éreintée, les paupières noires d'épuisement, elle retrouvait la petite femme d'Olivier, derrière le comptoir, affaissée, souriant d'un sourire vague, dans la même attitude où elle l'avait laissée cinq heures auparavant.

Cinq mois environ après son mariage, Thérèse eut une épouvante. Elle acquit la certitude qu'elle était enceinte. La pensée d'avoir un enfant de Laurent lui paraissait monstrueuse, sans qu'elle s'expliquât pourquoi. Elle avait vaguement peur d'accoucher d'un noyé. Il lui semblait sentir dans ses entrailles le froid d'un cadavre dissous et amolli.

A tout prix, elle voulut débarrasser son sein de cet enfant qui la glaçait et qu'elle ne pouvait porter davantage. Elle ne dit rien à son mari, et, un jour, après l'avoir cruellement provoqué, comme il levait le pied contre elle, elle

stomach until she thought she would die. The next day her wish was fulfilled and she had a miscarriage.

présenta le ventre. Elle se laissa frapper ainsi à en mourir. Le lendemain, elle faisait une fausse couche.

Laurent also led a frightful existence. The days seemed insupportably long; each brought the same anguish, the same heavy weariness which overwhelmed him at certain hours with crushing monotony and regularity. He dragged on his life, terrified every night by the recollections of the day, and the expectation of the morrow.

De son côté, Laurent menait une existence affreuse. Les journées lui semblaient d'une longueur insupportable; chacune d'elles ramenait les mêmes angoisses, les mêmes ennuis lourds, qui l'accablaient à heures fixes avec une monotonie et une régularité écrasantes. Il se traînait dans sa vie, épouvanté chaque soir par le souvenir de la journée et par l'attente du lendemain.

He knew that henceforth, all his days would resemble one another, and bring him equal suffering. And he saw the weeks, months and years gloomily and implacably awaiting him, coming one after the other to fall upon him and gradually smother him. When there is no hope in the future, the present appears atrociously bitter.

Il savait que, désormais, tous ses jours se ressembleraient, que tous lui apporteraient d'égales souffrances. Et il voyait les semaines, les mois, les années qui l'attendaient, sombres et implacables, venant à la file, tombant sur lui et l'étouffant peu à peu. Lorsque l'avenir est sans espoir, le présent prend une amertume ignoble.

Laurent no longer resisted, he became lumpish, abandoning himself to the nothingness that was already gaining possession of his being. Idleness was

Laurent n'avait plus de révolte, il s'avachissait, il s'abandonnait au néant qui s'emparait déjà de son être. L'oisiveté le tuait. Dès le matin, il sortait, ne sachant

killing him. In the morning he went out, without knowing where to go, disgusted at the thought of doing what he had done on the previous day, and compelled, in spite of himself, to do it again. He went to his studio by habit, by mania.

This room, with its grey walls, whence he could see naught but a bare square of sky, filled him with mournful sadness. He grovelled on the divan heavy in thought and with pendent arms. He dared not touch a brush. He had made fresh attempts at painting, but only to find on each occasion, the head of Camille appear jeering on the canvas. So as not to go out of his mind, he ended by throwing his colour-box into a corner, and imposing the most absolute idleness on himself. This obligatory laziness weighed upon him terribly.

In the afternoon, he questioned himself in distress to find out what he should do. For half an hour, he remained on the pavement in the Rue Mazarine, thinking and hesitating as to how he could divert himself. He rejected the

où aller, écoeuré à la pensée de faire ce qu'il avait fait la veille, et forcé malgré lui de le faire de nouveau. Il se rendait à son atelier, par habitude, par manie.

Cette pièce, aux murs gris, d'où l'on ne voyait qu'un carré désert de ciel, l'emplissait d'une tristesse morne. Il se vautrait sur son divan, les bras pendants, la pensée alourdie. D'ailleurs, il n'osait plus toucher à un pinceau. Il avait fait de nouvelles tentatives, et toujours la face de Camille s'était mise à ricaner sur la toile. Pour ne pas glisser à la folie, il finit par jeter sa botte à couleurs dans un coin, par s'imposer la paresse la plus absolue. Cette paresse forcée lui était d'une lourdeur incroyable.

L'après-midi, il se questionnait avec angoisse pour savoir ce qu'il ferait. Il restait pendant une demi-heure sur le trottoir de la rue Mazarine, à se consulter, à hésiter sur les distractions qu'il pourrait prendre. Il repoussait l'idée de

idea of returning to the studio, and invariably decided on going down the Rue Guenegaud, to walk along the quays.

And, until evening, he went along, dazed and seized with sudden shudders whenever he looked at the Seine. Whether in his studio or in the streets, his dejection was the same. The following day he began again. He passed the morning on his divan, and dragged himself along the quays in the afternoon. This lasted for months, and might last for years.

Occasionally Laurent reflected that he had killed Camille so as to do nothing ever afterwards, and now that he did nothing, he was quite astonished to suffer so much. He would have liked to force himself to be happy. He proved to his own satisfaction, that he did wrong to suffer, that he had just attained supreme felicity, consisting in crossing his arms, and that he was an idiot not to enjoy this bliss in peace.

But his reasoning exploded in the face of facts. He was

remonter à son atelier, il se décidait toujours à descendre la rue Guénégaud, puis à marcher le long des quais.

Et, jusqu'au soir, il allait devant lui, hébété, pris de frissons brusques, lorsqu'il regardait la Seine. Qu'il fût dans son atelier ou dans les rues, son accablement était le même. Le lendemain, il recommençait, il passait la matinée sur son divan, il se traînait l'après-midi le long des quais. Cela durait depuis des mois, et cela pouvait durer pendant des années.

Parfois Laurent songeait qu'il avait tué Camille pour ne rien faire ensuite, et il était tout étonné, maintenant qu'il ne faisait rien, d'endurer de telles souffrances. Il aurait voulu se forcer au bonheur. Il se prouvait qu'il avait tort de souffrir, qu'il venait d'atteindre la suprême félicité, qui consiste à se croiser les bras, et qu'il était un imbécile de ne pas goûter en paix cette félicite.

Mais ses raisonnements tombaient devant les faits. Il

constrained to confess, at the bottom of his heart, that this idleness rendered his anguish the more cruel, by leaving him every hour of his life to ponder on the despair and deepen its incurable bitterness.

était obligé de s'avouer au fond de lui que son oisiveté rendait ses angoisses plus cruelles en lui laissant toutes les heures de sa vie pour songer à ses désespoirs et en approfondir l'âpreté incurable.

Laziness, that brutish existence which had been his dream, proved his punishment. At moments, he ardently hoped for some occupation to draw him from his thoughts. Then he lost all energy, relapsing beneath the weight of implacable fatality that bound his limbs so as to more surely crush him.

La paresse, cette existence de brute qu'il avait rêvée, était son châtiment. Par moments, il souhaitait avec ardeur une occupation qui le tirât de ses pensées. Puis il se laissait aller, il retombait sous le poids de la fatalité sourde qui lui liait les membres pour l'écraser plus sûrement.

In truth, he only found some relief when beating Therese, at night. This brutality alone relieved him of his enervated anguish.

A la vérité, il ne goûtait quelque soulagement que lorsqu'il battait Thérèse, le soir. Cela le faisait sortir de sa douleur engourdie.

But his keenest suffering, both physical and moral, came from the bite Camille had given him in the neck. At certain moments, he imagined that this scar covered the whole of his body. If he came to forget the past, he all at once fancied he felt a burning puncture, that recalled the murder both to his frame and mind.

Sa souffrance la plus aiguë, souffrance physique et morale, lui venait de la morsure que Camille lui avait faite au cou. A certains moments, il s'imaginait que cette cicatrice lui couvrait tout le corps. S'il venait à oublier le passé, une piqûre ardente, qu'il croyait ressentir, rappelait le meurtre à sa chair et à son esprit.

When under the influence of emotion, he could not stand before a looking-glass without noticing this phenomenon which he had so frequently remarked and which always terrified him; the blood flew to his neck, purpling the scar, which then began to gnaw the skin.

Il ne pouvait se mettre devant un miroir sans voir s'accomplir le phénomène qu'il avait si souvent remarqué et qui l'épouvantait toujours; sous l'émotion qu'il éprouvait, le sang montait à son cou, empourprait la plaie, qui se mettait à lui ronger la peau.

This sort of wound that lived upon him, which became active, flushed, and biting at the slightest trouble, frightened and tortured him. He ended by believing that the teeth of the drowned man had planted an insect there which was devouring him. The part of his neck where the scar appeared, seemed to him to no longer belong to his body; it was like foreign flesh that had been stuck in this place, a piece of poisoned meat that was rotting his own muscles.

Cette sorte de blessure vivant sur lui, se réveillant, rougissant et le mordant au moindre trouble, l'effrayait et le torturait. Il finissait par croire que les dents du noyé avaient enfoncé là une bête qui le dévorait. Le morceau de son cou où se trouvait la cicatrice ne lui semblait plus appartenir à son corps; c'était comme de la chair étrangère qu'on aurait collée en cet endroit, comme une chair empoisonnée qui pourrissait ses propres muscles.

In this manner, he carried the living and devouring recollection of his crime about with him everywhere. When he beat Therese, she endeavoured to scratch the spot, and sometimes dug her nails into it making him howl with pain. She generally pretended to sob,

Il portait ainsi partout avec lui le souvenir vivant et dévorant de son crime. Thérèse, quand il la battait, cherchait à l'égratigner à cette place; elle y entrait parfois ses ongles et le faisait hurler de douleur. D'ordinaire, elle feignait de sangloter, dès qu'elle voyait la

as soon as she caught sight of the bite, so as to make it more insufferable to Laurent. All her revenge for his brutality, consisted in martyrising him in connection with this bite.

morsure, afin de la rendre plus insupportable à Laurent. Toute la vengeance qu'elle tirait de ses brutalités était de le martyriser à l'aide de cette morsure.

While shaving, he had frequently been tempted to give himself a gash in the neck, so as to make the marks of the teeth of the drowned man disappear.

Il avait bien des fois été tenté, lorsqu'il se rasait, de s'entamer le cou, pour faire disparaître les marques des dents du noyé.

When, standing before the mirror, he raised his chin and perceived the red spot beneath the white lather, he at once flew into a rage, and rapidly brought the razor to his neck, to cut right into the flesh. But the sensations of the cold steel against his skin always brought him to his senses, and caused him to feel so faint that he was obliged to seat himself, and wait until he had recovered sufficient courage to continue shaving.

Devant le miroir, quand il levait le menton et qu'il apercevait la tache rouge, sous la mousse blanche du savon, il lui prenait des rages soudaines, il approchait vivement le rasoir, près de couper en pleine chair. Mais le froid du rasoir sur sa peau le rappelait toujours à lui; il avait une défaillance, il était obligé de s'asseoir et d'attendre que sa lâcheté rassurée lui permît d'achever de se faire la barbe.

He only issued from his torpor at night to fall into blind and puerile fits of anger. When tired of quarreling with Therese and beating her, he would kick the walls like a child, and look for something

Il ne sortait, le soir, de son engourdissement, que pour entrer dans des colères aveugles et puériles. Lorsqu'il était las de se quereller avec Thérèse et de la battre, il donnait, comme les enfants,

he could break. This relieved him.

des coups de pied dans les murs, il cherchait quelque chose à briser. Cela le soulageait.

He had a particular dislike for the tabby cat Francois who, as soon as he appeared, sought refuge on the knees of Madame Raquin. If Laurent had not yet killed the animal, it was because he dared not take hold of him. The cat looked at him with great round eyes that were diabolical in their fixedness. He wondered what these eyes which never left him, wanted; and he ended by having regular fits of terror, and imagining all sorts of ridiculous things.

Il avait une haine particulière pour le chat tigré François qui, dès qu'il arrivait, allait se réfugier sur les genoux de l'impotente. Si Laurent ne l'avait pas encore tué, c'est qu'à la vérité il n'osait le saisir. Le chat le regardait avec de gros yeux ronds d'une fixité diabolique. C'étaient ces yeux, toujours ouverts sur lui, qui exaspéraient le jeune homme; il se demandait ce que lui voulaient ces yeux qui ne le quittaient pas; il finissait pas avoir de véritables épouvantes, s'imaginant des choses absurdes.

When at table—at no matter what moment, in the middle of a quarrel or of a long silence—he happened, all at once, to look round, and perceive Francois examining him with a harsh, implacable stare, he turned pale and lost his head. He was on the point of saying to the cat: "Heh! Why don't you speak? Tell me what it is you want with me." When he could crush his paw or tail, he

Lorsqu'à table, à n'importe quel moment, au milieu d'une querelle ou d'un long silence, il venait tout à coup, en tournant la tête, à apercevoir les regards de François qui l'examinait d'un air lourd et implacable, il pâlissait, il perdait la tête, il était sur le point de crier au chat: « Hé! parle donc, dis-moi au moins ce que tu me veux. » Quand il pouvait lui écraser une patte ou la queue, il le

did so in affrighted joy, the mewing of the poor creature giving him vague terror, as though he heard a human cry of pain.

faisait avec une joie effrayée, et alors le miaulement de la pauvre bête le remplissait d'une vague terreur, comme s'il eût entendu le cri de douleur d'une personne.

Laurent, in fact, was afraid of Francois, particularly since the latter passed his time on the knees of the impotent old lady, as if in the centre of an impregnable fortress, whence he could with impunity set his eyes on his enemy. The murderer of Camille established a vague resemblance between this irritated animal and the paralysed woman, saying to himself that the cat, like Madame Raquin, must know about the crime and would denounce him, if he ever found a tongue.

Laurent, à la lettre, avait peur de François. Depuis surtout que ce dernier vivait sur les genoux de l'impotente, comme au sein d'une forteresse inexpugnable, d'où il pouvait impunément braquer ses yeux verts sur son ennemi, le meurtrier de Camille établissait une vague ressemblance entre cette bête irritée et la paralytique. Il se disait que le chat, ainsi que Mme Raquin, connaissait le crime et le dénoncerait, si jamais il parlait un jour.

At last, one night, Francois looked at Laurent so fixedly, that the latter, irritated to the last pitch, made up his mind to put an end to the annoyance. He threw the window of the dining-room wide open, and advancing to where the cat was seated, grasped him by the skin at the back of the neck. Madame Raquin understood,

Un soir enfin, François regarda si fixement Laurent, que celui-ci, au comble de l'irritation, décida qu'il fallait en finir. Il ouvrit toute grande la fenêtre de la salle à manger, et vint prendre le chat par la peau du cou. Mme Raquin comprit; deux grosses larmes coulèrent sur ses joues. Le chat se mit à gronder, à se roidir, en tâchant

and two big tears rolled down her cheeks. The cat began to swear, and stiffen himself, endeavouring to turn round and bite the hand that grasped him. But Laurent held fast. He whirled the cat round two or three times in the air, and then sent him flying with all the strength of his arm, against the great dark wall opposite. Francois went flat against it, and breaking his spine, fell upon the glass roof of the arcade.

de se retourner pour mordre la main de Laurent. Mais celui-ci tint bon; il lui fît faire deux ou trois tours, puis l'envoya de toute la force de son bras contre la muraille noire d'en face. François s'y aplatit, s'y cassa les reins, et retomba sur le vitrage du passage.

All night the wretched beast dragged himself along the gutter mewing hoarsely, while Madame Raquin wept over him almost as much as she had done over Camille. Therese had an atrocious attack of hysterics, while the wailing of the cat sounded sinisterly, in the gloom below the windows.

Pendant toute la nuit, la misérable bête se traîna le long de la gouttière, l'échine brisée, en poussant des miaulements rauques. Cette nuit-là, Mme Raquin pleura François presque autant qu'elle avait pleuré Camille; Thérèse eut une atroce crise de nerfs. Les plaintes du chat étaient sinistres, dans l'ombre, sous les fenêtres.

Laurent soon had further cause for anxiety. He became alarmed at a certain change he observed in the attitude of his wife.

Bientôt Laurent eut de nouvelles inquiétudes, Il s'effraya de certains changements qu'il remarqua dans l'attitude de sa femme.

Therese became sombre and taciturn. She no longer

Thérèse devint sombre, taciturne. Elle ne prodigua plus

lavished effusions of repentance and grateful kisses on Madame Raquin. In presence of the paralysed woman, she resumed her manner of frigid cruelty and egotistic indifference. It seemed as though she had tried remorse, and finding no relief had turned her attention to another remedy.

à Mme Raquin des effusions de repentir, des baisers reconnaissants. Elle reprenait devant la paralytique des airs de cruauté froide, d'indifférence égoïste. On eût dit qu'elle avait essayé du remords, et que, le remords n'ayant pas réussi à la soulager, elle s'était tournée vers un autre remède.

Her sadness was no doubt due to her inability to calm her life. She observed the impotent old woman with a kind of disdain, as a useless thing that could no longer even serve her for consolation. She now only bestowed on her the necessary attention to prevent her dying of hunger. From this moment she dragged herself about the house in silence and dejection. She multiplied her absences from the shop, going out as frequently as three and four times a week.

Sa tristesse venait sans doute de son impuissance à calmer sa vie. Elle regarda l'impotente avec une sorte de dédain, comme une chose inutile qui ne pouvait même plus servir à sa consolation. Elle ne lui accorda que les soins nécessaires pour ne pas la laisser mourir de faim. A partir de ce moment, muette, accablée, elle se traîna dans la maison. Elle multiplia ses sorties, s'absenta jusqu'à quatre et cinq fois par semaine.

It was this change in her mode of life, that surprised and alarmed Laurent. He fancied that her remorse had taken another form, and was now displayed by this mournful weariness he noticed in her. This weariness seemed to him

Ces changements surprirent et alarmèrent Laurent. Il crut que le remords, prenant une nouvelle forme chez Thérèse, se manifestait maintenant par cet ennui morne qu'il remarquait en elle. Cet ennui lui parut bien plus inquiétant

more alarming than the chattering despair she had overwhelmed him with previously.

que le désespoir bavard dont elle l'accablait auparavant.

She no longer spoke, she no longer quarrelled with him, she seemed to consign everything to the depths of her being. He would rather have heard her exhausting her endurance than see her keep in this manner to herself. He feared that one day she would be choking with anguish, and to obtain relief, would go and relate everything to a priest or an examining magistrate.

Elle ne disait plus rien, elle ne le querellait plus, elle semblait tout garder au fond de son être. Il aurait mieux aimé l'entendre épuiser sa souffrance que de la voir ainsi repliée sur elle-même. Il craignit qu'un jour l'angoisse ne l'étouffât et que, pour se soulager, elle n'allât tout conter à un prêtre ou à un juge d'instruction.

Then these numerous absences of Therese had frightful significance in his eyes. He thought she went to find a confidant outside, that she was preparing her treason. On two occasions he tried to follow her, and lost her in the streets. He then prepared to watch her again. A fixed idea got into his head: Therese, driven to extremities by suffering, was about to make disclosures, and he must gag her, he must arrest her confession in her throat.

Les nombreuses sorties de Thérèse prirent alors une effrayante signification à ses yeux. Il pensa qu'elle cherchait un confident au dehors, qu'elle préparait sa trahison. A deux reprises il voulut la suivre, et la perdit dans les rues. Il se mit à la guetter de nouveau. Une pensée fixe s'était emparée de lui: Thérèse allait faire des révélations, poussée à bout par la souffrance, et il lui fallait la bâillonner, arrêter les aveux dans sa gorge.

XXXI

CHAPITRE XXXI

One morning, Laurent, instead of going to his studio, took up a position at a wine-shop situated at one of the corners of the Rue Guenegaud, opposite the studio. From there, he began to examine the persons who issued from the passage on to the pavement of the Rue Mazarine. He was watching for Therese. The previous evening, the young woman had mentioned that she intended going out next day and probably would not be home until evening.

Un matin, Laurent, au lieu de monter à son atelier, s'établit chez un marchand de vin qui occupait un des coins de la rue Guénégaud, en face du passage. De là, il se mit à examiner les personnes qui débouchaient sur le trottoir de la rue Mazarine. Il guettait Thérèse. La veille, la jeune femme avait dit qu'elle sortirait de bonne heure et qu'elle ne rentrerait sans doute que le soir.

Laurent waited fully half an hour. He knew that his wife always went by the Rue Mazarine; nevertheless, at one moment, he remembered that she might escape him by taking the Rue de Seine, and he thought of returning to the arcade, and concealing himself in the corridor of the house. But he determined to retain his seat a little longer, and just as he was growing impatient he suddenly saw Therese come rapidly from the passage.

Laurent attendit une grande demi-heure, il savait que sa femme s'en allait toujours par la rue Mazarine; un moment, pourtant, il craignit qu'elle ne lui eût échappé en prenant la rue de Seine. Il eut l'idée de rentrer dans la galerie, de se cacher dans l'allée même de la maison. Comme il s'impatientait, il vit Thérèse sortir vivement du passage.

She wore a light gown, and, for the first time, he noticed that her attire appeared remarkably showy, like a street-walker. She

Elle était vêtue d'étoffes claires, et pour la première fois, il remarqua qu'elle s'habillait comme une fille, avec une robe

twisted her body about on the pavement, staring provokingly at the men who came along, and raising her skirt, which she clutched in a bunch in her hand, much higher than any respectable woman would have done, in order to display her lace-up boots and stockings. As she went up the Rue Mazarine, Laurent followed her.

à longue traîne; elle se dandinait sur le trottoir d'une façon provocante, regardant les hommes, relevant si haut le devant de sa jupe, en la prenant, à poignée, qu'elle montrait tout le devant de ses jambes, ses bottines lacées et ses bas blancs. Elle remonta la rue Mazarine. Laurent la suivit.

It was mild weather, and the young woman walked slowly, with her head thrown slightly backward and her hair streaming down her back. The men who had first of all stared her in the face, turned round to take a back view. She passed into the Rue de l'Ecole de Medecine. Laurent was terrified. He knew that somewhere in this neighbourhood, was a Commissariat of Police, and he said to himself that there could no longer be any doubt as to the intentions of his wife, she was certainly about to denounce him. Then he made up his mind to rush after her, if she crossed the threshold of the commissariat, to implore her, to beat her if necessary, so

Le temps était doux, la jeune femme marchait lentement, la tête un peu renversée, les cheveux dans le dos. Les hommes qui l'avaient regardée de face se retournaient pour la voir par derrière. Elle prit la rue de l'École-de-Médecine. Laurent fut terrifié; il savait qu'il y avait quelque part près de là un commissariat de police; il se dit qu'il ne pouvait plus douter, que sa femme allait sûrement le livrer. Alors il se promit de s'élancer sur elle, si elle franchissait la porte du commissariat, de la supplier, de la battre, de la forcer à se taire.

as to compel her to hold her tongue.

Au coin d'une rue, elle regarda un sergent de ville qui passait, et il trembla de lui voir aborder ce sergent de ville; il se cacha dans le creux d'une porte, saisi de la crainte soudaine d'être arrêté sur-le-champ s'il se montrait. Cette course fut pour lui une véritable agonie; tandis que sa femme s'étalait au soleil sur le trottoir, traînant ses jupes, nonchalante et impudique, il venait derrière elle, pâle et frémissant, se répétant que tout était fini, qu'il ne pourrait se sauver et qu'on le guillotinerait. Chaque pas qu'il lui voyait faire lui semblait un pas de plus vers le châtiment. La peur lui donnait une sorte de conviction aveugle, les moindres mouvements de la jeune femme ajoutaient à sa certitude. Il la suivait, il allait où elle allait comme on va au supplice.

At a street corner she looked at a policeman who came along, and Laurent trembled with fright, lest she should stop and speak to him. In terror of being arrested on the spot if he showed himself, he hid in a doorway. This excursion proved perfect agony. While his wife basked in the sun on the pavement, trailing her skirt with nonchalance and impudence, shameless and unconcerned, he followed behind her, pale and shuddering, repeating that it was all over, that he would be unable to save himself and would be guillotined. Each step he saw her take, seemed to him a step nearer punishment. Fright gave him a sort of blind conviction, and the slightest movement of the young woman added to his certainty. He followed her, he went where she went, as a man goes to the scaffold.

Brusquement, en débouchant sur l'ancienne place Saint-Michel, Thérèse se dirigea vers un café qui faisait alors le coin de la rue Monsieur-le-Prince.

Suddenly on reaching the former Place Saint-Michel, Therese advanced towards a cafe that then formed the corner of the Rue Monsieur-le-

Prince. There she seated herself in the centre of a group of women and students, at one of the tables on the pavement, and familiarly shook hands with all this little crowd. Then she called for absinthe.

Elle s'assit au milieu d'un groupe de femmes et d'étudiants, à une des tables posées sur le trottoir. Elle donna familièrement des poignées de main à tout ce monde. Puis elle se fit servir une absinthe.

She seemed quite at ease, chatting with a fair young man who no doubt had been waiting for her some time. Two girls came and leant over the table where she sat, addressing her affectionately in their husky voices. Around her, women were smoking cigarettes, men were embracing women in the open street, before the passers-by, who never even turned their heads. Low words and hoarse laughter reached Laurent, who remained motionless in a doorway on the opposite side of the street.

Elle semblait à l'aise, elle causait avec un jeune homme blond, qui l'attendait sans doute là depuis quelque temps. Deux filles vinrent se pencher sur la table qu'elle occupait, et se mirent à la tutoyer de leur voix enrouée. Autour d'elle, les femmes fumaient des cigarettes, les hommes embrassaient les femmes en pleine rue, devant les passants, qui ne tournaient seulement pas la tête. Les gros mots, les rires gras arrivaient jusqu'à Laurent, demeuré immobile de l'autre côté de la place, sous une porte cochère.

When Therese had finished her absinthe, she rosc, and leaning on the arm of the fair young man, went down the Rue de la Harpe. Laurent followed them as far as the Rue Saint-Andre-des-Arts, where he noticed them enter a lodging-house. He remained in

Lorsque Thérèse eut achevé son absinthe, elle se leva, prit le bras du jeune homme blond et descendit la rue de la Harpe. Laurent les suivit jusqu'à la rue Saint-André-des-Arts. Là, il les vit entrer dans une maison meublée. Il resta au milieu de la chaussée, les yeux levés,

the middle of the street with his eyes on the front of the building. Presently his wife showed herself for an instant at an open window on the second floor, and he fancied he perceived the hands of the pale young man encircling her waist. Then, the window closed with a sharp clang.

regardant la façade de la maison. Sa femme se montra un instant à une fenêtre ouverte du second étage. Puis il crut distinguer les mains du jeune homme blond qui se glissaient autour de la taille de Thérèse. La fenêtre se ferma avec un bruit sec.

Laurent understood. Without waiting a moment longer, he tranquilly took himself off reassured and happy.

Laurent comprit. Sans attendre davantage, il s'en alla tranquillement, rassuré, heureux.

"Bah!" said he to himself, as he went towards the quays. "It's better, after all, that she should have a sweetheart. That will occupy her mind, and prevent her thinking of injuring me. She's deucedly more clever than I am."

—Bah! se disait-il en descendant vers les quais, cela vaut mieux. Comme ça, elle a une occupation, elle ne songe pas à mal.... Elle est diablement plus fine que moi.

What astonished him, was that he had not been the first to think of plunging into vice, which might have driven away his terror. But his thoughts had never turned in that direction, and, moreover, he had not the least inclination for riotous living. The infidelity of his wife did not trouble him in the least. He felt no anger at the knowledge that she was in the

Ce qui l'étonnait, c'était de ne pas avoir eu le premier l'idée de se jeter dans le vice. Il pouvait y trouver un remède contre la terreur. Il n'y avait pas pensé, parce que sa chair était morte, et qu'il ne se sentait plus le moindre appétit de débauche. L'infidélité de sa femme le laissait parfaitement froid; il n'éprouvait aucune révolte de sang et de nerfs à la

arms of another man. On the contrary, he seemed to enjoy the idea. He began to think that he had been following the wife of a comrade, and laughed at the cunning trick the woman was playing her husband. Therese had become such a stranger to him, that he no longer felt her alive in his heart. He would have sold her, bound hand and foot, a hundred times over, to purchase calm for one hour.

pensée qu'elle se trouvait entre les bras d'un autre homme. Au contraire, cela lui paraissait plaisant: il lui semblait qu'il avait suivi la femme d'un camarade et il riait du bon tour que cette femme jouait à son mari. Thérèse lui était devenue étrangère à ce point, qu'il ne l'entendait plus vivre dans sa poitrine; il l'aurait vendue et livrée cent fais pour acheter une heure de calme.

As he sauntered along, he enjoyed the sudden, delightful reaction that had just brought him from terror to peace. He almost thanked his wife for having gone to a sweetheart, when he thought her on her way to a commissary of police. This adventure had come to an unforeseen end that agreeably surprised him. It distinctly showed him that he had done wrong to tremble, and that he, in his turn, should try vice, in order to see whether such a course would not relieve him by diverting his thoughts.

Il se mit à flâner, jouissant de la réaction brusque et heureuse qui venait de le faire passer de l'épouvante à la paix. Il remerciait presque sa femme d'être allée chez un amant lorsqu'il croyait qu'elle se rendait chez un commissaire de police. Cette aventure avait un dénouement tout imprévu qui le surprenait d'une façon agréable. Ce qu'il vit de plus clair dans tout cela, c'est qu'il avait eu tort de trembler, et qu'il devait à son tour goûter du vice pour voir si le vice ne le soulagerait pas en étourdissant ses pensées.

On returning to the shop in the evening, Laurent decided that he would ask his wife for a

Le soir, Laurent, en revenant à la boutique, décida qu'il demanderait quelques milliers

few thousand francs, and that he would resort to high-handed measures to obtain them. Reflection told him that vice would be an expensive thing, for a man. He patiently awaited Therese, who had not yet come in. When she arrived, he affected gentleness, and refrained from breathing a word about having followed her in the morning. She was slightly tipsy, and from her ill-adjusted garments, came that unpleasant odour of tobacco and spirits that is met with in public drinking places. Completely exhausted, and with cheeks as pale as death, she advanced at an unsteady gait and with a head quite heavy from the shameless fatigue of the day.

de francs à sa femme et qu'il emploierait les grands moyens pour les obtenir. Il pensait que le vice coûte cher à un homme, il enviait vaguement le sort des filles qui peuvent se vendre. Il attendit patiemment Thérèse, qui n'était pas encore rentrée. Quand elle arriva, il joua la douceur, il ne lui parla pas de son espionnage du matin. Elle était un peu grise: il s'échappait de ses vêtements mal rattachés cette senteur âcre de tabac et de liqueur qui traîne dans les estaminets. Éreintée, la face marbrée de plaques livides, elle chancelait, tout alourdie par la fatigue honteuse de la journée.

The dinner passed in silence. Therese ate nothing. At dessert Laurent placed his elbows on the table, and flatly asked her for 5,000 francs.

Le dîner fut silencieux. Thérèse ne mangea pas. Au dessert, Laurent posa les coudes sur la table et lui demanda carrément cinq mille francs.

"No," she answered dryly. "If I were to give you a free hand, you'd bring us to beggary. Aren't you aware of our position? We are going as fast as ever we can to the dogs."

—Non, répondit-elle avec sécheresse. Si je te laissais libre, tu nous mettrais sur la paille.... Ignores-tu notre position? Nous allons tout droit à la misère.

"That may be," he quietly resumed. "I don't care a fig, I intend to have money."

—C'est possible, reprit-il tranquillement, cela m'est égal, je veux de l'argent.

"No, a thousand times no!" she retorted. "You left your place, the mercery business is in a very bad way, and the revenue from my marriage portion is not sufficient to maintain us. Every day I encroach on the principal to feed you and give you the one hundred francs a month you wrung from me. You will not get anything beyond that, do you understand? So it's no use asking."

—Non, mille fois non!... Tu as quitté ta place, le commerce de mercerie ne marche plus du tout, et ce n'est pas avec les rentes de ma dot que nous pouvons vivre. Chaque jour j'entame le capital pour te nourrir et te donner les cent francs par mois que tu m'as arrachés. Tu n'auras pas davantage, entends-tu? C'est inutile!

"Just reflect," he replied, "and don't be so silly as to refuse. I tell you I mean to have 5,000 francs, and I shall have them. You'll give them me, in spite of all."

—Réfléchis, ne refuse pas comme ça. Je te dis que je veux cinq mille francs, et je les aurai, tu me les donneras quand même.

This quiet determination irritated Therese and put the finishing touch to her intoxication.

Cet entêtement tranquille irrita Thérèse et acheva de la soûler.

"Ah! I know what it is," she cried, "you want to finish as you began. We have been keeping you for four years. You only came to us to eat and drink, and since then you've

—Ah! je sais, cria-t-elle, tu veux finir comme tu as commencé.... Il y a quatre ans que nous t'entretenons. Tu n'es venu chez nous que pour manger et pour boire, et,

been at our charge. Monsieur does nothing, Monsieur has arranged so as to live at my expense with his arms folded one over the other. No, you shall have nothing, not a sou. Do you want me to tell you what you are? Well then, you are a———"

And she pronounced the word. Laurent began to laugh, shrugging his shoulders. He merely replied:

"You learn some pretty expressions in the company you keep now."

This was the only allusion he ventured to make to the love affairs of Therese. She quickly raised her head, and bitterly replied:

"Anyhow, I don't keep the company of murderers."

Laurent became very pale, and for a moment remained silent, with his eyes fixed on his wife; then, in a trembling voice, he resumed:

"Listen, my girl, don't let us get angry; there is no good in that neither for you nor me. I've lost all courage. We had better

depuis ce temps, tu es à notre charge. Monsieur ne fait rien, Monsieur s'est arrangé de façon à vivre à mes dépens, les bras croisés.... Non tu n'auras rien, pas un sou.... Veux-tu que je te le dise, eh bien! tu es un....

Et elle dit le mot. Laurent se mit à rire en haussant les épaules. Il se contenta de répondre:

—Tu apprends de jolis mots dans le monde où tu vis maintenant.

Ce fut la seule allusion qu'il se permit de faire aux amours de Thérèse. Celle-ci redressa vivement la tête et dit d'un ton aigre:

—En tout cas, je ne vis pas avec des assassins.

Laurent devint très pâle. Il garda un instant le silence, les yeux fixés sur sa femme; puis, d'une voix tremblante:

—Écoute, ma fille, reprit-il, ne nous fâchons pas; cela ne vaudrait rien, ni pour toi, ni pour moi. Je suis à bout de

come to an understanding if we wish to avoid a misfortune. If I ask you for 5,000 francs it is because I want them; and I will even tell you what I intend to do with them, so as to ensure our tranquillity."

courage. Il serait prudent de nous entendre, si nous ne voulons pas qu'il nous arrive malheur.... Je t'ai demandé cinq mille francs, parce que j'en ai besoin; je puis même te dire que je compte les employer à assurer notre tranquillité.

He gave her a peculiar smile, and continued:

Il eut un étrange sourire et continua:

"Come, reflect, let me have your last word."

—Voyons, réfléchis, donne-moi ton dernier mot.

"I have thoroughly made up my mind," answered the young woman, "and it is as I have told you. You shall not have a sou."

—C'est tout réfléchi, répondit la jeune femme, je te l'ai dit, tu n'auras pas un sou.

Her husband rose violently. She was afraid of being beaten; she crouched down, determined not to give way to blows. But Laurent did not even approach her, he confined himself to telling her in a frigid tone that he was tired of life, and was about to relate the story of the murder to the commissary of police of the quarter.

Son mari se leva avec violence. Elle eut peur d'être battue; elle se fit toute petite, décidée à ne pas céder sous les coups. Mais Laurent ne s'approcha même pas, il se contenta de lui déclarer froidement qu'il était las de la vie et qu'il allait conter l'histoire du meurtre au commissaire de police du quartier.

"You drive me to extremes," said he, "you make my life unbearable. I prefer to have

—Tu me pousses à bout, dit-il, tu me rends l'existence insupportable. Je préfère en

done with it. We shall both be tried and condemned. And there will be an end to it all."

finir.... Nous serons jugés et condamnés tous deux. Voilà tout.

"Do you think you'll frighten me?" shouted his wife. "I am as weary as you are. I'll go to the commissary of police myself, if you don't. Ah! Indeed, I am quite ready to follow you to the scaffold, I'm not a coward like you. Come along, come along with me to the commissary."

—Crois-tu me faire peur? lui cria sa femme. Je suis tout aussi lasse que toi. C'est moi qui vais aller chez le commissaire de police, si tu n'y vas pas. Ah! bien, je suis prête à te suivre sur l'échafaud, je n'ai pas ta lâcheté.... Allons, viens avec moi chez le commissaire.

She had risen, and was making her way to the staircase.

Elle s'était levée, elle se dirigeait déjà vers l'escalier.

"That's it," stammered Laurent, "let's go together." When they were down in the shop they looked at once another, anxious and alarmed. It seemed as though they were riveted to the ground. The few seconds they had taken to run downstairs had suffered to show them, as in a flash, all the consequences of a confession.

—C'est cela, balbutia Laurent, allons-y ensemble. Quand ils furent descendus dans la boutique, ils se regardèrent, inquiets, effrayés. Il leur sembla qu'on venait de les clouer au sol. Les quelques secondes qu'ils avaient mises à franchir l'escalier de bois leur avaient suffi pour leur montrer, dans un éclair, les conséquences d'un aveu.

They saw at the same moment, suddenly and distinctly: gendarmes, prison, assize-court and guillotine. This made them feel faint, and they were tempted to throw themselves

Ils virent en même temps les gendarmes, la prison, la cour d'assises, la guillotine, tout cela brusquement et nettement. Et, au fond de leur être, ils éprouvaient des défaillances, ils

on their knees, one before the other, to implore one another to remain, and reveal nothing.

étaient tentés de se jeter aux genoux l'un de l'autre, pour se supplier de rester, de ne rien révéler.

Fright and embarrassment kept them motionless and mute for two or three minutes. Therese was the first to make up her mind to speak and give way. "After all," said she, "I am a great fool to quarrel with you about this money. You will succeed in getting hold of it and squandering it, one day or another. I may just as well give it you at once."

La peur, l'embarras les tinrent immobiles et muets pendant deux ou trois minutes. Ce fut Thérèse qui se décida la première à parler et à céder. — Après tout, dit-elle, je suis bien bête de te disputer cet argent. Tu arriveras toujours à me le manger un jour ou l'autre. Autant vaut-il que je te le donne tout de suite.

She did not seek to conceal her defeat any further. She seated herself at the counter, and signed a cheque for 5,000 francs, which Laurent was to present to her banker. There was no more question of the commissary of police that evening. As soon as Laurent had the gold in his pocket, he began to lead a riotous life, drinking to excess, and frequenting women of ill-repute. He slept all day and stayed out all night, in search of violent emotions that would relieve him of reality. But he only succeeded in becoming more oppressed than before.

Elle n'essaya pas de déguiser davantage sa défaite. Elle s'assit au comptoir et signa un bon de cinq mille francs que Laurent devait toucher chez un banquier. Il ne fut plus question du commissaire, ce soir-là. Dès que Laurent eut de l'or dans ses poches, il se grisa, fréquenta les filles, se traîna au milieu d'une vie bruyante et affolée. Il découchait, dormait le jour, courait la nuit, recherchait les émotions fortes, tâchait d'échapper au réel. Mais il ne réussit qu'à s'affaisser davantage.

When the company were shouting around him, he heard the great, terrible silence within him; when one of his ladyloves kissed him, when he drained his glass, he found naught at the bottom of his satiety, but heavy sadness. He was no longer a man for lust and gluttony. His chilled being, as if inwardly rigid, became enervated at the kisses and feasts.

Feeling disgusted beforehand, they failed to arouse his imagination or to excite his senses and stomach. He suffered a little more by forcing himself into a dissolute mode of life, and that was all. Then, when he returned home, when he saw Madame Raquin and Therese again, his weariness brought on frightful fits of terror. And he vowed he would leave the house no more, that he would put up with his suffering, so as to become accustomed to it, and be able to conquer it.

For a month Therese lived, like Laurent, on the pavement and in the cafes. She returned daily for a moment, in the evening to feed Madame

Lorsqu'on criait autour de lui, il entendait le grand silence terrible qui était en lui; lorsqu'une maîtresse l'embrassait, lorsqu'il vidait son verre, il ne trouvait au fond de l'assouvissement qu'une tristesse lourde. Il n'était plus fait pour la luxure et la gloutonnerie; son être refroidi, comme rigide à l'intérieur, s'énervait sous les baisers et dans les repas.

Écoeurer a l'avance, il ne parvenait point à se monter l'imagination, à exciter ses sens et son estomac. Il souffrait un peu plus en se forçant à la débauche, et c'était tout. Puis, quand il rentrait, quand il revoyait Mme Raquin et Thérèse, sa lassitude le livrait à des crises affreuses de terreur; il jurait alors de ne plus sortir, de rester dans sa souffrance pour s'y habituer et la vaincre.

De son côté, Thérèse sortit de moins en moins. Pendant un mois, elle vécut comme Laurent, sur les trottoirs, dans les cafés. Elle rentrait un

Raquin and put her to bed, and then disappeared again until the morrow. She and her husband on one occasion were four days without setting eyes on each other.

instant, le soir, faisait manger Mme Raquin, la couchait, et s'absentait de nouveau jusqu'au lendemain. Elle et son mari restèrent, une fois, quatre jours sans se voir.

At last, she experienced profound disgust at the life she was leading, feeling that vice succeeded no better with her than the comedy of remorse. In vain had she dragged through all the lodging-houses in the Latin Quarter, in vain had she led a low, riotous life. Her nerves were ruined. Debauchery ceased to give her a sufficiently violent shock to render her oblivious of the past.

Puis elle eut des dégoûts profonds, elle sentit que le vice ne lui réussissait pas plus que la comédie du remords. Elle s'était en vain traînée dans tous les hôtels garnis du quartier latin, elle avait en vain mené une vie sale et tapageuse. Ses nerfs étaient brisés, la débauche, les plaisirs physiques ne lui donnaient plus de secousses assez violentes pour lui procurer l'oubli.

She resembled one of those drunkards whose scorched palates remain insensible to the most violent spirits. She had done with lust, and the society of her paramours only worried and wearied her. Then, she quitted them as useless. She now fell a prey to despondent idleness which kept her at home, in a dirty petticoat, with hair uncombed, and face and hands unwashed. She neglected everything and lived in filth.

Elle était comme un de ces ivrognes dont le palais brûlé reste insensible, sous le feu des liqueurs les plus fortes. Elle restait inerte dans la luxure, elle n'allait plus chercher auprès de ses amants qu'ennui et lassitude. Alors elle les quitta, se disant qu'ils lui étaient inutiles. Elle fut prise d'une paresse désespérée qui la retint au logis, en jupon malpropre, dépeignée, la figure et les mains sales. Elle s'oublia dans la crasse.

When the two murderers came together again face to face, in this manner, after having done their best to get away from each other, they understood that they would no longer have strength to struggle. Debauchery had rejected them, it had just cast them back to their anguish. Once more they were in the dark, damp lodging in the arcade; and, henceforth, were as if imprisoned there, for although they had often attempted to save themselves, never had they been able to sever the sanguinary bond attaching them.

Lorsque les deux meurtriers se retrouvèrent ainsi face à face, lassés, ayant épuisé tous les moyens de se sauver l'un de l'autre, ils comprirent qu'ils n'auraient plus la force de lutter. La débauche n'avait pas voulu d'eux et venait de les rejeter à leurs angoisses. Ils étaient de nouveau dans le logement froid et humide du passage, ils y étaient comme emprisonnés désormais, car souvent ils avaient tenté le salut, et jamais ils n'avaient pu briser le lien sanglant qui les liait.

They did not even think of attempting a task they regarded as impossible. They found themselves so urged on, so overwhelmed, so securely fastened together by events, that they were conscious all resistance would be ridiculous. They resumed their life in common, but their hatred became furious rage.

Ils ne songèrent même plus à essayer une besogne impossible. Ils se sentirent tellement poussés, écrasés, attachés ensemble par les faits, qu'ils eurent conscience que toute révolte serait ridicule. Ils reprirent leur vie commune, mais leur haine devint de la rage furieuse.

The quarrels at night began again. But for that matter, the blows and cries lasted all day long. To hatred distrust was now added, and distrust put the finishing touch to their

Les querelles du soir recommencèrent. D'ailleurs les coups, les cris duraient tout le jour. A la haine vint se joindre la méfiance, et la méfiance acheva de les rendre fous. Ils

folly. They were afraid of each other. The scene that had followed the demand for 5,000 francs, was repeated morning and night. They had the fixed idea that they wanted to give one another up. From that standpoint they did not depart.

When either of them said a word, or made a gesture, the other imagined that he or she, as the case might be, intended to go to the commissary of police. Then, they either fought or implored one another to do nothing. In their anger, they shouted out that they would run and reveal everything, and terrified each other to death. After this they shuddered, they humbled themselves, and promised with bitter tears to maintain silence.

They suffered most horribly, but had not the courage to cure themselves by placing a red-hot iron on the wound. If they threatened one another to confess the crime, it was merely to strike terror into each other and drive away the thought, for they would never have had strength to speak and seek peace in punishment.

eurent peur l'un de l'autre. La scène qui avait suivi la demande des cinq mille francs, se reproduisit bientôt matin et soir. Leur idée fixe était qu'ils voulaient se livrer mutuellement. Ils ne sortaient pas de là.

Quand l'un d'eux disait une parole, faisait un geste, l'autre s'imaginait qu'il avait le projet d'aller chez le commissaire de police. Alors, ils se battaient ou ils s'imploraient. Dans leur colère, ils criaient qu'ils couraient tout révéler, ils s'épouvantaient à en mourir; puis ils frissonnaient, ils s'humiliaient, ils se promettaient avec des larmes amères de garder le silence.

Ils souffraient horriblement, mais ils ne se sentaient pas le courage de se guérir en posant un fer rouge sur la plaie. S'ils se menaçaient de confesser le crime, c'était uniquement pour se terrifier et s'en ôter la pensée, car jamais ils n'auraient eu la force de parler et de chercher la paix dans le châtiment.

On more than twenty occasions, they went as far as the door of the commissariat of police, one following the other. Now it was Laurent who wanted to confess the murder, now Therese who ran to give herself up. But they met in the street, and always decided to wait, after an interchange of insults and ardent prayers.

A plus de vingt reprises, ils allèrent jusqu'à la porte du commissariat de police, l'un suivant l'autre. Tantôt c'était Laurent qui voulait avouer le meurtre, tantôt c'était Thérèse qui courait se livrer. Et ils se rejoignaient toujours dans la rue, et ils se décidaient toujours à attendre encore, après avoir échangé des insultes et des prières ardentes.

Every fresh attack made them more suspicious and ferocious than before. From morning till night they were spying upon one another. Laurent barely set his foot outside the lodging in the arcade, and if, perchance, he did absent himself, Therese never failed to accompany him.

Chaque nouvelle crise les laissait plus soupçonneux et plus farouches. Du matin au soir, ils s'espionnaient. Laurent ne quittait plus le logement du passage, et Thérèse ne le laissait plus sortir seul.

Their suspicions, their fright lest either should confess, brought them together, united them in atrocious intimacy. Never, since their marriage, had they lived so tightly tied together, and never had they experienced such suffering. But, notwithstanding the anguish they imposed on themselves, they never took their eyes off one another. They preferred to endure the

Leurs soupçons, leur épouvante des aveux, les rapprochèrent, les unirent dans une intimité atroce. Jamais, depuis leur mariage, ils n'avaient vécu si étroitement liés l'un à l'autre, et jamais ils n'avaient tant souffert. Mais, malgré les angoisses qu'ils s'imposaient, ils ne se quittaient pas des yeux, ils aimaient mieux endurer les douleurs les plus cuisantes, que

most excruciating pain, rather than separate for an hour.

de se séparer pendant une heure.

If Therese went down to the shop, Laurent followed, afraid that she might talk to a customer; if Laurent stood in the doorway, observing the people passing through the arcade, Therese placed herself beside him to see that he did not speak to anyone.

Si Thérèse descendait à la boutique, Laurent la suivait, par crainte qu'elle ne causât avec une cliente; si Laurent se tenait sur la porte, regardant les gens qui traversaient le passage, Thérèse se plaçait à côté de lui, pour voir s'il ne parlait à personne.

When the guests were assembled on Thursday evenings, the murderers addressed supplicating glances to each other, listening to one another in terror, one accomplice expecting the other to make some confession, and giving an involving interpretation to sentences only just commenced. Such a state of warfare could not continue any longer.

Le jeudi soir, quand les invités étaient là, les meurtriers s'adressaient des regards suppliants, ils s'écoutaient avec terreur, s'attendant chacun à quelque aveu de son complice, donnant, aux phrases commencées des sens compromettants. Un tel état de guerre ne pouvait durer davantage.

Therese and Laurent had both reached the point of pondering on the advisability of extricating themselves from the consequences of their first crime, by committing a second. It became absolutely necessary that one of them should disappear so that the other might enjoy some repose. This

Thérèse et Laurent en arrivèrent, chacun de son côté, à rêver d'échapper par un nouveau crime aux conséquences de leur premier crime. Il fallait absolument que l'un d'eux disparût pour que l'autre goûtât quelque repos. Cette réflexion leur vint en même temps; tous deux

reflection came to them both at the same time; both felt the urgent necessity for a separation, and both desired that it should be eternal. The murder that now occurred to their minds, seemed to them natural, fatal and forcibly brought about by the murder of Camille.

sentirent la nécessité pressante d'une séparation, tous deux voulurent une séparation éternelle. Le meurtre, qui se présenta à leur pensée, leur sembla fatal, naturel, forcément amené par le meurtre de Camille.

They did not even turn the matter over in their heads but welcomed the idea as the only means of safety. Laurent determined he would kill Therese because she stood in his way, because she might ruin him by a word, and because she caused him unbearable suffering. Therese made up her mind that she would kill Laurent, for the same reasons.

Ils ne le discutèrent même pas, ils en acceptèrent le projet comme le seul moyen de salut. Laurent décida qu'il tuerait Thérèse, parce que Thérèse le gênait, qu'elle pouvait le perdre d'un mot et qu'elle lui causait des souffrances insupportables; Thérèse décida qu'elle tuerait Laurent, pour les mêmes raisons.

The firm resolution to commit another murder somewhat calmed them. They formed their plans. But in that respect they acted with feverish excitement, and without any display of excessive prudence. They only thought vaguely of the probable consequences of a murder committed without flight and immunity being ensured. They felt the

La résolution bien arrêtée d'un assassinat les calma un peu. Ils prirent leurs dispositions. D'ailleurs, ils agissaient dans la fièvre, sans trop de prudence; ils ne pensaient que vaguement aux conséquences probables d'un meurtre commis, sans que la fuite et l'impunité fussent assurées. Ils sentaient invinciblement le besoin de se tuer, ils obéissaient à ce besoin

invincible necessity to kill one another, and yielded to this necessity like furious brutes. They would not have exposed themselves for their first crime, which they had so cleverly concealed, and yet they risked the guillotine, in committing a second, which they did not even attempt to hide.

en brutes furieuses. Ils ne se seraient pas livrés pour leur premier crime, qu'ils avaient dissimulé avec tant d'habileté, et ils risquaient la guillotine, en en commettant un second, qu'ils ne songeaient seulement pas à cacher.

Here was a contradiction in their conduct that they never so much as caught sight of. Both simply said to themselves that if they succeeded in fleeing, they would go and live abroad, taking all the cash with them. Therese, a fortnight or three weeks before, had drawn from the bank the few thousand francs that remained of her marriage portion, and kept them locked up in a drawer—a circumstance that had not escaped Laurent. The fate of Madame Raquin did not trouble them an instant.

Il y avait là une contradiction de conduite qu'ils ne voyaient même point. Ils se disaient simplement que s'ils parvenaient à fuir, ils iraient vivre à l'étranger, après avoir pris tout l'argent. Thérèse, depuis quinze à vingt jours, avait retiré les quelques milliers de francs qui restaient de sa dot, et les tenait enfermés dans un tiroir que Laurent connaissait. Ils ne se demandèrent pas un instant ce que deviendrait Mme Raquin.

A few weeks previously, Laurent had met one of his old college friends, now acting as dispenser to a famous chemist, who gave considerable attention to toxicology. This friend had shown him over the laboratory where he worked,

Laurent avait rencontré, quelques semaines auparavant, un de ses anciens camarades de collège, alors préparateur chez un chimiste célèbre qui s'occupait beaucoup de toxicologie. Ce camarade lui avait fait visiter le laboratoire

pointing out to him the apparatus and the drugs.

où il travaillait, lui montrant les appareils, lui nommant les drogues.

One night, after he had made up his mind in regard to the murder, and as Therese was drinking a glass of sugar and water before him, Laurent remembered that he had seen in this laboratory a small stoneware flagon, containing prussic acid, and that the young dispenser had spoken to him of the terrible effects of this poison, which strikes the victim down with sudden death, leaving but few traces behind. And Laurent said to himself, that this was the poison he required.

Un soir, lorsqu'il se fut décidé au meurtre, Laurent, comme Thérèse buvait devant lui un verre d'eau sucrée, se souvint d'avoir vu dans ce laboratoire un petit flacon de grès, contenant de l'acide prussique. En se rappelant ce que lui avait dit le jeune préparateur sur les effets terribles de ce poison qui foudroie et laisse peu de traces, il songea que c'était là le poison qu'il lui fallait.

On the morrow, succeeding in escaping the vigilance of Therese, he paid his friend a visit, and while he had his back turned, stole the small stoneware flagon.

Le lendemain, il réussit à s'échapper, il rendit visite à son ami, et, pendant que celui-ci avait le dos tourné, il vola le petit flacon de grès.

The same day, Therese took advantage of the absence of Laurent, to send the large kitchen knife, with which they were in the habit of breaking the loaf sugar, and which was very much notched, to be sharpened. When it came back,

Le même jour, Thérèse profita de l'absence de Laurent pour faire repasser un grand couteau de cuisine, avec lequel on cassait le sucre, et qui était fort ébréché. Elle cacha le couteau dans un coin du buffet.

she hid it in a corner of the sideboard.

XXXII

CHAPITRE XXXII

The following Thursday, the evening party at the Raquins, as the guests continued to term the household of their hosts, was particularly merry. It was prolonged until half-past eleven, and as Grivet withdrew, he declared that he had never passed such a pleasant time.

Le jeudi qui suivit, la soirée chez les Raquin, comme les invités continuaient à appeler le ménage de leurs hôtes, fut d'une gaieté toute particulière. Elle se prolongea jusqu'à onze heures et demie. Grivet, en se retirant, déclara ne jamais avoir passé des heures plus agréables.

Suzanne, who was not very well, never ceased talking to Therese of her pain and joy. Therese appeared to listen to her with great interest, her eyes fixed, her lips pinched, her head, at moments, bending forward; while her lowering eyelids cast a cloud over the whole of her face.

Suzanne, qui était enceinte, parla tout le temps à Thérèse de ses douleurs et de ses joies. Thérèse semblait l'écouter avec un grand intérêt; les yeux fixes, les lèvres serrées, elle penchait la tête par moments: ses paupières, qui se baissaient, couvraient d'ombre tout son visage.

Laurent, for his part, gave uninterrupted attention to the tales of old Michaud and Olivier. These gentlemen never paused, and it was only with difficulty that Grivet succeeded in getting in a word edgeways between a couple of sentences of father and son.

Laurent, de son côté, prêtait une attention soutenue aux récits du vieux Michaud et d'Olivier. Ces messieurs ne tarissaient pas, et Grivet ne parvenait qu'avec peine à placer un mot entre deux phrases du père et du fils.

He had a certain respect for

D'ailleurs, il avait pour eux un

these two men whom he considered good talkers. On that particular evening, a gossip having taken the place of the usual game, he naively blurted out that the conversation of the former commissary of police amused him almost as much as dominoes.

certain respect; il trouvait qu'ils parlaient bien. Ce soir-là, la causerie ayant remplacé le jeu, il s'écria naïvement que la conversation de l'ancien commissaire de police l'amusait presque autant qu'une partie de dominos.

During the four years, or thereabouts, that the Michauds and Grivet had been in the habit of passing the Thursday evenings at the Raquins', they had not once felt fatigued at these monotonous evenings that returned with enervating regularity.

Depuis près de quatre ans que les Michaud et Grivet passaient les jeudis soir chez les Raquin, ils ne s'étaient pas fatigués une seule fois de ces soirées monotones qui revenaient avec une régularité énervante.

Never had they for an instant suspected the drama that was being performed in this house, so peaceful and harmonious when they entered it. Olivier, with the jest of a person connected with the police, was in the habit of remarking that the dining-room savoured of the honest man. Grivet, so as to have his say, had called the place the Temple of Peace.

Jamais ils n'avaient soupçonné un instant le drame qui se jouait dans cette maison, si paisible et si douce, lorsqu'ils y entraient. Olivier prétendait d'ordinaire, par une plaisanterie d'homme de police, que la salle à manger sentait l'honnête homme. Grivet, pour ne pas rester en arrière, l'avait appelée le Temple de la Paix.

Latterly, on two or three different occasions, Therese explained the bruises

A deux ou trois reprises, dans les derniers temps, Thérèse expliqua les meurtrissures qui

disfiguring her face, by telling the guests she had fallen down. But none of them, for that matter, would have recognised the marks of the fist of Laurent; they were convinced as to their hosts being a model pair, replete with sweetness and love.

The paralysed woman had not made any fresh attempt to reveal to them the infamy concealed behind the dreary tranquillity of the Thursday evenings. An eye-witness of the tortures of the murderers, and foreseeing the crisis which would burst out, one day or another, brought on by the fatal succession of events, she at length understood that there was no necessity for her intervention.

And from that moment, she remained in the background allowing the consequences of the murder of Camille, which were to kill the assassins in their turn, to take their course. She only prayed heaven, to grant her sufficient life to enable her to be present at the violent catastrophe she foresaw; her only remaining desire was to feast her eyes on

lui marbraient le visage, en disant aux invités qu'elle était tombée. Aucun d'eux, d'ailleurs, n'aurait reconnu les marques du poing de Laurent; ils étaient convaincus que le ménage de leurs hôtes était un ménage modèle, tout de douceur et d'amour.

La paralytique n'avait plus essayé de leur révéler les infamies qui se cachaient derrière la morne tranquillité des soirées du jeudi. En face des déchirements des meurtriers, devinant la crise qui devait éclater un jour ou l'autre, amenée par la succession fatale des événements, elle finit par comprendre que les faits n'avaient pas besoin d'elle.

Dès lors, elle s'effaça, elle laissa agir les conséquences de l'assassinat de Camille qui devaient tuer les assassins à leur tour. Elle pria seulement le ciel de lui donner assez de vie pour assister au dénoûment violent qu'elle prévoyait; son dernier désir était de repaître ses regards du spectacle des souffrances suprêmes qui briseraient Thérèse et Laurent.

the supreme suffering that would undo Therese and Laurent.

On this particular evening, Grivet went and seated himself beside her, and talked for a long time, he, as usual, asking the questions and supplying the answers himself. But he failed to get even a glance from her. When half-past eleven struck, the guests quickly rose to their feet. "We are so comfortable with you," said Grivet, "that no one ever thinks of leaving." "The fact is," remarked Michaud by way of supporting the old clerk, "I never feel drowsy here, although I generally go to bed at nine o'clock."

Ce soir-là, Grivet vint se placer à côté d'elle et causa longtemps, faisant comme d'habitude les demandes et les réponses. Mais il ne put en tirer même un regard. Lorsque onze heures et demie sonnèrent, les invités se levèrent vivement. —On est si bien chez vous, déclara Grivet, qu'on ne songe jamais à s'en aller. —Le fait est, appuya Michaud, que je n'ai jamais sommeil ici, moi qui me couche à neuf heures d'habitude.

Olivier thought this a capital opportunity for introducing his little joke. "You see," said he, displaying his yellow teeth, "this apartment savours of honest people: that is why we are so comfortable here." Grivet, annoyed at being forestalled, began to declaim with an emphatic gesture: "This room is the Temple of Peace!" In the meanwhile, Suzanne, who was putting on her hat, remarked to Therese:

Olivier crut devoir placer sa plaisanterie. —Voyez-vous, dit-il, en montrant ses dents jaunes, ça sent les honnêtes gens dans cette pièce: c'est pourquoi l'on y est si bien. Grivet, fâché d'avoir été devancé, se mit à déclamer, en faisant un geste emphatique: —Cette pièce est le Temple de la Paix. Pendant ce temps, Suzanne nouait les brides de son chapeau et disait à Thérèse:

"I will come to-morrow morning at nine o'clock." "No," hastened to answer the young woman in a strange, troubled tone, "don't come until the afternoon I have an engagement in the morning."

—Je viendrai demain matin à neuf heures. —Non, se hâta de répondre la jeune femme, ne venez que l'après-midi.... Je sortirai sans doute pendant la matinée. Elle parlait d'une voix étrange, troublée.

She accompanied the guests into the arcade, and Laurent also went down with a lamp in his hand. As soon as the married couple were alone, both heaved a sigh of relief. They must have been devoured by secret impatience all the evening. Since the previous day they had become more sombre, more anxious in presence of one another. They avoided looking at each other, and returned in silence to the dining-room. Their hands gave slight convulsive twitches, and Laurent was obliged to place the lamp on the table, to avoid letting it fall.

Elle accompagna les invités jusque dans le passage, Laurent descendit aussi une lampe à la main. Quand ils furent seuls, les époux poussèrent chacun un soupir de soulagement; une impatience sourde avait dû les dévorer pendant toute la soirée. Depuis la veille, ils étaient plus sombres, plus inquiets en face l'un de l'autre. Ils évitèrent de se regarder, ils remontèrent silencieusement. Leurs mains avaient de légers tremblements convulsifs, et Laurent fut obligé de poser la lampe sur la table, pour ne pas la laisser tomber.

Before putting Madame Raquin to bed they were in the habit of setting the dining-room in order, of preparing a glass of sugar and water for the night, of moving hither and thither about the invalid, until everything was ready.

Avant de coucher Mme Raquin, ils avaicnt l'habitude de mettre en ordre la salle à manger, de préparer un verre d'eau sucrée pour la nuit, d'aller et de venir ainsi autour de la paralytique, jusqu'à ce que tout fût prêt.

When they got upstairs on this particular occasion, they sat down an instant with pale lips, and eyes gazing vaguely before them. Laurent was the first to break silence: "Well! Aren't we going to bed?" he inquired, as if he had just started from a dream. "Yes, yes, we are going to bed," answered Therese, shivering as though she felt a violent chill. She rose and grasped the water decanter.

Lorsqu'ils furent remontés, ce soir-là, ils s'assirent un instant, les yeux vagues, les lèvres pâles. Au bout d'un silence: —Eh bien! nous ne nous couchons pas? demanda Laurent qui semblait sortir en sursaut d'un rêve. —Si, si, nous nous couchons, répondit Thérèse en frissonnant, comme si elle avait eu grand froid. Elle se leva et prit la carafe.

"Let it be," exclaimed her husband, in a voice that he endeavoured to render natural, "I will prepare the sugar and water. You attend to your aunt."

—Laisse, s'écria son mari d'une voix qu'il s'efforçait de rendre naturelle, je préparerai le verre d'eau sucrée.... occupe-toi de ta tante.

He took the decanter of water from the hands of his wife and poured out a glassful. Then, turning half round, he emptied the contents of the small stoneware flagon into the glass at the same time as he dropped a lump of sugar into it. In the meanwhile, Therese had bent down before the sideboard, and grasping the kitchen knife sought to slip it into one of the large pockets hanging from her waist.

Il enleva la carafe des mains de sa femme et remplit un verre d'eau. Puis, se tournant à demi, il y vida le petit flacon de grès, en y mettant un morceau de sucre. Pendant ce temps, Thérèse s'était accroupie devant le buffet; elle avait pris le couteau de cuisine et cherchait à le glisser dans une des grandes poches qui pendaient à sa ceinture.

At the same moment, a strange

A ce moment, cette sensation

sensation which comes as a warning note of danger, made the married couple instinctively turn their heads. They looked at one another. Therese perceived the flagon in the hands of Laurent, and the latter caught sight of the flash of the blade in the folds of the skirt of his wife.

étrange qui prévient de l'approche d'un danger fit tourner la tête aux époux, d'un mouvement instinctif. Ils se regardèrent. Thérèse vit le flacon dans les mains de Laurent, et Laurent aperçut l'éclair blanc du couteau qui luisait entre les plis de la jupe de Thérèse.

For a few seconds they examined each other, mute and frigid, the husband near the table, the wife stooping down before the sideboard. And they understood. Each of them turned icy cold, on perceiving that both had the same thought. And they were overcome with pity and horror at mutually reading the secret design of the other on their agitated countenances.

Ils s'examinèrent ainsi pendant quelques secondes, muets et froids, le mari près de la table, la femme pliée devant le buffet. Ils comprenaient. Chacun d'eux resta glacé en retrouvant sa propre pensée chez son complice. En lisant mutuellement leur secret dessein sur leur visage bouleversé, ils se firent pitié et horreur.

Madame Raquin, feeling the catastrophe near at hand, watched them with piercing, fixed eyes. Therese and Laurent, all at once, burst into sobs. A supreme crisis undid them, cast them into the arms of one another, as weak as children. It seemed to them as if something tender and sweet had awakened in their breasts. They wept, without uttering a

Mme Raquin, sentant que le dénouement était proche, les regardait avec des yeux fixes et aigus. Et brusquement Thérèse et Laurent éclatèrent en sanglots. Une crise suprême les brisa, les jeta dans les bras l'un de l'autre, faibles comme des enfants. Il leur sembla que quelque chose de doux et d'attendri s'éveillait dans leur poitrine. Ils pleurèrent, sans

word, thinking of the vile life they had led, and would still lead, if they were cowardly enough to live.

parler, songeante la vie de boue qu'ils avaient menée et qu'ils mèneraient encore, s'ils étaient assez lâches pour vivre.

Then, at the recollection of the past, they felt so fatigued and disgusted with themselves, that they experienced a huge desire for repose, for nothingness. They exchanged a final look, a look of thankfulness, in presence of the knife and glass of poison. Therese took the glass, half emptied it, and handed it to Laurent who drank off the remainder of the contents at one draught. The result was like lightning. The couple fell one atop of the other, struck down, finding consolation, at last, in death. The mouth of the young woman rested on the scar that the teeth of Camille had left on the neck of her husband.

Alors, au souvenir du passé, ils se sentirent tellement las et écoeurés d'eux-mêmes, qu'ils éprouvèrent un besoin immense de repos, de néant. Ils échangèrent un dernier regard, un regard de remerciement, en face du couteau et du verre de poison. Thérèse prit le verre, le vida à moitié et le tendit à Laurent qui l'acheva d'un trait. Ce fut un éclair, Ils tombèrent l'un sur l'autre, foudroyés, trouvant enfin une consolation dans la mort. La bouche de la jeune femme alla heurter, sur le cou de son mari, la cicatrice qu'avaient laissée les dents de Camille.

The corpses lay all night, spread out contorted, on the dining-room floor, lit up by the yellow gleams from the lamp, which the shade cast upon them. And for nearly twelve hours, in fact until the following day at about noon, Madame Raquin, rigid and mute, contemplated them at

Les cadavres restèrent toute la nuit sur le carreau de la salle et manger, tordus, vautrés, éclairés de lueurs jaunâtres par les clartés de la lampe que l'abat-jour jetait sur eux. Et, pendant près de douze heures, jusqu'au lendemain vers midi, Mme Raquin, roide et muette, les contempla à ses pieds, ne

her feet, overwhelming them with her heavy gaze, and unable to sufficiently gorge her eyes with the hideous sight.

pouvant se rassasier les yeux, les écrasant de regards lourds.

Printed in Great Britain
by Amazon

73662139R00262